時兆文化

效法
主耶穌

懷愛倫——著

人若說他住在主裡面，就該自己照主所行的去行。
基督也為你們受過苦，給你們留下榜樣，
叫你們跟隨祂的腳蹤行。

To be like
JESUS

目錄

前言

效法主耶穌——這是蒙主喜愛的使徒約翰所展示的目標:「人若說他住在主裡面,就該自己照主所行的去行。」**(約翰一書2:6)** 彼得說:「基督也為你們受過苦,給你們留下榜樣,叫你們跟隨祂的腳蹤行。」**(彼得前書2:21)**

本書由懷愛倫著作託管委員會所編製,其目的在於幫助讀者定睛在耶穌身上,瞭解祂的生活,研究祂的態度和實際行動,並鼓勵讀者效法祂的榜樣,使讀者明白在祂的生活中祈禱有多重要?祂又如何與受聖靈感動寫下的著作息息相關?祂是如何運用祂的光陰和上帝所賜的才幹?祂又如何看待自然界、道德律、健康生活?這本每日靈修的著作,乃是依照這些主題和其他實用的主題以月份編輯而成,有助於證明救恩,不單單只是「我相信」即可。它還意味著我們需要愛耶穌、順從祂、尋求祂、效法祂。

其內容大致選自懷愛倫在幾十年間所寫的文章、書籍、信函。因每日一頁篇幅所限,刪除了原稿中重複和不十分相關的文字,但絕不會歪曲或變動原著作的意義。每日存心節的經文多半採用《新標點和合本聖經》,但有些經文仍會採用其他版本,因不同版本在翻譯時,其詞句的包容性或較能更準確地表達《聖經》作者的意思。出於同樣的原因,在不對懷愛倫的原意作任何改變的前提下,本書在性別上同樣也採用了包容性語言,因為懷愛倫在文中所指的,顯然地包括了男性,也包括女性。

懷愛倫在她艱難的70年服事期間寫道:「耶穌是我寶貴的救主。我要效法那位楷模。祂的原則多麼正確,祂的行為多麼正直!祂受試探的時候沒有給撒但留任何的餘地。祂看穿試探者的詭詐,祂是何等的警醒!如果我們能像耶穌那樣行事為人,那麼,我們與信徒和非信徒之間的一切交流,將是何等嚴謹。」我們期望也祈導這本靈修書能協助讀者,達到這首熟悉的古老詩歌《我願效學耶穌》*所設立的目標:

> 「效學耶穌,我歌頌,無論何時與何處,
> 我願終日像耶穌,我願效學耶穌。」

懷愛倫著作託管委員會

* 編按:此歌詞採自 2017 年新版《讚美詩》第 420 首。

To be like
JESUS

人若說他住在主裡面, 就該自己照主所行的去行。
基督也為你們受過苦, 給你們留下榜樣,
叫你們跟隨祂的腳蹤行。

1月
JANUARY

與上帝交談

耶穌，我們的榜樣，全心倚靠禱告祂

基督在肉體的時候，既大聲哀哭，流淚禱告，懇求那能救祂免死的主，就因祂的虔誠蒙了應允。

希伯來書5：7

將近黃昏的時候，耶穌招呼祂的三個門徒，將彼得、雅各、約翰叫到祂身邊，帶他們經過漫漫田野，攀登崎嶇的山路，到了幽靜的山邊。

這時，日薄西山，夕陽的餘暉照在他們所行的山路上，但不久，山上和谷中的日光都消散。落日西沉，這幾個孤寂的行人，完全處在暮色蒼茫之中。

此時基督叫門徒不必再走了。這「多受痛苦，常經憂患」的主自行稍往前走，大聲呼求祂的父，並流淚傾吐祂的心意。祂求天父賜祂能力為人類忍受試煉。祂自己必須緊緊抓住全能的天父，因為惟有如此，祂才能瞻望將來。祂又傾吐祂對門徒所懷的心意，期盼他們在黑暗掌權的時候，不致喪失信仰。

耶穌已經把自己受苦的事告訴門徒，這次帶他們一同上山，就是要他們和祂一同禱告，而且現在祂正在為他們祈禱。門徒起初也很虔誠地和基督一同禱告，但過了一會兒，他們就被疲倦所困，雖然很想保持對當時所見情景的興趣，結果還是睡著了。救主已經看出門徒的憂鬱，並渴望讓他們知道，他們的信心並未落空。……當時耶穌祈求將祂在創世以前與父同有的榮耀啟示他們，將祂的國度顯現出來，並使祂的門徒能有力量得以觀看。祂懇求上帝使他們能看見祂神性的顯示，以便他們在祂遭受極大痛苦的時候，可以得到安慰，因為知道祂確是上帝的兒子，並知道祂那恥辱的死是天父救贖計畫的一部分。

祂的祈禱蒙上帝垂聽了。當祂謙卑地俯伏在石地上時，天忽然開了，上帝聖城的金門大開，聖潔的光輝照耀在山上，環繞著救主。基督的神性，從祂裡面透過人性閃射出來，與那從上頭來的榮光相接。從祂俯伏著的姿勢，基督顯出像上帝的威儀，站起來了。心靈上的痛苦消逝了。如今祂的「臉面明亮如日頭，衣裳潔白如光。」（《歷代願望》原文419-421頁）

基督的榜樣給予我們抵禦試探的力量

> 耶穌也受了洗。正禱告的時候，天就開了，聖靈降臨在祂身上，形狀彷彿鴿子；又有聲音從天上來，說：「祢是我的愛子，我喜悅祢。」
>
> 路加福音3：21—22

自稱跟隨基督的人，如果能運用耶穌的功績所提供給他們的權柄，就能在主裡剛強起來。上帝讓悔改、虛心的信心之人所做的謙卑禱告，能上達天庭的大門。忠心之人的謙卑、樸素、熱誠而堅定的禱告，必像基督受洗時的禱告一樣，直達天國。天門大開，接受祂的禱告，這表明我們也能與上帝和好。藉著我們救贖主的公義，我們與上帝建立聯繫。雖然基督披上了人性，但祂仍然與上帝保持著無比親密的關係。祂的神性披上人性，「叫我們既脫離世上從情慾來的敗壞，就得與上帝的性情有分。」（彼得後書1：4）

基督在凡事上都是我們的榜樣。為回應祂向天父的禱告，天開了，聖靈彷彿鴿子從天降下，居住在祂身上。上帝的聖靈與人交流，並要住在順從與忠信之人的心裡。亮光和力量要臨到那些懇求尋求祂，為要有智慧抵擋撒但、隨時戰勝試探的人。我們要得勝，正如基督得了勝。

耶穌以熱切的禱告開始公開傳道，祂的榜樣彰顯，若要過一個成功的基督徒生活，禱告是必不可少的。祂不斷與天父交流，祂的生活向我們呈現出一個完全的模範，是我們要效法的。

我們要仰賴上帝，才能過著成功的基督徒生活，而基督的榜樣為我們在前面開了路，使我們可以來到永不枯竭的力量之源，我們可以在這裡汲取恩典和能力，抵擋仇敵並取得勝利。（《時兆月刊》1893年7月24日）

以敬畏的心親近上帝

> 耶穌說：「你們禱告的時候，要說：我們在天上的父，願人都尊祢的名為聖。願祢的國降臨。」
>
> 路加福音11：2

為了尊主的名為聖，我們提到至高上帝的時候，應懷著一顆敬畏之心。「祂的名聖而可畏。」（詩篇111：9）我們不可用隨隨便便的態度提起上帝的聖名。我們藉著祈禱進入至高者的接見廳。我們當存著聖潔的敬畏來到祂那裡。天使在祂面前都蒙上臉。基路伯和光明聖潔的撒拉弗接近祂的寶座時，也都存莊嚴肅穆之心。我們這有限的罪人來到創造主面前，豈不更當存敬畏之心！

然而，尊主的名為聖，其含義更遠勝於此。我們可能像基督時代的猶太人那樣，在表面上對上帝畢恭畢敬，而實際上卻不斷地褻瀆祂的聖名。「耶和華的名」是「有憐憫有恩典的……，不輕易發怒，並有豐盛的慈愛和誠實，……赦免罪孽、過犯，和罪惡。」（出埃及記34：5-7）《聖經》論到基督的教會說：「祂的名必稱為『耶和華──我們的義』。」（耶利米書33：16）這個名賜給了每一個跟從基督的人。它是上帝兒女的產業。這個家族是以天父的名為名的。在以色列人遭遇極大的艱難困苦的時候，先知耶利米祈禱說：「我們也稱為祢名下的人，求祢不要離開我們。」（耶利米書14：9）天使和未曾墜落之諸世界的居民，都尊上帝的名為聖。當你禱告說「願人都尊祢的名為聖」時，你就是祈求這個名能在世上和在你身上被尊為聖。上帝已經在世人和天使面前承認你是祂的兒女，所以要祈求使自己不致羞辱「你們所敬奉的尊名」（雅各書2：7）。上帝差遣你到世界上作祂的代表，你生活的一舉一動，都要反映上帝的聖名。這個祈禱也是呼籲你擁有祂的品德。如果你沒有在生活和品格上彰顯上帝的生命和品德，並在世人面前代表祂，就不能算尊祂的名為聖。唯有當你接受基督的恩典和公義，才能做到這一點。（《山邊寶訓》原文第106—107頁）

為每日的飲食祈禱

> 我們日用的飲食，今日賜給我們。
>
> 馬太福音6：11

你就像孩子一樣，必須每天領受當日的需要。你當天天禱告說：「我們日用的飲食，今日賜給我們。」如果你所擁有的，不足以應付明天的需要，也不要失望，因為祂已經向你應許：「你……住在地上，以祂的信實為糧。」（詩篇37：3）大衛說：「我從前年幼，現在年老，卻未見過義人被棄，也未見過他的後裔討飯。」（詩篇37：25）

那位曾減輕祂寡母的憂慮，幫助她供養拿撒勒家庭的救主，也同情每一位為兒女的食物而勞累的母親。祂曾憐憫眾人，「因為他們困苦流離」（馬太福音9：36），如今祂仍然憐憫受苦的窮人，祂向他們伸手祝福。在祂教導門徒的禱告中，祂要我們記念窮人。

我們祈求日用的飲食，不僅包括維持肉體的食物，也包括培養靈性得永生的屬靈糧食。耶穌吩咐我們：「不要為那必壞的食物勞力，要為那存到永生的食物勞力。」（約翰福音6：27）祂說：「我是從天上降下來生命的糧；人若吃這糧，就永遠活著。」（第51節）我們的救主是生命的糧。唯有藉著仰望祂的愛，領受祂的愛，才算是領受了從天上降下來的糧食。

藉著祂的聖言，我們遇見並領受基督，而聖靈的賜予，啟迪了我們的悟性，使我們了解上帝的聖言，並將其真理進入我們的心中。我們要天天祈禱，求上帝在我們閱讀祂聖言的時候，上帝能差遣祂的靈，向我們啟示真理，以增強我們的靈性，應付每日的需要。

上帝教導我們每天——為屬世和屬靈方面所需要的福惠祈求——以便我們得益處，完成祂對我們所定的旨意。祂希望我們認識到自己需要祂隨時的眷顧帶領，祂也正不斷尋求方法以吸引我們與祂交往。在與基督交往的時候，透過祈禱和閱讀《聖經》偉大而寶貴的真理，我們就會如饑餓的人得到飽足，又如乾渴的人從生命之源獲得滋潤。（《山邊寶訓》原文第111—113頁）

寬恕的心

> 你們饒恕人的過犯，你們的天父也必饒恕你們的過犯；你們不饒恕人的
> 過犯，你們的天父也必不饒恕你們的過犯。
>
> 馬太福音6：14—15

我們的救主教導祂的門徒要祈求：「免我們的債，如同我們免了人的債。」（馬太福音6：12）這裡求的偉大福分是有條件的。我們自己正是這些條件的表述。我們向上帝求的憐憫要按照我們向別人施的憐憫來衡量。基督宣布，這乃是主對待我們的準則。「你們饒恕人的過犯，你們的天父也必饒恕你們的過犯；你們不饒恕人的過犯，你們的天父也必不饒恕你們的過犯。」（馬太福音6：14—15）多麼奇妙的條件啊！但是人們對此瞭解或聽從的，是多麼少啊！

最常見的一種罪，也是最致命的一種罪，就是放縱一種不饒恕的精神。多少人心懷仇恨、憎惡或報復，然後又跪到上帝面前求赦免，像他們赦免別人一樣啊！他們肯定沒有理解這個重要禱告的真正含意，否則他們就不敢說出這個祈求了。我們每天每時都依賴上帝赦罪的恩惠；我們還怎能對同作罪人的人心懷苦毒和惡意呢！如果基督徒在他們日常的一切交往中，都願意執行這個禱告的原則，在教會中和世界上就會發生何等有福的改變啊！這將對《聖經》宗教的現實性作出最有說服力的見證。

使徒警告我們說：「愛人不可虛假。惡，要厭惡；善，要親近。愛弟兄，要彼此親熱；恭敬人，要彼此推讓。」（羅馬書12：9—10）保羅要我們分辨清楚，受基督的靈激勵、純潔無私的愛，和世界上充斥的那些無意義的、欺人的虛情假意，兩者之間的不同。這種卑鄙的偽裝已使許多生靈誤入歧途。它也會不分是非，姑息犯罪者的行為而不如實地向他指出錯誤。真正的友誼，絕對不會造成這樣的做法，只有世俗的心才存有這種態度。

當基督徒不斷地表現得和藹、同情、寬恕的時候，他就會感到與罪惡格格不入。他會憎厭罪惡，追求良善，寧願喪失不信上帝之人的聯繫與友誼。基督的靈，引導我們憎恨罪惡，而同時我們也會心甘情願地為拯救罪人而作出任何犧牲。（《教會證言》卷五，原文第170—171頁）

充滿感恩之心

> 那時，摩西和以色列人向耶和華唱歌說：我要向耶和華歌唱，因祂大大戰勝，將馬和騎馬的投在海中。耶和華是我的力量，我的詩歌，也成了我的拯救。這是我的上帝，我要讚美祂，是我父親的上帝，我要尊崇祂。
>
> **出埃及記15：1—2**

以色列全軍歌唱這雄壯的詩句，如同眾水的聲音一般。以色列的婦女齊聲應和，摩西的姐姐米利暗帶領著她們出來擊鼓跳舞。曠野和大海反應著他們快樂的疊句，山嶺迴響他們讚美的詩歌。

這一首詩歌和其中希伯來人所記念的偉大拯救，在他們的記憶中留下了深刻的印象，是永遠不能磨滅的。世世代代的先知和音樂家不斷地歌頌這一首詩歌，證明耶和華是依靠祂之人的力量和拯救。這一首詩不單是指希伯來人，它還指明將來所有義人的仇敵將滅亡，上帝的以色列選民會獲得最後勝利。拔摩島的先知曾看到那些得了勝穿著白衣的人，站在有火攙雜的玻璃海上；「拿著上帝的琴，唱上帝僕人摩西的歌和羔羊的歌。」（見**啟示錄15：2—3**）

這就是以色列得救詩歌中所蘊含的精神，而它也應該是充滿於敬愛上帝者心中的精神。在使我們脫離罪惡的捆綁這件事上，上帝所施行的拯救，比在紅海邊為希伯來人所施行的拯救更偉大。我們應當像希伯來全軍一樣，因耶和華「向世人所行的奇事」，而同心合意地齊聲讚美祂。那些思念上帝的偉大慈愛，並記得祂較小恩賜的人，必要以歡樂束腰，並口唱心和的讚美主。我們每天從上帝手中所領受的福惠，尤其是耶穌為要使我們得到福樂和天家而為我們捨命的恩典，應該作為我們不斷感謝的緣由。上帝使我們這失喪的罪人得以與祂自己聯合，成為祂特選的子民，祂向我們所顯出的是何等的慈愛，何等的大愛！（《先祖與先知》原文第288—289頁）

奉耶穌的名禱告

> 我小子們哪,我將這些話寫給你們,是要叫你們不犯罪。若有人犯罪,
> 在父那裡我們有一位中保,就是那義者耶穌基督。
> 約翰一書2:1

應許之虹環繞著上帝的寶座;我們在那裡有一位辯護者。我們受邀奉基督聖名將我們的請求呈遞給上帝。耶穌曾說過:「你們若奉我的名求什麼,我必成就。你們奉我的名祈求,就證明你們是屬於我的,你們是我的兒女,天父就會待你們如對待祂的兒子,愛你們如愛我一樣。」

「因著你們對我的信心,帶領你們進入與我和天父的親密感情之操練中。我是金鏈,能把你們的心與靈以愛與順服與我父作連結。我告訴我父,我的名對你們是可親的,是受尊敬的、是被愛的;因此你們可向我的父要求你們所想的。祂要赦免你們的罪,接你們為祂的王室——使你們成為祂的兒女,與祂的獨生子同作後嗣。

藉著信奉我的聖名,祂會賜予你們成聖和聖潔,讓你們能在罪惡的世界從事祂的工作,並永遠承受祂的國度。我的父不僅對全天庭,也對凡相信耶穌犧牲的人、因信上帝的愛而回轉的忠誠者,敞開祂的心。那些相信基督擔當了他們的罪、調解他們的罪、為他們代求的人,可以憑著上帝豐富的恩典要求天國的財富。」

悔改之心的禱告能開啟資源的寶庫,握有無窮的能力。這種禱告能使懇求者瞭解何謂握有上帝的大能以及與祂和好的意義。這種禱告使我們對所交往的人產生影響。……我們有這個特權和責任,將基督之名的功效帶進我們的懇求,並在我們的生命中運用基督曾為我們所使用的論據。這樣,我們的禱告就會完全符合上帝的旨意。(《時兆月刊》原文1896年6月18日)

我們的禱告必蒙應允

你就要以全能者為喜樂，向上帝仰起臉來。你要禱告祂，祂就聽你；你也要還你的願。

約伯記22：26—27

基督為門徒禱告時說：「我為他們的緣故，自己分別為聖，叫他們也因真理成聖。我不但為這些人祈求，也為那些因他們的話信我的人祈求。」（約翰福音17：17—18）在基督的這段禱告中，還包括了凡聽到祂差遣的使者所說的生命和救恩話語的人。

我們能憑信心理解我們得到天父的愛，就如同聖子得到天父的愛嗎？我們如果真正理解這一點並採取了行動，就一定會擁有基督的恩典；天上的金燈臺流淌的油就會注入我們貧乏、饑渴、燥熱的心靈。我們的亮光不再忽閃不定，而會耀眼地照入如柩衣包裹的黑暗道德世界中。我們應憑信心，聽從基督不斷為我們的益處所作的斡旋。祂說：「父啊，我在哪裡，願祢所賜給我的人也同我在哪裡，叫他們看見祢所賜給我的榮耀；因為創立世界以前，祢已經愛我了。」（約翰福音17：24）

我們的救贖主鼓勵我們時常提出要求，祂很明確地應許我們的祈求絕不會徒勞無功。祂說：「你們祈求，就給你們；尋找，就尋見；叩門，就給你們開門。因為凡祈求的，就得著；尋找的，就尋見；叩門的，就給他開門。」（馬太福音7：7—8）

接著，祂描繪了孩童向他父親求餅的畫面，說明比起父母滿足孩子的請求，上帝是如何更樂意滿足我們的請求。

今日寶貴的救主是屬於我們的。我們永生的盼望是寄託在祂身上。祂將我們的請求轉達給天父，並把我們所祈求的福氣傳給我們。（《時兆月刊》1896年6月18日）

不僅禱告，還要祈求並做工！

> 王問我說：「你要求什麼？」於是我默禱天上的上帝。我對王說：「僕人若在王眼前蒙恩，王若喜歡，求王差遣我往猶大，到我列祖墳墓所在的那城去，我好重新建造。」
>
> 尼希米記2：4—5

尼希米在祈求上帝的幫助時，他自己並沒有袖手旁觀，認為在重建耶路撒冷的大計中，他不必操心或負責。反之，他以令人欽仰的慎思熟慮，著手進行各種必要的安排，以確保重建事業的成功。

這位聖人的榜樣應當成為一切上帝子民的教訓，我們不但要憑著信心禱告，也要殷勤忠實地做工。我們遇過多少次的困難，而天上的工作也因我們的緣故而遭受多少次的阻礙，這些都是因為我們覺得深思熟慮和辛勤工作，與我們的信仰並沒有什麼關係所造成的！這是一種嚴重的錯誤。我們有責任培養和運用一切可使我們成為上帝更有效工人的能力。今日和尼希米的時代一樣，聖工的成功有賴於周密的思考和成熟的計畫。

祈禱的人應當也是行動的人。人若準備好而且願意的話，就必找到許多做工的方法。尼希米並不將希望寄託在渺茫無定的空想中，他知道資財不足，就向有能力捐助的人們求助。

上帝願意為了祂的子民而感化君王和官長的心。為主做工的人應當利用這些幫助，藉著這些人的捐助，能打開福音的道路，使真理之光傳到許多黑暗的地區。這些人也許並不贊同上帝的工作，他們可能不信基督，不明白祂的道，但他們為此而捐獻的金錢，卻不應拒絕。

主已將祂的財物交在非信徒和信徒手中，大家都可以把屬於祂的歸還祂，藉此推進為墮落的世界所完成的大工。只要我們生存在世上，只要上帝的靈仍在感動人心，我們總是要能領受又能施給。（《南方守望者》1904年3月15日）

禱告要順服上帝的旨意

你們要時時警醒，常常祈求，使你們能逃避這一切要來的事，得以站立在人子面前。

路加福音21：36

要時常向你天上的父禱告。你越常祈禱，心靈就越被吸引到神聖上帝的身邊。聖靈會以說不出來的歎息為誠懇祈求的人代求，人的心也就因上帝的愛而軟化順服了。撒但投在人心上的雲霧與陰霾，都要被「公義的日頭」耀眼的光線所驅散，心靈的內室要為上天的光亮所照亮。

然而你的禱告若似乎沒有立時得到應允，你也不要灰心。主看到人們的祈禱往往攙雜著屬世的成分，世人祈求能滿足他們私慾的東西。主並不按照他們所期望的應允他們，祂要使他們經受考驗和試煉，祂要使他們經受屈辱，直到他們更清楚地看到自己所需的是什麼。祂不會給人滿足敗壞的食慾，和危害世人、使他們羞辱上帝的東西；祂也不賜給人滿足其野心和僅供自高自大之物。我們親近上帝時必須心存順服和痛悔，將一切都降服在祂神聖的旨意下。

基督在客西馬尼園向祂的天父禱告說：「我父啊，倘若可行，求祢叫這杯離開我。」（馬太福音26：39）祂的心靈所祈求想擺脫的痛苦之杯，就是那致使祂與上帝分離的世人之罪。祂完全清白無辜，但為了讓罪人得到赦免，無罪地站立在上帝面前，祂卻必須在上帝面前作罪人。當祂確知世人只能藉著祂自己的犧牲得救時，祂說：「然而，不要照我的意思，只要照祢的意思。」（馬太福音26：39）基督在上帝面前禱告所表現的順服精神，正是上帝所悅納的精神。但願人能認識到自己的需要、無力和虛空；但願人能竭力表明自己渴求天上幫助的熱望，幫助就必來臨。（《評閱宣報》1895年11月19日）

躲避黑暗，倚靠上帝

> 靠著聖靈，隨時多方禱告祈求；並要在此警醒不倦，為眾聖徒祈求。
> 以弗所書6：18

有些人並非生來就是虔誠的，所以應該鼓勵他們培養一種嚴格省察自己生活和動機的習慣，並且應特別重視他們對信仰操練和私人禱告的喜愛。人們往往聽到他們談論疑惑和不信，詳述他們與不信的情緒所作的奇妙鬥爭。他們仔細研究各種令人灰心的勢力，以致影響了他們對真理所存的信心、盼望、勇氣，和從事聖工最終需要的成功，也誤導了他們竟覺得對真理的懷疑是一種特別的美德。

有時他們似乎確實喜歡停留在不信的立場上，且在每種環境中處處為他們的黑暗作藉口，以強化他們的不信。對這類人，我們要說：「你們最好馬上從錫安的城牆上下來，直到你們成為徹底悔改的人。」

但是這些疑惑、黑暗、不信的原因是什麼呢？我的答案是：這些人沒有擺正他們與上帝的關係。他們並沒有誠實忠信地對待自己的心靈，他們忽略了培養個人的敬虔。他們並沒有使自己擺脫一切的自私自利，並與罪和罪人隔絕。他們沒有學習救主捨己、自我犧牲的生活，也沒效法祂純潔、獻身、自我犧牲的榜樣。

那容易纏累他們的罪，一直因著他們自我放縱而逐漸加強。他們因自己的疏忽和罪惡，已使自己與那位神聖教師的陪伴隔絕了。

我們現在從事的是一項崇高神聖的聖工。凡自稱蒙召要教導那些處在黑暗中、需明白真理的人，自己不該成為不信和黑暗的實體。他們應當過著親近上帝的生活，繼而在主裡完全光明。他們無法如此行的原因，就在於他們自己沒有遵行上帝的道，所以才會在應聽到信心和聖潔的歡呼時，卻表示懷疑和氣餒。（《教會證言》卷二，原文第513—516頁）

以禱告來彰顯基督深不可測的愛

> 上帝既不愛惜自己的兒子，為我們眾人捨了，豈不也把萬物和祂一同白白地賜給我們嗎？
>
> 羅馬書8：32

當基督被掛在十字架上為人類的罪惡受苦時，祂對這沉淪世界的愛，有誰能測度呢？這愛是無法衡量的，是無窮無盡的。

基督表明祂的愛比死更強。祂完成拯救人類的救贖之工，祂雖與黑暗的權勢進行最可怕的鬥爭，然而祂的愛在這一切當中越變越強。……在最後的心靈爭戰中，祂發出了似乎有萬物回應的蒙福話語「成了」之時，那救贖人類的代價便償還了。

這奇異之愛的長闊高深，我們不能測量。對於救主極深無比之愛，我們應當默想，充滿在我們的思想中，感化心靈，並使情感純化且昇華，使整個品格完全改變。

有些人對救贖的理解十分有限。他們以為基督只忍受了上帝律法刑罰的一小部分；他們認為在上帝的愛子感受到上帝的忿怒，並經受各種痛苦之時，仍有天父之愛與悅納的保證；在祂面前的墓門有光明的指望照耀著，並且在祂心中有那未來榮耀的長存證據。這真是大錯特錯！基督那時最切心的痛楚，就是感受到天父已不喜悅祂了。祂因這種感覺而導致的精神痛苦是極其深切的，但人所能明瞭的部分卻是極其微末。

這種的愛真是言語無法形容，過於人之所能測度。大哉，敬虔的奧祕！我們的心要為天父和聖子愛人的宗旨而歡呼、振奮、高興。基督徒應在今生學習返照幾分這種神祕之愛，預備與一切得蒙救贖的人同聲說：「但願頌贊、尊貴、榮耀、權勢都歸給坐寶座的和羔羊，直到永永遠遠。」（啟示錄5：13）（《教會證言》卷二，第212—215頁）

藉著禱告獲得屬靈的力量

次日早晨，天未亮的時候，耶穌起來，到曠野地方去，在那裡禱告。
馬可福音1：35

因為耶穌的一生時時刻刻過著信靠祂父的生活，並藉著不斷地與上帝交往而維持祂與天父的關係，所以祂在天國的服事上既沒有失敗也沒有動搖。基督每天都會遭遇試探，隨時遭受猶太領袖的反對。祂知道自己必須藉著祈禱來強化祂的人性。祂要造福人類，就必須與上帝交往，從天父那裡得到力量、恆心、堅定不移的精神。

救主喜歡在山上清靜之處與天父獨自交往。祂白天熱心工作，救人脫離滅亡。祂醫治病人，安慰傷心的人，叫死人復活，使絕望的人得著希望和喜樂。祂往往白天完工之後，便在晚間離開城市的混亂，到曠野跪下祈求祂的父。有時祂整夜祈禱，與上帝交往回來之後，就身心舒暢，重新得力，提起精神，克盡本分，應付試煉。

基督的傳道人是否會受到撒但的試探與猛烈的攻擊？那位無罪的主也曾如此。祂在這些困苦窘迫的時辰轉向祂的天父。祂自己就是福氣和力量之源，能醫治人的疾病，也能讓死人復活，祂甚至斥責風暴，連狂風驟雨也聽從祂的吩咐，然而祂依舊禱告，而且常常是大聲流淚禱告。祂為門徒禱告，也為自己禱告，繼而以祂的人性來了解我們的需要。祂的懇求有力。祂是生命之君，與上帝同在，有能力並得勝了。

凡教導和講道最有效果的人，就是那些謙卑地等候上帝，渴望祂引導和恩典的人。基督徒的口號是警醒、祈禱、做工。真基督徒的人生是一個時時禱告的人生。祂知道一天的亮光力量不足以抵禦第二天的試煉和鬥爭。撒但不斷地變換他的試探。我們每天的遭遇不同，在新的環境下有新的危機，隨時有預想不到的試探包圍我們。我們只有藉著從天而得的力量和恩典，才能應付試探，履行我們當前的責任。（《福音工作者》原文第255—257頁）

祈求智慧與能力

上帝啊，我的心切慕祢，如鹿切慕溪水。我的心渴想上帝，就是永生上帝；我幾時得朝見上帝呢？

詩篇42：1—2

那些在五旬節從天上得著能力的人，並沒有就此永遠脫離試探和考驗。當他們為真理和正義作見證時，曾屢次遭遇敵對真理之人的攻擊。這些仇敵想要破壞他們的基督徒經驗，所以他們不得不努力奮鬥，以求長大成人，滿有基督長成的身量。他們每天禱告，求主賜下新的恩典，好叫他們朝向完美的境地而日臻變化。

在聖靈的感化之下，連最軟弱的人也能操練自己對於上帝的信心，並學習發展上帝所賦予的才能，使他們成為聖潔、純善和高尚的人。當他們以謙虛的心順服聖靈的潛移默化時，他們就接受了上帝本性一切的豐盛，漸漸有了上帝的形像。

基督臨別時說要派聖靈作祂代表的應許，並沒有因時光的流逝而有所改變。主的豐富恩典之所以沒有沛降於世人，並不是上帝有何限制。如果這項賜聖靈的應許沒有充分應驗，乃是因為這個應許沒有受到應有的重視。只要甘心情願，誠心接受，大家都可以被聖靈充滿。什麼地方不感覺需要聖靈，什麼地方就必呈現屬靈的荒蕪、黑暗、凋殘、死亡。什麼時候人的思想只充滿了無足輕重的瑣事，那為教會生長興旺所必需的神能，和其所帶來的其他福惠就仍缺乏，縱然上帝樂意作充分的供應亦然。

一隊隊的福音工作者應當聚集，為這特別的幫助和屬天的智慧祈求，好使他們知道如何聰明地計畫並實施聖工。他們應當特別求主為那些在各處佈道，蒙祂揀選作祂使者的人，受聖靈豐富的施洗。主的工人若有聖靈同在，就必使真理的宣揚得到一種動力。這動力不是任何屬世的尊榮所能產生的。

（《使徒行述》原文第49—51頁）

不斷的靜默禱告

> 要以祂的聖名誇耀；尋求耶和華的人，心中應當歡喜。要尋求耶和華與祂的能力，時常尋求祂的面。
>
> 歷代志上16：10—11

人們缺乏對祈禱應有的認識。我們的禱告不是向上帝報告祂所不知道的事。主熟知每一個人的祕密。我們的禱告不必大聲、冗長。上帝洞察人最隱祕的思想。我們在暗處禱告，那位在暗中觀察的主必垂聽，並在明處回應我們。

如果我們一點兒也不感到自己是可憐的，卻告訴上帝說自己是如何可憐，這樣的禱告乃是偽善的。主所重視的，乃是悔改的禱告。「因為那至高至上、永遠長存，名為聖者的如此說：我住在至高至聖的所在，也與心靈痛悔謙卑的人同居；要使謙卑人的靈甦醒，也使痛悔人的心甦醒。」（以賽亞書57：15—16）

禱告的目的不是要讓上帝為我們作什麼改變，而是要使我們與祂和諧。上帝接納我們經常獻上的懇切禱告，但禱告不能代替我們所當繳納的十分之一，也不能償付我們欠上帝的債。

在禱告時，從上帝那所得到的力量必預備我們實行每日的本分。我們每日都會遇見試煉，所以天天禱告是必要的。為了使我們憑信獲得上帝的能力，我們必須不斷地在靜默禱告中將我們心中的願望向上帝傾吐。

我們既然被那些引誘人離開上帝的不良影響所包圍，就必須不倦地祈求上帝賜下幫助和力量。否則，我們將無法除去心中的驕傲，戰勝試探的權勢。這些試探會不斷引誘我們縱情恣意，離開救主。那使生活聖化的真理光芒，一旦進入人心，就必揭露出人心中那意圖擁有主導權的邪惡情慾，真理之光必……使人靠著基督的功勞，竭力抵抗撒但而得勝。（《告青年書》原文第247—248頁）

在祈禱中把你的孩子帶到耶穌面前

那時，有人帶著小孩子來見耶穌，要耶穌給他們按手禱告，門徒就責備那些人。

馬太福音19：13

在基督的時代，母親們把孩子帶到祂面前，讓祂按手在她們頭上，為她們祝福。她們藉此表示自己相信耶穌，並深切關心她們受託照顧之兒女現今和將來的福利，但門徒們卻覺得沒有必要只因關心孩子而打擾夫子。正當他們打發母親們走開的時候，耶穌責備了他們，並吩咐群眾讓路給這些帶著小孩的忠心母親，來到祂面前。祂說：「讓小孩到我這裡來，不要禁止他們；因為在天國的，正是這樣的人。」（馬太福音19：14）

當母親們穿過滿是塵土的道路走近救主時，祂看見了她們抑制不住的眼淚和發抖的嘴唇，默默地為兒女獻上禱告。祂聽見門徒責備的話，就立刻取消了對他們所下的命令。祂充滿大愛的心敞開接納孩子們。祂一個接一個地將他們抱在懷裡為他們祝福，還有一個孩子靠著祂的胸膛睡著了。耶穌就母親的工作對她們講了幾句鼓勵的話，這給她們的心帶來多大的安慰啊！當她們回憶起那個值得紀念的經歷時，她們是帶著何等喜樂的心情，思念耶穌的良善和慈悲啊！祂的恩言令她們卸下了心頭的重擔，賦予她們新的盼望和勇氣，她們疲勞的感覺全都消失了！

這個教訓給世世代代的母親帶來了鼓舞。她們既盡力謀求兒女的福利，就有權把孩子領到耶穌面前來。連母親懷裡的嬰孩，祂都無比珍視。當母親心中渴望從耶穌那裡得到她們自己無力給予的幫助和恩典，而將自己和兒女一起投身在基督慈悲的膀臂時，祂必接納和祝福他們，將平安、盼望、喜樂賜給母親和孩子。這是耶穌應許給一切母親的寶貴特權。（《美滿的健康》原文1880年1月）

為我們禱告

當下耶穌說：「父啊！赦免他們；因為他們所做的，他們不曉得。」兵丁就拈鬮分祂的衣服。

路加福音23：34

大批群眾跟隨救主到髑髏地去，許多人譏誚嘲弄祂，但有些人卻是流著淚並講述頌揚祂。凡祂曾醫治脫離疾病的人，和使之從死裡復活的人，都用誠懇的聲調宣講祂為他們所行的奇事，並要知道祂究竟做了什麼惡事，以致被人當作罪犯看待，遭受這樣的刑罰。

耶穌連一聲怨言也沒有發，祂的臉色依然灰白而恬靜，但有大滴汗珠留在祂額上。那時並沒有任何憐愛的手將祂瀕死的汗珠擦去，也沒有人講一句同情的話或作出效忠的表示來堅固祂的心。祂正在「獨自踹酒醡，眾民中無一人與祂同在。」（以賽亞書63：3）耶穌在兵丁執行他們殘酷的任務，而祂必須忍受著最劇烈的痛苦時，祂仍為祂的仇敵禱告說：「父啊！赦免他們；因為他們所做的，他們不曉得。」（路加福音23：34）

祂忘了自己的痛苦，只想到那些逼迫祂之人的罪，以及他們將要受的可怕而公正的報應。祂憐恤他們的無知和罪過，祂沒有向那些虐待祂的兵丁說過一句咒詛的話，也沒有向那些讓祂遭受這一切的苦難、自以為達到目的而洋洋得意、幸災樂禍的祭司和官長們說過一句報復的話，祂只向祂的父提出一個赦免他們的理由，「因為他們所做的，他們不曉得。」

如果他們知道自己向來折磨虐待的，就是那為了拯救犯罪人類脫離永遠滅亡的主，他們就會滿心悔恨而驚恐了。然而，他們的蒙昧無知並不能使他們免去他們的罪，因為他們原有機會去認識耶穌，並接受耶穌為他們的救主。他們拒絕一切的證據，他們不僅得罪了上天，釘死了榮耀之君，而且違背了最基本的人性，竟將一個無辜的人折磨致死。耶穌卻為他們取得權利，在父面前作人類的中保。基督為祂仇敵所獻的禱告，包括了全世界和你我，也包括了每一個古今中外的罪人，直到末日。（《預言之靈》卷三，原文第152—154頁）

以真誠追求真理的心與上帝交往

並且照明你們心中的眼睛，使你們知道祂的恩召有何等指望，祂在聖徒中得的基業有何等豐盛的榮耀。
以弗所書1：18

認識上帝是一切真知識和真發展的泉源。我們無論在道德、身體、屬靈方面，只要我們願意遠離罪的敗壞，真知識就會向我們顯現。若我們願抱著誠實的宗旨，無論我們用什麼方式追求真理，都能使我們與那位看不見、大有智慧的主接觸。祂運行並貫乎萬有之中，人的心就能與上帝的心發生交往，我們這有限的人，就能與無限的上帝交往了。這種交往，在靈智體各方面所產生的效果，是無法估量的。

這樣的交往方式，是我們所受的最高教育。這種發展的教育方法亦是上帝所親自命定的。「你要認識上帝」（約伯記22：21）是祂給人類的信息。這句話所歸納的方法，也是我們人類始祖所採用的教育方法。當初亞當在聖潔的伊甸園中身體處於無罪、健康、榮光的狀態時，上帝就是這樣教導他的。

亞當從創造主手中出來時，在靈、智、體方面都與他的創造主相似。「上帝就照著自己的形像造人。」（創世記1：27）祂的旨意乃是要人類生存得越久，就越充分地反映出祂的形像，反映出創造主的榮耀，人類的一切天賦都會得到發展，人類的才能與活力也會不斷增加。亞當有廣闊的活動空間和光榮的學習領域。他所擁有的崇高特權，就是能與他的創造主面對面傾心交談，只要他保持效忠上帝，這一切就永遠是屬於他的。

但這一切卻因他的違命而喪失了。上帝的形像因他的犯罪而損壞，甚至幾乎消失。自此，人的體力削弱、智力減退，屬靈的眼光也模糊了。他變成了必死的人。但人類還不是絕望的。因著無窮的仁愛與慈憐，上帝設立了救恩的計畫，賜給人一個考驗的時期。救贖的工作就是要在人類身上恢復創造主的形像，使他回到被造時完全的地步，促進他靈、智、體方面的發展，實現上帝創造他的旨意。這就是教育的目的，人生的偉大宗旨。（《教育論》原文第14—16頁）

禱告與改革息息相關

> 這稱為我名下的子民，若是自卑、禱告，尋求我的面，轉離他們的惡行，我必從天上垂聽，赦免他們的罪，醫治他們的地。
>
> 歷代志下7：14

希西家和他的同伴這時所恢復的禮節，原是從前聖殿中所奉行的。當初所羅門在奉獻聖殿時，曾發出預言性的禱告說：「祢的民以色列若得罪祢，敗在仇敵面前，又歸向祢，承認祢的名，在這殿裡祈求禱告，求祢在天上垂聽，赦免祢民以色列的罪。」（列王紀上8：33—34）

當時有上帝悅納所羅門禱告的印證，因為他祈禱完畢時，有火從天上降下，燒盡燔祭和其他祭物，並有耶和華的榮光充滿那殿（見歷代志下7：1）。當夜耶和華向所羅門顯現，告訴他，他的禱告已蒙垂聽，並說明凡在聖殿敬拜的人必可蒙上帝的憐憫。

以色列人已經多年沒有遵守逾越節為一個全國性的節期了。所羅門死後國家的分裂，使這一件事似乎難以實行，但那降在十個支派身上的可怕刑罰，喚醒了一些人對於更美好事物的願望；同時眾先知所講的動人信息已經有了相當的效果。……許多怙惡不悛的人輕蔑地不肯領受，然而有一些懇切尋求上帝並願意更清楚明白祂旨意的人，「自卑，來到耶路撒冷」（見歷代志下30：10—11）。

被擊打的以色列唯有一個拯治方——轉離那招致全能者責罰的罪惡，並全心歸向耶和華。上帝早已應許他們：「我若使天閉塞不下雨，或使蝗蟲吃這地的出產，或使瘟疫流行在我民中，這稱為我名下的子民若是自卑、禱告，尋求我的面，轉離他們的惡行，我必從天上垂聽，赦免他們的罪，醫治他們的地。」（歷代志下7：13—14）上帝之所以在以色列沒有發起決定性的改革之前，不降雨露，是為了實現這種良好的結果。（《先知與君王》原文第128頁）

禱告可帶來天使的幫助

> 順著情慾撒種的，必從情慾收敗壞；順著聖靈撒種的，必從聖靈收永生。
>
> 加拉太書6：8

青年男女們，你們要對上帝賜給你們的亮光負責。你們若忽略這些亮光與警告，它們在審判的日子必要起來指控你們。上帝已經清楚地把危險告訴你們，並多方忠告和保守你們，用警告來呵護你們。你們在上帝的家裡，已經聽到了上帝的僕人在聖靈的感動之下所傳講最嚴肅、最扎心的真理。這些嚴肅的呼籲在你們心中產生什麼效果，給你們的品格帶來什麼影響呢？你們要為每一道呼籲和警告負責。在審判的日子，它們必要定那些追求虛浮驕傲生活之人的罪。

你們既已得到亮光，明白眼前的危險，責任就落在你們身上了。你們對待上帝所賜亮光的態度，將決定你們將來的禍福，你們手裡正掌握著自己的命運。你們大家對於別人的思想和品格，都有一種或善或惡的影響。你們所發揮的影響力，都要記在天上的記錄冊中。你們各有一位天使隨侍，記錄你們的言行舉止。你每天早晨起身時，有沒有感到自己無助，需要來自上帝的能力？你有沒有謙虛而誠懇地把自己的需要告訴天父？如果有的話，這樣天使就會記下你的禱告。只要你的祈禱言而由衷，當你在無意中做錯，造成引人犯錯的影響時，保護你的天使就會在你身邊指示你正路，為你選擇當說的話，並影響你的行動。

我們救贖主向凡順從祂的人所給予的報償，就是不朽的榮耀和永恆的生命。祂使他們靠著祂的名——完善基督徒的品格，而為自己得勝，就像祂為他們得了勝一樣。祂已在自己的生命中給他們留下了榜樣，告訴他們如何可以得勝。「罪的工價乃是死；惟有上帝的恩賜，在我們的主基督耶穌裡，乃是永生。」（羅馬書6：23）（《教會證言》卷三，原文第363—365頁）

禱告，為聚會作準備

你們親近上帝，上帝就必親近你們。有罪的人哪，要潔淨你們的手！心懷二意的人哪，要清潔你們的心！你們要愁苦、悲哀、哭泣，將喜笑變作悲哀，歡樂變作愁悶。務要在主面前自卑，主就必叫你們升高。

雅各書4：8—10

在參赴聚會以前，我們的家人有一番工作需要預備。但願我們把飲食和衣著的事列為次要，而在家中開始深刻省察己心的工作。每日祈禱三次，並像雅各一樣，情詞迫切，堅持不棄。應在你家中先找到耶穌，然後帶祂與你們一起去聚會，你們在那裡所花的時間將會多麼寶貴啊！但是如果為那時間而作的個人預備之工被疏忽了，你們又怎能期望會有主與你們同在，以及見到祂的大能顯現呢？

為你們靈命的緣故，為基督的緣故，以及為別人的緣故，應當在家裡先行預備工作。要迫切祈禱，像你們從來沒有那麼行過的。要在上帝面前打破己心，先使家庭上軌道。預備兒女參加這聚會。教導他們明白，到上帝之前，要手潔心清，這比穿好衣服重要得多了。應當把那在他們道路上可能遇見的每一阻礙，以及在他們彼此之間，或在你們與他們之間的所有歧見，清除淨盡。你們若這樣行，便是邀請了主光臨自己的家，聖天使也要隨你們赴會，他們的光臨與在場，將迫使惡天使的陰影退離。

因為忽略了這項重要的工作，損失是何其大啊！你可能滿意於聚會的講道，可能變得復興活潑，但你的內心卻無法獲得那上帝感化人、令人悔改的能力，你手上所做的工作也無法達到應有的深入、徹底、持久程度。要把驕傲釘死，讓心靈披上基督之義的無價禮服，那麼你就會享有何等美妙的聚會！對你的心靈來說，聚會將像天國的大門敞開一樣。

謙卑和省察己心的工作也當在聚會中進行，以便弟兄們到教會聚集到主面前時，已放棄一切歧見，消除所有隔閡了。要懇切地開展這項工作，……因為如果你們若帶著疑惑、抱怨、爭執來聚會，就等於把惡天使帶進教會的營區了，無論你前往何處都會帶著陰暗。（《教會證言》卷五，原文第164—165頁）

在禱告中仰望耶穌

摩西在曠野怎樣舉蛇，人子也必照樣被舉起來。

約翰福音3：14

以色列人的營區到處都是受到致命毒蛇咬傷的痛苦和將死之人，但耶穌基督的話從雲柱上傳來，對這些傷痛者的治療發出指示，應許他們仰望銅蛇，就能活。仰望的人只要相信主的應許就可活下來，但有人說：「看銅蛇有什麼好處？我肯定會因毒蛇咬傷而致命。」如果他們只繼續談論他們致命的傷勢，聲稱自己是無望了，拒絕執行這簡單的順從舉動，他們就必死亡，而那些仰望銅蛇的人都活了下來。

現在我們蒙召把注意力轉向那位大醫師。「看哪，上帝的羔羊，除去世人罪孽的。」（約翰福音1：29）我們如果只專注於自己的罪，談論或悲歎我們不幸的狀態，我們的傷口和膿腫就依然存在。但當我們把視線轉離自我，注視舉起來的救主時，我們就會得到盼望和平安。主藉著《聖經》吩咐我們「仰望而存活」。「那領受祂見證的，就印上印，證明上帝是真的。上帝所差來的就說上帝的話，因為上帝賜聖靈給他是沒有限量的。父愛子，已將萬有交在祂手裡。信子的人有永生。」（約翰福音3：33—36）

因此，我們有充分的理由相信為何我們能夠得到鼓勵，盼望得到來自主的救恩。在耶穌基督裡，我們得救的一切準備工作都已完成。不論我們有什麼罪孽和虧欠，在大衛的家都有一個泉源為一切罪惡和污穢的洗淨而開放著。「耶和華說：你們來，我們彼此辯論。你們的罪雖像硃紅，必變成雪白；雖紅如丹顏，必白如羊毛。」（以賽亞書1：18）這是主的話。我們接受嗎？我們相信祂嗎？（《時兆月刊》1894年4月2日）

虔誠婦人的禱告得應允

> 我祈求為要得這孩子；耶和華已將我所求的賜給我了。
>
> 撒母耳記上1：27

以法蓮山地有一個利未人，名叫以利加拿，他是一個有財有勢的人，但他同時也是一個敬愛耶和華的人。而他的妻子哈拿是一個熱誠敬虔的婦人，性情溫柔謙遜，其品性以深切的熱誠和卓越的信心著稱。

雖然他們是一對敬虔的夫婦，卻沒有得著每一個希伯來人所熱切希冀的福分；他們的家中已多年沒有聽見兒童歡笑的聲音，丈夫為了傳宗接代，就像其他許多人一樣，另娶了一個妻子。然而，這個對上帝缺少信心的作法，並沒有使他得到幸福。他的家中固然添了兒女，但是上帝所立的神聖婚姻制度卻受了影響，家庭的和睦也因而被破壞了。新娶的妻子毗尼拿是一個嫉妒成性、心胸狹窄、傲慢無禮的人。哈拿一生的指望看似破滅了，她的人生已成了重累，然而她卻以毫無抱怨的溫柔來應付試煉。

她只能把那世上的親友都不能為她分擔的重擔卸給上帝。她懇切祈求上帝除去她的恥辱，賜給她一個寶貴的恩賜——那就是一個兒子，使她可以為上帝教育撫養。因此，她也立了一個莊嚴的誓約，那就是上帝若賜她一個兒子，她就會將這個孩子終身獻給上帝使用。

哈拿的祈禱得到應允了！她果然得到她所懇切祈求的恩賜。當她看到這個孩子時，就給他起名叫撒母耳，意思就是——從耶和華那裡求來的。等到這孩子長大可以離開母親的時候，她就向上帝還她所許的願。……哈拿從示羅平安地回到拉瑪的家時，就把孩子撒母耳留在示羅，讓他在大祭司的指導之下受訓練，學習如何在上帝的殿中服事。哈拿從她兒子智慧初開的時候，就已經教導他要敬愛上帝，並視自己是屬於耶和華的人。她透過他周圍的普通事物來引導他的思想歸向創造主。當這位忠實的母親和孩子分離的時候，她還是一直掛念著她的愛子。她每天禱告時，總是為他代求。……哈拿從來沒有為她兒子要求屬世的尊榮，只是每天懇切地為他禱告，祈求他能夠達到上天所認為偉大的地步——榮耀上帝，造福人群。（《先祖與先知》原文第569—572頁）

奉基督之名禱告的意義

> 你們奉我的名無論求什麼，我必成就，叫父因兒子得榮耀。你們若奉我
> 的名求什麼，我必成就。
>
> 約翰福音14：13—14

上帝不願祂的百姓低估自己、看輕自己。祂期望祂所揀選的子民，能按著祂已為他們所付的代價來看重自己。上帝需要他們，不然，祂就不會差遣祂的獨生子耶穌，付出這麼大的代價來救贖他們。祂要使用他們，所以當他們為榮耀祂的名而向祂提出最高最大的要求時，祂卻是非常喜悅的。如果他們相信祂的應許，他們就可望成就大事。

奉基督的名祈求，是深具意義的。那表示我們要接受祂的品格，表現祂的精神，並實行祂的工。救主的應許是帶有條件的，祂說：「你們若愛我，就必遵守我的命令。」（約翰福音14：15）祂救人，並不要使人留在罪中，而是要使人脫離罪惡。凡愛祂的人要以順從來顯明他們的愛心。

一切真實的順從都是由內心發出來的，基督的順從也都是出於內心的。如果我們同意，祂必使我們的思想和目的與祂一致，心志和意念也符合祂的旨意，因此在我們順從祂的時候，無非只是履行自己的意願而已。我們這受了鍛鍊成為聖潔的意志，就必以從事祂的工作為最大的喜樂。當我們利用我們所有的機會去認識上帝時，我們的生活就必成為一種時常順從的生活。藉著了解基督的品德、藉著與上帝交往，我們就必恨惡罪惡了。

我們不能依靠人的指教。主樂意教導什麼是我們的本分，正如祂樂意教導別人一樣。如果我們憑著信心到祂面前，祂必親自向我們說明祂的奧祕。當上帝像與以諾一樣與我們親近交往時，我們的心就會因祂而常常火熱起來。凡決心不做任何不蒙上帝喜悅之事的人，當他們把他們的事呈現在主面前時，就必確知什麼途徑是他們該行的。而且他們非但要得著智慧，也要得著能力。順從和服事的能力，都必照基督的應許賜給他們。（《評閱宣報》1910年7月4日）

經過禱告的屬靈成長

> 你們祈求,就給你們。尋找,就尋見;叩門,就給你們開門。因為凡祈求的,就得著;尋找的,就尋見;叩門的,就給他開門。
>
> 馬太福音7:7—8

凡希望有效地從事救靈工作的傳道人,必須研究《聖經》和殷勤祈禱。人若忽略研究《聖經》,卻妄想教導別人《聖經》,這是一種罪過。凡明白生靈價值的人,都會躲入真理的堡壘,在那裡被賦予智慧、知識、力量和神聖的大能去執行上帝的工作。他們不該安於現狀,不願接受天上的聖膏。那些膽敢無視自身屬靈進步的人危如累卵。

你們和其他人都是上帝所委託保管祂律法的傳道士,你們所擁有的卻是不受世人歡迎的真理,但你們必須向世人傳播這真理,必須發出警告,……為上帝的大日作準備。你們務必接觸那些因罪惡和貪愛世界而冥頑不靈的心,要不斷熱誠地禱告,熱心行善,這樣你們的心才能將你們帶進與上帝的交往之中。故此,你們的心靈會感受到永生的事物,而天上的膏油會透過你們與上帝的交往,湧向你們,你們的見證也就具有強大的說服力和感動力。你們的光不會昏暗不明,你們的道路必因天上的亮光而通透起來。上帝是全能的,天上充滿亮光。你們只需要運用上帝讓你掌握的方法來獲得祂的福氣。

要恆切禱告。你可以是活的香氣叫人活,也可以是死的香氣叫人死。你所處的地位責任極其重大。我懇勸你要愛惜光陰。你藉著祈求來親近上帝,就必像一棵樹栽在溪水旁,葉子也不枯乾,按時候結果子。……只管到上帝面前來,照祂的話接受祂,並讓你的行為因活潑信靠祂的應許而得到支持。上帝向你要的,不是流利的禱詞和有邏輯的推理,而是一顆謙卑痛悔的心,隨時樂意學祂的樣式。 (《評閱宣報》1878年8月8日)

藉著禱告與上帝同行

> 以諾生瑪土撒拉之後,與上帝同行三百年,並且生兒養女。……以諾與上帝同行,上帝將他取去,他就不在世了。
>
> 創世記5:22—24

我們在從事日常工作的時候,應當藉著禱告將自己的心提升到天上。當這些靜默的禱告像香氣一樣升到施恩的寶座前時,仇敵就敗退了。凡如此與上帝保持心靈交通的基督徒,必不會失敗,沒有什麼邪惡的計謀能夠破壞他們的平安。上帝聖言的一切應許、上帝恩典的所有能力、耶和華的一切資源,都保證將會來援助他。以諾就是這樣與上帝同行的。上帝與他同在,作他隨時的幫助。

禱告乃是屬靈的呼吸,是屬靈能力的祕訣,沒有其他良方可以代替它,以保持心靈的健康。祈禱使心靈與生命的源泉直接接觸,使信仰經驗中的筋骨和肌肉健壯。疏忽禱告,或斷斷續續的祈禱,表面上看來是方便一些,但你卻失去了與上帝的聯繫;屬靈的能力失去了生氣,信仰經驗也缺乏了健康和活力。

我們是不配的罪人,竟有權利向上帝提出請求,而我們的禱告竟能發生效果,這真是一件奇妙的事!與無窮的上帝相連——人還能希望得到什麼更高的權力呢?軟弱有罪的人有權利與他們的創造主說話,我們所說的話竟能上達到宇宙大君的寶座前,而我們行路時可與耶穌交談,祂說:「我在你的右邊。」

我們可以在心中與上帝交往,也可與基督結伴同行。當我們從事日常工作的時候,我們可以向祂傾心吐意,而不被任何人的耳朵所聽聞,但我們對祂所說的話絕不會寂然消失。沒有什麼事能壓抑我們心中的願望,它能超脫街市的嘈雜和機器之噪音,因為我們是與上帝說話,所以我們的祈禱必蒙垂聽。(《告青年書》原文第249—250頁)

禱告是抵擋撒但的有效武器

> 務要抵擋魔鬼，魔鬼就必離開你們逃跑了。你們親近上帝，上帝就必親
> 近你們。
>
> 雅各書4：7—8

撒但隨時隨地都在不停的工作，可是知道他的活動範圍及狡猾的人卻很少。上帝的子民應當預備好，才能抗拒這個詭詐的敵人，撒但所怕的就是這種抵抗，他比我們更有自知之明，曉得自己力量的限度，他知道我們若當面抵抗他，他是多麼容易被打敗呀！

靠著上帝的能力，即使是一個最軟弱的聖徒也敵得過撒但及其全軍，而且就算是拿來試驗，也可證明……聖徒的力量是勝過撒但的。因此，撒但的腳步無聲無息，他的行動隱祕潛藏，他的槍火也是被掩飾的。他不敢冒險公開露面，免得驚醒基督徒潛存的能力，逼使他們向上帝祈求。

仇敵正在預備最後的一役，好攻擊教會。他這樣掩人耳目、不讓人看見，已有多時，以致許多人不信有撒但存在，更無法使他們相信撒但有驚人的活動及能力。……在他特別迷惑的影響之下，這些人誇口自己是自主獨立的，不會受他影響，但他們卻順從了人心最壞的舉止，還相信那是上帝在引導他們。如果他們的眼睛能開啟，辨明自己的元帥是誰，他們就會看出自己不是事奉上帝，而是事奉眾義之敵了。他們要看出自己所誇口的，正是撒但那能扣牢心志不清之人的最重枷鎖。

人類是撒但的俘虜，本性所趨，自然會順從他的建議，實施他的吩咐。人若靠自己，是無力對邪惡做有效的反抗，只有藉著活潑的信心，讓基督住在他的心中，感化自己的私慾，並以上頭的力量來堅固他，他才能放膽地當面抵擋這麼可怕的惡敵。其他各種防禦方法全無功效，惟有靠著基督，撒但的能力才會受到限制。這是人人應當明白的極重大真理。撒但是時刻忙碌，從地上走來走去，往返而來，尋找可吞吃的人。但只要我們出乎信心的懇切祈禱，必打破他最強悍的企圖。因此弟兄們，我們應「拿著信德當作盾牌，可以滅盡那惡者一切的火箭。」（以弗所書6：16）（《教會證言》卷五，原文第293—294頁）

藉著與上帝交往而改變

> 我們眾人既然敞著臉得以看見主的榮光，好像從鏡子裡返照，就變成主的形狀，榮上加榮，如同從主的靈變成的。
>
> 哥林多後書3：18

摩西在這段時間內與上帝交往，他臉上就返照出上帝臨格的榮耀；當他下山的時候，他不知道自己的臉上發出一種耀眼的光輝。當司提反被帶到審判官面前的時候，他臉上所發出的也是同一種光輝；那時「在公會裡坐著的人都定睛看他，見他的面貌，好像天使的面貌。」（使徒行傳6：15）。

亞倫和百姓一見摩西，就畏縮不前，他們「怕挨近他」。摩西看見他們驚惶失措，卻不知道是什麼緣故。他就勸他們近前來。他給予上帝會赦免他們的保證，和上帝會重新眷愛他們的應許。他們看出他的聲音之中只帶著慈愛和誠懇，最終有一個人敢於走近他，可是竟畏懼得說不出話來，只是默然無言地用手指著摩西的容貌，再又指著天上，這個偉大的領袖摩西就明白了他的意思。他們的良心自覺有罪，並覺得自己仍在上帝的忿怒之下，因此他們便忍受不了這天上的光輝。如果他們順從上帝的話，這光輝就要使他們心中充滿喜樂。

上帝原本要藉著這光輝把祂律法神聖和崇高的性質，以及由基督所顯現福音的榮耀，都印刻在以色列人心上。當摩西在山上的時候，上帝不但將石版上的律法啟示給他，也把救恩的計畫告知，故他看出舊約時代的一切表號和象徵都是預指基督的犧牲；那照在摩西臉上的光芒，就是上帝律法的榮耀，更是從髑髏地洋溢出來的天上光輝。摩西時代的光輝乃是預表基督時代的榮耀。摩西是看得見的中保，是那一位真正代求者的預表。

那返照在摩西臉上的榮耀，說明守上帝誠命的子民藉著基督中保的工作所能領受的福分。這也證明了我們與上帝的交往越密切，我們對於祂律法的認識也就越清楚，我們就能更充分地符合上帝的形像，更容易地與上帝的性情有分。（《先祖與先知》原文第329—330頁）

為基督徒的品格懇切祈求

> 直等到我們眾人在真道上同歸於一，認識神的兒子，得以長大成人，滿有基督長成的身量。
>
> 以弗所書4：13

我們的心靈若非毫無瑕疵，我們就斷不能平安見主。我們必須具有基督完全的形像，也必須使每一個思想都順服基督的旨意。就如偉大使徒所說，我們必須「滿有基督長成的身量」（以弗所書4：13）。我們若不付出懇切的努力，就絕無法達到這種狀況。我們若要達到基督徒品格的完全，就必須天天反抗外在的邪惡和內在的罪惡。

致力於這項工作的人，會看到自己有許多需要改正的地方，會花大量時間禱告，會把自己的品格與上帝的標準、神聖的律法作比較，這樣就沒時間去評論和非議別人的過錯或品格。我們若意識到自身的缺陷，就會讓我們謙卑而真誠關注天上，唯恐失去永生。每個人都應深刻領悟這段話語：「你們總要自己省察有信心沒有，也要自己試驗。豈不知你們若不是可棄絕的，就有耶穌基督在你們心裡嗎？」（哥林多後書13：5）

自稱上帝子民的人，如果願意放棄自滿和許多關於基督徒品質的錯誤觀念，那麼許多自以為行走天路的人，就會發現其實自己正走往毀滅的道路。許多驕傲的信徒，如果睜開雙眼就會看到何為真正的屬靈生活，自己正如暴風雨中的楊樹葉片那般顫抖。願這些執迷於虛假安全感的人能夠被喚醒，認識到他們口頭上所說的宗教信仰與他們日常舉止之間的矛盾。

我們要成為有生命的基督徒，就必須與基督保持至關重要的聯繫。……當我們的情感一旦得到聖潔，我們就會以對上帝的責任為首要，其他為次。我們要擁有對上帝堅定而不斷增長的愛，清晰地認識祂的品格和特性，就必須時刻將信心之眼對準祂。基督是我們的生命。我們必須在祂裡面，祂也在我們裡面，否則我們就是枯萎的枝椏。（《評閱宣報》1882年5月30日）

以謙卑的心祈禱

況且，我們的軟弱有聖靈幫助；我們本不曉得當怎樣禱告，只是聖靈親自用說不出來的歎息替我們禱告。

羅馬書8：26

只有當我們奉基督的名，並以謙卑痛悔的心獻上禱告時，才能蒙上帝悅納。那垂聽並應允禱告的主，認識那凡以謙卑的心禱告的人。真正的基督徒若不奉基督的名，就不能求什麼；若不藉著祂為中保，工作也不能有所期待。他們希望基督能得到他們向天父禱告而來的榮耀，他們也樂於領受透過基督而從上帝那裡來的福氣。

上帝的靈與凡蒙悅納的禱告大有關係；祂軟化他們的心，祂加強他們的心志，使他們能看出自己的需要，祂使我們更願意有飢渴慕義的心，祂為真誠的懇求者代求。

人必須親近上帝，認識到自己必須獲得那惟獨上帝才能給予的幫助。我們知道祂是一位會傾聽禱告的榮耀上帝，因為懇求的人相信祂必垂聽和應允。

出於信心的祈禱，是打開天國寶庫的鑰匙。當我們把自己的靈交給上帝時，但願我們記住，祂必盡祂的責任，垂聽和應允我們的懇求。祂邀請我們到祂這裡來，祂就賜給我們祂最好的、最精選的恩賜——這最大的恩賜必供應我們所需所求的。祂喜愛幫助我們，讓我們倚賴祂的智慧和祂的能力吧！我們應該擁有何等大的信心啊！我們應該享有何等大的平安和安慰呀！要向上帝的靈敞開你的心，主就會藉著你行事並且賜福你的工作。（《懷氏文稿》卷八，原文第195—196頁）

難道我們不應為那些沒有屬靈生命的人在上帝面前感到虧欠嗎？難道我們不該時常為他們舉行禱告會嗎？難道我們不要為那些似乎死在罪惡過犯中的人每天禱告嗎？當我們懇求上帝打碎石心時，我們自己的心就會變得更加敏感，我們就會更迅速地看到自己的罪。（同上，第197頁）

禱告可引領到真理面前

> 人若立志遵著祂的旨意行，就必曉得這教訓或是出於上帝，或是我憑著
> 自己說。
> 約翰福音7：17

耶穌出去與黑暗的權勢作最後的鬥爭之前，祂舉目望天，為祂的門徒禱告……。

耶穌禱告祈求的重擔，就是希望凡信祂的人都蒙保守，脫離世上的罪惡，並且藉真理成聖。祂為了不讓我們對何為真理有模糊的猜測，於是又說：「祢的道就是真理。」（約翰福音17：17）上帝的道就是我們得以成聖的工具。

因此，最重要的就是我們要親自熟悉《聖經》的神聖指示。我們必須明白生命的道，如同早期的門徒需要了解救恩的計畫一樣。我們若因自己的疏忽而不知道上帝之道的要求，就不可原諒。因為上帝已將祂的道，就是祂旨意的啟示，賜給我們，並應許我們祂要賜下聖靈給凡求祂的人，好指導他們進入一切的真理；每一個誠心願遵行上帝旨意的人，都必曉得這教訓。

自從上帝的兒子與人類的傲慢、偏見、不信搏鬥以來，世界對耶穌信仰的態度一直沒有改變。基督的僕人必須面對同樣的反對與責難，必須「出到營外，就了祂去，忍受祂所受的凌辱。」（希伯來書13：13）

祂的教訓清楚明白，易於理解。祂所講的真理實用且具有說服力，吸引人的注意。民眾在祂的身邊，詫異祂的智慧，而祂的舉止態度與祂所講述的偉大真理相稱。祂所宣講的全無牽強附會、猶豫懷疑，或不確定的影兒，祂以肯定的權威講到屬地和屬天、屬人與屬神的事，以致眾人「很希奇祂的教訓，因為祂的話裡有權柄。」（路加福音4：32）

我們瞭解何為真理，這對自己是一件非常重要而利害相關的事。我們應當以懇切的心呼求禱告，求主引領我們進入一切真理。（《評閱宣報》1888年2月7日）

2月

FEBRUARY

順從之福

像耶穌一樣順從上帝

> 我們遵守上帝的誡命，這就是愛祂了，並且祂的誡命不是難守的。
> 約翰一書5：3

廣大無限的上帝之獨生子耶穌，已經用祂的話和祂的實際行動，給我們留下了可以遵循的榜樣。藉著祂的話語，祂教育我們如何服從上帝；藉著祂的行為，祂向我們說明我們怎樣順服上帝。祂要求每一個人都做這樣的工，理智地服從上帝，用教訓和榜樣教導別人怎樣才能成為順服上帝的兒女。

耶穌已幫助全世界明白祂的神聖使命和工作。祂來是向我們的世界表現上帝的品德，當我們研究耶穌基督的生活、言語、工作時，我們就是從接受順從上帝的教育中獲得各方面的幫助。當我們效法祂賜給我們的榜樣時，我們就成了活的書信，被眾人所瞭解所念誦。我們是向世界彰顯耶穌基督品格的人。基督不僅給我們明確的規定，指示我們如何成為孝順的兒女，還用祂自己的生活和品格，指示我們怎樣做那些正確的、可蒙上帝悅納的事，所以我們沒有藉口去原諒自己為什麼不能做那些在上帝眼中看為喜悅的事。

我們要永遠感謝耶穌用事實向我們證明人能夠遵守上帝的誡命，反駁了撒但所說的謊言——人是無法遵守上帝誡命的。大教師來到世上，要作人類的首領，使人類自我提升並成聖，並用祂對上帝一切要求的聖潔順從，來說明遵守上帝的一切誡命是可能的，祂也向我們證明了畢生順從是可以做到的。因此，像天父把祂的兒子賜給世界一樣，祂也將祂所揀選、作祂代表的人賜給這個世界，用他們的生命彰顯耶穌基督的生命。

祂挽回了亞當可恥的失敗和跌倒，並且成了得勝者，繼而向未墮落的諸世界和墮落的人類證明，人類藉著天賜的神能遵守上帝的誡命。上帝的兒子耶穌為我們虛己，為我們受試探，最後並為我們得了勝，這就是要向我們顯明我們如何可以得勝。這樣，祂就能用最親密的關係把自己所擁有的益處與人類綁在一起，並且給出了明證，幫助我們不會受試探超過於我們所能受的，並且在受試探的時候，祂總要給我們開一條路。（《時兆月刊》1893年4月17日）

不順從導致喪失一切

> 因為上帝知道，你們吃的日子眼睛就明亮了，你們便如上帝能知道善惡。
>
> 創世記3：5

夏娃見「那棵樹的果子好作食物，也悅人的眼目，且是可喜愛的，能使人有智慧，就摘下果子來吃了。」那果子的滋味可口，而且在她吃的時候，似乎可以感受到有一股振奮的力量，令她覺得自己正像是進入更崇高的生命境地。她既犯了罪，就成了她丈夫的誘惑者，「她丈夫也吃了」（創世記3：6）。

仇敵曾說：「你們……眼睛就明亮了，你們便如上帝能知道善惡。」（第5節）。他們的眼睛果真明亮了，但後果卻是多麼悲慘！抗命的人所得到的，無非是惡的知識、罪的咒詛。那果子本身並無毒素，人所犯的罪不只是屈從食慾而已，我們的始祖亞當是因為懷疑上帝的善良、不信祂的話語、拒絕祂的權威而成了悖逆的人，使罪惡的知識進入世界，並為種種欺騙和錯誤打開了門戶。

人因為選擇聽從那騙子，不願聽從唯一有智慧的真理之主，便喪失了一切。由於善與惡的摻雜，他的思想混亂了，心智和靈命麻木了，無法再欣賞上帝所白白賜予他的善。

亞當和夏娃選擇了惡的知識，因此他們若想恢復在伊甸園所喪失的地位，就必須在種種不利的條件下獲得。他們不能再住在伊甸園，因為他們現在必須學習的功課，已經無法再從完美的伊甸園中學到。於是他們帶著難以形容的憂愁難過之心向華美的家鄉告別，前往被罪惡所咒詛的土地。

地球雖然受到咒詛的損害，但自然界依然是人類受教的課本。它現在無法只呈現美善的一面，因為罪惡已到處充斥，無論是地、海、空中都被罪惡玷污了。那一度只表現上帝的品性及美善之知識的地方，現在也處處表現出撒但的品性及惡的知識了。如今人們要從已呈現善與惡兩種知識的自然界，學習到有關罪惡後果的警告。（《教育論》原文第25—26頁）

救贖的應許

> 我又要叫你和女人彼此為仇；你的後裔和女人的後裔也彼此為仇。女人的後裔要傷你的頭；你要傷他的腳跟。
>
> 創世記3：15

亞當和夏娃在大自然中看到花的枯萎和葉的凋謝，這是他們初次看到衰老和死亡的跡象，這個嚴酷的事實很鮮明地讓他們看出──死亡就是一切生物的最終命運，連他們賴以生存的空氣中都充滿了死亡的結果。

他們經常受到提醒，想起自己在伊甸園所喪失的主權。亞當曾是統治低等動物的王。只要亞當一直效忠於上帝，萬物都必受他的管理。但他犯罪以後，這個主權就失去了。他自己所接受的叛逆精神，普及到整個動物界。就這樣，不僅是人的生命，就連野獸的本性、森林的樹木、曠野的青草，以及他所呼吸的空氣，都講述罪惡知識的悲慘教訓。

但亞當並沒有被棄於他所選擇的惡果之下。在上帝對撒但的這段宣判中，仍含有救贖的暗示，上帝說：「我又要叫你和女人彼此為仇；你的後裔和女人的後裔也彼此為仇。女人的後裔要傷你的頭；你要傷他的腳跟。」（創世記3：15）這宣判在我們始祖亞當聽來乃是一個應許。他們在聽到荊棘蒺藜、終身勞碌、回歸塵土的命運之前，先聽到這句給他們帶來希望的話。他們一切因屈從撒但而喪失的東西，都可以藉著基督而重新得到。

自然界也向我們重述這一暗示。它雖然遭到罪惡的污損，仍不斷述說創造大工，也述說救贖之恩。地球雖呈現退化的跡象，證明它所受的咒詛，但它的生生不息，依然呈現出富饒和美麗。樹木落葉，披上新裝；花草枯萎，吐放新姿；每一個創造力的表現，都保證我們能在「真理的仁義和聖潔」上再造（以弗所書4：24）。那使我們想起自己重大損失的自然界之實物與運作，就成為那帶給我們希望的使者。

凡是有罪惡存在的地方，都可聽到我們天父的聲音，吩咐祂的兒女們要從罪的結果中看到罪的性質，警告他們要棄惡擇善。（《教育論》原文第26—27頁）

上帝的話是最高權威

撒母耳說：耶和華喜悅燔祭和平安祭，豈如喜悅人聽祂的話呢？聽命勝於獻祭；順從勝於公羊的脂油。

撒母耳記上15：22

我們應毫無疑問地遵守主的話，把它視為我們人生的最高權威。掃羅違背主的明令，試圖讓自己相信主會接受他的獻祭，忽略他的悖逆，繼而平復他良心的不安。先知撒母耳來見他的時候，掃羅表現出自己為義人的樣子，並聲稱：「願耶和華賜福與你，耶和華的命令我已遵守了。」（撒母耳記上15：13）

但他的悖逆卻證明了他自稱所謂順從的辯解，是多麼軟弱無力呀！「撒母耳說：『我耳中聽見有羊叫、牛鳴，是從哪裡來的呢？』掃羅說：『這是百姓從亞瑪力人那裡帶來的；因為他們愛惜上好的牛羊，要獻與耶和華——你的上帝。』」（第14—15節）「撒母耳說：耶和華喜悅燔祭和平安祭，豈如喜悅人聽從祂的話呢？聽命勝於獻祭；順從勝於公羊的脂油。悖逆的罪與行邪術的罪相等；頑梗的罪與拜虛神和偶像的罪相同。你既厭棄耶和華的命令，耶和華也厭棄你作王。」（第22—23節）

上帝的話應成為最高的權威。耶和華說：「我必不背棄我的約，也不改變我口中所出的。」（詩篇89：34）上帝不會更改祂律法的至高地位，而世人也無法曲解上帝的律法以迎合自己的觀點，或當與世上的律法無法取得一致時，就斷章取義，違抗誡命。當他們明白自己無法評判上帝的聖言，反而要受上帝聖言的審判時，就為時已晚了。但願每個人都能認識到與上帝抗爭是多麼愚蠢和邪惡！但願他們能停止違抗無窮上帝的旨意！違犯上帝旨意的人還不明白他們這麼做，就是離棄了通往神聖、幸福之天國的唯一道路。（《時兆月刊》1896年1月9日）

耶穌向我們顯明順從

> 遵守上帝命令的，就住在上帝裡面，上帝也住在他裡面。我們所以知道上帝住在我們裡面是因祂所賜給我們的聖靈。
>
> 約翰一書3：24

「有了我的命令又遵守的，這人就是愛我的；愛我的必蒙我父愛他，我也要愛他，並且要向他顯現。」（約翰福音14：21）

「有了我的命令」的人，指的是凡明白上帝誡命的要義，並且知道違背祂誡命可帶來好處，卻仍不違背的人。……我們如果不遵守上帝的誡命，就都會淪喪。在亞伯拉罕的恩典之約中，上帝為救贖作了充分的安排。「你們得救是本乎恩。」（以弗所書2：8）「凡接待祂的，就是信祂名的人，祂就賜他們權柄作上帝的兒女。」（約翰福音1：12）

我們世上只有兩類人，順從的人和悖逆的人、聖潔的人和不聖潔的人。當我們的罪都歸在耶穌身上時，祂就被列在不聖潔的罪人之中。祂在天父和所有的天使面前成為我們的替身和中保。世人的罪歸於耶穌，祂為了我們被算作罪人，我們犯罪的詛咒都落在祂身上。我們應當思考基督屈辱的人生和痛苦的死亡，因為祂承擔了罪人應受的懲罰。祂來到我們的世界，披上人性，經受上帝的考驗和試煉。祂在人性中完全順從的榜樣，教導我們也可以順從。

使徒寫道：「願恩惠、平安，因你們認識上帝和我們主耶穌，多多地加給你們。上帝的神能已將一切關乎生命和虔敬的事賜給我們，皆因我們認識那用自己榮耀和美德召我們的主。因此，祂已將又寶貴又極大的應許賜給我們，叫我們既脫離世上從情慾來的敗壞，就得與神的性情有分。」（彼得後書1：2—4）這裡清楚地說明，凡相信耶穌基督的人都與上帝的性情有分。但願人性與神能合作，使墮落的人類靠著耶穌基督而得勝有餘。（《時兆月刊》1893年4月24日）

根據原則而順從

所以弟兄們，應當更加殷勤，使你們所蒙的恩召和揀選堅定不移。你們若行這幾樣，就永不失腳。

彼得後書1：10

永生值得你付上一切，耶穌說過：「這樣，你們無論什麼人，若不撇下一切所有的，就不能作我的門徒。」（路加福音14：33）那些什麼事都不做，卻等著受某種超自然力量推動的人，就只能在冷淡黑暗中服事。上帝已賜下祂的話。祂用明白的言語對你的心靈講話，難道祂口中的言語不足以說明你的責任，並且敦促你履行你的責任嗎？

那些謙卑虔誠地研究《聖經》、知道並遵行上帝旨意的人，不會疑惑自己對上帝的義務。因為「人若立志遵著祂的旨意行，就必曉得這教訓。」（約翰福音7：17）你若要知道敬虔的奧祕，就必聽從真理的明言 —— 不管你有沒有感覺、有沒有感動。你必須出於原則而獻上順從，也必須在任何環境下都追求正義，這就是上帝的選民得救所必要的品格。

在上帝的真道中已賜下了真基督徒的試驗。耶穌說：「你們若愛我，就必遵守我的命令。」「有了我的命令又遵守的，這人就是愛我的；愛我的必蒙我父愛他，我也要愛他，並且要向他顯現。……人若愛我，就必遵守我的道；我父也必愛他，並且我們要到祂那裡去，與祂同住。不愛我的人就不遵守我的道。你們所聽見的道不是我的，乃是差我來之父的道。」（約翰福音14：15、21、23—24）

這是每一個人蒙揀選得永生的條件。你順從上帝的誡命，就會證明你有權利與眾聖徒在光明中同得基業。上帝已揀選了那優秀的品格，每一個藉著基督的恩典達到祂要求之標準的人，必能豐豐富富地進入祂榮耀之國。（《基督徒的教育》原文第117—118頁）

以色列人立約順從上帝的誡命

> 又將約書念給百姓聽。他們說：「耶和華所吩咐的，我們都必遵行。」
> 出埃及記24：7

根據上帝的指示，現在進行以下立約的準備工作：「摩西將耶和華的命令都寫上。清早起來，在山下築一座壇，按以色列十二支派立十二根柱子，又打發以色列人中的少年人去獻燔祭，又向耶和華獻牛為平安祭。摩西將血一半盛在盆中，一半灑在壇上；又將約書念給百姓聽。他們說：『耶和華所吩咐的，我們都必遵行。』摩西將血灑在百姓身上，說：『你看！這是立約的血，是耶和華按這一切話與你們立約的憑據。』」（出埃及記24：4—8）

以色列百姓在這裡接受了立約的條件。他們與上帝訂立了嚴肅的約，這也象徵著上帝與每一位耶穌基督的信徒所訂立的約。條件清楚地擺在百姓面前，是不會誤解的。當問及他們是否接受約書上提出來的每一個條件時，百姓一致同意服從每一項要求。他們已同意服從上帝的誡命，現在只是特別闡明了律法的原則，使他們明白怎樣才算服從上帝的律法，他們接受了律法的特別條款。

如果以色列人願意甘心服從上帝的要求，他們就可以成為名符其實的基督徒，他們會得到快樂，因為他們遵行主的道，並不隨著自己本心的傾向。摩西沒有讓他們曲解上帝的話或濫用祂的要求，他把主的話都寫在書裡，以便將來他們查閱，在山上時他也把基督所指示他的話，都記了下來。

以色列人在聽完約書的內容以後，慨然說出了答應順從上帝的話，他們說：「耶和華所吩咐的，我們都必遵行。」（出埃及記24：7），接著百姓就分開奉獻歸主。他們向上帝獻祭，將一部分祭牲的血灑在壇上，以表明百姓已將自己的靈魂體都奉獻給上帝了，另外還有一部分血則灑在百姓身上，這象徵上帝因基督所灑的鮮血，欣然接納他們為祂所特選的子民。以色列人就是這樣同上帝訂立了嚴肅的聖約。（《懷氏文稿》卷一，原文第114—115頁）

基督完美的順從可成為我們的義

> 因一人的悖逆，眾人成為罪人；照樣，因一人的順從，眾人也成為義了。
>
> **羅馬書5：19**

《聖經》所說的這個故事非常重要，每一個人都必須明白。在上面這節經文中，它一方面講到了亞當的悖逆及其後果，但另一方面，也提到了基督的順從。伊甸園因亞當的悖逆而蒙羞，但正如一人悖逆致使眾人成為罪人，一人順從也使眾人成為義人。

世界因完全順從之主降臨而得到榮耀——祂不僅全然相信上帝，並向世人教導上帝律法的要求，還親自實行律法。祂的一生彰顯了律法的神聖原則，祂在客西馬尼園所承受的巨大痛苦表現出祂的順從，並且祂願意藉著受苦給不順從的人帶來赦免。

基督告訴門徒有關得救的條件時，祂說：「若有人要跟從我，就當捨己，天天背起他的十字架來跟從我。」（路加福音9：23）那擺在每一個願意追隨耶穌的人前面的道路，乃是自我犧牲和十字架。我們向天國邁進的每一步都會遇到阻礙，因為撒但千方百計地想對我們進行誤導和欺騙，並給罪惡蒙上良善的表象。

我要勸你……仔細思考基督為你所作的克己和犧牲。你如果這麼做，就能在此生享受惟有祂才能給你的幸福和平安，並在不久之後享受快樂的永生。這樣，你還不願意成為基督的佈道士嗎？你不願意為祂而克己犧牲嗎？你不願思考如何為祂服事嗎？祂為了救贖你脫離撒但和罪惡的權勢，而作了這樣的犧牲。祂在地上時論到自己說：「我在你們中間如同服事人的。」（路加福音22：27）祂沒有想要謀求最高的地位，因為祂心裡柔和謙卑，祂邀請你向祂學習，負祂的軛，就是負那順從耶和華誡命的軛。（《耶和華是指導者》原文1897年4月1日）

因著恩典而順從

你們得救是本乎恩，也因著信；這並不是出於自己，乃是上帝所賜的。

以弗所書2：8

上帝希望我們藉著基督的恩賜而達到完美的標準。祂呼召我們要選擇正確的一邊，以便與天上的媒介聯合、運用那使我們恢復上帝形像的原則。祂在《聖經》和大自然的課本中啟示了生命的原則，而我們有責任瞭解這些原則，以順服的精神與祂合作，恢復我們的身心健康。

人們需要明白：惟有領受了基督的恩典，才能充分享受順從的福氣；惟有基督的恩典，使人有能力服從上帝的律法，掙脫罪惡習慣的束縛；惟有從基督的恩典而得的力量，才能保守他們堅定地行走正直的道路。

純潔大能的福音一旦被人接受，就能醫治那由罪而生的疾病。「公義的日頭」升起來，其「光線有醫治之能」（瑪拉基書4：2）。世界上的一切物質，都不能醫治破碎的心、帶來心靈平安、消除掛慮、治好疾病。而名聲、天賦、才華，都不足以使憂愁的心快樂起來，或使被浪費的生命恢復過來。上帝的生命在人心裡，是人唯一的希望。

基督浸透人全身的愛，乃是一種賜生命的能力。它給人體的每一重要部分——大腦、心臟、神經——帶來了醫治之能。……它在人心中栽培了世上任何事物所無法摧毀的喜樂——也就是在聖靈裡的喜樂，以及賜健康和生命的喜樂。

雖然歷代以來罪惡加強了對人類的控制；雖然撒但用假道和詭計，以他自己的解釋使上帝的道蒙上了陰影，並使世人懷疑耶穌的善良，但是天父的慈愛和憐憫卻不停傾倒在人間。只要人向天上開啟心靈的窗戶，接受上帝的恩賜，醫治之泉就會湧流進來。（《論健康佈道》原文第114—116頁）

基督，是真正順從的榜樣

豈不曉得你們獻上自己作奴僕，順從誰，就作誰的奴僕嗎？或作罪的奴僕，以至於死；或作順命的奴僕，以致成義？

羅馬書6：16

亞當並沒有冷靜考慮到他悖逆的後果。……我們既有特權享有見到末世啟示之徵兆，就能看出違背上帝誡命的結果意味著什麼。亞當對試探屈服了。當罪的問題及其後果清楚地擺在我們面前時，我們可以根據前因後果，認識到那個舉動的嚴重性不在於罪的內容，而是在於不順從上帝明示的旨意，實際上就是否認上帝，拒絕祂政權的律法。

人類的幸福在於順從上帝的律法。人在順從上帝的律法時，就好像在他四面得到保護，脫離罪惡。沒有人在脫離了上帝的要求，逕自樹立自己所認同、可遵守的安全標準下，還能獲得喜樂的。若是那樣的話，這世上就會有各種各樣的標準以迎合世人不同的心思，而管理的政權就會淪落到人的掌控之下，而非在主的掌權之下了。以自我為中心的律法被建立起來，人的意志就成了至高的，等到有人提出上帝崇高聖潔的旨意需要世人順從、尊重、尊榮時，世人的意志就已想要偏行己路，為所欲為，於是人與神之間就有了爭執。

我們始祖的墮落，便將人甘心順從上帝旨意的金鏈扯斷了。順從不再被認為是絕對必要的了，人類只隨從自己的思想，就如上帝論到古代世界的居民「終日所思想的盡都是惡」。主耶穌說：「我遵守了我父的命令。」祂如何遵守的？以人的身分來到世上，基督說：「我來了為要照祢的旨意行。」（希伯來書10：9）基督面對猶太人的控告，本著祂純淨、善良、聖潔的品格堅定站立，質問他們說：「你們中間誰能指證我有罪呢？」（約翰福音8：46）

無限上帝的獨生子，已經用祂的話和祂的實際行動，給我們留下了可以遵循的完美榜樣。藉著祂的話，祂教育我們服從上帝；藉著祂自己的行為，祂向我們說明我們怎樣才能服從上帝。（《懷氏文稿》卷六，原文第337—339頁）

上帝律法所捍衛的幸福

> 律法既因肉體軟弱，有所不能行的，上帝就差遣自己的兒子，成為罪身
> 的形狀，作了贖罪祭，在肉體中定了罪案。
>
> 羅馬書8：3

人類的幸福必須藉著上帝的律法以獲得保護，而惟有順從才能使他們得到真正的幸福。這律法是上帝放在祂葡萄園外面的籬牆，以保護順從的人遠離罪惡。亞當因犯罪而成了他自己的律法，他因悖逆而深陷奴役，自此，因自私而滋生的不合因素便進到了人類中間。亞當夏娃的想法與上帝的旨意不再和諧，亞當加入背叛的勢力，任性自私佔據了陣地。

基督表現了真正的標準，祂讓世人有機會可以再次與上帝聯合。祂來世上承受了犯罪者的死刑，上帝的任何一條律法都不能改變以迎合世人墮落的狀態，因此基督為他們獻出了自己的生命，替他們承受悖逆的懲罰。惟有這樣世人才能得救；惟有這樣他們才能證明他們能夠服從律法。基督來到世上，來到亞當所在之地，在亞當失敗之處得勝。祂成了我們的智慧、公義、聖潔和救贖。

在世界創造初時，基督就承諾了如果世人背叛上帝，祂就捨命救贖。祂降卑自己，願意從天上屈尊來到墮落、混亂、無法無天的世人中工作，以彰顯祂的愛。世人憑自己是無法對付仇敵的，基督獻出自己，傾其所有，以及祂的榮耀和地位，為重歸且忠誠地服從上帝律法的人服務。基督很清楚地說，祂來不是要廢掉律法，律法是上帝品格的副本；祂來是要執行它的每一條規定，祂要在人性中遵行它，樹立完美服從的榜樣。（《時兆月刊》1900年6月13日）

順從會得到報賞

你們作兒女的，要凡事聽從父母，因為這是主所喜悦的。

歌羅書西3：20

凡藐視並悖逆父母、不聽他們的勸告與訓導的孩子，在新天新地中絕不可能有他們的分。在那經過潔淨的新世界中，凡背叛、悖逆、忘恩的兒女絕無立足之地。這樣的兒女，除非在這世上已學習如何聽命順從，否則他們就必永遠學不到這些教訓了；得贖之民的安寧絕不會被悖逆不孝、不受管束、不順服的孩子所破壞，沒有一個違背上帝誡命的人能承受天國。

青年人無論做什麼，說話或行事，都要奉主耶穌的名，藉著祂感謝父上帝。我看到只有很少的青年人明白何謂基督徒，為何要像基督一樣。他們在能自己的生活符合那模範之前，必須先學習上帝之道的真理。主要求凡願意成為祂的家人、作天上君王之兒女的人，都要經歷與世人區別，然而在自己的生活中有此經歷的青少年，還不及二十分之一。「你們務要從他們中間出來，與他們分別；不要沾不潔淨的物，我就收納你們。我要作你們的父，你們要作我的兒女。這是全能的主說的。」（哥林多後書6：17—18）

這是上帝以順從的條件賜給我們多美好的應許啊！但你在決定順從上帝聖言之真理時，卻不得不離開親友該怎麼辦？要剛強壯膽！上帝已為你作好了準備，祂已張開膀臂接納你。要從他們中間出來，與他們分別，不要沾染不潔淨的物，祂就收納你。祂應許作你的父親，這是何等親密的關係啊！這比任何屬世的關係更加崇高、更加聖潔。你若肯為主作出犧牲、肯為基督的緣故，不得不捨棄父母、姐妹弟兄、妻兒，不用擔心會沒有朋友，因為上帝要接你進入祂的家，使你成為王室的成員、成為管理諸天之大君的兒女。你想還有比這所應許更尊貴的地位嗎？這豈不足夠了嗎？（《教會證言》卷一，原文第497—510頁）

遵守誡命的家庭榮耀上帝

> 教養孩童，使他走當行的道，就是到老他也不偏離。
> 箴言22：6

必須讓孩子們知道他們是家庭團契的一部分。他們既然衣食無缺、得到養育、關愛和照料，就必須盡可能地使家人得到快樂，以回報所獲得的這許多福氣。這樣他們也能成為上帝的兒女，以及家中的佈道士。

父母如果忽略了兒女的教育，就剝奪了孩子擁有勻稱品格的要素。這種品格是他們一生中最大的福氣，如果讓孩子們隨心所欲，他們就會以為自己理當受人服侍、照顧、縱容和逗樂，認為自己的慾望和意願必須得到滿足。當他們受到這樣的教育時，就會把他們家庭教育的缺陷一起帶入他們的信仰經驗中了。

上帝希望我們的家庭成為天上家庭的象徵。父母和兒女要天天記住這一點，作為上帝家庭的成員要彼此相依。這樣，他們的人生就必給世人一個實際的教訓，說明凡愛上帝並遵守祂誡命的家庭，能達到怎樣的地步。基督必得著榮耀，而祂的平安、恩惠、慈愛，必如珍貴的馨香彌漫於整個家庭。在佈道士兒女的生活中，就會有佳美的奉獻呈現給上帝。耶穌會因此而開心，視之為祂所接受的、最寶貴的奉獻。

願主耶穌基督成為每一個家庭崇拜的對象。父母若能正確地教育兒女，就必高興地親眼看見兒女因受到細心訓練而造就基督化的品格。他們將一個井然有序、很有教養的家庭呈現於世人面前，繼而向上帝作出最高的服務。他們不但敬畏上帝，而且藉著對其他家庭發揮的感化力而榮耀祂，他們必獲得報賞。（《評閱宣報》1896年11月17日）

順從帶來平安喜樂

> 既有人的樣子，就自己卑微，存心順服，以至於死，且死在十字架上。
> 腓立比書2：8

擺在我們面前的，是與基督相似的奇妙前景——順服上帝律法的所有原則。但我們若只想靠自己是無法達到這景況的，我們裡面一切的良善都是藉著基督而來的。《聖經》告訴我們，我們必須要先聖潔，才能得救，而聖潔乃是當我們順服在真理之靈的操練和節制感化力之下，那屬天的恩典在我們身上運行的結果。

世人的順從惟有藉著基督的公義馨香，使每一個真順從的行動充滿神聖的芬芳才得以完善。基督徒有責任堅持並克服各種缺點，他們要不斷祈求救主來治癒自己患病的心靈，因為他們本身不具備制勝的智慧和力量，這些都只屬於主，但祂會將其能力賜予謙卑悔改、尋求祂幫助的人。

由於人類自負自滿地放縱慾望，所以許多曾認識且愛主的人現在卻深陷黑暗，遠離了祂。他們沒有行在主的道路上——這是平安喜樂的唯一道路。因著他們的違抗，使自己無法領受祂的福氣，惟有順服才能靠祂的大能前行。

上帝賜下充足的憑據，證明祂希望人人都得救，凡拒絕上天恩賜的人必被定罪。在最後的大日，當眾人按自己的順從或叛逆而受賞或受罰時，髑髏地的十字架要清楚地顯現在那些站在審判全地之主面前、在接受永遠判決的人面前，使他們領悟到上帝對墮落人類所顯示的愛。他們會看出那些繼續犯罪、甘願與撒但同夥、蔑視耶和華律法的人，使主蒙受了多大的羞辱；他們也會看到順從這部律法能為他們帶來生命、健康、成功和永遠的益處。（《評閱宣報》1906年3月15日）

在愛的順從中得喜樂

你從受造之日所行的都完全，後來在你中間又察出不義。……被強暴的事充滿，以致犯罪。

以西結書28：15—16

只要一切受造物願意以愛心效忠上帝，全宇宙就會完全和諧。眾天軍都樂意遵行創造主的旨意，他們以返照祂的榮耀，並「傳揚讚美祂的話」為喜樂。當他們以愛上帝為至上時，他們彼此之間的愛也就坦然無私，沒有一點不協調之音破壞天庭的和諧。可惜這種幸福的光景開始起了變化！

有一個天使竟濫用了上帝賜給受造物的自由權。罪惡起源於那一個地位僅次於基督的天使，除了基督之外，他原是上帝所最尊重的，也是眾天使之中最有權柄和榮耀的。這個天使名叫「路錫甫」（譯者按：原文以賽亞書14：12「明亮之星」，拉丁文和英文譯本均作「Lucifer」路錫甫），路錫甫原是遮掩約櫃的兩位基路伯之首，是聖潔沒有玷污的。他侍立在偉大的創造主面前，那環繞永生上帝的榮光常照在他身上。

路錫甫漸漸放縱他那自高自大的慾望。……雖然他所有的榮耀都是從上帝而來的，但這個有能力的天使卻認為一切都是出自於他自己。他的地位雖然高過一切的天使，他卻不以此滿足，竟敢擅自貪圖創造主所獨有的尊榮。他所追求的不是讓一切受造物以敬愛並效忠上帝為至上，而是想讓他們事奉並服從他自己。這個原本高貴的天使，竟貪圖無限天父所賦予祂兒子的榮耀，並希冀獨享基督所特有的權柄。（《先祖與先知》原文第35頁）

愛的律法既是上帝政權的基礎，一切有理性之生靈的幸福，就在於他們是否完全符合這律法的公義原則。上帝要一切受造物以愛心事奉祂，是因感戴祂的品德而事奉祂。祂不喜悅出乎勉強的順從，所以祂賦予他們自由意志，使他們可以出於自願而事奉祂。（同上，原文第34頁）

耶穌賜予順從的力量

> 因我們的大祭司並非不能體恤我們的軟弱。祂也曾凡事受過試探,與我們一樣,只是祂沒有犯罪。所以,我們只管坦然無懼地來到施恩的寶座前,為要得憐恤,蒙恩惠,作隨時的幫助。
>
> 希伯來書4:15—16

撒但謊稱上帝之愛的律法是自私的律法,並宣稱我們順從祂的律例是不可能的。他將我們始祖的墮落,以及一切禍害的後果,都歸咎於創造主,他引誘世人,使他們視上帝為罪惡、苦難、死亡的創始者。耶穌來就是要揭露這種欺騙,祂成了我們中間的一分子,為我們樹立了一個順從的榜樣。為此,祂才取了我們的樣式,經受我們的經歷。「祂凡事該與祂的弟兄相同。」(希伯來書2:17)

如果我們要忍受耶穌所從未忍受過的事,那麼,在這一點上撒但就可以詐稱上帝的能力是不夠我們用的,因此耶穌「凡事受過試探,與我們一樣。」(希伯來書4:15)祂忍受了我們所遭遇的每一種試煉,祂也沒有為了自己而使用過那沒有賜給我們的能力。祂以人子的身分應付試探,並藉著上帝所賜的能力而得勝,祂說:「我的上帝啊,我樂意照祢的旨意行;祢的律法在我心裡。」(詩篇40:8)

祂一邊周遊四方行善事、醫好被撒但壓制的人,一邊使人明白上帝律法的特徵和祂服務的特性。祂的生活證實了我們遵守上帝的律法是完全可行的。

基督用祂的人性接觸人類,用祂的神性握住上帝的寶座。祂以人子的身分賜給我們順從的榜樣,以神子的身分賜給我們順從的力量。

基督接受與我們所遭遇的相同苦待,使我們得以享受與祂所應享的相同優遇。祂為我們的罪——祂原是無分的——而被定為罪,使我們因祂的義——我們原是無分的——而得稱為義。祂忍受了我們的死,使我們接受祂的生,「因祂受的鞭傷我們得醫治。」(《歷代願望》原文第24—25頁)

亞伯拉罕是順從的偉大榜樣

> 並且地上萬國都必因你的後裔得福，因為你聽從了我的話。
> 創世記22：18

上帝在摩利亞山上重申祂的應許，用嚴肅的誓約證實祂所賜給亞伯拉罕和他後代子孫的福，「耶和華說：『你既行了這事，不留下你的兒子，就是你獨生的兒子，我便指著自己起誓說：論福，我必賜大福給你，論子孫，我必叫你的子孫多起來，如同天上的星，海邊的沙。』……」（創世記22：16—17）

亞伯拉罕這種出於信心的偉大行為，像光明的火柱，世世代代照耀著上帝僕人的道路。亞伯拉罕並沒有想藉故推諉，不行上帝的旨意。如果他存心懷疑的話，那麼，在那三天的行程中，他有充分的時間可以設法推託，並且懷疑上帝。……亞伯拉罕也是血肉之體，他的情感和愛子女的心也是和我們一樣的，可是他並沒問上帝說：「如果以撒被殺，那麼上帝的應許將如何實現？」他也沒有憑著他傷痛的心情來推三阻四。他知道上帝在祂一切所吩咐的事上都是公義的，所以他一字一句地都順從了上帝的命令。

上帝吩咐亞伯拉罕殺自己的兒子，不只是要試驗他的信心，也是要將福音的現實性深深印刻在他心上。在那可怕試煉的黑暗日子中，上帝讓他忍受痛苦，使他從自己的經驗上體會到無限上帝為救贖人類所付出的偉大犧牲。沒有一個試煉像這次奉獻自己兒子的試煉一樣，能使亞伯拉罕在心靈上經受這麼劇烈的痛苦。……上帝還能有什麼更有力的憑據，來證明祂的慈悲和憐愛呢？「上帝既不愛惜自己的兒子，為我們眾人捨了，豈不也把萬物和祂一同白白的賜給我們嗎？」（羅馬書8：32）（《先祖與先知》原文第153—154頁）

無論何時上帝的律法都是重要的

> 如今你們若實在聽從我的話，遵守我的約，就要在萬民中作屬我的子民，因為全地都是我的。你們要歸我作祭司的國度，為聖潔的國民。
> 出埃及記19：5—6

這約（出埃及記19：1—6）乃是上帝恩慈的彰顯，可是以色列百姓並沒有尋求這目標。他們沒有伸手尋求上帝，但上帝仁慈地伸出祂大能的膀臂，邀請他們與祂手挽手，讓祂成為他們的保障。祂主動選擇一個剛剛脫離埃及奴役的民族作祂的子民，他們的每一步都必須受到教育和訓練。這顯示出全能的上帝對他們是何等慈愛啊！

雖然主曾多次允許祂的子民被帶入危難之地，但祂必搭救他們，彰顯祂的恩慈和良善。如果他們選擇不信祂，就應該質疑自己眼睛已看到的證明；他們已看到清楚無誤的證據，證明祂是永生的上帝，是「有憐憫有恩典的上帝，不輕易發怒，並有豐盛的慈愛和誠實。」（出埃及記34：6）祂已在天上所有生靈面前尊榮了以色列。祂使他們歸於祂自己——進入與祂立約的關係，並且與祂交往。

以色列人從埃及出來已走了三個月的路程，如今就在西奈山前安營，就是主在可畏的威嚴中宣布祂律法的地方。祂沒有在人類設計的建築物或人手所造的宏偉房子裡來彰顯祂自己。祂反而是在祂自己所造的高山上顯現祂的榮耀。在那片荒蕪的沙漠上，西奈山在群山之中巍然屹立，上帝選擇這座山作為使祂百姓認識祂的地方。

祂以赫赫威儀向他們顯現，用聽得見的聲音向他們說話；祂在那裡向祂子民顯現自己，彷彿祂是第一次在他們面前出現，因此說明了——無論任何世代，上帝的律法都是重要的。上帝今日特別吩咐我們遵守祂的誡命。（《懷氏文稿》卷一，原文第105—106頁）

不順從就是背叛

所以，無論何人廢掉這誡命中最小的一條，又教訓人這樣做，他在天國要稱為最小的。但無論何人遵行這誡命，又教訓人遵行，他在天國要稱為大的。

馬太福音5：19

凡不願以心靈和誠實遵守誡命的人，就表示他是故意違犯律法。「因為凡遵守全律法的，只在一條上跌倒，他就是犯了眾條。」（雅各書2：10）

罪惡的形成，不在於悖逆行為的大小，而是刻意在最小細節上，偏離上帝所啟示的旨意，因為這表明他的心靈與罪惡之間仍有牽連。敷衍的事奉實際上就是否認上帝，違抗祂政權的律法。

如果世人可以隨己意違背主的要求，並為自己設立責任的準則，那麼就會產生各種不同的標準，來迎合人類形形色色的心理，繼而想把上帝的主權從主的手中奪走。將人的意願放在首位，並違背上帝崇高聖潔的旨意——祂對受造物的仁慈——就是藐視和侮辱祂的旨意。

無論何時，世人如果自行其道，就是把自己放在與上帝為敵的位置上。他們與天國是無分的，因為他們是在與天國的原則作戰，他們既無視了上帝的旨意，就等於是將自己投身於人類的仇敵——撒但的陣營。人活著不是單靠上帝口裡所出的某句話或是某些話，而是靠祂所說的每一句話。不論這一句話在我們看來是多麼無足輕重，我們都不可能忽略祂所說的其中一句話而同時又想獲得安全。律法中沒有一條命令不是為了人類今生與來世的幸福和快樂而設立的。人如果順從上帝的律法，就像有籬笆保護著，免遭邪惡的侵襲。凡在某一點上破壞了這道上帝所立的護牆，就是破壞了保護他的能力，因為他敞開了門路，讓仇敵進來蹂躪毀滅。

我們的始祖僅在一點上沒有順從上帝的旨意，就為這個世界打開了禍患的閘門，凡步亞當後塵的人，也必收穫同樣的果實。上帝的慈愛是祂律法中每一條命令的基礎，故凡離棄上帝誡命的人，就是在為自己釀成不幸和滅亡。（《山邊寶訓》原文第51—52頁）

順從帶來喜樂

> 不從惡人的計謀，不站罪人的道路，不坐褻慢人的座位。惟喜愛耶和華的律法，晝夜思想，這人便為有福！
> 詩篇1：1—2

每一個屬於上帝國度的公民，都應遵守耶和華的律法，以便確立祂獲得無窮的榮耀。凡自稱跟隨基督的人要在今生接受考驗，以證明他們是否真心順從上帝。順從會帶來幸福，是永生報賞的保證。

雖然亞當在某一方面的失敗造成了可怕的後果，並產生了無法衡量的重大罪惡，但上帝在叛亂、背道、不忠誠、不悔改和頑梗的人中間，看到了一群愛祂並遵守祂誡命的人。祂說：「愛我的，我也愛他。」（箴言8：17）上帝讓他們承受世上的貨財；我「必報復我的敵人，報應恨我的人」（申命記32：41）。

基督遵守上帝道德政權的原則生活，完全履行上帝律法的規定，祂的人生表現了律法的仁慈。律法是聖潔、公義、良善的，這一點必須在各國、各方、各民之前，向未曾墮落的諸世界、向眾天使、向撒拉弗和基路伯證明出來。上帝律法的原則彰顯在耶穌基督的品格中，與基督合作的人既與上帝的性情有分，就必造就神聖的品德，成為上帝律法的具體表現。

基督住在人心中，會讓整個人，包括身心靈都順從公義。真正跟從基督的人會實行上帝的旨意，效法祂的品格。律法深遠意義的原則會體現在人性之中。

撒但曾宣稱上帝毫無克己、憐憫、仁愛之心，祂是嚴厲、苛刻、無情的上帝，撒但從來沒有得到上帝寬恕之愛，因為他從未真誠悔改。他對上帝的描述是錯誤的，他作偽證誣告基督，誣告所有想要擺脫撒但之軛、願意重新效忠上帝的人。（《評閱宣報》1897年3月9日）

連大自然也順從上帝的命令

> 眾人希奇，說：「這是怎樣的人？連風和海也聽從祂了！」
> 馬太福音8：27

救主因長時間的辛勞而感到非常疲憊，祂既然暫時擺脫了眾人的糾纏，就在漁船的硬木板上躺下睡著了。不久之後，本來平靜晴朗的天氣改變了。烏雲四起，狂風疾吹，整個海面起了那地區常見的猛烈風暴。那時太陽早已落山，黑夜籠罩在怒濤翻騰的海上，怒濤猛烈地衝擊著門徒的船，竟有把船吞下之勢。船先是被推到浪尖，然後突然又被扔到波谷，看似成了暴風雨的玩物。……這些強壯勇敢的漁夫……對這麼可怕的暴風不知所措。……波浪漫過他們，每一次都看似要毀滅。

「夫子！我們喪命，祢不顧嗎？」（馬可福音4：38）……這種絕望的呼聲把耶穌從香甜的睡眠中喚醒了。……祂以自己神聖的威嚴站在簡陋的漁船上，只見狂風怒吼，波浪漫過船頭，閃電照亮祂從容無懼的面容。祂舉起那隻常行善事的手，對狂暴的海說：「住了吧，靜了吧！」（第39節）狂風止息了，巨浪平靜了！黑雲消散，眾星出現，小船停在平靜的水面上。於是耶穌轉過身來，責備門徒說：「為什麼膽怯？你們還沒有信心嗎？」（第40節）

門徒頓時靜了下來，默不作聲，連衝動的彼得也沒想要發表他心存敬畏的言語。其他跟著耶穌的船隻，也曾遭遇到與門徒同樣的危險；船上的人也曾大大驚慌絕望，但耶穌的一番命令使這一切動盪瞬間變為寧靜，所有的恐懼都消除了，因為危險結束了。暴風曾把船隻聚攏在一起，所以大家都看見了耶穌所行的神蹟。在暴風之後的寧靜中，眾人彼此低聲細語的問道：「這人到底是誰，連風和海也聽從祂了？」那些目睹這驚人場面之人必永誌不忘。（《預言之靈》卷二，原文第307—309頁）

順從上帝──最高的權威

> 彼得和眾使徒回答說：「順從上帝，不順從人，是應當的。」
> 使徒行傳5：29

門徒對那條「不可奉耶穌的名講道」的禁令，回答說：「聽從你們，不聽從上帝，這在上帝面前合理不合理，你們自己酌量吧！」在這件事上他們所勇敢堅持的原則，也就是後來在宗教改革運動時期那些為福音奮鬥的人所努力持守的。當1529年德國王公貴族舉行施派爾會議時，會議發表了皇帝的諭旨，限制宗教自由，並禁止人再宣講宗教改革的教義。那時世界的希望似乎將要消滅了，王公貴族能接受這個諭旨嗎?福音的真光是否被遮蔽，以致無法照耀那些仍處於黑暗中的群眾呢?那時全世界的命運正處於千鈞一髮之際，他們所採取的行動關係重大，於是那些接受改革信仰的人就開會，作出一致的決定說：「讓我們拒絕這個諭旨吧！以良心來說，群眾是無力去反駁這道諭旨的。」（見梅爾・歐比涅著，《宗教改革史》第13冊第5章）

我們在現今的時代也應堅持這個原則。過去各世代中教會的領袖和上帝的見證人所高舉的真理和宗教自由的旗幟，在今日最後的鬥爭展開時，就已經交在我們手中了。凡蒙上帝賜福明白祂真道的人，都有責任保守這個偉大的委託。我們應當接受上帝的話為最高的權威，同時我們也該承認屬世的政府是上帝所命定的。在合理的範圍之內，教導人們去順從政府乃是我們的天職，但當政府的命令與上帝的命令發生衝突時，我們必須順從上帝，而不順從人。我們必須承認上帝的話高過世人的法律。我們不可以用「教會當局如此說」或「政府當局如此說」來代替「耶和華如此說」。基督的冕旒必須被高舉，超過地上一切的君臣。

我們不應認為無論我們做什麼事或講什麼話，都不會使我們的道路受到阻礙，我們要奉基督的名前進，宣講主所託付我們的真理。若有人攔阻我們作這樣的工作，我們要像使徒一樣地說：「……我們所看見所聽見的，不能不說。」（使徒行傳4：20）（《使徒行述》原文第68─69頁）

使順從顯得有吸引力

「看哪，我今日將祝福與咒詛的話都陳明在你們面前。你們若聽從耶和華——你們上帝的誡命，就是我今日所吩咐你們的，就必蒙福。你們若不聽從——耶和華你們上帝的誡命，偏離我今日所吩咐你們的道，……就必受禍。」

申命記11：26—28

世人不可擅自離開上帝偉大的道德標準，憑藉自己有限的認知自立標準。他們用自己來衡量自己，依照自己的標準生活，導致罪惡氾濫，許多人的愛心就冷淡了。上帝的律法受人輕視，以致許多人肆意違犯，連那些曾領受真理之光的人也對遵從上帝的律法產生動搖。衝向毀滅的罪惡狂瀾，會不會將他們掃蕩殆盡？他們會不會勇敢忠誠地阻止這個趨勢，在盛行的罪惡中保持對上帝的忠誠？

自稱事奉上帝的人，應做解救壓迫者的工作，他們應當結出好果子。忠於基督的人，不會給家庭和教會帶來壓力。跟從主的父母會殷勤地教育孩子上帝的律例與誡命，但不會讓孩子們對上帝的服事產生厭惡，父母們只有全心愛上帝，才能在家中教導和實行耶穌的真理。

我們應認真審視自己。……我們應向上帝懇求屬靈的眼光，以便認清自身的錯誤，看明我們品格中的缺陷。我們如果熱衷於批評非議、喜愛挑剔、談論懷疑和陰暗面，就應當悔過改正。我們要行在光中，口說帶來平安和幸福的話，要讓耶穌住在我們心中，因為有祂在的地方，就不會有陰暗和抱怨，相反的，我們的品格會散發出芬芳來。（《評閱宣報》1894年6月12日）

上帝的律法是完備的

> 耶和華的律法全備,能甦醒人心;耶和華的法度確定,能使愚人有智慧。耶和華的訓詞正直,能快活人的心;耶和華的命令清潔,能明亮人的眼目。
>
> 詩篇19:7—8

帶領著希伯來軍隊,藏在雲柱中的統帥耶穌乃是我們的領袖。祂賜予以色列人智慧公義和美善的律法,也實實在在地同我們說話,如同從前對他們以色列人說話那樣。我們的興旺和幸福在於我們堅定地遵守上帝的律法,因為有限的智慧不能改變神聖律法中的任何一條。違犯十誡中的任何一條,都是對天上上帝的背叛,而遵守律法的每一點、每一劃,乃是我們以及所有與我們有關之人的幸福根本。「愛祢律法的人有大平安,什麼都不能使他們絆腳。」(詩篇119:165)。然而能力有限的人類竟告訴他人說,這部公義、聖潔、良善的律法是他們無法承受的奴役之軛!違法的人看不見上帝律法的美。

全人類都要受到律法的審判,上帝的律法甚至能觸及人心中最深處的意圖和目的,它要求我們保守心中最隱祕的思想、願望、性情的聖潔;上帝的律法要求我們愛祂為至上,並且愛鄰舍如同自己。我們若不運用這種愛,那麼最高尚的信仰表白也只是偽善,上帝要求每一個人完全順從祂的律法。「因為凡遵守全律法的,只在一條上跌倒,他就是犯了眾條。」(雅各書2:10)

偏離律法的要求,無論是因疏忽還是故意違犯,都是罪,而每一項罪都會使罪人面對上帝的忿怒。人類未經更新的心厭惡上帝律法的約束,會竭力掙脫其神聖的要求。我們永恆的幸福有賴於正確理解上帝的律法,深信其神聖性質,樂意順從其要求。世人在感到自己需要基督之前,必須先認罪悔改。把上帝律法踐踏在腳下的人,拒絕了向違法者顯明那離開罪惡的唯一方法。他們正在從事大騙子撒但的工作……。(《時兆月刊》1881年3月3日)

耶穌是順從的完美榜樣

祂就同他們下去，回到拿撒勒，並且順從他們。他母親把這一切的事都存在心裡。

路加福音 2：51

基督12歲時，同父母約瑟和馬利亞一起來到耶路撒冷參加逾越節。但他們在回家的路上，卻沒看見祂在人群裡，尋找三天後在聖殿的院子裡找到祂，只見祂「坐在教師中間，一面聽，一面問。凡聽見祂的，都希奇祂的聰明和應對」。祂提問時的風度令那些有學問的人著迷，祂是所有年輕人的完美榜樣，祂始終表現出對長者的順從和尊敬，基督的信仰絕不會讓任何孩童變得粗魯無禮。

約瑟和馬利亞找到耶穌時十分驚訝。「祂母親對祂說：『我兒！為什麼向我們這樣行呢？看哪，你父親和我傷心來找你！』耶穌說：『為什麼找我呢？豈不知我應當以我父的事為念嗎？』」（路加福音2：48—49）祂說這些話的時候，神性透過人性閃現出來，天上的亮光和榮耀照亮了祂的臉。

此後的18年，基督並沒有從事公開的傳道，但祂不斷地為別人服務，並不忘隨時利用祂面前的每一個機會，甚至在童年時代，祂也對青年或老人說溫柔和安慰的話。這些舉止使祂的母親不得不注意祂的言語、精神，以及祂如何甘心樂意順從她的要求。

許多作家說，基督就像其他的孩子一樣，那是不對的。祂並不與其他小孩一樣，許多孩子所受的教育和管束是錯誤的。……而耶穌所受的教育是與祂使命的神聖性一致的，祂善良的性情，常令祂的父母滿意；祂向他們所提的問題引導他們認真地研究真理的偉大內容；祂所說有關大自然和自然界之上帝的激動人心的話，啟發了他們的心。（《青年導報》1898年9月8日）

我們的順從使上帝成就祂的應許

> 你今日認耶和華為你的上帝,應許遵行祂的道,謹守祂的律例、誡命、
> 典章,聽從祂的話。
>
> 申命記26:17

我們要忠實遵守上帝律法的每一條訓誡,主說如果我們順從祂律法的原則,這些原則就會成為我們的生命。

上帝律法的訓誡不是任何人心所產生的,也不是摩西所制定的,而是有無限智慧的上帝所頒定的。祂是萬王之王,萬主之主,在西奈山威嚴壯觀的場面中頒布了律法,以色列人是否興旺就在於他們有沒有順從這些訓誡。

「你要盡心盡性謹守遵行。」(申命記26:16)上帝把祂的誡命賜給我們,並不是讓我們隨情緒好壞來決定,高興時遵守,不高興時就忽略。這是祂國度的律法,應得到全體子民的遵守,祂的子民如果全心全意地遵守祂的律法,就能明確地對世人見證:祂的子民、祂特別的產業,會在所做的一切事上尊榮祂。忠於上帝、毫無異議地遵守祂的律法,會使祂的子民成為世上的奇觀,因為祂會實現祂的豐盛應許,讓祂的子民得到世人的讚揚——他們是屬於祂的聖潔子民。

上帝說:「如今你們若實在聽從我的話,遵守我的約,就要在萬民中作屬我的子民,因為全地都是我的。你們要歸我作祭司的國度,為聖潔的國民。」(出埃及記19:5)上帝的偉大應許是何等美妙啊!這些應許賜給凡願意順從祂的真道、相信祂所說、遵守祂命令的人;遵守祂的律法,乃是將來永恆幸福的先決條件。(《南方守望者》1904年2月16日)

順從能獲得即時和永遠的報賞

你們要將我這話存在心內，留在意中，繫在手上為記號，戴在額上為經文。

申命記11：18

這些話（申命記11：13—28；7：6—11）應該如鐵筆般銘刻在每個人心中。順服帶來報賞，悖逆帶來懲罰。

上帝已給予祂的子民一個正面的教誨，並且也施予正面的約束，使他們在事奉祂當中能獲得完美的經驗，能有資格以勝利者的姿態站在天上的宇宙和淪喪的世人面前。他們靠著羔羊的血和他們所見證的道得勝……沒有做好這些重要預備工作的人，將被列在不知感恩和不聖潔的人之中。

主的子民以他們未知的方式得到祂的帶領，祂會考驗和鑑定他們。這個世界是我們要證明的地方，我們在這裡決定自己的永遠命運。上帝要令祂的子民降卑，好使祂的旨意能經由他們得以實現。祂在帶領以色列人穿越曠野時，也是如此對待他們。祂告訴他們如果祂不約束那些對他們有害的事物，他們的命運將會如何。

上帝賜福給人手所做的工，為的是要他們將祂的一份歸還給祂，他們應該將自己的錢財用在祂的聖工上，使祂的葡萄園不至於長期荒廢。他們必須研究——如果基督處於他們同樣的地位，祂將要怎樣行。他們應將一切問題放在祈禱中求問祂；他們應當以無私的精神協助建立祂在世界各地的聖工。

我們要記住自己是與上帝同工的，我們沒有獨立工作的智慧。上帝使我們成為祂的管家，要試驗、熬煉我們，正如祂試驗、熬煉古時的以色列人一樣。祂不會讓祂的軍隊由未經訓練、未經潔淨、雜亂無序的士兵組成，這種士兵只會誤導了祂的秩序與純正。（《評閱宣報》1901年10月8日）

真正的成聖與順從相關

你們的順服已經傳於眾人，所以我為你們歡喜；但我願意你們在善上聰明，在惡上愚拙。

羅馬書16：19

當和夏娃違背主了的吩咐。他們犯罪的可怕後果，應當警告我們不可步入他們悖逆的後塵。基督為祂的門徒禱告說：「求祢用真理使他們成聖；祢的道就是真理。」（約翰福音17：17）不順服真理，就無法真正的成聖。凡全心全意愛上帝的人，也必愛祂的一切命令，成聖的心與上帝律法的教訓完全一致，因為律法是聖潔、公義、良善的。

上帝的聖德並沒有改變，祂今日依然是忌邪的上帝，就像祂在西奈山以自己的指頭寫在石版上來頒布律法一樣。踐踏上帝律法的人可以自稱：「我已經成聖了！」但是真正的成聖和自稱為成聖，完全是兩碼事。

新約《聖經》並沒有改變上帝的律法。第四條誡命有關安息日的神聖性，與耶和華的寶座一樣堅定，約翰寫道：「凡犯罪的，就是違背律法；違背律法就是罪。你們知道主曾顯現，是要除掉人的罪，在祂並沒有罪。凡住在祂裡面的，就不犯罪；凡犯罪的，是未曾看見祂，也未曾認識祂。」（約翰一書3：4—6）

我們有權與蒙主所愛的門徒一樣，估量那些自稱在基督裡成聖，卻在生活中違犯上帝律法的人。門徒所遇見的人，我們也一定會遇見，他說：「小子們哪，不要被人誘惑。行義的才是義人，正如主是義的一樣。犯罪的是屬魔鬼的，因為魔鬼從起初就犯罪。」（第7—8節）使徒在這幾節經文中就直言不諱地說出了今日的主題。

約翰的書信洋溢著愛的精神，但當他遇見那些違犯上帝律法，卻仍自稱自己的生活無罪的人時，他就毫不猶豫地警告他們所受到的可怕迷惑。（《成聖的生活》原文第67—69頁）

To be like

JESUS

人若說他住在主裡面, 就該自己照主所行的去行。
基督也為你們受過苦, 給你們留下榜樣,
叫你們跟隨祂的腳蹤行。

3月
MARCH

運用光陰和其他才幹

研究啟示錄的時候到了

念這書上預言的和那些聽見又遵守其中所記載的,都是有福的,因為日期近了。

啟示錄1:3

我們在臨近世界歷史的結局時,特別需要研究有關末日的各項預言。新約全書的最末一卷,滿載著我們需要瞭解的真理。撒但已經蒙蔽了許多人的心眼,以致他們喜歡用各種藉口不研究啟示錄。

應更加用心和勤奮地研習啟示錄,更熱心地介紹其中的真理。這些真理涉及所有生活在末世的人。凡預備見主的人應把這本書作為熱心研習和禱告的主要內容。正如其卷名所表明的,它是地球歷史的末日發生之重要事件的啟示。約翰因忠心信靠上帝的聖言和基督的見證,被流放到了拔摩島。但流放並無法將他與基督分開。主在他被流放期間看望了祂忠心的僕人,給予他關於世界未來事件的指示。

這個指示對我們來說極為重要,因為我們正生活在地球歷史的末葉。我們很快就會看到基督對約翰所預言之事件的應驗。主的使者在傳播這些嚴肅的真理時,應該認識到自己所講述的是涉及永生利益的話題。他們應當尋求聖靈的洗,以致不說自己的話,而是傳達上帝的話。

末日的危機正臨到我們,我們的工作就是要警告人們所處的危險。預言所描繪、即將出現嚴肅的場景不容忽視。我們是上帝的使者。我們沒有時間可以浪費了。將成為我主耶穌基督同工的人會對本書所揭示的真理產生濃厚的興趣。他們會力求用筆和口清楚地傳達基督從天而降所要揭示的美妙事物。(《時兆月刊》1906年7月4日)

倚靠我們神聖的辯護者

> 所以諸天和住在其中的，你們都快樂吧！只是地與海有禍了！因為魔鬼知道自己的時候不多，就氣忿忿地下到你們那裡去了。
>
> **啟示錄12:12**

凡守上帝誡命和耶穌真道的人，將嘗到龍和龍的使者忿怒的滋味。撒但將世上的人都算為他的臣民。他已控制著一切叛道的教會；而這裡還有一小群人，在抵制他的威權。只要能把這一群人從地上滅絕，他就必全勝。他在古時如何唆使許多拜偶像的國家來毀滅以色列國，在不久的將來，他也必照樣鼓動地上的惡勢力來毀滅上帝的百姓。一切的人都必受命去服從人定的法令，而違反上帝的律法。凡忠於上帝盡到本分的人，必遭恐嚇、辱罵和迫害。他們必被「父母、弟兄、親族、朋友」出賣（路加福音21：16）。

他們唯一的希望是靠上帝的慈悲；他們唯一的保障就是祈禱。餘民教會也像約書亞在使者之前祈求一樣，必要傷心及存懇切的信心，藉耶穌為中保而求赦免與拯救。他們充分地感覺到自己生活上的罪孽，看明自己的軟弱及不配，而且他們一看到自己，便幾乎要絕望了。

那試探者站在旁邊控告他們，像以前站在約書亞旁邊與他作對一樣。他指出他們污穢的衣服，他們有瑕疵的品格。他提出他們的軟弱與愚昧，他們忘恩負義的罪，他們不肖基督之處，已使他們的救贖主受了羞辱。他盡力恐嚇他們的心靈，叫他們想到自己的情形是絕望的，污穢的痕跡是永遠無法洗清的。他希望這樣破壞他們的信心，以致他們會屈服於他的試探之下，不再忠於上帝，而接受獸的印記。

然而基督的門徒雖曾犯罪，但卻沒有自置於罪惡的控制之中。他們已除去罪惡，謙卑痛悔地祈求主，神聖的中保已為他們代求。那曾被他們忘恩負義盡情侮辱的主，明白他們的罪及他們的悔改，祂宣告說：「『撒但哪，耶和華責備你。』我曾為這些人捨命，他們是銘刻在我掌上的。」（《評閱宣報》1908年1月9日）

給我們這時代的信息

> 我們若將起初確實的信心堅持到底，就在基督裡有分了。
> 希伯來書3：14

「我所看見的那踏海踏地的天使向天舉起右手來，指著那創造天和天上之物，地和地上之物，海和海中之物，直活到永永遠遠的，起誓說：『不再有時日了。』」（啟示錄10：5—6）這個信息宣布預言的時期結束了。那群期望在1844年見到我們主的人們所遭遇的失望，對於熱切渴望祂顯現的一些人來說，的確是痛苦難受的，然而這次失望乃是主所命定的，為要使人心顯露出來。

沒有一片籠罩在教會上的黑雲是祂沒有預作準備的；沒有一個起來攔阻祂工作的敵對勢力是祂沒有事先看到的。……祂的全部旨意都必成就也必立定。上帝的律法是與祂的寶座連結在一起的。撒但的爪牙和世人的力量聯合起來也不能破壞它。真理是由上帝所啟示所保護的。儘管有時它似乎受到遮蔽，它仍必繼續存在，取得成功。

基督的福音是律法在品格上的發揚光大。凡對於它所施用的種種詭詐陰謀，為虛假辯護的種種詭計，撒但的爪牙所炮製的種種謬論，終必永遠粉碎，而真理的勝利卻必像午間日頭的出現一般。那「公義的日頭」必要出現，其翅膀有醫治之能。全地必充滿祂的榮耀。

古時的論戰烽火會再燃，新的理論也會不斷湧現。但上帝的子民既相信並應驗了預言，參與傳揚了第一、第二和第三位天使的信息，就知道自己位於何處。他們擁有的經驗比精金還寶貴。他們要堅如磐石，將起初的信心堅持到底。（《信息選粹》卷二，原文第108—109頁）

忠心做工，善用光陰

趁著白日，我們必須做那差我來者的工；黑夜將到，就沒有人能做工了。

約翰福音9：4

基督已將祂的聖工交給每一個人去做，並藉著衷心與祂合作，了解祂對我們所安排的計畫。只有在服務的生活中才能得到真正的幸福，過著閒懶自私生活的人是可悲的，這樣的人對自己和其他每個人都是不滿意的。

真實、無私、獻身的工人欣然將他們最高的恩賜用在最卑賤的服務中，他們認識到真正的服務意味著看到和履行上帝指出的責任。

許多人對上帝交託他們的工作不滿意，不樂意在祂所安排的地方服務，或任勞任怨地做祂所交託給他們的工作。

我們不滿意自己履行職責的方式，這是對的。但我們不應因為寧願做別的事而對職責本身表示不滿。上帝本著自己天意的安排把服務分配給每一個人，猶如一劑心病的良藥。祂這樣設法讓人拋開自私的偏好，因為如果懷有這些偏好，他們就無法勝任祂所指派的工作。他們如果接受和從事這種服務，心就必得到醫治，但他們如果拒絕，就會與自己和別人產生矛盾了。我們不滿意自己履行職責的方式，這是情有可原的，但我們不應僅僅因為想做別的事情，就對職責本身表示不滿。

上帝訓練祂的工人，使他們準備好擔任指派給他們的位置。祂想要塑造他們的心意符合祂的旨意，為此目的祂才使他們受試驗和考驗。祂把有的人放在紀律鬆散和容易過度放縱的網羅，為要他們在那裡受教認識時間的寶貴，並充分而且明智地利用時間。（《懷氏文稿》卷八，原文第422—423頁）

在上帝的訓練中順服

> 當防備，恐怕被惡人的錯謬誘惑，就從自己堅固的地步上墜落。你們卻要在我們主——救主耶穌基督的恩典和知識上有長進。
>
> 彼得後書3：17—18

那些希望成為領袖的人，需要學會順從。上帝會使他們的生活發生變化，或許祂將他們所不願意的責任擺在他們面前。如果他們願意受祂引導，祂就會賜給他們恩惠和力量，以謙遜和樂於助人的精神履行這些責任。這樣，他們就得到資格把他們所培養的能力充分發揮出來。有人歡喜行使管理權。他們需要因順從而成聖。

對於有些人，上帝藉著失望和表面上的失敗訓練他們。上帝的旨意是要他們學會克服困難。祂啟發他們下決心，把每一個表面的失敗化為成功。

人們往往因面前的困惑和障礙而禱告哭泣。但他們若能始終不渝地堅持信心，上帝就會顯明他們的道路。他們必成功地克服表面上無法克服的困難。伴隨著成功的，是最大的喜樂。

有許多人不知道如何為上帝工作，不是因為他們非得如此，而是因為他們不願意接受上帝的訓練。論到摩押失敗的原因，先知說：「摩押自幼年以來常享安逸，……沒有從這器皿倒在那器皿裡，也未曾被擄去。因此，它的原味尚存，香氣未變。」（耶利米書48：11）

基督徒應當準備做彰顯仁愛、自制、溫柔的工作，在他們訓練的人生中培養這些美德。這樣，當主召他們服事時，他們就預備好用他們心靈的能力，幫助和造福那需要救恩的將亡之人。（《懷氏文稿》卷八，原文第423—424頁）

利用服事的機會

> 其實明天如何，你們還不知道。你們的生命是什麼呢？你們原來是一片雲霧，出現少時就不見了。
>
> 雅各書4：14

在自我為中心的環境裡是沒有信仰的。上帝要我們忠於祂，運用祂賜予我們的才能使我們獲益。我們在凡事上必須遵照祂的旨意，偏離這條標準會降低我們的道德品質。這也許會使我們高升、富裕、與王子同坐，但在上帝眼裡我們是污穢不潔的，我們為自私的利益和收穫而出賣了自己的長子權，在天上的冊子上，會記下我們被稱在聖所的天平上所顯出的虧欠。

但如果我們把自己的才能視為主的恩賜，將其運用在對祂的事奉中，對我們的同胞彰顯愛與憐憫，我們就能成為上帝的福氣流向世界的管道；在最後的大日，我們會聽到這樣歡迎的話：「好，你這又良善又忠心的僕人，你在不多的事上有忠心，我要把許多事派你管理；可以進來享受你主人的快樂。」（馬太福音25：23）

光陰，那拿來事奉主的珍貴機會，正快速且永遠的流逝中。……你有沒有利用這些轉瞬即逝的機會？你無法承擔錯失它們的後果，因為你必須站在上帝的審判席之前，親口交代自己的所作所為。你的言語可曾振奮鼓舞那些前來向你尋求幫助和安慰的人？你是否影響了那些同你相處的人？你是否將你擁有的一切忠實地獻給主？

現在就委身於事奉主，……把你的憂慮卸給主，不要讓任何俗事將你同祂分開。要將你的一切都奉獻給祂。「你們如此事奉乃是理所當然的。」（羅馬書12：1）。不要遲疑，因為稍有片時耽擱就有危險。你事奉主的時日，頂多也只有數年之久，你無法拒絕回答將來主對你的詢問：「把你所經管的交代明白。」（路加福音16：2）（《時兆月刊》1897年1月21日）

守規律和敏捷乃是信仰的責任

> 我也為此勞苦，照著祂在我裡面運用的大能盡心竭力。
>
> 歌羅西書1：29

上帝已經把祂的聖工交給人們，祂要求他們認真地從事聖工。……他們的生活中充斥了太多的事情，只好把今天要做的事推諉到明天，許多時間就遺憾地浪費在彌補沒有做好的工作上了。比起終生帶著一種不穩定的心態去工作，人們應該可以達到更有用的程度。他們能改善自己在幼年養成的品格特質，像保羅一樣，他們能努力達到一種更高程度的完全。

上帝的工作不可時做時停。一時的衝動，不會使我們的工作處於有利的境地。相反的，每天絕對要有耐心地從事工作，在我們的方法上取得進步。一個人應該按時起床，若是白天疏於做工，再用晚上彌補早上失去的工作時間，那麼，次日和隔日就會顯現出大腦疲倦、全身疲乏的結果，這就違背了生命和健康的定律。

應該按時起床，按時作家庭禮拜，按時用餐和工作。在我們各機構中的每一個人都有責任，藉著教訓和堅定的榜樣維持這一點。許多人浪費極寶貴的上午時間，希望能在本該用來睡覺的晚上時間完成早上被疏忽的工作。敬虔、健康、成功，這一切都因這種缺乏真虔誠的生活作息而受了損害。

有些同工需要放棄追求時尚、慢動作的工作方式，學習行動敏捷。勤勞和敏捷都是必要的。我們如果想按上帝的旨意完成工作，就必須用迅速有效的方法來進行，不要漫不經心。（《懷氏文稿》卷八，原文第326—327頁）

每一小時都有價值

> 懶惰人哪，你要睡到幾時呢？你何時睡醒呢？……你去察看螞蟻的動作就可得智慧。
> 箴言6：9、6

上帝在祂的聖工上不用懶惰的人；祂所要的是細心、和藹、慈愛、誠懇和熱心的工人。我們的傳道人若是積極進取就必得益。怠惰乃是腐敗的明證。我們心智的每種功能，身體的每根骨骼，肢體的每塊肌肉，都顯明上帝要我們運用它們，而不是放著不動。……那將白天的時間虛擲在床榻上的人，真是不知寸金難買寸光陰。

凡沒有養成勤勞和愛惜光陰之習慣的人，應當制定規則讓自己做事有規律和勤快。美國首任總統喬治·華盛頓之所以能夠做大量的工作，是因為他凡事有條理、有次序。各種檔案都記載日期，並放在固定的地方，這樣就不致於因為放錯地方而浪費時間去尋找了。

屬上帝的人必須勤於研究，切心尋求知識，絕不浪費一時的光陰。藉著恆心努力，他們就可達到幾乎任何程度的高境，成為德高望重的基督徒，成為富有能力和感化力的人。但也有許多人無論在講臺上或事業上，永不能達到較高的境界，這是因為他們的意志遊移不定，在青年時代養成了懈怠的習慣。他們無論做什麼事，都顯出粗心散漫的情形。偶爾激發起欲求改進的衝動，並不足以使這些貪圖安逸的懶人改變；因為這種改變需要恆心行事。經營事業的人必須在起身、祈禱、飲食和退隱方面都有定時，只有這樣才能真正成功。既然從事屬世的事業都少不了規律和次序，作上帝的聖工豈不是更要如此嗎？

許多人把清晨的時辰虛耗在床上，這些寶貴的時間就一去永不復返了；他們虛耗的光陰就永遠損失了。雖然每天只失去一小時光陰，但一年之中所虛耗的時間是多麼可觀啊！但願貪睡的人想一想，算一算，他們所失去的許多機會，將來怎樣向上帝交帳呢？（《福音工作者》原文第277—278頁）

埋藏的才幹應當使用

> 你們要愛惜光陰,用智慧與外人交往。你們的言語要常常帶著和氣,好像用鹽調和,就可知道該怎樣回答各人。
>
> 歌羅西書4:5—6

要尋求身體和心靈的改變。要做好準備,用主的貨財進行交易。你這樣做,就能獲得更多的財富。每一個獲得才幹委託的人都要用來造福他人,在最後算帳的大日,誰會說:「我就害怕,去把你的一千銀子埋藏在地裡。請看,你的原銀子在這裡」呢?(馬太福音25:25)主會對這樣的人說:「你這又惡又懶的僕人,⋯⋯當把我的銀子放給兌換銀錢的人,到我來的時候,可以連本帶利收回。」(第26—27節)

主仍然在召喚那些顯然無視自己的不足,陶醉於自我的人,那些設法謀求如何才能最好地滿足自己的人。上帝幫助這些失去屬靈眼光的人認清有一個世界需要拯救,應讓那些仍舊不知道的人瞭解真理,這項工作需要基督克己的恩典。

數以千計沒有參與上帝聖工的人應當發掘他們所埋藏的錢財,交給兌換銀錢的人。那些以為自己肯定能到達天國、同時卻隨著自己的方式和想像的人,最好打開封印,重新審視他們對天國珍寶中的產權。在錫安無憂無慮的人,最好擔心一下自己並捫心自問:我在主的葡萄園中做了什麼?我為什麼沒有負基督的軛、與上帝同工?我為什麼沒有在基督的學校學習祂柔和謙卑的心?我為什麼沒有擔負起事奉基督的工作?我為什麼不做一個堅定的基督徒,全力以赴地拯救周圍將亡的人?《聖經》難道沒有說:「我們是與上帝同工的;你們是上帝所耕種的田地,所建造的房屋」嗎?(哥林多前書3:9)我難道沒有在上帝的幫助下為今生永世而建造品格,因真理而成聖,藉以促進自身和他人的虔誠嗎?(《評閱宣報》1900年8月21日)

如何「愛惜」光陰

你們要謹慎行事，不要像愚昧人，當像智慧人。要愛惜光陰，因為現今的世代邪惡。

以弗所書5：15—16

光陰的價值是難以估量的。基督認為每一分鐘都是寶貴的，我們也應當這樣看，人的一生十分短促，絕不可以浪費。我們只有短短的寬限時日可以為永恆作準備，我們沒有時間來浪費，沒有時間可以用在自私的享樂上，也沒有時間放縱罪慾。現在是我們為將來那不能朽壞的生命建造品格的時候，也是我們為查案審判作準備的時候。

人從出生開始時，就是朝向死亡走去。如果我們沒有得到有關永生的真知識，即使在屬世不停勞碌，也終必一無所得。如果人把光陰看作他工作的時間，他就必努力爭取進入不朽家鄉和得享永生的資格。這樣，他活在世上才有價值。

主勸戒我們要愛惜光陰。機不可失，時不再來。即使是浪費了片刻的時間，我們也無法挽回。愛惜光陰的唯一方法，就是好好利用餘下的光陰，在上帝偉大的救贖計畫中與祂同工。凡這樣做的人，品格上就會發生變化。他成為上帝的兒子，王室的成員，天上大君的兒女，有資格與天使作伴了。

現在正是我們為拯救同胞而工作的時期。有些人以為他們如果為聖工捐款，就算是盡了本分，但他們卻虛度了本來可以用來為主進行個人服務的寶貴時間。然而凡是健康有體力的人，也就有權利及責任積極為上帝服務。人人都應努力引人歸向基督，捐款也不能代替這項工作。

我們現在有機會向需要的人講述生命之道，這機會或許是一去不復返了。上帝可能要對一個人說：「今夜必要你的靈魂。」（路加福音12:20），而那個人也許由於我們的疏忽而沒有作好準備。在那審判的大日，我們怎樣向上帝交代呢？（《天路》原文第342—343頁）

即使僅有一千銀子，也要善用

> 「我就害怕，去把你的一千銀子埋藏在地裡。請看，你的原銀子在這裡。」主人回答說：「你這又惡又懶的僕人……當把我的銀子放給兌換銀錢的人，到我來的時候，可以連本帶利收回。」
> 馬太福音25：25—27

任何人都不要埋怨自己的金錢不夠多，如果他們受託的金錢是用來榮耀上帝，就必增加。現在不該怨嘆我們的人生處境，以沒有他人的才幹和地位為藉口而疏忽善用我們的能力，說：「我如果有他的恩賜和才能，定能為主大筆投資。這些人若能智慧地善用自己的一千銀子，就達到了主對他們的全部要求。」

看看我們的教會，其中只有少數是真正的工人，大多數人缺乏責任心，他們意識不到什麼是救靈的負擔，他們沒有表現出對公義的饑渴，他們從未在工作陷入困境時承擔起責任。這些人雖有一千兩銀子，卻埋在地裡，不予使用，把自己的一切影響力都發揮在他們世俗的事務上。他們在謀求自己今生事業的同時，卻錯失了將來的永生，和那極重無比、永遠的榮耀。要如何勸告和行動，才能喚起教會中的這些人認識到他們對上帝的責任呢？必須讓這些自稱遵守上帝誡命的基督徒，聽到如下令人畏懼的話：「把這無用的僕人丟在外面黑暗裡；在那裡必要哀哭切齒了。」（馬太福音25：30）

每一個成人和小孩都應成為上帝的工人。在只有一個人認識到自己有救靈責任的地方，就應該出現一百個人。我們如何才能喚醒這些人更發揮自己所具有的影響和財富，把榮耀歸給主呢？要讓那些擁有一千兩銀子的人，充分運用這些財富，這樣他們才能使財富加倍。上帝接納人，「乃是照他所有的，並不是照他所無的。」（哥林多後書8：12）（《評閱宣報》1878年3月14日）

為上帝的榮耀使用才幹和錢財

> 因為凡有的，還要加給他，叫他有餘；沒有的，連他所有的也要奪過來。
>
> 馬太福音25：29

不論過去、現在或將來，我們的才幹都是多樣化的。上帝不但需要最具才幹的人，也需要具備一般才能的人。我們如果運用這些才能，歸榮耀給祂，祂就會接納他們。我們難道沒有靠著主的恩典而成為祂的僕人嗎？那委託給我們的財富，不是我們自己的，而是主的；資金是屬於主的，但我們對充分運用或濫用財富卻負有責任。

我希望每一個教會都能努力喚醒那些無所事事的人。願上帝使他們認識到，祂將會連本帶利要回他們原本有的那一千銀子。他們如果忽略去賺取更多的銀子，就會連原有的一千銀子和他們的靈魂都失去。我們希望看見教會中有變化。

「主人」就要回來召喚祂的管家們，並交代祂所託付的銀子。願上帝憐憫那些不做工的人！凡聽見稱讚說「好，你這又良善又忠心的僕人」的人，乃是那些為了榮耀上帝而善用自己才幹和錢財的人。誰願意前來成為主的助手，幫助主抵禦強敵呢？

撒但是一個活躍、堅決、頑強的將領，此時正在從事他的工作，率領著他的軍隊。到處都有他忠實的哨兵。耶穌基督的僕人要如何應對呢？他們有沒有穿戴好軍裝呢？他們有沒有警惕而忠誠地去應對和抵抗仇敵的強大勢力呢？他們有沒有沉睡，企望別人去做他們的工作呢？

所有的人都要警醒，因為時候將到，以下的話將會宣布：「污穢的，叫他仍舊污穢；為義的，叫他仍舊為義；聖潔的，叫他仍舊聖潔。」（啟示錄22：11）現在正是尋求品格的潔淨和成聖，以獲得白袍，預備出席羔羊婚宴的時候了。（《評閱宣報》1878年3月14日）

警醒做工的時候

> 你們曉得，現今就是該趁早睡醒的時候，因為我們得救，現今比初信的時候更近了。
> 羅馬書13：11

有一群人蒙受損失，是因為他們懶惰，把精力花在滿足自我、誇誇其談上，而身體的肌肉卻因無所事事而軟弱無力。他們因懶惰而浪費機會，不去榮耀上帝。如果他們好好運用時間和精力去獲得財富，把他們的孩子送往合適的地方學習知識，他們便會有很多的成就。但他們寧願孩子在無知中成長，也不運用上帝賜予的能力，讓他們的孩子受到良好的教育。這些父母被放在天上聖所的天平上時，就會立刻顯出虧欠來。

在我們這個世上有些事情需要每個人去做。主就要來了，我們的等候不應是懶惰的期待，而是要警醒地工作。我們既不能把時間完全用在禱告默想上，也不能緊迫倉促地工作，似乎這是我們進入天國的條件，同時卻忽視了將時間用於培養個人的虔誠。默想必須結合勤勉的工作，正如上帝在祂聖言中所說的，我們應「殷勤，不可懶惰；要心裡火熱，常常服事主。」（羅馬書12：11）世俗的活動不應佔據了你對主的服事，我們的心靈需要上帝豐沛的恩典，我們的體格需要鍛鍊，才能完成宣揚基督福音中所必做的工作。

那些滋生惰性的人，每天都在得罪上帝，因為他們沒有運用上帝所賜給他們那成為天上家人之福氣的才幹。父母們應教育子女，說主希望他們成為勤勉的工人，不要成為祂葡萄園中的懶漢。他們如果要成為有用的工人，做好在主葡萄園的職責，就必須勤奮地利用時間，他們應成為忠實的管家，提高自己好領受各種才幹。（**《家庭佈道士》原文1894年10月**）

錢財和積極服事都是需要的

> 你告訴以色列人當為我送禮物來,凡甘心樂意的,你們就可以收下歸我。
>
> 出埃及記25:2

我聽到出版社和療養院的員工抱怨他們超時工作。他們工作8小時後若沒有停工,就會不滿。然而,這些人若是為私人的利益而從事自己的業務,就願意工作10小時,就像在美國工作制度下做工一樣,他們甚至超過12個小時也不抱怨,因為那是為了他們自己私人的利益。時間是被用於自身利益,還是被用於服事上帝或鄰舍上,其反應如此的不同。

如果我們在有限的錢財上甘心服事以節省錢財,會比囤積錢財更加令人滿意。只要我們心存正確的動機,那麼我們所花的時間也會被視為是用在服事上。在建造、栽種、收割莊稼或任何工作中為上帝做這些明確的工作,即使需要花費相當多的腦力和體力,都是值得的,上帝必增添資源給我們,祂必幫助我們產生財力。

許多人已經在這方面做工,而且一直在這麼做,所以無論以任何方式做工,把時間虔誠地奉獻給上帝,都是極其重要的事。有些人寫信給遠方的朋友,藉著他們自己的個人佈道方式來傳福音,我們可以用許多方法為上帝作個人的服事。

有些人以為自己只要奉獻部分金錢去協助做上帝的聖工,就是做了他應做的事了。上帝所賜給他們的寶貴光陰,就是他們能用來為祂作個人服務的時辰,卻因未善加利用而流失了。凡擁有健康和力量的人,都有特權和責任向上帝獻上積極的服務。捐獻金錢並不能取代這種服事,沒有錢的人可以用個人的勞動來代替,在這種工作中甚至能以不同的方式掙到錢。

每一個人都可以成為與上帝同工的人。那些通常用來使身體或心靈得到休息或安舒的消遣時間,如果沒有善用它,應可用在那些需要幫助的可憐人,或用來探訪貧窮、患病、受苦的人身上。你們的光陰是屬於上帝的,作為基督徒,我們必須將光陰用於榮耀上帝。(《懷氏文稿》卷六,原文第79—80頁)

低薪資勝過無業

> 家主回答其中的一人說：「朋友，我不虧負你，你與我講定的不是一錢銀子嗎？拿你的走吧！我給那後來的和給你一樣，這是我願意的。」
>
> 馬太福音20：13—14

上帝慷慨地給予我們24小時，一個白天和一個晚上。這是一種寶貴的財富，可以用來成就許多善事。我們是怎樣利用上帝所賜的黃金機會呢？我們身為基督徒，若是不想在無用事務中浪費寶貴的時光，不想徒勞無功，沒什麼成績可言，就必須把我們擺在面前。

時間就是金錢。人若只因不能得到最高工資便拒絕工作，就應被宣布為懶惰的人。有工作比無業要好得多，即使所領的工資比自己認為理應獲得的工薪還少很多。

光陰是上帝委託給我們的一種天資，隨時都可能被濫用。上帝的每一個兒女，無論是男人、女人、青少年或孩童，都應該重視每一刻光陰的價值。他們若珍惜光陰，就會堅持工作，即使所領的工資不如他們能要的那麼高。他們應該表明自己重視勤奮和那領到工資的工作。一個有家庭的窮人因低工資而拒絕工作，因為他以為低薪是對他的行業不夠尊重，但其實這種想法是愚昧的，不應受到鼓勵。

人們卻多麼極少考慮這個議題啊！要是光陰這種天資得到了充分的安排和忠實的利用，宣教事業能夠多興旺成功啊！我們每一個人都要為已經虛度的光陰向上帝負責，並要為光陰的利用向上帝交帳。這是一種人們很少賞識的管家職責；許多人以為浪費時日並不是罪，不必做什麼來使自己受益或造福他人。（《懷氏文稿》卷六，原文第80—81頁）

每一種屬靈恩賜都重要

> 恩賜原有分別,聖靈卻是一位。職事也有分別,主卻是一位。
>
> 哥林多前書12:4—5

要認真學習以上這段經文。上帝沒有給每個人分配相同的工作,祂的計畫乃是求同存異。學習和執行祂的計畫,會大大減少從事聖工時所遇到的衝突。

「正如我們一個身子上有好些肢體,肢體也不都是一樣的用處。」(**羅馬書12:4**)。「身子原不是一個肢體,乃是許多肢體。設若腳說:『我不是手,所以不屬乎身子,』它不能因此就不屬乎身子。設若耳說:『我不是眼,所以不屬乎身子,』它也不能因此就不屬乎身子。若全身是眼,從哪裡聽聲呢?若全身是耳,從哪裡聞味呢?但如今,上帝隨自己的意思把肢體俱各安排在身上了。若都是一個肢體,身子在哪裡呢?」(**哥林多前書12:14—19**)

「你們就是基督的身子,並且各自作肢體。上帝在教會所設立的:第一是使徒,第二是先知,第三是教師,其次是行異能的,再次是得恩賜醫病的,幫助人的,治理事的,說方言的。」(**第27—28節**)

主希望祂的教會尊重祂賜予各位信徒的每一種恩賜。我們要防止專注於自己,認為別人如果不像我們那樣工作,就不能事奉主。

工人絕不能說:「我不想與這樣的人一起工作,因為他的觀點與我不合。我希望與那些聽從我的話、認可我所有觀點的人工作。」如果工人拒絕與他不同想法的人合作,可能他就可能無法領受到那尚未宣揚的真理。因為工人拒絕接受主所提供的幫助,那麼他的工作就只是單方面的,沒有與主相連。(**《太平洋聯會記錄》1904年12月9日**)

滿足於卑微的工作

> 按我們所得的恩賜，各有不同。或說預言，就當照著信心的程度說預言。
>
> 羅馬書12：6

無論男女如果願意先在基督的學校裡學習寶貴重要的溫柔功課，就能為上帝成就一番善工。他們能藉著向人介紹耶穌的完美而使人獲益。當教會的每一個信徒都認識到自己的責任，謙卑地負起眼前的工作時，聖工就會成功地進行。上帝已按照各人不同的能力賜予工作。

在這個世代，為主做工並不容易，但是工人們如果不斷仰賴上帝，充分思考上帝的指導，就可以免去許多麻煩。祂說：「按我們所得的恩賜，各有不同。或說預言，就當照著信心的程度說預言；或作執事，就當專一執事；或作教導的，就當專一教導；或作勸化的，就當專一勸化；施捨的，就當誠實；治理的，就當殷勤；憐憫人的，就當甘心。」（羅馬書12：6—8）

這門學科需要人細心認真地研究，因為不注意這項指示，就會犯下不少的錯誤。許多受託為主從事謙卑工作的人，很快就不滿現狀，認為自己應成為教師或領袖，他們想要離開自己卑微的工作，其實這項工作與更大的責任都是一樣重要的。從事探訪工作的人，不久以後會認為任何人都能做這份工作，每一個人都能說同情鼓勵的話，以謙卑安靜的方式引領人正確理解《聖經》。但這項工作是需要大量的恩典、大量的忍耐和不斷累積的智慧。（《懷氏文稿》卷十一，原文第278—279頁）

每個人都有恩賜，且都需要交帳

> 凡你手所當做的事要盡力去做；因為在你所必去的陰間沒有工作，沒有謀算，沒有知識，也沒有智慧。
>
> 傳道書9：10

才幹的比喻需要仔細且虔誠地學習，因為它適用於有思維能力的男女老少。你的義務和責任就是與上帝賜給你的才幹相稱，每一個基督徒都要為他特殊才幹的使用而向上帝交帳。

許多人因為別人擁有更高的才幹和優勢，就推辭、不願把自己的恩賜用在基督的聖工上。現在流行的觀念是，惟獨具有特殊才幹的人，才需要將他們的才能獻於上帝的聖工。有人認為才幹只給予某些蒙上帝寵愛的人，其他的人則沒有領受，當然也在聖工和報賞上無份了。

但是在才幹的比喻中卻不是這樣。主人召來他的僕人，將工作分派給每一個人，上帝的全家都有責任善用主的財物。每一個人，無論地位高低或貧賤富貴，都負有道德的責任，領受才能，並要對上帝交帳。或多或少，人人都會獲得主所賜的才幹。靈智體的能力、感化力、地位、財富、愛情、同情等等，都是寶貴的才幹，要用於主的聖工，拯救基督為之捨命的生靈。

上帝要求每一個人都成為祂葡萄園的工人。你們要負起交託給你們的工作，並忠心地履行。「凡你手所當做的事要盡力去做。因為在你所必去的陰間沒有工作，沒有謀算，沒有知識，也沒有智慧。」（傳道書9：10）（《評閱宣報》1888年5月1日）

小才幹有它的價值，也能不斷增長

> 智慧人的言語好像刺棍；會中之師的言語又像釘穩的釘子，都是一個牧者所賜的。
>
> **傳道書12：11**

但願商人以自己的誠信，按榮耀創造主的方式經商；但願他們把自己的信仰帶進自己所做的每一件事中，向別人表現基督的精神；但願工人成為那位在猶太各城中、在卑微的行業中操勞勤奮又忠心的主的代表；但願所有信奉基督聖名的人都這樣為別人服務，讓人們看見他們的好行為，就把榮耀歸給創造和救贖他們的主。「無論做什麼，都要從心裡做，像是給主做的。」（**歌羅西書3：23**）要時刻牽掛基督國度的建立，一切努力都要朝著這個目標。

凡具有卓越才能的人，不可低估才能不及他們之人服務的價值，即便是最小的責任，也是從上帝而來的。在上帝的祝福下，勤勞運用的一種才能將會變為兩種，為基督服務的兩種才能將會變為四種。最卑微的器皿就這樣增加了能力和用途。真誠的目的，克己的努力，都會被上帝的國所看見、讚賞、認可。「你們要小心，不可輕看這小子裡的一個。」（**馬太福音18：10**）唯有上帝才能評價他們事奉的價值，看到那些為主的榮耀而工作之人的深遠影響。

我們應當充分利用我們的機會，學習讓自己得到上帝的認可。上帝會接受我們最佳的努力，但任何人都不要妄想祂會認可無知和無能，同時只要正確地利用所賜的特權，就會做出更好的事奉。我們不應輕視生活中的小事，而要勤勉關注、堅持不懈地利用微小的機會和才能幫助我們屬靈生活的進步，促使我們做出更加聰明和美好的事奉。（《評閱宣報》1888年5月1日）

在你所在之地忠心工作

> 這樣看來，我們各人必要將自己的事在上帝面前說明。所以，我們不可
> 再彼此論斷。
> 羅馬書14：12—13

我們即使做了一切力所能及的工作，仍然要視自己為無用的僕人。我們的努力沒有任何驕傲的餘地，因為我們時時刻刻依靠上帝的恩典，我們的一切都是主所賜的。耶穌說：「離了我，你們就不能做什麼。」（約翰福音15：5）

我們只對上帝所賜給我們的才幹負責。主不責備那盡己所能增添了自己才幹的僕人。凡這樣證明自己忠誠的人能得到稱讚和報賞。但那些在葡萄園裡閒逛、無所事事或怠忽職守的人，以他們的行為，表明了他們對待所托之工的真正態度。……他們沒有欣賞、而且濫用了榮耀上帝賜給他們、用來拯救同胞的才幹，本來可以成就的善工卻沒有去做，主無法連本帶利地獲得收益。

任何人都不要怨嘆自己沒有更大的才幹可為主所用。你在不滿和抱怨的時候，浪費了寶貴的光陰，坐失了有價值的機會。要為你所擁有的才幹感謝上帝，求主賜你能力履行你所肩負的責任。你如果希望自己有更大的用途，就要投入工作之中，學習你所追求的東西。要以堅定忍耐之心從事工作，盡到自己最大的努力，不要介意別人做什麼。「我們各人必要將自己的事，在上帝面前說明。」（羅馬書14：12）你絕不要想也不要說：「但願我從事更加偉大的工作！但願我能在這個或那個崗位上！」

要在你所在之地盡自己的責任；要在最能為上帝發揮效益的地方，對託付給你的才幹作最好的投資；要放棄一切怨言和糾紛，不要爭最高的權利，不要妒忌別人的才幹，因為這樣做增加不了你做善工大工的能力；要以柔和、謙卑、依賴的信心運用你的恩賜，等到結帳的日子，你就沒有悲傷和蒙羞的理由了。（《評閱宣報》1888年5月1日）

與耶穌同工拯救失喪的人

> 看哪，我必快來！賞罰在我，要照各人所行的報應他。
> 啟示錄22：12

主耶穌會仔細審查每一種才幹，祂要求的收益會與所委託的資本成正比。基督藉著自己的屈尊和受苦，償付了拯救我們的贖價。祂有權得到我們的服務。僕人意味著要工作，要負責任。我們的所有才幹和機會都是主託付給我們善加利用，讓主連本帶利收穫的。

天上的主宰擄獲了一班仇敵，回到了天家，並把祂的恩賜送給地上的人們——為了要將神聖的真理財寶傳遞給全世界。我們每一個人如何利用這些交在我們手中的恩賜呢？我們會像那不忠心的愚蠢僕人那樣，把財富埋沒在世上，以致無法給主帶來回報嗎？大家都有責任為榮耀上帝和造福同胞忠心地利用所委託給他們的財富，使財富在運用的過程中得到增長。

每一個人都要先求上帝的國和祂的義。我們不要在世俗的事務中用盡我們的腦力和體力，否則我們就會危害我們的屬靈利益，失去永遠的喜樂。未曾墮落的整個宇宙都在關注耶穌降世所要成就的大工，就是我們靈命的得救。世人難道不該與我們升上高天為我們代求的救贖主合作嗎？我們難道不要對天國所設計在世上實施造福人類的工作，表現出特別的熱情和專一的興趣嗎？我們這群被基督寶血所買來的人，豈能拒絕主交在我們手中的工作，拒絕與天上的生靈合作，拯救墮落的同胞嗎？我們難道不願到天涯海角去把天上賜給我們的真光照射在我們的同胞身上嗎？（《評閱宣報》1893年1月24日）

忠心運用一千銀子，將得到更多銀子

> 天國又好比一個人要往外國去，就叫了僕人來，把他的家業交給他們。按著各人的才幹給他們銀子；一個給了五千，一個給了二千，一個給了一千。就往外國去了。
>
> 馬太福音25：14—15

不要光坐著等候專職的傳道士來做需要完成的工作。若是沒有傳道士承擔起工作，有見識的人就不要汲汲營營該如何積累最大的財富，而是要進入城市鄉鎮，高舉十字架的旗幟，運用他們所獲得的知識，爭取人接受真理。

真理的知識非常寶貴，不可囤積起來，據為己有，埋到地裡去。即便主只有交託一千銀子，也要忠心使用，以爭取更多的銀子。上帝的寶座湧流出來的恩澤所澆灌的人在哪裡呢？他們要捫心自問有沒有將真光傳遞給不具備如此優惠的人呢？當一切動機都要接受檢驗的時候，疏忽運用自己才幹的人如何在審判之中站立呢？天上的主宰曾把才幹託付給祂的每一個僕人。「按著各人的才幹給他們銀子；一個給了五千，一個給了二千，一個給了一千。」（馬太福音25：15）

上帝的才幹不是只給予祂所揀選的少數人，祂給了每一個人某種特殊的恩賜，是為了用來服事祂的。許多蒙主託付寶貴才幹的人，卻不肯用這些才幹推進上帝的國，其實他們負有責任運用祂的恩賜。每一個人不論是為了事奉上帝，還是討自己歡心，都擁有某種才幹，若正確使用，就會給上帝帶來榮耀，若是濫用了，就是搶奪施予者之物。擁有才幹的人不承認上帝對他們的要求，並不能減輕他們的罪責，他們如果選擇今生站在幽暗之君的黑旗之下，在最後算帳的日子就得不到基督的承認。（《時兆月刊》1893年1月23日）

忠心使用才幹的人得主的讚許

那領五千的隨即拿去做買賣，另外賺了五千。那領二千的也照樣另賺了二千。

馬太福音25：16—17

「上帝愛世人，甚至將祂的獨生子賜給他們，叫一切信祂的，不致滅亡，反得永生。」（**約翰福音3：16**）每一個亞當後裔的贖價都已經償付了。基督的寶血所救贖的人，若是不肯忠於祂，在末日的報應中就得不到保護。他們要為疏忽所交託給他們的財富而向主交帳。他們要回答為什麼侮辱他們的創造主和救贖主？為什麼保留才幹不為上帝服務，繼而搶奪上帝之物？為什麼把主的錢財埋在地裡？

人類大家庭是由有責任心的人所組成的，從最有地位、最有才幹的人到最沒有地位、最默默無聞的人，都受託天國的財富。光陰是上帝所託付的恩賜，要積極利用為基督服務。影響力是上帝的恩賜，要用來推進最崇高、最高尚的宗旨。基督在髑髏地的十字架上受死，為的是要我們運用自己的影響力在將亡的世界之前高舉祂。凡瞻仰天上大君為他們的罪死在十字架上的人，會慎重運用自己的影響力來吸引人歸向基督，並且只用於這個目的。智力是主所託付的才幹。同情心和愛心也是需要嚴肅呵護和運用的才幹，以便事奉那一位把我們以重價贖回來的主。

我們的才幹和我們一切所有的都屬於上帝，所獲得的教育、訓練、各種技藝都要為祂而用。……不管託付是多是少，主都要求祂的管家充分利用。使人獲得上天讚許的，不是託付財富的數量或提升。得到上帝的誇獎是因為忠心，就是對祂的忠心，所以祂說：「好，你這又良善又忠心的僕人，你在不多的事上有忠心，我要把許多事派你管理；可以進來享受你主人的快樂。」（**馬太福音25：21**）這種喜樂的報賞不會等到我們進入上帝的聖城。忠心的僕人在今生就能預嘗這種喜樂。（**《時兆月刊》1893年1月23日**）

善用好口才

> 你比世人更美；在你嘴裡滿有恩惠；所以上帝賜福給你，直到永遠。
> 詩篇45：2

透過不懈的努力，每一個人都可以獲得清楚朗讀的能力，用宏亮、清晰、圓潤的聲音，和明確感人的態度講話。我們這樣做，會大大增強我們作為基督工人的效能。

每一個基督徒都蒙召要把基督那測不透的豐富傳給別人，所以他必須在言語方面追求完美，他講述《聖經》的方式，要讓聽眾樂於領受。上帝並不希望祂在人間的代表是個粗俗的人，祂不想讓天國的川流在經過人輸送到世界時減弱或變質。

我們應當仰望耶穌那完全的榜樣，祈求聖靈的幫助，靠著祂的能力設法培養身體每一個器官都善盡其用。

這些話特別適用於那些蒙召作公眾服務的人。每一位傳道人和教師都應當記住：他向眾人所傳的信息是與永恆的利益相關的。他們所講述的真理將要在最後交帳的大日受到評判。一些人對於信息的接受或拒絕，取決於傳信息之人的態度，因此講道必須採用啟發悟性和感動心靈的方法，說話要緩慢、清楚、嚴肅，但又要十分誠懇，與講題的重要性相稱。

正確地培養和運用說話的能力，關係到基督教的各方面工作，並影響家庭的生活，以及我們彼此之間的交往。我們應當養成習慣，用悅耳的聲音，純正的言語，以彬彬有禮的措辭說話。優雅親切的話語對於人心有如甘露時雨，《聖經》上論到基督說，在祂的嘴裡滿有恩惠，祂「知道怎樣用言語扶助疲乏的人」。（詩篇45：2；以賽亞書50：4）（《天路》原文第335—336頁）

藉著口才彰顯耶穌的愛

主耶和華賜我受教者的舌頭，使我知道怎樣用言語扶助疲乏的人。
以賽亞書50：4

我們周圍都是受苦的人，到處都可以找到他們。唯願我們去尋找這些人，說合宜的話來安慰他們的心，透過我們使憐憫的清泉流向他們。

我們在與人交往的時候都要記住，在別人的經歷中，有我們見不到的篇章。在記憶的頁面上，有一些嚴加防範，不讓好奇的眼睛看見的悲慘歷史。有與極為困難的環境長期艱難的戰鬥，也許還有家庭生活的種種煩惱，一天一天在削弱人的勇氣和信心。對於那些在人生的戰場上奮力作戰的人，只要肯付出一點愛心，給予小小的關懷，就可以使他們得到力量和鼓勵。對於這樣的人，真朋友有力的援手，要比金銀更加寶貴。親切的話像天使的笑容一樣受人歡迎。

廣大的群眾在窮困之中掙扎著，因為迫於生計，只得拼命勞力，以期博得那些不足以供給生活上最低需要的微小工資。過度的勞力和人為的剝奪，加以前途無望，致使他們的擔子愈顯沉重。如果加上了痛苦和病痛，則擔子幾乎難以承擔了，他們被憂慮壓迫所困，真不知到何處去求解脫，所以要同情他們的困難、痛苦、失望。這種同情會為你們開路去幫助他們。要對他們宣布上帝的應許，與他們一同禱告，為他們祈求，以激起他們的希望。

要與主同工。世上雖充斥不信任和疏遠的氣氛，基督的門徒卻要表現出天國所充滿的精神。要像基督那樣說話，像祂那樣行事，要不斷地彰顯祂品格的美，彰顯祂教訓和待人接物所蘊涵的愛的財富。最平凡的工人若與基督合作，也必能撥動琴弦，發出聲音遠達地極，構成樂曲直到永世無窮。（《論健康佈道》原文第158—159頁）

合理運用口才和影響力的恩賜

也要為我們禱告，求上帝給我們開傳道的門，能以講基督的奧祕，叫我按著所該說的話將這奧祕發明出來。
歌羅西書4：3—4

上帝不是隨意賜下才幹的。祂洞悉萬有，瞭解每一個人，把工作交託給每一個人。受託才幹多的人不可自誇，因為他們所有的東西並不屬於他們自己，而是借給他們試用的。所賜的越多，要求的回報就越多。上帝每天在考驗人，看他們是否願意承認是祂賜給他們所有。祂在觀察他們是否證明自己配得永恆的財富，以及他們如何使用自己的寶貴恩賜，將決定他們永久的命運。

在上帝賜給祂兒女的所有恩賜中，沒有什麼福氣比口才更大的了。我們用口懇勸和說服人，用口禱告讚美上帝，用口對他人述說救贖主的慈愛。上帝希望我們奉獻這個恩賜為祂服務，只對周圍人說能助人的話。基督若是在我們心中作王，我們的語言就會純潔、優美、散發出祂所塑造之品格芳香。但如果我們受眾善之敵所引導，所說的話就會反映他的情緒。要謹慎自己的語言，奉獻口才為主服務；因為有朝一日祂會向你索取。

我們每一個人都對所接觸的人發揮影響。這種影響來自上帝，我們要如何發揮負責？上帝希望影響力發揮在正義一方，但我們的影響是純潔高尚，還是發出毒素，取決於我們每一個人的決定。與上帝的性情有分的人會發揮基督化的影響，聖天使會一路上陪伴他們，所有與他們接觸的人都會得到說明和祝福。但那些不接受基督為他們個人救主的人無法對別人發揮向善的影響，……這樣的人會喪失一切永生的盼望；他們的榜樣還會引導別人走上歧途。要非常注意自己的影響。你們站在主一邊，「如此事奉乃是理所當然的」（羅馬書12：1）。（《時兆月刊》1897年1月21日）

說話帶有救主的感染力

> 污穢的言語一句不可出口，只要隨事說造就人的好話，叫聽見的人得益處。
>
> **以弗所書4：29**

我們跟從基督，應當使自己的言語在基督徒的生活中發揮互助和彼此鼓勵的作用。我們應當講述更多自己經驗中的寶貴篇章，談論上帝的憐憫和仁慈，以及無比深厚的救主之愛。我們的話應當是讚美和感謝的話，如果我們的心中充滿上帝的愛，就會在語言中流露出來。

傳授屬靈生活的體會並非難事。偉大的理想，崇高的抱負，對真理的清晰領悟，無私的目的，對敬虔與聖潔的嚮往，都會在言語中流露出來，表明我們心中所珍視的特質。我們的言語如果這樣顯示基督，就能吸引人歸向祂。

我們應當向不認識主的人講述基督。我們要效法基督。祂無論在會堂中，在路旁，在離岸不遠的船上，在法利賽人的筵席上，或在稅吏的餐桌旁，都向人講述有關更高生活的事。祂把真理的話與自然界和日常生活中的事物聯繫在一起，聽眾的心被祂吸引了，因為祂醫好了他們的病人，安慰了他們之中的傷心人，並抱起孩子為他們祝福。祂一開口說話，他們的注意力就集中在祂身上，祂的每一句話對於某一些人來說，乃是活的香氣叫人活。

我們也應當如此。不論我們在什麼地方，都要抓住機會向別人講述救主。如果我們在行善的事上效法基督的榜樣，人心就會向我們敞開，就如同從前向祂敞開那樣。我們不要隨便說話，而當帶著上帝的愛所產生的機警向他們講述那位「超乎萬人之上」、「全然可愛」的主（**雅歌5：10、16**）。這是我們運用語言能力所能成就的最高工作。這種語言的能力賜給我們，是要我們講述基督是赦罪的救主。（《天路》原文第338—339頁）

影響力 —— 為善或為惡的力量

> 不要叫上帝的聖靈擔憂；你們原是受了祂的印記，等候得贖的日子來到。……要以恩慈相待，存憐憫的心，彼此饒恕，正如上帝在基督裡饒恕了你們一樣。
>
> 以弗所書4：30—32

基督的生命具有無限廣泛的影響力。這種影響力把祂自己與上帝和全人類聯結起來。藉著基督，上帝已將影響力賜給人類，使他們不可能為自己而活。我們每一個人都與自己的同胞有聯繫，乃是上帝大家庭的一員。我們彼此負有責任，誰也離不開自己的同胞，因為各人的幸福是互相影響的。上帝的旨意是要每一個人都認識到自己需要關心別人的利益，增進他們的快樂。

每一個人都被自己所產生的氣氛所環繞。這種氣氛或者充滿賜生命的能力，給人帶來信心、勇氣、希望，發出愛的芳香，或者黯淡而冷漠，帶著自私不滿的陰影，因懷存罪惡而散發出致命的毒素。由於環繞我們的氣氛，凡與我們交往的人都有意無意地受到影響。

這是我們所無法規避的責任。我們的言語、舉動、服裝、行為，甚至我們的表情，都具有影響力。這種印象所產生或善或惡的後果，是無人能衡量的。人所表達的每一個情緒，都撒下了一顆種子，以後必結出果實來。它是人類歷史長鏈中的一環，這條鏈子究竟伸向何方，我們無從知曉。

如果我們的榜樣能幫助別人培養善良的原則，那麼我們就給了他們行善的力量。他們又以這同樣的影響力傳給別人，別人再傳給別人。這樣，藉著我們不知不覺的影響，就使千萬人得到了福氣。

把一顆小石子投進湖中，湖水就起了漣漪。這漣漪擴散開來，圓圈越來越大，一直達到岸邊。我們的影響力也是如此，它在我們不經意間，就把福氣或禍患帶給別人。（《天路》原文第339—340頁）

要正確地運用影響力，上帝的恩典很重要

> 人在最小的事上忠心，在大事上也忠心；在最小的事上不義，在大事上也不義。
>
> **路加福音16：10**

品格就是力量。一個真誠、無私、虔誠的人生默默所作的見證，具有幾乎不可抗拒的影響力。我們在生活中表現基督的品格，就是在救靈的工作上與祂合作。我們只有在生活上表現祂的品格，才能與祂同工。我們影響的範圍越大，所能成就的善事就越多。當那些自稱事奉上帝的人效法基督的榜樣，在日常生活上實行律法的原則時，當他們的一舉一動都證明他們以愛上帝為至上，愛鄰舍如同自己時，教會就有了感動世界的力量。

但是我們絕不可忘記：影響力在惡事上也是很強大的。一個人喪失了自己的靈命，本已是可怕的事，但是使別人在靈性上也喪失了，就更可怕了。我們的影響竟能成為死的香氣叫人死，想到這一點，真覺得恐懼，但這是很可能發生的事，許多人自稱與基督一同聚斂的，卻使人遠離了祂，所以教會如此軟弱。許多人肆意批評指責別人，常常表現出猜疑、嫉妒、不滿，而使自己成為撒但的工具。在他們認識到自己行為的真相之前，仇敵已經藉著他們達到了自己的目的。不良的印象已經造成；陰影已經投下；撒但的毒箭已經擊中了目標，不信、懷疑、無法無天的觀念，已經控制了那些本來可能接受基督的人。

為撒但工作的人看到那些受他們影響而成為懷疑派的人，硬著心不再聽責備和懇勸時，便洋洋得意。他們覺得自己與這些人相比，自己是善良公義的，所以就十分高興。他們沒有認識到，這些可憐淪喪的人，乃是他們那罪性的毒舌和叛逆的心所造成的，這些受試探的人因他們的影響而墮落了。

所以自命為基督徒之人輕佻的行為、自私的放縱、疏忽與冷淡，正在促使許多人轉離生命之道。將來在上帝的審判台前，許多人必因看到自己影響的後果而恐懼，唯有藉著上帝的恩典，我們才能正確地運用自己的影響力。

（《天路》原文第340—341頁）

我們的服務應得到上天的悅納

> 倘若你們在別人的東西上不忠心,誰還把你們自己的東西給你們呢?一個僕人不能事奉兩個主;不是惡這個愛那個,就是重這個輕那個。你們不能又事奉上帝,又事奉瑪門。
>
> 路加福音16:12—13

許多人自稱為基督徒,卻沒有與基督聯合。他們的日常生活和精神,都表明基督沒有在他們裡面成為「有榮耀的盼望」。他們既不可靠,也不值得信任,他們總想把工作減少到最省力的程度,同時卻能得最高的工資。「僕人」的稱呼適用於每一個人,因為我們都是僕人,我們最好審視自己是效法什麼榜樣?是不忠心的榜樣,還是忠心的呢?

一般僕人所追求的,是不是儘可能地多做工呢?現在的趨勢是不是儘快輕鬆地完成工作,以最小的代價獲取工資呢?工作的目的不是儘量把工作做好,而是領取報酬。凡自稱為基督僕人的人,不可忘記使徒保羅的吩咐:「你們作僕人的,要凡事聽從你們肉身的主人,不要只在眼前事奉,像是討人歡喜的,總要存心誠實、敬畏主。無論做什麼,都要從心裡做,像是給主做的,不是給人做的,因你們知道從主那裡,必得著祂的基業為賞賜。你們所事奉的乃是主基督。」(歌羅西書3:22—23)

那些在聖工中只在監視之下才盡職的人,必要發現自己的工作經不起世人或天使的監察。認識基督是工作成功的重要前提,這種認識會給人以堅定正確的原則,和高貴無私的精神,像我們所承認事奉的救主所表現的那樣。不論我們在什麼地方,在廚房、工廠、出版社辦公室、療養院、大學,或是在葡萄園的任何角落,我們的一切工作都應表現出忠實、節約、謹慎和完善。「人在最小的事上忠心,在大事上也忠心;在最小的事上不義,在大事上也不義。」(路加福音16:10)(《評閱宣報》1891年9月22日)

按照上帝的旨意運用祂的恩賜

> 不要效法這個世界，只要心意更新而變化，叫你們察驗何為上帝的善良、純全、可喜悅的旨意。
>
> 羅馬書12：2

許多人沒有奉獻他們的錢財為上帝服務，卻把他們的錢財看作是自己的，說他們有權隨心所欲地支配它。他們像挪亞時代的居民一樣，用上帝的恩賜為自己效勞，甚至連一些自稱認識主愛主的人也這麼做。上帝已將祂的旨意啟示他們，呼籲他們把自己的一切都奉獻給祂，但愛世界的心敗壞了他們的意志，使他們心地剛硬。他們拒絕順從擁有他們全部的主，他們不顧主的呼籲，死死抱住自己的財富，忘記了施予者對他們的任何要求。上帝所賜的福分就這樣因為濫用而變為詛咒。

基督知道貪愛錢財的危險；因為祂說：「倚靠錢財的人進上帝的國是何等的難哪！」（馬可福音10：24）⋯⋯祂呼籲我們密切關注我們永恆的利益。祂希望我們讓一切屬世的利益都服從於祂的聖工。祂問道：「人就是賺得全世界，賠上自己的生命，有什麼益處呢？」（馬可福音8：36）

上帝對我們事奉的權利是以祂為拯救我們所作出的無限犧牲來衡量的。「你看父賜給我們是何等的慈愛，使我們得稱為上帝的兒女。」（約翰一書3：1）基督為我們的緣故過悲傷貧困的生活，但祂卻把我們的一切罪孽都承擔在自己身上。⋯⋯祂伸手醫治病人，但祂卻承受了劇烈的肉體傷痛；祂開口趕鬼，把受撒但試探的人拯救出來，但祂所承受的試探卻是任何人都沒有遭遇過的；祂以自己的能力讓死人復活，但祂卻承受最可怕死亡的痛苦。

基督為我們忍受了這一切，我們拿什麼回報祂呢？祂是天國的大君，竟屈尊忍受輕慢和侮辱。⋯⋯我們豈能把自己的任何犧牲視為太重大嗎？我們豈能不願將合理的事奉獻給上帝嗎？（《時兆月刊》1897年1月21日）

4月

APRIL

探討上帝的話

離開上帝得不到真智慧

> 得智慧，得聰明的，這人便為有福。
> 箴言3：13

真智慧是持續到永遠的財富。世上許多所謂的聰明人，只不過是自以為聰明。他們只滿足於得到屬世的聰明，絕不會進入上帝的園子，去瞭解上帝話語中知識的財富。雖然他們自以為聰明，卻不知道得永生必需的智慧。他們看不起上帝的聖書。他們如果能學習和順從這本書，就能成為真正的聰明人。

《聖經》對於他們是一個測不透的謎。新舊約《聖經》崇高而深奧的真理在他們看來是模糊不清的，因為他們沒有用屬靈眼光來認識屬靈的事。他們需要明白敬畏耶和華是智慧的開端，沒有這種智慧，他們的學習就沒有價值。

那些努力接受科學教育的人，如果不知道敬畏耶和華是智慧的開端，就是白費氣力，沒有前途，對任何事情都無法相信。他們可能在科學上得到教育，但如果他們沒有得到有關《聖經》和上帝的知識，就沒有真智慧。那些沒有受過教育的人若認識上帝和耶穌基督，就比那最有學識卻藐視上帝教訓的人擁有更恆久的智慧。（《聖經注釋》卷三，第1156頁）

真智慧是屬世的聰明根本無法理解的。隱藏的智慧像天那麼高，就是基督在心裡成了有榮耀的盼望。敬虔的深奧原則是崇高而永恆的，唯有基督徒的經驗才能幫助我們理解這個問題，得到原先隱藏在上帝聖言中，如今向一切生命連於基督的人顯示的知識寶藏。（《評閱宣報》1899年7月18日）

研究《聖經》的報賞

> 倘若他們因認識主——救主耶穌基督，得以脫離世上的污穢，後來又在其中被纏住、制伏，他們末後的景況就比先前更不好了。
>
> 彼得後書2：20

曾有大亮光賜給改革者們，但他們中許多人卻因曲解《聖經》而接受了錯誤的詭辯。這些謬論歷代相傳，然而儘管它們年代久遠，背後卻也沒有「耶和華如此說」來支持。因為主已說過：「我必不『改變我口中所出的』。」（詩篇89；34）主本著祂的大憐憫，已讓更大的亮光照在這些末後的日子，祂給我們傳來了祂的信息，顯明祂的律法且向我們說明何為真理。

一切知識的泉源都在基督。我們永生的盼望集中在祂身上，祂是世上有史以來最偉大的教師，我們若是想要擴大兒童和青少年的心智，並且若能爭取他們喜愛《聖經》，就應使他們集中心力在簡明的真理上，挖掘出那一直被埋藏在遺傳垃圾之下的東西，讓寶石發出光來。要鼓勵他們查考這些題目，所付出的努力會成為一種無價的訓練。

耶穌基督所代表的上帝的啟示，提供了重大的默想題目，若是予以研究，就會使心智敏銳，提高才能。人在基督的門下學習這些功課，努力變得像基督那樣內心柔和謙卑時，就會學到一切教訓中最有用的教訓——理智只有在藉著與上帝活潑聯絡而成聖時，才是最高的。

最偉大最重要的智慧乃是認識上帝。在默想上帝和祂所差來的耶穌基督時，自我就沉淪到微不足道了。我們必須以《聖經》為一切學習的基礎。個人必須學習上帝賜給我們的課本，這是我們靈命得救的條件；因為只有這本書能告訴我們必須做什麼才能得救。不僅如此，理智還能藉由它得力量。

（《基督教育原理》原文第450—451頁）

必須由聖靈闡明《聖經》

> 我們所領受的，並不是世上的靈，乃是從上帝來的靈，叫我們能知道上帝開恩賜給我們的事。
>
> 哥林多前書2：12

上帝有意，即使在今生，也要向祂的子民不住地揭示真理。只有一種方法可以得到這知識，只有藉著賜下《聖經》之聖靈的啟示，我們才能明白上帝的道。「除了上帝的靈，也沒有人知道上帝的事。」「因為聖靈參透萬事，就是上帝深奧的事也參透了。」（哥林多前書2：11、10）救主向祂門徒所賜的應許是：「只等真理的聖靈來了，祂要引導你們明白一切的真理；……因為祂要將受於我的告訴你們。」（約翰福音16：13—14）

上帝願人發揮自己的推理能力；研究《聖經》可加強及提高人的心智，這是其他的研究所不及的。這是人類心智及靈性最好的操練。但我們也當謹防，不可把理性當作神明看待，因為它常服從人性的軟弱及缺點。我們若不願自己對於《聖經》的悟性含糊不清，以致連那最明顯的真理也不能瞭解，我們就當抱持小孩子的天真及信心，勤於學習，並懇求聖靈的幫助。我們若感覺到上帝的能力與智慧，以及自己的軟弱，不能明白祂的偉大，就必激發謙卑的心，並當存神聖敬畏之念去打開《聖經》，好像是進到祂面前一樣。當我們論及《聖經》的時候，理性就必須承認那比它更高的權威，我們的心及智力也當向那偉大的自有永有者俯伏。

我們惟有在認清自己的渺小及必須完全倚靠上帝之時，才可在真實的屬靈知識上有長進；凡存領教的心及敬虔的精神以《聖經》為上帝聖言來研究的人，就必得到神聖的亮光。有許多事物看來是很艱深而晦澀的，對於這等尋求明瞭真理的人，上帝卻要使它變得簡明而平易。

尚有許多的真理寶庫，有待切心尋求的人去發掘。基督說真理就像田中的珍寶，不會藏匿在地表附近，而是要經過一番努力的挖掘，才可尋得。但是我們能否尋得，不是靠自己的學識能力，乃是靠心靈的謙卑與依靠上帝幫助的信心。（《教會證言》卷五，原文第703—704頁）

向上帝尋求智慧

> 智慧從何處來呢？聰明之處在哪裡呢？
> 約伯記28：20

你們將與困難作鬥爭，擔負責任，提供指導、計畫、實施，並不斷向上帝求助，在祈禱中工作，在工作中祈禱，作基督門下的學生，學祂的樣式。

主應許我們：「你們中間若有缺少智慧的，應當求那厚賜與眾人、也不斥責人的上帝，主就必賜給他。」（雅各書1：5）上帝要求擔負責任的人經常聚集商量，懇求得到那只有主才能賜下的智慧。要少說話。許多寶貴的光陰已浪費在沒有意義的談話上。弟兄們要同心禁食祈禱，祈求上帝應許豐富供應的智慧，要把你們的困難告訴上帝，要像摩西那樣對祂說：「祢若不親自和我同去，就不要把我們從這裡領上去。」然後像摩西那樣進一步祈求：「求祢顯出祢的榮耀給我看。」（出埃及記33：15、18）這榮耀是什麼呢？就是上帝的品格，是祂向摩西所宣告的。

要用活潑的信心將自己的心與上帝連接起來，要開口讚美祂。在彼此交往時，要存敬畏的心思考永恆的現實。這樣，你們就可以彼此幫助，擁有屬靈的心志了。當你的意志與上帝的意志相和諧時，你就會與弟兄們感情融洽，基督也會在你身邊作你的顧問了。

以諾曾與上帝同行。每一位基督的工人也可以如此。你可以與詩人一同說：「我將耶和華常擺在我面前，因祂在我右邊，我便不致搖動。」（詩篇16：8）你若覺得自己不富足，就當明白你的富足是在耶穌裡面。你若指望像你一樣必死有限的人提供所有的指導和智慧，你所得到的就只是人的幫助。如果你向上帝求幫助和智慧，祂絕不會讓你的信心失望。（《福音工作者》原文第417—418頁）

達到做人的最高標準

> 智慧人不要因他的智慧誇口，勇士不要因他的勇力誇口，財主不要因他的財物誇口。
> 耶利米書9：23

上帝是一切智慧的泉源，祂的智慧、公義和良善，都是無限的。離開基督，即使是世界上最聰明的人，也不能認識上帝。他們可能自以為有智慧，憑著自己的學識誇口，這種純屬心智方面的知識，若與以基督為中心的真理相比較，就顯得微不足道了。

如果人能片時看見將來的景象，瞥見永在的主，他就必不再以自己誇口了。生活在這地球狹小範圍中的人是有限的。上帝有無數順從祂律法、彰顯祂榮耀的星球，即使人盡他有限的智力進行科學研究，仍有無窮的範圍是他們無法理解的。

上帝是心智和靈性能力的泉源。人在獲得真智慧之先，必須認識自己需要倚靠上帝，並為祂的智慧所充滿。那些世人所認為在科學上已經登峰造極的偉人，根本不能同蒙愛的約翰或使徒保羅相比。只有當心智和靈性相結合時，人才能達到最高的標準。凡這樣做的人，上帝必接納他為培訓人的同工。

認識自己是大學問。凡正確估計自己的教師，必讓上帝塑造並培養他的心智，認識他力量的來源。因為「你有什麼不是領受的呢？若是領受的，為何自誇，彷彿不是領受的呢？」（哥林多前書4：7）。認識自我，必使他謙卑地信靠上帝，但這並不代替他求進步的努力。凡認識到自己缺乏的人，必努力達到身體、心智、道德三方面的最高標準。（《教育的特別證言》原文第49—50頁）

為永生作準備

> 求我們主耶穌基督的上帝，榮耀的父，將那賜人智慧和啟示的靈賞給你們，使你們真知道祂，並且照明你們心中的眼睛。
>
> 以弗所書1：17—18

防止惡習滋長的最好方法乃是佔領陣地。需要百倍警惕，高度重視心田的耕耘，將《聖經》真理的寶貴種子撒在其中。主憑著祂的大慈憐已經在《聖經》中向我們顯示了聖潔生活的定律。祂告訴我們要躲避罪惡；祂向我們說明救恩計畫，指出通往天國的道路。祂為了我們的益處，感動古聖先賢寫下教訓，指出我們道路上的危險，以及如何躲避這些危險。凡順從祂命令而研究《聖經》的人，絕不會在這些事上無知。在末日的危險中，教會的每一個成員都應明白自己信仰和盼望的緣由，這些緣由是不難明白的，我們如果願意在主耶穌基督的恩典和知識上長進，就有足夠的養料佔據我們的心靈。

《聖經》若是得到了應有的研究，人們就會變得智力強大。上帝的道中所涉及的主題，其表達方式的尊貴純樸，它向人心呈現的高尚主題，能夠開發人裡面的才能，是其他方式無法開發的。

上帝希望我們利用每一方法培養和加強我們的智力。我們受造是為了比現在的人生更崇高、更尊貴的人生。今生是為不朽的來生作準備的。我們在哪裡可以找到比在《聖經》中展開的莊嚴真理更宏大的默想題材，更有趣的思想主題呢？這些真理要為人做一番奇工，只要人願意聽從它們所教導的。

我們若是多讀《聖經》，若是更理解真理，就會成為一班十分開明聰穎的人。殷勤查考《聖經》的人，將得到飽滿的精力。來自光明世界的天使站在懇切尋求真理的人身旁，要感動和光照他的心智。悟性暗昧的人可以藉著熟悉《聖經》得著亮光。（《基督徒節制與聖經衛生》原文第125—126頁）

要成長，就得研究《聖經》

《聖經》都是上帝所默示的，於教訓、督責、使人歸正、教導人學義都是有益的。叫屬上帝的人得以完全，預備行各樣的善事。

提摩太後書3：16—17

真理的教師應當在知識上增長，在恩典及基督徒經驗中長進，培養會榮耀上帝和祂聖言的習慣與行為。他應當指教他人如何實踐上帝的話。在聖潔的能力和各門學科上前進的每一步都會說明我們理解上帝的話；研究《聖經》有助於我們學習教育的其他重要學科。

初識《聖經》之後，懇切尋求之人的興趣就會迅速增長，有規律地研究上帝的話能使他看到以前從未看明之真理中的新穎和美妙。研讀《聖經》的學生在談話時會很自然並容易地引用經文。

最重要的是，《聖經》教師必須認真追求擁有《聖經》的內證。希望獲得這種證據的人必須親自查考《聖經》。他們在學習基督的教訓，以經文對照經文，看看自己是否持有其憑證的時候，會獲得上帝聖言的知識；真理會寫在他們的心上。

真理就是真理，無需華麗的包裝，使人欣賞其外表的美。教師應當把真理講解清楚讓人明白。真道乃是兩刃的利劍，它絕不拖泥帶水，舉棋不定。

許多捍衛基督教抵制懷疑論的人，後來卻在懷疑主義的迷宮裡喪失了自己，他們患上疾病，導致靈性的死亡。他們曾為真理做出有力的辯護，表現突出，但他們對基督沒有恆久的信心。有成千上萬自認為是基督徒的人，從來不研究《聖經》。為了你靈命的益處，務要虔誠地學習《聖經》。當你聽見傳道人講道時，如果他與上帝有活潑的聯絡，你就會發現他的話與聖靈是一致的。（《評閱宣報》1897年4月20日）

學習真理，然後實行

> 將祢的話藏在心裡，免得我得罪祢。
> 詩篇119：11

要研究這道，上帝本著祂的智慧仁愛和良善已使這道十分簡明。約翰福音第六章告訴我們研究這道意味著什麼。要深入理解《聖經》所啟示的原則，我們就要吃入上帝的話，就是說，我們不可偏離它的訓誡，我們要把它的真理帶入我們日常的生活中，掌握敬虔的奧祕。

要向上帝祈禱，要與祂談心，要驗明上帝的心意，就像那些為永生而奮鬥的人和必須知道祂旨意的人。只有當你知道真理在基督裡時，你才能揭示真理。你要領受和吸收祂的話；它們要成為你的一部分。這就是吃上帝兒子的肉、喝祂的血的意思。你要靠著從上帝口中所出的一切而活，也就是說，靠上帝所啟示的話而活。祂的話語並沒有全部向我們啟示出來，因為知道我們無法完全負擔這樣的啟示，但上帝已啟示了我們得救所必須知道的一切，我們不要丟棄祂的話去尋求人的推測。

要藉著負基督的軛來獲得我們對經歷上帝話語的認識。祂賜智慧給柔和謙卑的人，使他們能判斷何為真理，明白箇中原因和緣由，清楚指出某些行為的結果。聖靈必教導研究《聖經》的人以真理和公義的標準判斷一切事。上帝的啟示必向他提供他所需要的知識。

要以《聖經》為你的顧問。你若保持自己的心脫離世上的無稽之談，就必迅速地熟悉《聖經》，你越研究《聖經》，就越深地認識上帝，《聖經》的真理必寫在你的心中，留下不可磨滅的印象。

不僅學生自己會受益於學習上帝的道。他的學習還是凡與他交往之人的生命和救恩。他必感到一種神聖的責任，要傳授他所領受的知識。他的人生會顯出他與《聖經》交通所得的力量和幫助。……論到這種人，主耶穌確實可以說：「你們是與上帝同工的。」（《健康勉言》原文第370—372頁）

要發現《聖經》的奧妙趣味，就必須領受聖靈

> 耶和華啊，願我的呼籲達到祢面前，照祢的話賜我悟性。
> 詩篇119：169

《聖經》被置於背後，而所謂偉人們的格言卻取代了《聖經》。願主饒恕我們對祂聖言的輕視。《聖經》中有無法估價的財寶，它就像一個充滿寶貴礦石的礦山，但人們卻不重視它，不查考它，也沒有發現它的財寶。

憐憫、真理、仁愛的貴重過於我們所能計算；我們得到這些財寶的供應可謂多不勝數。而在上帝的道中，我們才發現如何擁有這些屬天的財富，可是上帝的道為何對許多自稱基督徒的人來說沒有趣味呢？是因為上帝的道不是靈，不是生命嗎？難道耶穌吩咐我們「查考《聖經》」（約翰福音5：39），是給了我們一個無趣的任務嗎？耶穌說：「我對你們所說的話就是靈，就是生命。」（約翰福音6：63）但屬靈的人才能看透屬靈的事，而你們缺乏興趣的原因在於你們缺乏上帝的靈。

何時你們使內心與這道和諧一致了，一種新的生命就會在你們裡面湧現，一種新的亮光就會照亮《聖經》的每一行，它就會成為上帝對你的心靈講話的聲音。這樣，你就會接受天上的言論，知道自己正往哪裡去，也能充分利用你今天的特權。

我們應當求主打開我們的悟性，使我們可以領會神聖的真理。我們若在上帝面前謙卑己心，靠著所賜給我們的豐盛的恩典，倒空心中的虛榮、驕傲和自私自利；我們若是真誠地渴望堅定地相信，那公義日頭的明光就會照入我們的心中，照亮我們昏暗的悟性。耶穌就是那亮光，照亮一切生在世上的人。祂是世上的光，祂吩咐我們來就祂，並且學祂的樣式。……祂來是要尋找拯救失喪的人。祂不願意使自己片刻偏離祂惟一的宗旨，祂不讓任何事使祂分心，祂已把這項工作交在我們手中，我們要不要做呢？（《評閱宣報》1891年11月24日）

真理的財寶是留給願意挖掘的人

> 尋找它，如尋找銀子，搜求它，如搜求隱藏的珍寶，你就明白敬畏耶和華，得以認識上帝。
>
> 箴言2：4—5

絕不要以為再也沒有什麼知識可以獲得了，世界的知識可以測透，人間作家的作品可以讀盡，但即使是最高深最廣闊的思想也測不透上帝。在我們理解力之外，有著無限的空間，我們所看見到的，只是上帝的榮耀和無限智慧知識的一點微光。我們似乎只是在礦床的表面挖掘，而豐富的金礦仍深埋在地下，等待著獎賞那願意開採的人，必須把礦井深而又深地往下挖掘，結果就能獲得燦爛的寶藏。藉著正確的信心，上帝的知識就會成為人的知識。

凡懷著基督的精神去查考《聖經》的人，一定會獲得報酬。人如果能像小孩子那樣樂意受教，完全順服上帝，就會在《聖經》中找到真理。人如果肯順從，就會明白上帝政權的計畫，天上恩典和榮耀的府庫將向他敞開，供他探索，人類的狀況也就會與現在大不相同了。因為人如果在真理的礦藏中探索，就會變為高尚。救贖的奧祕，基督道成肉身和祂的贖罪犧牲，就不會像現在那樣，在我們心中模糊不清了。我們不僅會更加明白，而且會更加珍惜這些真理。

這種財富的價值勝過金銀，就算是地下豐富的礦藏財寶也不能與它相比。「深淵說：不在我內；滄海說：不在我中。智慧非用黃金可得，也不能平白銀為它的價值。俄斐金和貴重的瑪瑙石，並藍寶石，不足與較量；黃金和玻璃不足與比較；精金的器皿不足與兌換。珊瑚、水晶，都不足論；智慧的價值勝過珍珠。」（約伯記28：14—18）（《時兆月刊》1906年9月12日）

不斷尋求更多的亮光

> 我專心用智慧尋求、查究天下所做的一切事。
> 傳道書1：13

無論人有多麼高超的才智，也不可有片刻以為自己無需再繼續徹底研究《聖經》，以求更大的光。我們這一班人，個個都有研究先知預言的責任，應當用心觀察，以便看出上帝所要顯示給我們的每一線亮光。我們要發覺真理的曙光，並藉著虔誠的研究，得到那可傳給別人的一個更清楚的光。

何時上帝的子民對於現有的光安心自滿，我們便可確知上帝必不會再恩眷他們，祂的旨意乃是要他們時刻不斷地前進，領受主已經給予並且要繼續加添他們的光。上帝並不喜悅現今整個教會的態度，因他們有了自信自滿的心，便自覺無需更多的真理及更大的亮光。我們所生存的時代是撒但在前後左右不停工作的時代，可是我們這班人卻睡著了。上帝願望有呼聲發出，去喚醒祂的子民急起直追。

有些人不但不開啟心靈去接受從天而來的光線，反而趨於相反的方向去。從講壇上和報章中所發表許多關於《聖經》的靈感啟示的題目，都不是聖靈或《聖經》所認可的。無論任何個人或團體，切不可從事宣揚這樣重大的題目的理論時，沒有以「耶和華如此說」的明文來支持。

人受人類的缺點所限，或多或少遭受周圍風氣的影響，又因遺傳與積習而遠不能有智慧和屬天的意念，竟然進行非難《聖經》的事，判定什麼是屬神的及什麼是屬人的，他們這樣的工作並非出於上帝的教導。主必不使這種工作發達，結果，那些參加此事的人，和那些視此為出於上帝之工而予以接受的人，都是很不幸的。（《教會證言》卷五，原文第708—709頁）

殷勤查考各種信仰

> 我轉念，一心要知道，要考察，要尋求智慧和萬事的理由；又要知道邪惡為愚昧，愚昧為狂妄。
>
> 傳道書7：25

我蒙指示，看出許多自稱擁有現代真理之知識的人，不知道自己所信的是什麼。他們不明白自己信仰的確據，對於現代的工作也沒有正確的認識。當磨煉的時期來到，有許多現今向別人傳道的，在檢討自己所持的立場上，會發覺有不少事物是他們提不出充分的理由來證明的。非經過這樣的試驗，他們就不曉得自己愚昧之深。

教會中許多人以為他們明白自己所信仰的；但非到爭論發生之日，他們竟不知道自己的軟弱。當他們與同信仰的人分開，而被迫單獨解釋其信仰之時，就會驚奇地看出自己對於以前所領受當為真理的觀念是多麼的錯亂。在我們之中確曾有人離開了永生的上帝而轉向世人，將人的智慧代替神聖的智慧。

上帝要喚醒祂的子民；如果別的方法都失敗了，異端就要滲入他們之間，將他們篩出，使糠秕從麥子中分別出來。主呼召一切相信祂道的人從睡夢中警醒過來。寶貴的光已照出，足供現代之用。這光就是《聖經》真理，指明我們當前的危險，引我們殷勤研究《聖經》，並嚴格檢討自己所持的立場。上帝願人禁食祈禱，徹底而恆切地查究真理各方面的關係與立場。信徒不當以假定的或不分明的觀念所組成的真理為滿足。他們的信仰必須堅立在《聖經》上，以致當試驗時期來到，他們被帶到公會之前解答自己的信仰之時，他們就能用溫柔敬畏的心述說出心中盼望的緣由。

那些曾訓練自己善辯的人，有一種很大的危險，就是他們不肯以公平的方法來引用《聖經》。當面對反對者時，我們要盡最大的努力，以一種能夠喚醒他內心信念的方式來提出主題，不僅僅只尋求要讓信徒有信心。（《教會證言》卷五，原文第707—708頁）

研究《聖經》能增強智力

> 上帝的言語句句都是煉淨的；投靠祂的，祂便作他們的盾牌。祂的言語，你不可加添，恐怕祂責備你，你就顯為說謊言的。
>
> 箴言30：5—6

現在的責任是要使人心信服真理。藉著個人之工、藉著把真理帶進他們的家庭，與他們一同祈禱並向他們展開《聖經》，可以有效促成這項工作。

從事這項工作的人和從事文案工作的人都應注意不讓自己的工作計畫一成不變。他們要不斷學習，追求獲得最高的資格，擅長講解《聖經》。……他們要養成認真學習和善於思考的習慣，虔誠禱告，殷勤查考《聖經》。許多人在這方面欠缺，上帝對他們的要求很簡單，可是他們只滿足於有限的《聖經》知識，沒有追求智力和行事為人方面的進步。

預言歷史中的每一論據，基督所賜的每一實際教訓，都要認真學習，不留欠缺。人腦若積極開動，就必更加堅強、寬闊、靈敏。大腦必須運用，否則就會衰弱。要訓練思維，養成習慣，不然就會在很大的程度上失去思維的能力。我們當動腦去思考《聖經》的難題，從而充分開發智力，不再說庸俗的話，而會說富有活力和教育意義的話；積極思維的人會滿懷熱情地把這些話說出來。

基督的僕人務要達到最高的標準。他們是教育者，要精通《聖經》。……研究《聖經》會讓工人動腦，加強他們的記憶，使他們的思想敏銳，勝過學習哲學體系所包含的所有學科。惟獨《聖經》含有潔淨心靈的真理，它是智力培養的最佳書籍；它對重要教義嚴肅樸素的表述，正是每一個青年和基督工人需要獲得的教育，以便把救恩的奧祕傳給處在黑暗中的人。

（《評閱宣報》1885年12月8日）

客觀地親自查考《聖經》

> 求祢以祢的真理引導我，教訓我，因為祢是救我的上帝。我終日等候祢。
> 詩篇25：5

我們倚靠人血肉的膀臂是危險的，我們應該倚靠無限能力的榜樣，上帝多年來一直在向我們顯明這個道理。我們必須心中存有活潑的信心，追求更多的知識和更先進的亮光。

不要信靠任何一個人的智慧，或任何一個人的研究。要親自轉向《聖經》，以謙卑的心查考靈感聖言，把你們先入為主見放在一邊；因為你們若不像小孩子那樣來到上帝的道面前，就不會獲得任何益處。你應該說：「上帝若有什麼東西給我，我想要。上帝若從祂的話給了這位或那位弟兄某種東西是真理，祂也會賜給我。我若是以不住的禱告查考《聖經》，就能找到那個證據，我也能知道我確實知道何為真理。」

你講真理不必如同另一個人頭腦的產品，你必須使它成為你自己的。當那個撒馬利亞婦人確信耶穌就是彌賽亞時，她就趕快去告訴自己的鄰居和同鄉。她說：「你們來看！有一個人將我素來所行的一切事都給我說出來了，莫非這就是基督嗎？眾人就出城，往耶穌那裡去。……那城裡有好些撒馬利亞人信了耶穌，因為那婦人作見證說：『祂將我素來所行的一切事都給我說出來了。』……因耶穌的話，信的人就更多了，便對婦人說：『現在我們信，不是因為你的話，是我們親自聽見了，知道這真是救世主。』」（約翰福音4：29—30、39、41—42）

你們必須深打礦井到真理的礦山中，只要你們以正確的精神從事，是可以自己質疑問題和彼此質疑的；但往往自我很大，一開始查究，就顯出了不像基督的精神。這正是撒但喜歡的事，但我們應該以謙卑的心前來，親自知道何為真理。時候將到，我們會被分散開，我們各人將不得不獨自站立，而沒有特權與那些擁有同樣寶貴信心的人團聚；若沒有上帝站在你身邊，你若不知道祂在帶領你和引導你，你怎麼能站立得住呢？每當我們來研究《聖經》真理的時候，會眾之主就與我們同在。主並不讓船在航行片刻有讓無知的領航員駕駛的機會。我們可以從我們救恩的元帥領受命令。（《評閱宣報》1890年3月25日）

為試煉的時代作準備

> 使我們不再作小孩子，中了人的詭計和欺騙的法術，被一切異教之風搖動，飄來飄去，……惟用愛心說誠實話，凡事長進，連於元首基督。
>
> 以弗所書4：14—15

主號召祂所有的子民善用祂所賜的才能。智力要得到充分開發，並因研究屬靈的真理而增強。如果讓心思幾乎完全用在次要問題和日常瑣事上，依照一成不變的心理定律，它就會變得軟弱輕浮，缺乏屬靈的力量。

試煉人心靈的時候正擺在我們面前，凡在信心上軟弱的人，必受不住那些危險日子的考驗。應當留心研究所啟示的偉大真理，因為我們大家都需要一種明智的《聖經》知識。藉著查考《聖經》及每日與耶穌相交，我們就會清楚地瞭解個人的責任，並獲得力量能在磨煉及試探之日站立得住。那用看不見的紐帶使自己的生命與基督相連的人，就可因信而蒙上帝能力的保守，得著救恩。

應當多思想上帝的事，少思想世俗的事。那貪愛世俗而自命為信徒的人，如果能把思想轉到這方面去，就會熟悉《聖經》，猶如他現在熟悉世事一樣了。基督說：「你們查考《聖經》，因你們以為內中有永生；給我作見證的就是這經。」（約翰福音5：39）

基督徒受命要殷勤查考《聖經》，將上帝之道的真理反覆背誦。在這事上任意愚昧無知，就必危及基督徒的生命及品格，而且使人的悟性盲目，敗壞了最高尚的能力，並使我們的生活混亂。本會的人需要明白上帝的聖言；他們需要對已啟示之真理原則具有一種有系統的知識，使他們足以應付那要臨到地上的事，並保守他們不致因異教之風而動搖。（《教會證言》卷五，第272—273頁）

不只要讀經，還要研究《聖經》

你們查考《聖經》，因你們以為內中有永生；給我作見證的就是這經。
約翰福音5：39

我們感恩不盡，因為有確實的預言使我們不致受騙。我們知道當今世界上存在著異端和神話，所以需要明白什麼是真理，更必須親自仔細研究，以便得到這種知識。我們不能光是閱讀《聖經》，而要將經文彼此對照查考。

我們必須自己研究《聖經》，使自己不致被帶入歧途。雖然世界上存在著各種道理，會把許多人帶入歧途，但真理只有一個。有許多人會來對你說自己擁有真理，但你有權自己研究《聖經》。「人當以訓誨和法度為標準；他們所說的，若不與此相符，必不得見晨光。」（以賽亞書8：20）我們必須自己熟悉《聖經》，以便明白我們心中盼望的真正緣由。

使徒告訴我們：「有人問你們心中盼望的緣由，就要……以溫柔敬畏的心回答各人。」「祢的言語一解開就發出亮光，使愚人通達。」（彼得前書3：15；詩篇119：130）單單閱讀《聖經》是不夠的，還要讓上帝的道進入我們的心靈和悟性之中，使我們可以建立在有福的真理上。我們應當親自查考《聖經》，以明白什麼是真理。我們如果疏忽這樣做，而被誘入歧途，就要對此負責。我們必須認真查考《聖經》，知道主給我們的每一個條件。即使我們的智力有限，藉著殷勤查考上帝的道，我們也會在《聖經》知識上豐富起來，並能對別人解釋。

要教導每一個將建立起來的教會這方面的真理。……「要收的莊稼多，做工的人少。」（馬太福音9：37）傳揚真理的教師不能站在你身邊，保證你不接受在我們的國土上氾濫的謬道……，但你如果立足於《聖經》之上，就會感到有責任自己研究《聖經》，以便能幫助別人。（《評閱宣報》1888年4月3日）

透過《聖經》聽見基督的聲音

> 耶穌回答說：「你們錯了；因為不明白《聖經》，也不曉得上帝的大能。」
> 馬太福音22：29

上帝正在藉著《聖經》向我們講話，我們會聽到許多聲音；但基督說過我們要當心那些會說：「基督在這裡，或基督在那裡」的人，因而我們若不用《聖經》查驗每一件事，又怎麼能知道他們並沒有真理呢？基督已警告我們要當心假先知，他們會奉祂的名來到我們面前，說他們是基督。

你若採取立場認為親自明白《聖經》無關緊要，你就必有被這些道理誤導的危險。基督說過在施行報應的日子會有一群人說：「主啊，主啊，我們不是奉祢的名傳道，奉祢的名趕鬼，奉祢的名行許多異能嗎？」但基督卻要回答說：「我從來不認識你們，你們這些作惡的人，離開我去吧！」（參閱馬太福音7：22—23）

所以我們應該明白何為罪——罪就是違背上帝的律法。這是《聖經》所給出的唯一定義。因而我們便看明，那些自稱蒙上帝帶領，卻只管遠離祂和祂律法的人並不查考《聖經》。但主必帶領祂的子民；因為祂說祂的羊若聽到祂的聲音就必跟從祂，卻不會跟從陌生人。因而我們徹底明白《聖經》乃是合宜的，我們也無需詢問別人是否擁有真理，因為會在他們的品格上看明這一點。

時候將到，撒但要在你們眼前施行奇事並自稱是基督。如果你的腳沒有堅立在上帝的真理上，就會被引離根基。你唯一的保障就是去尋求真理，如同尋求隱藏的財富。要挖掘真理如同挖掘地下的珍寶，並且將上帝的話——《聖經》——擺在天父面前說：「求祢啟發我，教導我真理。」當上帝的聖靈進入你裡，要將真理印在你心靈中時，你不要讓它輕易離去。（《評閱宣報》1888年4月3日）

認真研究會導致真悔改

以斯拉定志考究遵行耶和華的律法，又將律例典章教訓以色列人。
以斯拉記7：10

以斯拉是亞倫的後裔，所以從小就受祭司的訓練，此外他也熟悉瑪代波斯國內術士、觀兆的、哲士的著作。但他對於自己的屬靈狀況並不滿意，他渴望與上帝完全一致，並得到智慧來實行上帝的旨意，於是他「定志考究遵行耶和華的律法」（以斯拉記7：10）。

這使他殷勤研究那記在舊約諸先知與君王著作中有關上帝子民的歷史。在受聖靈的感動下，他查考了《聖經》中的歷史和詩歌，為要明白耶和華為什麼讓耶路撒冷被毀滅，讓祂的子民被擄往外邦。

以斯拉特別研究了上帝選民的歷史，從對亞伯拉罕發出應許，到拯救他們擺脫在埃及地的奴役、離開埃及。他研究了在西奈山腳，以及在曠野長期漂流時賜給他們的指示。他越來越瞭解上帝對待祂子民的方法，開始認識到在西奈山所頒布的律法是多麼神聖。他的心異常地激動，他重新經歷了徹底的悔改，決心精通舊約歷史的記錄，以便能運用這種知識，不是為自私的目的，而是給他的同胞帶來福氣和亮光。有一些預言即將應驗，他要殷勤追求曾遭蒙蔽的真理。

以斯拉刻苦鑽研，努力為他所認定分配給他的工作做好準備。他誠懇地尋求上帝，為使他成為不會讓主蒙羞的工人。他找到了有關上帝特選子民責任的文字，以及以色列人為順服主的話語所作的嚴肅保證，還找到了上帝的承諾，應許賜給他們福氣，作為順從的報賞。（《評閱宣報》1908年1月30日）

上帝的話是審判的標準

> 因為人所做的事,連一切隱藏的事,無論是善是惡,上帝都必審問。
>
> 傳道書12:14

《聖經》是人類各方面生活無誤的嚮導。其中清楚說明了永生的條件,界定了是非的區別,揭露了罪最可惡的本質,就是披著死亡的衣袍。如果研究和順從這個指南,它就像是曾引導以色列人走過曠野的雲柱。但如果我們忽略或者不順從,在審判的日子它就會對我們作不利的見證。上帝將用祂的話來審判萬民。他們能否站立得住,是根據他們順從還是忽視《聖經》的要求。

基督說:「所以,無論何事,你們願意人怎樣待你們,你們也要怎樣待人,因為這就是律法和先知的道理。」(馬太福音7:12)這是最重要的話語,應成為我們人生的準則。但我們有沒有實行這神聖的原則呢?我們在與同胞接觸的時候,有沒有對待他們,像在相似的環境下我們希望他們對待我們的那樣?

上帝試驗人是根據他們的日常生活。但是許多標榜自己事奉祂的人卻經不起這個考驗。他們急於追求利益,使用了錯誤的砝碼和欺詐的天平。他們沒有以《聖經》為他們人生的準則,因此意識不到嚴格誠實和信用的重要性。他們熱衷於積累財富,在工作中採用了狡詐不誠實的手段。世人在觀察他們的行為,隨時根據他們業務往來的情況來衡量他們的基督徒信仰價值。

《聖經》的說法始終是一樣的,罪永遠是罪,不論犯罪的是百萬富翁還是街上的乞丐,都是一樣的。雖然極為貧窮,卻擁有上帝的福氣,要遠勝過雖然擁有全世界的財富,卻沒有上帝的福氣。我們可能非常富裕,但如果沒有意識到是上帝尊榮我們,我們實質上是貧窮的。(《時兆月刊》1896年12年24月)

《聖經》偉大的題旨會拓展心智

他……為自己抄錄一本，存在他那裡，要平生誦讀，好學習敬畏耶和華——他的上帝，謹守遵行這律法書上的一切言語和這些律例。

申命記17：18—19

輕浮的讀物迷惑了心思，使人對於閱讀上帝的話索然無味。《聖經》需要思考和虔誠研究，膚淺的瀏覽是不夠的。雖然有些段落十分明白，不容誤會，但也有些段落卻較為複雜，需要仔細耐心地研究。正如寶貴的礦物藏在山野之間，我們也應當搜索《聖經》真理的珍寶，存於心中，以備後用。

你若切實學習真理，查究《聖經》，上帝就要將祂的靈吹進你的心中，用祂聖言的光感動你的心思。《聖經》就是其本身的解釋者，各段彼此說明、相連。你若認定一個題旨，將經文進行比較，就必發現其美妙與和諧，是你絕不能夢想到的。人間沒有別的什麼書，能像這本書中之書那樣，使人熟讀之後，能加強、擴大、提高和淨化人的思想。

《聖經》的教訓是「當恐懼戰兢做成你們得救的工夫。因為你們立志行事都是上帝在你們心裡運行，為要成就祂的美意。」（腓立比書2：12—13）人要與上帝合作，所有的人都要把上帝所賜的教訓實行出來，研究《聖經》的人要運用已經獲得的知識。他們要抓住出現在他們道路上的機會，要有堅定的責任感，運用他們各方面的知識和影響，以便透過運用而有更多的收穫。

要研究基督這方面的生活。要跟隨祂從馬槽直到髑髏地。你要維護祂所堅持的原則。你的標準應是祂純潔、神聖、無暇的品格。（《青年導報》1898年6月30日）

激動人心的經驗正等著研經的學生

> 於是耶穌開他們的心竅，使他們能明白《聖經》。
>
> 路加福音24：45

要向我們青年人打開《聖經》，吸引他們注意其隱藏的財寶，教導他們從中尋求真理的寶石，這樣，他們就會獲得研究一切哲學所不能獲得的智力。《聖經》所討論的重大問題，其中受聖靈感動所寫下的莊嚴簡樸之話語、向人心靈顯示的崇高題目、那發自上帝寶座所啟迪人心的銳利而清晰的真光，在在都使人的智力發展到難以想像、難以企及的程度。

《聖經》能提供無限的思想領域，遠遠高過人不聖潔之智力的膚淺作品，猶如天高過地一般。聖靈所啟示的人類歷史已交在每一個人手中，人人都可以著手研究。他們可以熟悉伊甸園中的始祖，在聖潔無罪的時候與上帝和純潔天使交往的情景；他們可以沿著聖史的脈絡，一步一步追溯罪惡的侵入及其後果。《聖經》記錄了人類的叛逆和犯罪，以及罪的報應。

研究《聖經》的人可以同先祖與先知交談，感受到那最感人的場面，他們也可以看見基督。祂原是天上的大君，與上帝同等，卻親臨人間，執行救贖的計畫，使人掙脫撒但捆綁人的鎖鏈，恢復與上帝相似的品格。基督取了人性，作人三十餘年，最後獻身贖罪，使人不致滅亡。這個主題值得我們做最深入的思考和最專心的研究。

人們可能已經接受學校的教育，熟悉神學的偉大作家，但當他們抱著渴望去明白上帝之道的真誠敬虔、去研究和思考《聖經》的時候，真理就會向他們的心開啟，以引人注目的新能力感動他們。（《評閱宣報》1881年1月11日）

聖靈啟發《聖經》

這地方的人賢於帖撒羅尼迦的人，甘心領受這道，天天考查《聖經》，要曉得這道，是與不是。

使徒行傳17：11

基督說：「你們查考《聖經》，因你們以為內中有永生；給我作見證的就是這經。」（約翰福音5：39）深挖到地表以下的人，必發現隱藏的真理寶石。聖靈與誠懇查考的人同在。聖靈光照《聖經》的話語，使人對真理有新的重要認識，查考的人會體驗到一種前所未有的平安與喜樂，他們必認識到真理的可貴之處。從天而來的新光要照在上帝的聖言上，使它宛如字字閃耀著金光。上帝親自對人的心思意念說話，使祂的話語成為靈、成為生命。

每一個真誠查考這道的人都當心向上帝，懇求聖靈的幫助。他很快就會發現，《聖經》的話語遠超過自命為教師者的不實言論。這些教師們的理論是不堪一擊的，因為沒有永生上帝聖言的支持，他們的理論是人為的，他們根本不明白上帝話語中的靈和生命，這才是頭等重要的教訓。如果他們從心裡接受了上帝聖言的永恆原則，就會看明他們竭盡全力所營造的新理論，雖能帶來一時的感官效應，實際上卻是何等的乏味與無聊！他們需要學習上帝聖言的基本原理，然後才能與人分享生命的道；而人們也會很快分辨出糠秕與麥子，因為耶穌已經給門徒留下了祂的應許。

「我留下平安給你們；我將我的平安賜給你們。我所賜的，不像世人所賜的。你們心裡不要憂愁，也不要膽怯。」（約翰福音14：27）個人、家庭、教會信徒尚不理解這段話的意思。作為上帝的家，祂要將純潔無瑕的真理賜給他們，並透過他們傳遞這真理。真理一旦被人接受和正確領會，就能帶來永生。（《懷氏文稿》卷二一，原文第131—132頁）

接受《聖經》為一切信仰的基礎

從前所寫的《聖經》都是為教訓我們寫的，叫我們因《聖經》所生的忍耐和安慰可以得著盼望。

羅馬書15：4

以色列的教師並沒有撒播上帝之道的種子。基督擔任真理教師的工作，與當時拉比的做法完全不同，拉比們所講論的是人的傳統、理論和學說。他們往往用人對於《聖經》的講論和著作來代替《聖經》本身，他們的教訓沒有使人靈命甦醒的能力。

基督所教導和講論的則是《聖經》。祂回答問題，就直接用「經上記著說」，「經上記的是什麼？」「你念的是怎樣呢？」。每當朋友或敵人發生興趣時，祂就趁機撒播真道的種子。祂是道路、真理、生命，又是活潑常存的道。祂指著《聖經》說：「給我作見證的就是這經。」「於是從摩西和眾先知起，凡經上所指著自己的話都給祂的門徒講明白了。」（約翰福音5：39；路加福音24：27）

基督的僕人也要從事這樣的工作。現在和古時一樣，《聖經》重要的真理被人的理論和學說所排斥。許多自命為福音使者的人，並不接受全部《聖經》為上帝所啟示的話；有的學者拒絕了《聖經》的一部分，有的學者則質疑另一部分，他們把自己的見解置於《聖經》之上，即使講論《聖經》，也是以他們自己的意見為權威。《聖經》的神聖性遭到了破壞，不信的種子就這樣撒播開來，人們的思維被擾亂了，不知所從，有許多信條是人不應接受的。

在基督的時代，拉比們對《聖經》的許多部分強行加以神祕的解釋。《聖經》的明白教訓定了他們行為的罪，所以他們就設法破壞它的能力。今日也是這樣！人們為了原諒自己違背律法的罪，就把《聖經》弄得神祕莫測。基督曾斥責了當日的這些行為，祂教導門徒說，上帝的話應當為人人所明白。祂指明《聖經》是無可置疑的權威。我們也應當這樣做，要尊崇《聖經》為無限上帝的話語，終止一切爭論的依據，以《聖經》為信仰的基礎。

（《天路》原文第38—40頁）

藉著《聖經》與耶穌交往

存心忍耐，奔那擺在我們前頭的路程，仰望為我們信心創始成終的耶穌。

希伯來書12：1—2

無論男女老少，若忽略研究上帝的話，就不能達到基督徒完全的地步。我們仔細而殷勤地查考祂的聖言，就是遵從基督的吩咐：「你們查考《聖經》，因你們以為內中有永生，給我作見證的就是這經。」（約翰福音5：39）這樣查考能使學生細心觀察那神聖的榜樣，因為《聖經》是為基督作見證的。若要效法祂的榜樣，就必須常常細心地加以觀察。

人若熟悉了救贖主的歷史，就會發現自己品格的缺點，看出自己與主有很大的區別，若不在生活上有更大的改變就不能成為祂的門徒。他繼續研究，深願效學祂偉大的榜樣，就必獲得所愛之主的樣貌和精神，藉著仰望而得以改變。「仰望為我們信心創始成終的耶穌。」（希伯來書12：2）我們效法基督的生活，不能將視線轉離祂不看祂，而要默想和談論祂，設法提升我們的品味，提高品格，藉著認真不懈的努力，信心和愛心來接近完美的榜樣。

我們把注意力集中在基督，集中在祂純潔無瑕的形像上，就會將祂珍藏在我們的心裡，視祂為「超乎萬人之上，全然可愛」（雅歌5：10、16）。因為我們會在不知不覺中仿效自己所熟悉的事物，因此透過認識基督、了解祂的話語、明白祂的品性、學習祂的教訓，研究並接受祂的美德，就會被我們所深深景仰之主的精神所感染。

上帝的話對人心發出具有賜生命的能力。凡編造理由不熟悉它的人，會在許多方面忽略上帝的要求，他們的品格必受到損害，其言行也會使真理受辱。（《評閱宣報》1878年11月28日）

在《聖經》中享受盛宴

你們從主所受的恩膏常存在你們心裡，並不用人教訓你們，自有主的恩膏在凡事上教訓你們。這恩膏是真的，不是假的；你們要按這恩膏的教訓住在主裡面。

約翰一書2：27

我們要相信上帝的話語。凡這樣每天食用天上之糧的人，必會得到滋養，明白這些話語的意思，「不用人教訓你們」（約翰一書2：27）。我們有我們主所說的純潔話語，因為祂早已用自己血的代價買了我們。

上帝寶貴的聖言是我們建造的穩固基礎。當人們帶著他們的迷信來到你面前時，你要告訴他們大教師已經留給你們那具有無限價值的話語，也就是祂要差遣一位奉祂的名而來的保惠師聖靈。「祂要將一切的事指教你們，並且要叫你們想起我對你們所說的一切話。」（約翰福音14：26）「我是從天上降下來生命的糧；人若吃這糧，就必永遠活著。我所要賜的糧就是我的肉，為世人之生命所賜的。」（約翰福音6：51）

豐盛的宴席在我們面前擺開，讓所有相信基督為個人救主的人食用。對於一切不斷以祂為糧的人而言，祂乃是生命之樹。

我蒙指示詢問那些自稱接受基督為個人救主的人說：「為什麼你們要忽略大教師的話語，寄信給需要安慰的人呢？你們既有那來自《聖經》的偉大、豐盛、重要的應許，為什麼還要向人求助呢？」「吃我肉、喝我血的人常在我裡面，我也常在他裡面。……這就是從天上降下來的糧。吃這糧的人就永遠活著，不像你們的祖宗吃過嗎哪還是死了。」（約翰福音6：56、58）他們可能會死亡，但在他們生命裡面的基督生命卻是永恆的，在末日他們會復活。「叫人活著的乃是靈，肉體是無益的。我對你們所說的話就是靈，就是生命。」（約翰福音6：63）

我蒙上帝聖言的指示：祂的應許是給我和每一個上帝兒女的。宴席已經在我們面前擺開；我們應邀領受上帝的話語，以加強我們的屬靈力量。（《懷氏文稿》卷二一，原文第132—133頁）

在《聖經》中找到真正的高等教育

要得智慧，要得聰明，不可忘記，也不可偏離我口中的言語。
箴言4：5

現在已沒有時間，再用那錯誤的高等教育觀念充滿我們的心了。沒有什麼教育比來自真理作者的教育更高等的了。我們要以上帝的道作為我們的學科，教育我們的孩子《聖經》的真理，這是取之不竭的寶藏，但人們沒有發現這個寶藏，因為他們沒有尋求到要掌握它的地步。在上帝的道理中有智慧，它是確實無疑、用之不盡的智慧，它不是發源於人類有限的心，而是發源於上帝無限的心。

當人樂意像小孩子那樣受教，完全順服上帝之時，他們就會在《聖經》裡發現教育的真諦。當師生們進入基督的學校，向祂學習時，他們就會顯現出他們是曾受過天上的高等教育，且說出智慧的話，因為他們明白這種知識能使人理解科學的實質。

那些願意成功地尋找隱藏之珍寶的人，應該有更高的追求，去超越屬世的事物，他們的感情和全部能力都要用來從事這種追求。虔誠而有才幹的人會看到永恆的現實，但他們往往不能明白，因為看得見的事物掩蓋了看不見事物的榮耀。許多人視人的智慧高過神聖教師的智慧，視上帝的教科書為過時、平淡無奇。但那些受聖靈啟迪的人卻不這樣看，他們就像是發現了無價的財寶，就變賣一切所有的，去購買藏有財寶的那塊地。

那些把上帝的話當作學習內容的人、那些挖掘真理寶藏的人，會理解《聖經》真理所教導的重要原則，並接受它，結果他們就會被基督的靈充滿，而且藉著仰望，他們要變化成為祂的樣式。他們會像門徒們一樣教導人，坐在耶穌腳前，學習祂的樣式。他們會像曾經坐在耶穌腳前，慣於向祂學習，以便正確地認識祂而獲得永生的門徒那樣施教。（《評閱宣報》1900年7月3日）

想要更了解上帝的話，就得順從

> 聰明人心求知識；愚昧人口吃愚昧。
> 箴言15：14

以基督的精神查考新舊約《聖經》的人絕不會得不到報賞。救主說：「凡勞苦擔重擔的人可以到我這裡來，我就使你們得安息。我心裡柔和謙卑，你們當負我的軛，學我的樣式；這樣，你們心裡就必得享安息。因為我的軛是容易的，我的擔子是輕省的。」（馬太福音11：28—30）大教師的邀請擺在你們面前，你們願意回應嗎？你們的心若是沒有得到啟迪，激發純淨聖潔的羨慕，就無法前來，在基督的腳前學習。若是前來了，你就會說：「奉耶和華名來的是應當稱頌的！」（詩篇118：26）

悖逆關閉了獲得大量《聖經》知識的門戶，明白《聖經》意味著要順從上帝的誡命。世人如果順從了上帝，本來是會明白上帝施政的計畫，而上帝也就會打開天外世界恩惠榮耀的寶庫供人探索。這樣，人類的外貌、言談都會與現在截然不同，因為他們透過開採真理的礦藏，提昇了自我。救贖的奧祕，基督的道成肉身，祂贖罪的犧牲，在我們看來就不再是那麼含糊不清。這些事我們不僅會更加明白，亦會更加欣賞。

等我們獲得永生，就能完全了解那原本要啟迪讓我們今生可領受的道理。救贖的主題，將成為得贖之民千秋萬代的思考和話題，他們將會明白耶穌渴望向祂的門徒展現那他們因缺乏信心而未能把握的真理。在永恆的歲月中，基督將會呈現祂新的完美和榮耀。（《評閱宣報》1900年7月3日）

《聖經》顯示通往基督的道路

當從心裡彼此切實相愛。……因為凡有血氣的，盡都如草；他的美榮都像草上的花。草必枯乾，花必凋謝；惟有主的道是永存的。

彼得前書1：22—25

有福的《聖經》使我們認識了偉大的救恩計畫，向我們說明每一個人怎樣獲得永生。誰是《聖經》的作者呢？——耶穌基督。祂是那真實見證者，祂對屬祂自己的人說：「我又賜給他們永生；他們永不滅亡，誰也不能從我手裡把他們奪去。」（**約翰福音10：28**）《聖經》向我們說明通向基督的道路，並在基督裡則顯明了永生。耶穌對那些在眾人中擁擠祂的猶太人說過：「你們應當查考《聖經》。」（**約翰福音5：39**）猶太人有舊約《聖經》，但他們將它與人的意見摻雜，使它的真理神祕化了，上帝對人的旨意被掩蓋起來了。如今民眾中的宗教教師們也正步入他們的後塵。

猶太人雖有為基督作見證的《聖經》，卻沒有在《聖經》中看出基督來；而我們雖有新舊約《聖經》，人們卻曲解《聖經》以規避《聖經》真理；他們在對《聖經》的解釋中，像法利賽人一樣教導人的格言和傳統而非上帝的誡命。在基督的日子，宗教領袖們長期把人的想法擺在人們面前，以致基督的教訓在各方面都與他們的理論和實踐相反。

祂在山邊的證道，實際上是與那些自以為義的文士和法利賽人所說的教條相抵觸的。他們誤傳了上帝，使人們視祂為一個嚴厲的法官，是一位不會同情、憐憫、關愛人類的神。他們向人們提出沒完沒了的格言和傳統，把這些當作是來自上帝的，其實他們並沒有「耶和華如此說」作他們的權威。他們雖自稱認識和敬拜又真又活的上帝，卻完全誤傳了祂；而上帝的兒子所表現的上帝品格，對世人來說竟成了獨創的東西，新的禮物。基督作出全部的努力以便掃除撒但的誤傳，恢復人類對上帝之愛的信任。（**《基督教育原理》**原文第308—309頁）

要查考《聖經》，且要順從

> 人若立志遵著祂的旨意行，就必曉得這教訓或是出於上帝，或是我憑著
> 自己說的。
>
> 約翰福音7：17

那些謙卑虔誠地研究《聖經》、要知道和遵行上帝旨意的人，不會疑惑自己對上帝的義務，因為「人若立志遵著祂的旨意行，就必曉得這教訓」（約翰福音7：17）。你若要知道敬虔的奧祕，就必須聽從真理的明言——不管有沒有感覺，有沒有感動，都必須出於原則感而獻上順從，也必須在任何環境下都追求正義，這是上帝的選民得救必要的品格。

上帝的道已賜下了真基督徒的試驗。耶穌說：「你們若愛我，就必遵守我的命令。」（約翰福音14：15）……這是每一個人蒙揀選得永生的條件。你順從上帝的誡命，就會證明你有權利與眾聖徒在光明中同得基業。上帝選中了一種優秀的品格，每一個藉著基督的恩典達到祂要求之標準的人，都會豐豐富富地進入榮耀之國。凡要達到這個品格標準的人，都必須使用上帝為這個目的而提供的方法。

你若要承受那為上帝的子民所存留的安息，就必須成為與上帝同工的人。你蒙揀選要負基督的軛——擔祂的擔子，背祂的十字架。你應當殷勤，使你「所蒙的恩召和揀選堅定不移」（彼得後書1：10）。

要查考《聖經》，你就會發現沒有一個亞當的兒女在違背上帝律法的時候蒙揀選得救。世界使上帝的律法無效，但基督徒蒙揀選要藉著順從真理成聖，他們要背十字架，才能戴冠冕。

《聖經》是信仰與教義的唯一準則。……惟有《聖經》的真理和《聖經》的信仰，才會經受末日審判的考驗。我們不要歪曲上帝的道來迎合我們的便利和屬世的利益，而要真誠地詢問：「祢要我做什麼？」（《評閱宣報》1888年7月17日）

真誠學習之人會接受《聖經》為上帝的聲音

> 你們若常常遵守我的道，就真是我的門徒；你們必曉得真理，真理必叫你們得以自由。
>
> 約翰福音8：31—32

凡以《聖經》為嚮導的青年人，不會看不清本分、責任和安全的道路。這本書會教導他堅貞不屈，忠誠無偽；教導他不論做什麼事，總不可干犯上帝的律法，縱使順命會帶來犧牲，也在所不惜。《聖經》會教導他說，天上的福惠不會臨到那些離開公義道路的人。雖然不順從的人表面看來是成功的，其實他們終必自食其果。

只有那些以《聖經》為上帝對他們說話的人，才是真正的學者。他們因上帝的聲音而震驚，因為這在他們看來乃是活的。他們敞開心門領受上帝的指教，祈求恩典，以便能為服務工作做好準備。尋求真理的人一旦拿起了天國的火炬，就會看見自己的軟弱，明白他不能期望在自己身上找到公義。他會看出在他裡面，沒有什麼東西能蒙上帝悅納的。他懇求基督的代表聖靈作他經常的嚮導，使他明白一切的真理。他要重述主的應許：「保惠師，就是父因我的名所要差來的聖靈，祂要將一切的事指教你們。」（約翰福音14：26）

殷勤研究《聖經》的人必不斷增長知識和見識，他的心智也必能領會高超的題旨，掌握有關永久大事的真理。他的動機一定是純正的，他必使用他的感化力和才能，幫助別人更充分明白上帝交給你們的責任。當他努力的把所領受的福氣分給別人而見到了功效時，他的心就必流出喜樂的泉源。（《教育勉言》原文第449—451頁）

To be like
JESUS

人若說他住在主裡面，就該自己照主所行的去行。
基督也為你們受過苦，給你們留下榜樣，
叫你們跟隨祂的腳蹤行。

5月

MAY

上帝分別為聖的日子

上帝的子民遵守安息日

> 到第七日，上帝造物的工已經完畢，就在第七日歇了祂一切的工，安息了。
> 創世記2：2

上帝把祂完成一切創造奇蹟之後安息的那一天定為聖日，賜福給這日。因上帝而成聖的安息日，要被守為一個永遠的約。這是代代相傳，直到世界末了的記念日。

上帝把希伯來人從埃及的奴役中領出來，命令他們遵守祂的安息日和在伊甸園頒布的律法。上帝每週都施行神蹟，讓他們牢記在世界開始的時候，祂設立了安息日。

到第三個月他們來到西奈曠野，在威嚴的氛圍中，上帝從山上頒布了律法。以色列人在埃及寄居時，長久耳聞目睹偶像崇拜，在很大的程度上他們已遺忘了對上帝和祂律法的認識，以及安息日的神聖性和重要性，於是上帝再度頒布律法，以喚醒他們的記憶。上帝在祂的典章中為全人類界定了務實的宗教，公義的真標準擺在以色列人面前。

「耶和華曉諭摩西說，你要吩咐以色列人說，你們務要守我的安息日。」一些急於要取消上帝律法的人，把這裡所提的安息日解釋為猶太人年度的安息日。但他們沒有把這個明確的要求與下面的經文聯繫起來：「因為這是你我之間世世代代的證據，使你們知道我——耶和華是叫你們成為聖的。所以你們要守安息日，以為聖日。凡干犯這日的，必要把他治死；凡在這日做工的，必從民中剪除。六日要做工，但第七日是安息聖日，是向耶和華守為聖的。凡在安息日做工的，必要把他治死。故此，以色列人要世世代代守安息日為永遠的約。這是我和以色列人永遠的證據；因為六日之內耶和華造天地，第七日便安息舒暢。」 **（出埃及記31：12—17）**
（《評閱宣報》1898年8月30日）

安息日是為全人類設立的

又使他們知道祢的安息聖日，並藉祢僕人摩西傳給他們誡命、條例、律法。

尼希米記9：14

有人認為，安息日是單為猶太人設立的；但是上帝從來沒有這樣說。祂把安息日當作一個神聖的委託，交給祂的子民以色列人。祂選擇西奈曠野，而不是在巴勒斯坦頒布祂的律法，表明祂是以全人類為對象的。「十誡」的律法與創造一樣悠久。所以安息日的制度與猶太人的關係，並不比與其他一切受造者的關係更為特殊，上帝把遵守安息日定為全人類的義務。

《聖經》清楚地說：「安息日是為人設立的。」所以凡在這一點上可能受騙的人，應當留意上帝的話，而不是人的主張。

上帝在伊甸園中，對亞當論到分別善惡樹說：「你吃的日子必定死。」（創世記2：17）「蛇對女人說，你們不一定死，因為上帝知道，你們吃的日子眼睛就明亮了，你們便如上帝能知道善惡。」（創世記3：4—5）亞當透過他的妻子聽從了撒但的聲音；他相信了在伊甸園宣布律法的聲音之外的另一個聲音。

每一個人都要經受考驗，與亞當和夏娃在伊甸園中一樣。正如分別善惡樹栽在伊甸園當中，安息日的命令也放在十條誡命之中。關於分別善惡樹的果子，曾經下達禁令說：「你們不可吃……吃的日子必定死。」關於安息日，上帝說：「你們不可褻瀆，且要守為聖日。」分別善惡樹怎樣做為亞當順從的試驗，照樣，第四誡乃是上帝所賜考驗上帝子民是否忠誠的試驗。亞當的經驗要永遠作為我們的警戒。它警告我們不可以接受世人或天使所說、要廢掉耶和華聖律法一點一劃的任何話語。（《評閱宣報》1898年8月30日）

指明上帝能力和慈愛的日子

> 上帝賜福給第七日，定為聖日，因為在這日，上帝歇了祂一切創造的
> 工，就安息了。
> 創世記2：3

上帝看著祂所造的萬物，甚為滿意。萬物都是盡善盡美的，足與聖潔的造物主相稱。祂的安息並不是因為祂疲乏了，乃是為要欣賞祂智慧和良善的果實，以及祂榮耀多方面的表現。

上帝在第七日安息了，就將這日分別為聖，作為人類安息的日子。人類照著創造主的榜樣，要在這聖日安息，以便觀賞天地萬物，並記念上帝創造的大工。當他看到上帝智慧和良善的種種憑據時，他的心就會對於造他的主充滿敬愛了。

上帝在伊甸園中賜福給第七日，立為創造之工的記念。祂將安息日交給人類的代表和始祖亞當。凡住在地上的人都要遵守這一天，來表示感激上帝並承認祂為創造他們的主宰，和管理他們的君王；也就是承認自己是祂手所造的，是祂權下的子民。可見安息日完全是一個記念的日子，而且是賜給全人類的制度。其中並沒有什麼預表的意義，也沒有限定由哪一個民族遵守。

上帝設立安息日的宗旨，乃是要人思考祂創造的大工。大自然向他們說話，說明天上有一位永生的上帝，就是創造萬物的主宰，執掌萬有的君王。「諸天述說上帝的榮耀；穹蒼傳揚祂的手段。這日到那日發出言語；這夜到那夜傳出知識。」（詩篇19：1—2）地上所有的美麗景色都是上帝之愛的表現。我們能從巍峨的山嶺、高大的樹木和鮮艷的花朵上看出祂的大愛，萬物都向我們講述上帝。而那指明上帝為創造萬物之主的安息日，更叫人打開大自然的課本，並在其中探索創造主的智慧、能力和慈愛。（《先祖與先知》原文第47—48頁）

六天留給我們，只有一天留給上帝

當記念安息日，守為聖日。六日要勞碌作你一切的工，但第七日是向耶和華你上帝當守的安息日。……所以耶和華賜福與安息日，定為聖日。

出埃及記20：8—11

在第四誡的開頭，上帝說「當記念」，祂知道世人在掛慮煩亂的千頭萬緒中，會受試探為自己開脫，不去滿足律法的全部要求，或是在世俗業務的重壓之下，會忘記律法的神聖重要性。「六日要勞碌作你一切的工」（出埃及記20：9），也就是為屬世的利益或享樂而從事日常人生業務。這些話是非常明確，無容置疑的。

弟兄啊，你怎敢冒犯這極嚴肅而重要的誡命呢？難道上帝已給你例外的特權，使你可以免守這給予世人的律法嗎？你的罪可以免記在記錄冊上嗎？難道祂已同意在世上萬國到祂面前受審之日時，要原諒你悖逆的罪嗎？切莫片刻自欺，以為你的罪可免受刑罰。你的罪必遭杖責，因為你已得了亮光，卻又偏行與亮光直接相反的道路。「僕人知道主人的意思，卻不預備，又不順他的意思行，那僕人必多受責打。」（路加福音12：47）

上帝已留給人類六天的光陰來作自己的工，履行日常的人生職責，但祂只要求一天，將之分別並定為聖。祂賜這一天給人，使人可歇了一切操勞，專誠敬拜上帝，改善人的屬靈狀況。人竟敢竊奪那一個耶和華所定為聖的日子，用於自私的意圖，這真是何等強橫的暴行啊！

必死的世人竟敢與全能者討價還價，以謀求自己屬世的蠅頭小利，這真是最惡劣的僭越。偶爾盜用安息日去從事世俗的事務，在干犯律法的嚴重性上，不亞於完全拒絕安息日，因為這種行為把上帝的誡命看作是隨便的事。

（《給教會的證言》卷四，原文第249頁）

安息日使人心轉向創造主

> 你若在安息日掉轉你的腳步，在我聖日不以操作為喜樂，稱安息日為可喜樂的，稱耶和華的聖日為可尊重的；⋯⋯你就以耶和華為樂。
>
> 以賽亞書58：13—14

今日許多自命為基督徒的人向公義的日頭關閉心門。公義日頭的明亮光線會驅散心中存在的黑暗和迷霧，但他們拒絕真光，把上帝的要求和旨意擺在次要的位置。他們接受了一個偽安息日，來代替耶和華所賜的安息日。他們敬拜偶像，藉著踐踏上帝所制定和祝福的安息日而違犯祂的神聖律法。

安息日的目的是為了讓全人類獲益。上帝在六日內創造了世界之後就安息了。祂賜福給祂放下一切創造之工休息的日子，定為聖日。祂把這個特別的日子分別出來，讓人類歇下他們的辛勞，使他們在從天上地上觀望上帝無窮智慧的真實證據時，心中對他們的創造主充滿愛意和尊敬。

如果人類始終遵守上帝所祝福、定為聖日的日子，世界上就不會有不信上帝的人了；因為安息日賜下，就是作為創造主工作的記念。這個日子有特殊的意義，可以使人心轉離地上的事物，默想上帝和祂的大能。

外邦人在盲目中跪拜木頭和石頭製作的偶像，說：「這些是我們的神。」然而在第四誡中，我們有上帝是又真又活之神的證據。其中有祂權威的印記：「因為六日之內，耶和華造天、地、海，和其中的萬物，第七日便安息，所以耶和華賜福與安息日，定為聖日。」（出埃及記20：11）在宣揚創造主榮耀的穹蒼中，我們看見了我們所敬拜的上帝，以及祂的卓越。那發出強烈光芒、給一切受造之物帶來生命和美麗的太陽，以及月亮和星辰，都是祂親手所造的。祂是「創造天地」之神。（《聖經迴響》1896年10月2日）

第六日為安息日作準備

耶和華這樣說：「明天是聖安息日，是向耶和華守的聖安息日。你們要烤的就烤了，要煮的就煮了，所剩下的都留到早晨。」

出埃及記16：23

「到第六天，他們收了雙倍的食物，每人兩俄梅珥。會眾的長官來告訴摩西；摩西對他們說：『耶和華這樣說：『明天是聖安息日，是向耶和華守的聖安息日。你們要烤的就烤了，要煮的就煮了，所剩下的都留到早晨。』』他們就照摩西的吩咐留到早晨，也不臭，裡頭也沒有蟲子。摩西說：『你們今天吃這個吧！因為今天是向耶和華守的安息日；你們在田野必找不著了。』」（出埃及記16：22—25）

主在現今與當時比祂向以色列民作以上特殊指示時，在安息日的重視上絲毫未改。祂吩咐他們在第六天將所要烤的就烤了，所要煮的就煮了，以便準備在安息日安息。

那些在第六日忽略為安息日作合適準備的人，違犯了第四條誡命，從而違犯了上帝的律法。上帝在給以色列人的指示中，禁止在安息日烹飪食物。所有遵守安息日的人，都應該把這條禁令視為耶和華對他們的嚴肅命令。上帝要保護祂的子民不在安息日暴飲暴食，祂把這一日分別出來，是讓他們進行聖潔思考和敬拜。

上帝從天上降下食物給祂的子民，藉此向他們表現祂對他們的照顧和慈愛。「各人吃大能者的食物。」（詩篇78：25）這話說明這食物乃是天使為他們所預備的，……他們在得到豐富食物之後，便因自己的不信和埋怨而感到羞愧，並應許今後必要信靠主。（《時兆月刊》1880年4月15日）

三重的神蹟顯示安息日的神聖性

> 以色列人吃嗎哪共四十年，直到進了有人居住之地，就是迦南的境界。
> 出埃及記16：35

以色列人寄居於曠野的漫長時期中，上帝為要把安息日的神聖性質印刻在他們的心中，就使他們每週看到三重的神蹟。這三重神蹟是：一、第六日降雙份嗎哪；二、第七日不降；三、為安息日所留的那一份嗎哪，在安息日仍舊香甜純潔，而其他日子所留的，到隔天早晨就不能吃了。

在降嗎哪的事上，我們有確實的憑據，證明安息日並不像一些人所說，是在西奈山頒布律法時才設立的。以色列人還沒有到西奈山之前，早已明白自己有謹守安息日的本分。他們必須在星期五，即第六日，收取雙份嗎哪，預備在安息日食用，並且安息日不降嗎哪，這樣，安息日的神聖性質就不斷地印刻在他們心上了。可是到了安息日，百姓中還有人出去收取嗎哪，耶和華就向他們說：「你們不肯守我的誡命和律法，要到幾時呢？」（出埃及記16：28）

「以色列人吃嗎哪共四十年，直到進了有人居住之地，就是迦南的境界。」（出埃及記16：35）長達四十年之久，天天都有這樣的神蹟使他們想起上帝不倦的照顧和親切的慈愛。正如詩人所說，上帝「將天上的糧食賜給他們。各人吃天使的食物」（詩篇78：24—25，欽定本譯本）——那就是天使為他們預備的食物。他們既然每天有「天上的糧食」維持生命，就學得了一個教訓，即他們有了上帝的應許就必不至缺乏，正好像有迦南肥美田地上、臨風搖曳的五穀環繞著他們一般。（《先祖與先知》原文第296—297頁）

撒但攻擊上帝的記念日

> 他們將人的吩咐當作道理教導人，所以拜我也是枉然。
>
> 馬太福音15：9

仇敵在宗教界活動，騙人相信上帝的律法是可以取消的。撒但在這方面有長期的工作經驗，因為他從一開始就欺騙我們的始祖，用他的誘惑力致使他們不信任上帝。他既介入他們與上帝之間，就知道自己會成功，能夠變成神，能知善知惡的前景令亞當和夏娃歡心，他們就屈從了試探。

人類既獲得善與惡的知識，就覺得自己收穫很大，但他們看不透撒但的目的。他們不明白自己既干犯上帝的律法，就落入撒但的網羅。仇敵知道教會如果受到政治法規的控制，被引誘與世界聯合，事實上就等於承認他為他們的元首。人為法令的權威對抗天上政權的法令，在撒但的領導下，一些人拋棄上帝關於安息日公義聖潔的命令，遵守安息日本應是上帝的子民與祂之間永遠的記號。

撒但的計畫在宗教界取得了成功，他一手促成了完全出於他而取消上帝律法的局面。他利用欺騙的工作，在自稱的基督教界取得了他希望在天上取得的成功——廢除耶和華的律法。他藉著羅馬的勢力移除上帝的紀念碑，立起他自己的紀念碑，使上帝與祂的子民分離。今天的改正教界因接受偽安息日而與上帝疏遠，他們這樣做，絲毫沒有神聖的權威，卻充滿熱情，主張上帝在創造時所樹立的紀念碑可以忽略、藐視、踐踏，用每週的第一日取而代之。

對上帝最大的傷害，莫過於忽視祂的聖日，以沒有神聖標誌的偽安息日取代。上帝把安息日賜給世人，是為了祂聖名的榮耀。祂說：「這是你我之間世世代代的證據，使你們知道我——耶和華是叫你們成為聖的。所以你們要守安息日，以為聖日。……以色列人要世世代代守安息日為永遠的約。」（出埃及記31：13—16）（《時兆月刊》1899年11月22日）

《聖經》支持安息日的真理

故此，以色列人要世世代代守安息日為永遠的約。

出埃及記31：16

我們所生活的時代需要常常警醒。要喚醒上帝的子民，做傳揚安息日亮光的大工。他們要起來，警告世上的居民，基督很快就要帶著能力和大榮耀復臨了。

現在上帝的僕人應當懷著飽滿的熱情，到世界各地宣揚第三位天使的信息。這信息正傳遍地上，但我們仍不要以此為滿足，而要讓更多的人瞭解有關耶和華律法不變的真理。從我們所有的學校、出版社、醫院和療養院中，要傳出信息。要喚醒各地上帝的子民，在第一、第二、第三位天使的信息所代表的偉大重要事工中協同合作。傳給地上居民的最後警告，是要使人看到上帝對祂神聖律法的重視，這個真理要傳得十分清楚，使違犯的人聽了無可推諉，無法說他們沒有看到順從安息日誡命的重要性。

我蒙指示對我們的信徒說：「要從《聖經》中收集證據，證明上帝使安息日成聖。要在會眾面前宣讀上帝的話，說明凡偏離『耶和華如此說』的人都將被定罪。」安息日是各世代上帝子民忠誠的試金石。主已宣布：「這是你我之間世世代代的證據。」

在對人宣揚上帝的道時，不需要進行爭辯。主的話是為遵守第七日而賜下的，要把主的話，而不是人的話傳給人。你這樣做，就是把責任放在反對的人身上，反對者所攻擊的就是《聖經》的具體教訓了。當你高舉「耶和華日如此說」時，爭辯的人就不是針對做工的工人，而是針對上帝了。（《評閱宣報》1908年3月26日）

上帝權威的標誌

那些出於你的人必修造久已荒廢之處；你要建立拆毀累代的根基。你必稱為補破口的，和重修路徑與人居住的。

以賽亞書58：12

安息日乃是一個金鉤，將上帝和祂的子民連接起來，但安息日的誡命卻遭了破壞，上帝的聖日已受了褻瀆。那大罪人將安息日脫離了原本重要的位置，另高舉一個平常工作的日子來代替它，這樣便使律法有了一個破口，而這一個破口必須予以修補；真正的安息日應高舉到其原來作為上帝歇下工作的正確位置。

在以賽亞書第58章中，曾略述上帝子民所當從事的工作。他們要使律法為大為尊，要修造那久已荒廢之地，並建立拆毀累代的根基。上帝對從事這種工作的人說：「你必稱為補破口的，和重修路徑與人居住的。」「你若在安息日掉轉你的腳步，在我聖日不以操作為喜樂，稱安息日為可喜樂的，稱耶和華的聖日為可尊重的；而且尊敬這日，不辦自己的私事，不隨自己的私意，不說自己的私話，你就以耶和華為樂。耶和華要使你乘駕地的高處，又以你祖雅各的產業養育你。這是耶和華親口說的。」（以賽亞書58：12—14）

在所有世人都參加的最後大鬥爭中，安息日的問題要成為爭論的主題。人們已經尊榮撒但的原則，高於統治諸天的原則之上。他們接受了偽安息日，就是撒但所高舉作為他權威標記的日子，但上帝早已將祂的印記安放在祂所欽定的條例中。真假兩種安息日的制度各帶有其作者的名號，這是一種不能抹煞的標誌，是用以顯示其作者之權威的。你我的任務就是要引導眾人明瞭這事，我們要向人指明：是要帶有上帝之國的印記，或要帶有叛逆之國的印記，其後果是生死攸關的；因為人一帶有某國的印記，便無異承認自己為該國的子民。上帝呼召我們，要高舉祂曾被人蹂躪過的安息日旌旗。因此，我們遵守安息日的榜樣務必正確，因為這是何等的重要啊！（《給教會的證言》卷六，原文第351—353頁）

偽安息日是假路標

你要吩咐以色列人說：「你們務要守我的安息日；因為這是你我之間世世代代的證據，使你們知道我──耶和華是叫你們成為聖的。」

出埃及記31：13

上帝已指明通往聖城的道路，那大叛徒卻更換了路標，另豎起了一個假路標，那就是偽安息日。他說：「我要與上帝對抗。我要授權給我的代表們，就是世上的罪人，取消上帝的記念日，即第七日的安息日，告訴他們上帝所定為聖日且賜福的日子已經改變了，人們不必記念那個日子了。我要使人們忘記這個日子，用一個沒有上天認證的日子來代替它，這個日子不再是上帝與人之間的證據。

「我要使人類接受這個日子作為聖日，來代替上帝所定的第七日。我要藉著我的代表來高抬我自己。第一日將受到人類的尊崇，基督教將接受這個偽安息日為真安息日。我要使人不遵守上帝所設立的安息日，從而藐視上帝的律法。我要把『你我之間世世代代的證據』轉移到我的偽安息日，這樣，世界就成為我的了。我將成為地上的統治者，世界的王，我要用我的權勢控制人心，使他們輕視上帝的安息日。」

世界的罪人已經制定了一個偽安息日。自稱為基督教界的人們接受了這個羅馬教皇制定的產物，不肯順從上帝。撒但就是這樣使人與逃城背道而馳，並指著這些跟隨他的人，以證明不只是亞當和夏娃接受了這個狡猾仇敵的話。

眾善之敵已經轉移了路標，把叛逆的道路作為幸福之路。（《聖經注釋懷注》卷四，原文第1171─1172頁）

安息日行善

> 因為人子是安息日的主。……所以，在安息日做善事是可以的。
>
> 馬太福音12：8—12

耶穌有教訓要賜給祂的門徒，以便祂不在他們身邊時，他們也不會在遵守安息日的問題上被祭司和長官狡猾的謊言所誤導。祂要除去祭司和長官加在安息日上的傳統和苛求。

在安息日，祂和祂的門徒在經過麥田的時候，因為飢餓就摘了麥穗吃。「法利賽人看見，就對耶穌說：『看哪，你的門徒做安息日不可做的事了！』耶穌對他們說：『經上記著大衛和跟從他的人飢餓之時所做的事，你們沒有念過嗎？他怎麼進了上帝的殿，吃了陳設餅，這餅不是他和跟從他的人可以吃得，惟獨祭司才可以吃。再者，律法上所記的，當安息日，祭司在殿裡犯了安息日還是沒有罪，你們沒有念過嗎？但我告訴你們，在這裡有一人比殿更大。」（馬太福音12：2—6）

既然極的飢餓可以允許大衛進入聖所吃餅而不算犯罪，門徒在安息日摘麥穗吃的簡單舉動就更可被原諒了。耶穌教訓祂的門徒和敵人，事奉上帝是最重要的，如果在事奉中感到疲勞和飢餓了，即使在安息日，滿足肉身的需要也是理所當然的。

出於必要的仁慈之舉，並不違犯律法，上帝不會指責這些行為。經過麥田的時候，摘了麥穗，用手搓了吃，以解除飢餓，這是出於必要的仁慈之舉，祂說明這並不違犯祂自己在西奈山所頒布的律法。祂就是這樣在文士、官長、祭司、天上的宇宙、墮落的天使和墮落的人類面前，宣布自己是無罪的。（《評閱宣報》1897年8月3日）

安息日從事救靈工作

> 我必使人比精金還少，使人比俄斐純金更少。
> 以賽亞書13：12

如果大衛把那分別為聖的餅拿來充飢是可以的，那麼門徒在神聖的安息日，掐麥穗來滿足他們的需要，也不能算為不對了。再說祭司們每逢安息日在聖殿裡所辦的事比平日更多，若在屬世的事務上同樣勞力就算是犯罪了，然而祭司的工作是為上帝服務。他們是在執行那些指著基督救贖之功的禮節，所以他們的勞力是與安息日的宗旨相合的。如今基督親自來了，門徒既做基督的工，就是為上帝服務，所以凡為完成這工作所必需的，在安息日都可以做了。

基督要使門徒和祂的仇敵們明白，為上帝服務是首要的。上帝在這個世界上工作的目的，就是救贖世人，所以凡在安息日需要做成的救人工作，是與安息日的律法相符的。最後，耶穌又宣稱自己是「安息的主」——一位超乎一切問題和一切律法的主，並用這句話來結束祂的講論。這位至高的審判者，就根據門徒被控干犯的同樣律法來宣告他們無罪。

在另一個安息日，耶穌進了會堂，看見一個枯乾了一隻手的人。法利賽人熱切地注意耶穌，看祂要做什麼？救主明知祂在安息日治病，就必被認為犯了律法，但祂毫不遲疑地拆毀有礙安息日的種種傳統、規例的圍牆。耶穌吩咐那病人站起來。又問眾人說：「在安息日行善行惡，救命害命，哪樣是可以的呢？」猶太人有句格言說：有行善的機會而不行善，便是行惡；疏忽救命，便是殺生。所以救主就用拉比他們自己的武器來對付他們。「他們都不作聲。耶穌怒目周圍看他們，憂愁他們的心剛硬，就對那人說：『伸出手來。』他把手一伸，手就復了原。」（馬可福音3：4—5）（《歷代願望》原文第285—286頁）

安息日行善是對這日的尊重

> 人比羊何等貴重呢！所以在安息日做善事是可以的。
>
> 馬太福音12：12

「有人問耶穌說：『安息日治病可以不可以?』耶穌答道：『你們中間誰有一隻羊，當安息日掉在坑裡，不把它抓住、拉上來呢?人比羊何等貴重呢！所以，在安息日做善事是可以的。』」（馬太福音12：10—12）

那些窺探基督的人恐怕陷入困境，所以不敢在眾人面前回答祂。他們知道祂講的是真理，他們寧可讓人受苦，而不願違反傳統。同時，他們情願搭救一頭牲口，以免牲口的主人遭受損失，這樣看來，他們愛護無知的牲口，反倒過於珍惜那按上帝形像而造的人了。

這真足以說明一切偽宗教的本質。這些虛偽的宗教都起源於人想高舉自己過於上帝，但其結果則使人墮落到不如禽獸的地位。每一個違抗上帝主權的宗教信仰，都是騙取人在受造時所有的光榮。這光榮將要藉著基督恢復在人身上。每一種虛偽的宗教，都教訓人去輕視人類的需要、痛苦、權利，但基督的福音則重看世人是基督的寶血所換來的，並教訓人要體貼他人的需要和困苦。

耶穌拿「在安息日行善行惡，救命害命，哪樣是可以的呢？」這個問題反問法利賽人，這就把他們惡毒的心意當面指出來了。他們正以刻骨的仇恨要尋索祂的性命，而耶穌卻在拯救人的性命，使千萬人蒙福。試問在安息日像他們那樣計畫殺人，難道比像祂那樣醫治病人更好嗎？在上帝的聖日存殺人之念，難道比用仁慈的行為來表示博愛更為正當嗎？

耶穌在醫治那隻枯乾之手的事上，定了猶太人死守傳統的不是，也維護了上帝頒布第四條誡命的本意。祂說：「安息日作善事是可以的。」基督掃除了猶太人那些不合理的限制，才是尊重安息日的精神，那些指摘祂的人，倒是侮蔑了上帝的聖日。（《歷代願望》原文第286—287頁）

安息日是為了使我們與上帝合一

> 又對他們說:「安息日是為人設立的,人不是為安息日設立的。」
> 馬可福音2:27

耶穌在伯賽大被人控告犯安息日時,祂曾用兩點為自己辯護:一是堅稱自己是上帝的兒子,二是說自己是與天父合作的。如今祂的門徒受人攻擊,祂就向告祂的人,提出舊約時代上帝的僕人在安息日所行的事。

猶太教師們以熟悉《聖經》自傲,所以救主的回答中含有責備他們不明白《聖經》的語氣。祂說:「經上記著大衛和跟從他的人飢餓之時所做的事,連這個你們也沒有念過嗎?他怎麼進了上帝的殿,拿陳設餅吃,……這餅除了祭司以外,別人都不可吃。」「又對他們說:『安息日是為人設立的,人不是為安息日設立的。』」「律法上所記的,當安息日,祭司在殿裡犯了安息日還是沒有罪,你們沒有念過嗎?但我告訴你們,在這裡有一人比殿更大。」「所以,人子也是安息日的主。」(路加福音6:3—4;馬可福音2:27—28;馬太福音12:5—6)

耶穌在未結束這問題之前,還要向祂的仇敵說一句責備的話。祂聲稱他們因盲目無知,把安息日的宗旨弄錯了。祂說:「『我喜愛憐恤,不喜愛祭祀。』你們若明白這話的意思,就不將無罪的當作有罪的了。」(馬太福音12:7)真實、正直、溫柔的愛心,必常作真正敬拜上帝之人的特徵。猶太領袖們只有徒具形式的禮節,卻沒有他們所缺少的這種特徵。

上帝所看重的乃是愛的服務。人若沒有這樣的服務,徒具外表的禮節,反為上帝所憎惡。安息日也是如此,其宗旨原是要使人與上帝交通,但是當人的心思被煩冗的儀式所纏繞時,安息日的宗旨就被破壞了。僅在外表上遵守安息日,便是自欺欺人了。(《歷代願望》原文第284—286頁)

安息日是立約關係的記號

這是我和以色列人永遠的證據；因為六日之內耶和華造天地，第七日便安息舒暢。

出埃及記31：17

人若願意承認真安息日，就不會出現像現在這般輕視上帝的話語。遵守第七日會如金鏈一般，將他們與創造主綁在一起，但那條指明誰是真神的誡命——世界的創造主和統治者——卻遭到了侮辱和違背，這就是世上甚少安定的原因。眾教會拒絕了上帝的記號，歪曲了祂的品格，他們踐踏上帝神聖的安息日，高舉偽安息日作為替代，但願人不再因自己的剛愎自用而把自己關在天國門外。（《懷氏文稿》卷五，原文第82頁）

上帝的律法已經有了破口，祂正呼籲一班人加以修復。偽安息日已被高舉以代替耶和華的安息日，不久將通過法律強制所有的人遵守第一日以代替第七日安息天。我們必須應付這個困難，更毋須在自稱遵守上帝誡命的人中間引起爭端，因為我們早就因此日而遭受夠多麻煩了。（同上，第82—83頁）

這段清晰的經文（出埃及記31：16—17）既擺在我們眼前，認識真理的人豈敢不強調我們信仰的明顯特徵呢？主上帝用六日時間創造了世界，在第七日休息了，這既是事實，就要將它突顯並明擺在各國、各族、各方、各民面前。「天地萬物都造齊了。到第七日，上帝造物的工已經完畢，就在第七日歇了祂一切的工，安息了。」（創世記2：1—2）（同上，第83頁）

安息日是上帝與祂子民之間的記號，是祂仁慈、憐憫、愛的憑據，也是祂的子民有別於世上所有偽宗教信徒的標誌。上帝已保證要賜福他們的順從，表明自己是他們的上帝，與他們建立契約的關係，對所有服從的人履行祂的應許。（同上，第84頁）

醫治和喜樂的日子

> 管會堂的因為耶穌在安息日治病，就氣忿忿地對眾人說：「有六日應當做工；那六日之內可以來求醫，在安息日卻不可。」
>
> 路加福音13：14

「安息日，耶穌在會堂裡教訓人。有一個女人被鬼附著，病了十八年，腰彎得一點直不起來。耶穌看見，便叫過她來，對她說：『女人，你脫離這病了！』於是用兩隻手按著她；她立刻直起腰來，就歸榮耀與上帝。」（路加福音13：10—13）

基督看見這個受苦的女子，頓生惻隱之心。我們可以想像每一個看見她的人，都會很高興她能擺脫奴役，治好了纏繞她十八年的疾苦。但是耶穌卻看到了祭司和拉比憤怒卑鄙的臉，他們沒有為女子的痊癒而高興，不想為這個飽受病痛折磨的人恢復健康而說出感恩的話。他們既不感激她畸形的軀體得以復原，也不感激聖靈使她滿心快樂，讓她能夠滿懷謝忱，歸榮耀給上帝。

詩人說：「凡以感謝獻上為祭的，便是榮耀我。」（詩篇50：23）然而在這句感恩的話語中卻夾雜著一個不協之音。「管會堂的，因為耶穌在安息日治病，就氣忿忿地對眾人說……。」他生氣的原因，竟是因為基督讓一個不幸的女子在安息日發出喜樂的聲音。他厲聲厲色地對人們說：「有六日應當做工；那六日之內可以來求醫，在安息日卻不可。」（路加福音13：14）

若是這個人在遵守安息日的問題上真的感到良心不安，那麼他就會認識到基督所行神蹟的性質了。……基督所做的工作符合安息日的神聖性，周圍的人都因基督為這個受苦的女子所行的神蹟而感到高興。他們受到感動，受到啟發，要不是拉比們卑鄙憤怒的臉色，他們會承認自己是基督的門徒。（《時兆月刊》1896年4月23日）

施行憐憫的日子

> 主啊，慈愛也是屬乎祢，因為祢照著各人所行的報應他。
> 詩篇62：12

安息日的主——上帝，願意垂聽誠懇的禱告。祂會帶領那些意識到需要依靠祂的人，也會引導做工的工人，好讓眾多的生靈能夠認識真理。

耶穌的真理會在接受的人心中發揮改變的影響力。我們任何人都不要忘記上帝始終是獲勝的，祂一定會給一切傳道工作帶來成功。在生活中與上帝保持聯絡的人知道神性藉著人性工作，每一個與上帝合作的人都會行公義、好憐憫、存謙卑的心，與上帝同行。

主是滿有憐憫的上帝，甚至會關照祂所造那些不會說話的走獸。當祂在安息日治病，被指控干犯上帝的律法時，祂對指控祂的人說：「『難道你們各人在安息日不解開槽上的牛、驢，牽去飲嗎？況且這女人本是亞伯拉罕的後裔，被撒但捆綁了這十八年，不當在安息日解開她的綁嗎？』耶穌說這話，祂的敵人都慚愧了；眾人因祂所行一切榮耀的事，就都歡喜了。」（路加福音13：15—17）

主慈憐地看著祂所造的人，無論他們屬於什麼種族。上帝「從一本造出萬族的人，住在全地上並且預先定準他們的年限和所住的疆界。要叫他們尋求上帝，或者可以揣摩而得，其實祂離我們各人不遠；我們生活、動作、存留，都在乎祂。就如你們作詩的，有人說：『我們也是祂所生的。』」（使徒行傳17：26—28）

救主對祂的門徒說：「你們都是弟兄。」（馬太福音23：8），上帝是我們共同的父親，而我們每一個人都是看守我們兄弟的。（《評閱宣報》1896年1月21日）

樹立安息日神聖性質的範例，並予以教導

> 我今日所吩咐你的話都要記在心上，也要殷勤教訓你的兒女。無論你坐
> 在家裡，行在路上，躺下，起來，都要談論。
>
> 申命記6：6—7

你沒有在你家中領略安息日的神聖性，也沒有將其教導你的兒女，吩咐他們遵照誡命持守安息日的重要性。你的感覺不清晰、不迅速，不能敏於察覺到我們為要成為守誡命的人所必須達到的高標準，但你若認真地把握這工作，上帝就會幫助你的努力。你應該學習完全自我控制；這樣，當你的兒女不守規矩時，你就能更好地約束他們。

你有一番大工要做，好彌補以往的疏忽，但你不要靠自己的力量做這事，服役的天使會幫助你做這工作。不要放棄這工作，也不要把擔子放在一邊，而要努力扛起它以彌補你長久以來的疏忽。關於上帝就祂的聖日對你的要求，你必須有更高的見解。凡在上帝已賜給你那六天能做成的事，你都應在那六天完成。但是聖日的時間，你不應搶奪上帝一時一刻。

那尊重安息日，並認識到自己有遵守這聖日之義務的人，上帝應許賜極大的福分給他們：「你若在安息日掉轉你的腳步[不踐踏安息日，無視它]，在我聖日不以操作為喜樂，稱安息日為可喜樂的，稱耶和華的聖日為可尊重的，……耶和華要使你乘駕地的高處，又以你祖雅各的產業養育你。這是耶和華親口說的。」（以賽亞書58：13—14）。

在安息日一開始之時，我們就當謹慎自守，謹慎自己的言語行動，以免將那嚴格屬主的光陰，向上帝奪為己用。

凡是在上天看來，有干犯神聖安息日之嫌的事，我們在安息日就不應當說，也不應當做。上帝不單要求我們在安息日中禁止體力操作，祂也要我們訓練心思，思想神聖的題旨。（《教會證言》卷二，原文第701—703頁）

誡命是為所有的人頒布的

還有那些與耶和華聯合的外邦人，要事奉祂，要愛耶和華的名，要作祂的僕人——就是凡守安息日不干犯，又持守祂（原文作我）約的人，我必領他們到我的聖山。

以賽亞書56：6—7

根據摩西的律法，外邦人和閹人不能完全享受那賜給以色列人的特權。但是先知宣布說，時候將到，這一切限制都將取消。上帝的聖言是特別託付給猶太人的，若不是以色列人，就不屬於上帝特選的子民。由於神聖的權利，猶太人越來越視自己比地上任何其他民族更優越，可是他們並沒有藉著順從上帝的全部誡命而謹慎保持他們特殊聖潔的品格。

迄今，行割禮和嚴格遵守儀文律法，是外邦人得蒙允許加入以色列會眾的條件之一。但這些條件都要被上帝的福音廢除，「凡守安息日不干犯，又持守我約的人。我必領他們到我的聖山，使他們在禱告我的殿中喜樂。他們的燔祭和平安祭，在我壇上必蒙悅納，因我的殿必稱為萬民禱告的殿。」（**以賽亞書56：6—8**）

以賽亞書的第一部分呈現了一班表面上樂意事奉上帝，天天尋求祂的人。他們「好像行義的國民，不離棄他們上帝的典章」（**以賽亞書58：2**），可是他們的生活在主面前卻是不義的，因此主命令祂的先知：「你要大聲喊叫，不可止息；揚起聲來，好像吹角。向我百姓說明他們的過犯；向雅各家說明他們的罪惡。」（**同上，第1節**）。

這個預言世代相傳，直到撒但企圖取消上帝律法中的那一條，他把耶和華真正的安息日踐踏在腳下，高舉一個他自己所設立的日子。當基督教界取消上帝的聖安息日，以一個未經「耶和華如此說」批准的普通工作日取而代之時，無疑的，他們就是鼓勵無信仰，就是承認撒但那擅自更改律法之權勢的最高權威。拒絕安息日導致拒絕整部律法，數以千計自命為基督徒的人現在竟大膽宣稱上帝的律法已作廢了。（**《時兆月刊》1884年2月28日**）

耶穌藉著行善遵守安息日

耶穌對他們說：「我問你們，在安息日行善行惡，救命害命，哪樣是可以的呢？」

路加福音6：9

做必要的工作，比如照料病人和老年人，解救人的痛苦並不算違犯安息日，這樣的行為完全符合安息日的律法。我們偉大的榜樣耶穌在安息日遇到有病人和受苦的人需要幫助時是積極回應的。法利賽人據此指控祂違犯安息日，就像今日許多反對上帝律法的傳道人所做的那樣。但是我們要說，上帝是信實的，凡這樣指控救主的人都是說謊的。

耶穌回答猶太人的指控說：「我喜愛憐恤，不喜愛祭祀。你們若明白這話的意思，就不將無罪的當作有罪的了。」（馬太福音12：7）祂已對他們說，祂遵守了祂父的命令。當祂為醫治枯乾的手而受到違犯安息日的指控時，祂轉而問指控祂的人：「在安息日行善行惡，救命害命，哪樣是可以的呢？」（馬可福音3：4）祂總結祂對法利賽人的回答說：「所以，在安息日作善事是可以的。」（馬太福音12：12）基督在這裡證明祂的行動完全符合安息日的律法。（《時兆月刊》，1878年2月28日）

今日有人認為基督已經廢了律法，說因祂犯了安息日，並且還為門徒犯安息日辯護。如此，他們就與當初那些吹毛求疵的猶太人站在一樣的立場。在這一點上，他們竟駁斥基督親口的見證：「我遵守了我父的命令，常在祂的愛裡。」（約翰福音15：10）

救主和祂的門徒都沒有違犯安息日的律法，基督乃是律法的活代表，祂的一生從來沒有違犯律法。祂能當著猶太國那些尋找機會要定祂罪的證人說：「你們中間誰能指證我有罪呢？」（約翰福音8：46）

耶穌說：「安息日是為人設立的，人不是為安息日設立的。」上帝所定的種種制度，都是為謀人類的幸福。……上帝把十誡賜給祂的百姓為一種福惠，安息日乃是其中的一部分。摩西說：「耶和華又吩咐我們遵行這一切律例，要敬畏耶和華——我們的上帝，使我們常得好處，蒙祂保全我們的生命。」（申命記6：24）（《歷代願望》原文第287—288頁）

安息日記念實實在在的一天

> 上帝發出奇妙的雷聲，祂行大事，我們不能測透。
>
> 約伯記37：5

上帝在西奈山以可聽的聲音宣布祂的律法時，祂是這樣介紹安息日的：「當記念安息日，守為聖日。」（出埃及記20：8），然後祂明確宣布了六日應該做什麼，第七日不應該做什麼。祂在給予要如何遵守每週生活的理由時，叫他們回顧祂在第一週所樹立的榜樣。「因為六日之內，耶和華造天、地、海、和其中的萬物，第七日便安息，所以耶和華賜福與安息日，定為聖日。」（第11節）。我們既然明白創造的記錄是指實際的日子，那麼這個理由就顯得既美好又有說服力了。

每週頭六天是賜給人去工作的，因為上帝用了第一週的頭六天做了創造的工作。上帝已把第七天保留為一個休息日，記念祂在做了六日創造的工作之後休息的那一天。

但不信的人卻臆測第一週的事件需要七個悠久渺茫的時期來完成，這就直接打擊第四條誡命的基礎。這種說法把上帝已說得非常明白的事弄得模糊不清。這是最惡劣的背信不忠，因為對許多自稱相信創造記錄的人來說，它是偽裝的不信。它控告上帝命令人遵守七日的週期，來記念七個渺茫無限的時期，不像祂對待凡人的方法，不符合祂的智慧。

上帝的道賜給我們是要作我們腳前的燈，路上的光。那些將祂的道丟在背後，尋求用自己盲目的哲學去描繪出耶和華奇妙奧祕的人，必在黑暗中絆跌。一本指南已經賜給凡人，他們可以用來在使他們受益的範圍內追溯耶和華和祂的作為。靈感之言在賜給我們洪水的歷史時，已解釋了奇妙的奧祕，是地質學脫離了《聖經》所永遠解釋不了的。（《時兆月刊》1879年3月20日）

安息日提醒我們上帝創造的大能

> 耶和華本為大，該受大讚美；其大無法測度。
> 詩篇145：3

不信的地質學家聲稱世界的歷史遠比《聖經》所記載的要久遠，他們抵制《聖經》的記錄，因為那些對他們來說，出自地球本身的證據表明世界已經存在數萬年了。而許多自稱相信《聖經》記載的人，雖持有創造週只有七天、且世界現在也只有約六千年歷史的觀點，但卻對地上的奇妙發現茫然不知該如何說明。這些人為了擺脫不信的地質學家拋給他們的難題，便採納了上帝六天的創造是六個悠久時期，而上帝的休息日則是另一個渺長時期的觀點，因而使上帝神聖律法的第四條誡命失去意義。有些人急於接受這種立場，因為它摧毀第四誡的力量，他們便覺得擺脫了它對他們的要求。

在地上、山嶺、山谷中發現人和動物的骨骼，說明曾有大型體格的人類和野獸生活在地上，甚至也發現到作戰的器具和石化的木頭。有些人因為在地裡發現了比今日或過去許多世代的人與獸還要大很多的大型骨骼，因此便斷定在遠古時期就有人居住在地上，那時的人類在體格上比如今在地上的人要大得多。凡這樣思考的人，對洪水以前的人類、動物、樹木大小，以及當時地上所發生的變化認識有限。

若無《聖經》記載的歷史，地質學就證明不了什麼。……當人類離棄上帝的道，就會設法用自然法則來解釋上帝的創造之工，他們就處在不定論的茫茫大海之中了。上帝如何在六天完成創造之工的，祂從未將這些啟示給必死的人類，祂的創造之工與祂的存在一樣是無法理解的。（《時兆月刊》1879年3月20日）

要相信上帝的話語，不要相信人的推理

隱祕的事是屬耶和華——我們上帝的；惟有明顯的事是永遠屬我們和我們子孫的，好叫我們遵行這律法上的一切話。

申命記29：29

撒但一直誘導墮落的人類反抗上帝的政權，他的努力已成功了。他設法使人看不清上帝的律法，其實律法本身是非常清楚明白的。他對十誡的第四誡顯出了特別的仇恨，因為它指明永生的上帝，即是天地的創造主。人中了他的詭計，離棄了耶和華最清楚明白的律例，轉而去接受不信之人的謊言。

人類將會無可推諉，上帝已賜下足夠的證據，人只要願意相信，就可以在這些證據上建立信心。在末後的日子，地上的人幾乎沒有真正的信心。人們只是根據最微不足道的托詞，就會認為上帝的道不可靠，並且同時卻接受人的推理，儘管那種推理與《聖經》清楚明白的事實相反，就算人們相信創造之工，卻會盡力根據大自然的原因去解釋，但這是上帝從未啟示的，人類的科學是無法查明上帝的隱祕之事。

人們自稱是上帝的傳道人，卻揚聲反對預言的研究，還告訴人們說預言是晦澀難懂的，特別是但以理和約翰的預言，還說我們明白不了。然而正是在這些因預言難懂而反對研究預言的人當中有一些人，急於接受地質學家們的假設，抵制摩西的記錄。要是上帝明顯的旨意很難理解，人們就不應該在上帝所沒有啟示的事上相信那些純屬推測的事物了。上帝的道路非同我們的道路，祂的意念也非同我們的意念。……人們以自己虛空的推理，錯用了上帝所計畫應該使他們尊崇祂的這些事物，他們與洪水前的人陷入了同樣的錯誤中——將上帝作為福惠賜給他們的事物，並因錯用而變成了咒詛。（《時兆月刊》1879年3月20日）

遵守安息日始於古時，直到今日

> 應當敬畏上帝，將榮耀歸給祂！因祂施行審判的時候已經到了。應當敬拜那創造天地海和眾水泉源的。……聖徒的忍耐就在此；他們是守上帝誡命和耶穌真道的。
>
> 啟示錄14：7—12

先知用以下的話指出他們所離棄的典章說：「你要建立拆毀累代的根基。你必稱為補破口的，和重修路徑與人居住的。你若在安息日掉轉你的腳步，在我聖日不以操作為喜樂，稱安息日為可喜樂的，稱耶和華的聖日為可尊重的，而且尊敬這日，不辦自己的私事，不隨自己的私意，不說自己的私話，你就以耶和華為樂。」（以賽亞書58：12—14）

安息日是創造主所分別為聖的，祂曾在這日安息，並賜福給這日。亞當在未犯罪之前，還住在神聖伊甸園中時，就已遵守安息日。甚至在他墮落悔改，被逐出那幸福的樂園之後，他還是遵守聖日的。一切的先祖從亞伯到義人挪亞，以致於亞伯拉罕和雅各都遵守安息日。當選民在埃及地為奴的時候，許多人在拜偶像的環境中失去了對於上帝律法的認識，及至耶和華拯救以色列人之時，祂在非常莊嚴的場合中向會眾宣布自己的律法，使他們明白祂的旨意，而永遠敬畏順從祂。

從那時直到今日，認識上帝律法的知識一直保留在地上，並且第四誡的安息日也一直有人遵守。雖然那「大罪人」撒但已把上帝的聖日踐踏腳下，但就是在他權威極盛的時期，仍有許多忠心的人，在祕密的地方尊重安息聖日。宗教改革以後，在每一世代中，都有人繼續遵守安息日。他們雖然時常被辱罵及逼迫，但仍是不斷地作見證，證明上帝律法永遠不變，以及人對於記念創造的安息日所有的神聖義務。

這些真理，按照啟示錄第十四章所提出與「永遠的福音」的關係，在基督復臨的時候必要把主的教會篩選出來。因為《聖經》中說明，這就是三重信息的結果，「他們是守上帝誡命，和耶穌真道的。」（啟示錄14：12）這個信息是主降臨之前的最後一個信息。在宣布這信息之後，先知緊接著就看到人子在榮耀的雲中降臨，要收割地上的莊稼。（《善惡之爭》原文第452—454頁）

全家遵守安息日

> 所以，你要知道耶和華——你的上帝，祂是上帝，是信實的上帝；向愛祂、守祂誡命的人守約，施慈愛，直到千代。
>
> 申命記7：9

父母們，要查考《聖經》！不但要聽，而且要做，要按照上帝的標準教育你們的孩子，要讓他們看見你們在每週的工作日為安息日作準備。在六個工作日裡，一切準備工作都要做好，要預備就緒；安息日的烹飪要在預備日進行，這是能夠做到的。要以此為規矩，你們能夠做到的。

要對你們的孩子解釋你們的工作及其宗旨，讓他們自己參與並幫助他們的父母準備按照誡命遵守安息日。要引導他們視安息日為快樂的日子，為最重要的日子，為主的聖日，是應當尊重的。

在星期五要把兒女的衣服預備好。……兒女要在母親的指導下親手打理好一切，以便在安息日從容地穿上，不致混亂、匆忙，說急躁的話。……這是上帝的聖日，是祂已分別出來記念祂創造之工的日子，是祂已分別為聖的日子。

在安息日，父母們應當把他們所能給予的時間都給自己的孩子，使之成為快樂的日子。我看到許多家庭的父母和年長的成員不與青少年在一起，任由他們娛樂，過了一會兒，孩子們厭倦了，就到戶外去，玩耍淘氣。安息日對他們而言不再有神聖的意義。在宜人的天氣，父母們可以帶自己的孩子出去在田野和森林裡散步，向他們談論參天的大樹、灌木、花卉，並教他們知道上帝是這一切的創造者，然後要教導他們安息日的緣由——是要記念上帝的創造之工。祂工作六天之後，在第七天休息了，並且賜福予祂休息的日子，定為聖日。最有益的指示就這樣賜下了。（《大湖聯合會先驅報》1909年4月14日）

在安息日繼續行善

所以猶太人逼迫耶穌，因為祂在安息日作了這事。耶穌就對他們說：「我父做事直到如今，我也做事。」

約翰福音5：16—17

救主當時住在有許多拉比的耶路撒冷城中，他們把錯誤的安息日觀點教導百姓，因為有大批人潮來到聖殿敬拜，因此拉比的教訓就傳到了遙遠的地方。基督希望糾正這些錯誤，所以祂在安息日治病，吩咐病人拿起褥子走開。祂知道這個舉動必會引起拉比們的注意，這樣祂就有機會教導他們，結果正是如此。法利賽人把耶穌帶到猶太公會，要祂回答干犯安息日的指控。

救主宣布祂的行動符合安息日的律法，也符合上帝的旨意和作為。祂說：「我父做事直到如今，我也做事。」（約翰福音5：17）

上帝不斷做工，維持一切生物，祂的工作會在安息日停止嗎？上帝會在安息日禁止太陽履行自己的職責嗎？祂會切斷那溫暖大地、滋養菜蔬的陽光嗎？小溪會停止灌溉田地，海水會停止漲落嗎？小麥和玉米會停止生長，樹木和花朵會在安息日停止萌芽綻放嗎？

要是這樣，人類就得不到地上的果實，以及維持生命的福惠。大自然必須繼續它的工作，否則人類就會死亡。在這一天他們也有事要做，生活需得料理；病人需要照顧；窮人需要供給，上帝不希望祂所創造的人類，仍承受在安息日和其他日子應可以解除的痛苦。

上天的工作從來沒有停止，我們也決不要停止行善。律法禁止我們在主的安息日做我們自己的事，謀生的勞動必須停止。在這一天，任何追求世俗娛樂和利益的工作都是不合法的，但安息日也不要在閒懶中度過。上帝怎樣在安息日停止祂的創造之工安息了，我們也照樣要安息。祂囑咐我們放下日常的勞作，用這神聖的時間進行有利於健康的休息、崇拜，並舉行聖禮。

（《耶穌的故事》原文第73—74頁）

安息日誡命的異象

> 但第七日是向耶和華——你上帝當守的安息日。這一日，你和你的兒女、僕婢、牛、驢、牲畜，並在你城裡寄居的客旅，無論何工都不可做，使你的僕婢可以和你一樣安息。」
>
> 申命記5：14

耶穌站在約櫃旁邊，當聖徒的祈禱上升時到祂那裡時，香爐裡的香就冒出煙來，祂就將他們的祈禱連同香爐的煙雲一同獻在祂父的面前。

約櫃裡有一個盛著嗎哪的金罐，又有亞倫發過芽的杖，和兩塊像是書本合起來的石版。耶穌將石版打開來，我就看見上帝親手所寫的十條誡命。一塊上面寫著四條，另一塊上面寫著六條，那第一塊石版的四條煥發著比那六條更亮的光輝，但第四條，就是安息日的誡命，又比其他各條更光亮；因為安息日乃是被分別出來的，要被遵守以尊榮上帝聖名的。聖安息日看上去是光輝燦爛的——有一道榮耀的光環環繞著它。

我又蒙指示，如果上帝已將安息日從第七日改到第一日，祂就必改變安息日誡命的書寫，就是如今在天上聖殿至聖所裡的那兩塊石版上所寫的字；如果文字已有改變，它就應該寫著：「第一日是向耶和華你上帝當守的安息日。」但我看見它和從前上帝親手寫在石版上，在西奈山交給摩西的誡命是一樣的，它寫著：「但第七日是向耶和華——你上帝當守的安息日。」（出埃及記20：10）我看到聖安息日現在和將來都是上帝的真以色列民和不信的人之間的隔牆。安息日乃是使上帝所愛並等候祂的聖徒團結的大前提。

我看到有一些上帝的兒女還沒有認識並遵守安息日，他們沒有拒絕安息日的亮光。當艱難的時期開始，我們出去更充分地傳揚安息日的真理時，我們都被聖靈所充滿。（《懷氏傳略》原文第100—101頁）

為什麼要敬拜上帝

> 且以我的安息日為聖。這日在我與你們中間為證據，使你們知道我是耶和華——你們的上帝。
>
> 以西結書20：20

在啟示錄第十四章中，天使呼喚人應當敬拜創造主：這預言提到一群因受到三重警告而遵守上帝誡命的人。在誡命之中，有一條直接提出上帝為創造主。第四誡說：「第七日是向耶和華——你上帝當守的安息日。……因為六日之內，耶和華造天、地、海、和其中的萬物，第七日便安息，所以耶和華賜福與安息日，定為聖日。」（出埃及記20：10—11）

「安息日之成為創造工作的記念，其要點乃在乎它時常向人提出應當敬拜上帝的真正理由。」——因為祂是創造主，我們是祂造的。「因此，安息日乃是神聖敬拜的真基礎，它以最動人的方式，發揮這偉大的真理，這是任何其他制度所不能作的。敬拜上帝的真基礎——不單指在第七日的敬拜，而指一切的敬拜——乃建立在創造主與受造之物中間的區別上。這個偉大的事實，永遠不會廢去，人也永遠不可忘記。」（安德魯斯，《安息日的歷史》第27章）

上帝之所以在伊甸園制定安息日，乃是要把這個真理時常擺在人面前。所以當我們以祂為我們的創造主而敬拜時，則同時安息日也要繼續的存留，作為這個事實的證據和記念。如果安息日一直被普遍遵守的話，則人類的思想與感情便會一直歸向創造主，以祂為尊崇敬拜的對象，而世上也就一直不會有拜偶像的人、無神主義者或懷疑派了。

遵守安息日乃是一個證據，表明遵守的人是忠於那「創造天、地、海、和眾水泉源」的真上帝。由此可見，那吩咐人敬拜上帝並遵守祂誡命的信息會特別呼召他們，務要謹守第四條誡命。（《善惡之爭》原文第437—438頁）

安息日不是屬猶太人的，而是屬基督的聖日

> 耶穌來到拿撒勒，就是祂長大的地方。在安息日，照祂平常的規矩進了會堂，站起來要念《聖經》。
>
> 路加福音4：16

我們如何解釋大多數自稱為基督徒的人遵守每週的第一日，但《聖經》中耶穌和祂門徒的教訓和榜樣，並沒有授權這樣的變更一事呢？我們可以解釋說，因為世人隨從人的傳統，而不是「耶和華如此說」。撒但一貫的想法就是引人離開上帝的誡命，轉而尊敬和順從世人的傳統，而且他以世人為工具，藐視耶和華的安息日，斥之為「古代猶太人的安息日」。

數以千計的人草率地附和這種指責，似乎它具有充分的理由，但他們沒有意識到的事實是：耶和華的子民是上帝所特別揀選、監護祂的真理、保守祂的律法、及保管祂的聖言的人，他們領受了生命的話語傳給我們。新舊約《聖經》都是透過猶太人傳給我們的，以及《聖經》中的每一個應許，上帝的聖言照在我們身上的每一線亮光，都是藉著猶太民族而來的。

基督是希伯來人從埃及進軍迦南時的領袖，祂與聖父一起在西奈山的雷轟閃電中向猶太人頒布律法，祂降世為人時，是作為亞伯拉罕的後裔。我們豈能以此為由，拒絕《聖經》和耶穌，稱之是屬於猶太人的，就好像拒絕主我們上帝的安息日那樣呢？安息日的制度和《聖經》一項，與猶太人密切相關。若是有理由拒絕一項，就有理由拒絕另一項。安息日不是起源於猶太人，它是在猶太人以先的伊甸園中制定的。安息日是為全人類而設立的，在亞當和夏娃墮落之前就已經立下規定了。創造主稱它為「我的聖日」，基督宣布自己是「安息日的主」。安息日是從創造的時候開始的，是為人的益處而設立的；只要人類存在，安息日就繼續存在。（《時兆月刊》1894年11月12日）

在永恆的安息日中享安息與喜樂

每逢月朔、安息日，凡有血氣的必來在我面前下拜。這是耶和華說的。
以賽亞書66：23

耶穌終於安息了！漫長一天的羞辱和酷刑終止了。當落日餘暉迎接安息日來臨時，上帝的兒子寧靜地躺在約瑟的墳墓裡。祂的工作完成了，祂的雙手安然地合抱著，祂在安息日的神聖時間內安息了。

起初聖父與聖子在創造之工完成後，便在安息日安息了。「天地萬物都造齊了」（創世記2：1），創造主和天上的一切眾生，觀看著這光榮的景象時，無不歡欣快樂。「那時晨星一同歌唱，神的眾子也都歡呼。」（約伯記38：7）

如今耶穌既完成了救贖之工，就安息了。雖然在世上那些愛祂的人十分悲傷，然而在天上是大有喜樂的。在天上的眾生看來，將來的希望是光明的。……耶穌安息的這一天，是與這個遠景永遠分不開的。因為「祂的作為完全」，而且「上帝一切所做的都必永存」（申命記32：4；傳道書3：14）。當「萬物復興的時候，就是上帝從創世以來、藉著聖先知的口所說的」（使徒行傳3：21）之時，這在創世時所設立的安息日，就是耶穌躺在約瑟墳墓裡安息的一天，必仍為一個安息和喜樂的日子。「每逢……安息日」（以賽亞書66：23），當蒙救贖的列國在上帝和羔羊面前歡呼跪拜時，天地都要同聲讚美。

在基督被釘的那一天，最後所發生的事件中，有新的憑據證明預言的應驗，有新的見證證明基督的神性。當十字架上的黑暗消散，救主臨死的喊聲發出之時，大家就立刻聽見另有一個聲音說：「這真是上帝的兒子了。」（馬太福音27：54）（《歷代願望》原文第769—770頁）

6月
JUNE

做君王的事

效法耶穌，而不是效法世界

> 你囊中不可有一大一小兩樣的法碼。你家裡不可有一大一小兩樣的升斗。
> 申命記25：13—14

自稱愛上帝並敬畏祂的人應當互相憐恤，彼此相愛，保護別人的利益如同自己的利益。基督徒不可按照世界的標準衡量自己的行為。在各世代中，上帝的子民都要與世俗之徒迥然有別，因為他們的信仰高過不敬虔之人的信仰。上帝的子民自始至終都應成為一個共同體。

貪愛錢財是萬惡之根。在這個世代，發財成了最誘人的慾望。假如無法用誠實的方法獲得財富，人們就設法用欺詐的手段去獲得。孤兒寡婦維持生計的區區財物被掠奪了，窮人失去了最基本的生活條件。這都是因為富人要維持他們的奢侈，放縱他們囤積的慾望。

每日為貪財而犯罪的可怕記錄足以令人毛骨悚然，即使在自稱虔誠的人中間，也或多或少存在同樣的罪惡，因此基督的門徒必須深感恥辱，並採取誠實的行動。炫耀和愛好金錢使這個世界成了盜賊和強盜之窩，但是基督徒自稱不是地上的居民，他們生活在異鄉，只是停留在這世上，他們不應受在世上安家積財之人的動機和慾望所左右。上帝希望我們的生活表現出我們偉大榜樣的生活，我們活著要為別人行善。

每一件危害上帝兒女的行為，也就是危害了那與祂聖徒成為一體的基督。當有人趁著別人的無知、軟弱或不幸而從中圖利時，天上的帳冊必記錄他欺詐的罪。（《南方守望著》1904年5月10日）

不只在教會，在世事上也要行義

所以，無論何事，你們願意人怎樣待你們，你們也要怎樣待人。因為這就是律法和先知的道理。

馬太福音7：12

————個真正敬畏上帝的人，寧可晝夜辛勞、食不果腹，也不願放縱貪得的私慾，去欺壓孤兒寡婦，或「屈枉寄居的外人」。

我們的救主設法讓祂的聽眾明白，膽敢在最小的事上欺詐鄰舍的人，只要遇到有利的時機，就會在大事上實行欺詐。若偏離了嚴格的正直，就易打破屏障，預備人心行更大的不義。基督用言語和榜樣教導我們，以最嚴格的誠實支配我們對待同胞的行動。神聖的教師說：「所以，無論何事，你們願意人怎樣待你們，你們也要怎樣待人。」（馬太福音7：12）

人若是損人利己，就無法接受聖靈的感動。以這樣的代價所獲得的利益實際上乃是可怕的損失。寧可受窮也不要撒謊；寧可挨餓也不要欺詐；寧可受死也不要犯罪。自稱虔誠的人所放縱的奢侈、貪婪和欺詐正在敗壞他們的信仰，摧毀他們的靈性。教會在很大的程度上要為其成員的罪負責。她若是沒有揚聲反對罪惡，便是縱容罪惡。她最需要擔心的影響不是來自公開的反對者，不信的人，以及褻瀆的人，而是來自言行不一的自稱信奉基督的人。這些人扣留了以色列上帝的福氣。

商界並非處在上帝政權的管束之外。真宗教不只是在安息日和在聖殿裡展示，而是要表現在每一天和每一個地方。家庭生活的一舉一動，都必須承認和遵守它的要求。自稱信奉真宗教的人，會在他們一切的業務交易上表明他們對正義的清晰理解，與他們在施恩的寶座前懇求時一樣。（《南方守望著》1904年5月10日）

對上帝、對別人都要誠實

> 當用對準公平的法碼，公平的升斗。這樣，在耶和華——你上帝所賜你的地上，你的日子就可以長久。」
>
> 申命記25：15

誠實對待同胞和上帝乃是上策。你所享受的一切快樂都有賴於基督，你將來的永生有賴於祂，因你擔當不起無視將來報償的責任。凡意識到自己必須依賴上帝的人會明白他們必須誠實地對待他人，最重要的是必須誠實地對待上帝。人生的一切福分都是從祂而來的。規避上帝關於十分之一和捐獻的明確命令，在天國的冊子上會被登記為搶奪上帝之物。

凡是對上帝或同胞不誠實的人絕不會獲得真正的興旺。……主用自己的寶血買了我們，由於祂的憐憫和恩典，我們有了偉大救恩的盼望。「主吩咐我們行公義，好憐憫，存謙卑的心，與我們的上帝同行。」（彌迦書6：8）但是主說：「你們通國的人都奪取我的供物。」（瑪拉基書3：9）我們如果不公平地對待同胞或上帝，就是蔑視祂的權威，忽略基督用自己性命贖買我們的事實。

世人正在大規模地盜取上帝之物。祂賜下的財富越多，他們就越徹底地據為己有，任意使用。然而，難道自稱為基督信徒的人要隨從世人的習慣嗎？難道我們因忽略歸還上帝宣稱屬祂的錢財而埋沒良知，繼而放棄與上帝的交往和弟兄姐妹之間的情誼嗎？

自稱為基督徒的人務要記住，你們是在經營上帝所委託的資本，要忠實地遵照《聖經》的指示處理這些錢財。你的內心如果與上帝有正常的關係，就不會侵吞祂的財物，用在自私的事業上了。（《評閱宣報》1889年12月17日）

效法耶穌和祂的品行

> 各人不要單顧自己的事，也要顧別人的事。你們當以基督耶穌的心為心。
>
> 腓立比書2：4—5

福音所教導的倫理學，除了上帝完美的心志和上帝的旨意之外，並不承認任何其他的標準。上帝要求一切受造者遵行祂的旨意。品格上的瑕疵就是罪，而有罪就是違背了律法。在上帝裡的公義特質，乃是一個完全而和諧的整體，凡接受基督為個人救主的人，都有權利可獲得這些特質，這就是聖潔的科學。

擺在墮落人類面前的前景是何等的光榮啊！上帝藉著祂的兒子顯明世人所能達到的優越狀態。靠著基督的功勞，世人可以擺脫敗壞的狀態，得到潔淨，比俄斐的精金更寶貴（參閱以賽亞書13：12）。他可以在榮耀裡與天使作伴，返照耶穌基督的形像，在永恆寶座的光輝中發光。他有權利憑著信心，依靠基督的能力得享永生，然而他很少意識到若讓上帝指導他的每一步，他可達到多大的高度。

上帝准許每一個人發揮他自己的個性，祂不希望任何一個人將自己的心意埋沒在他人的心意中。凡切望在心思與品格方面得以變化的人，不要仰望世人，而要仰望那位神聖的典範。

我們的榜樣是我們至善至美、超乎萬人之上、優越無比的主，祂憑著恩典使自己的人生成為萬人的榜樣。貧與富、貴與賤、無限的權柄與謙卑，都在基督裡聯合起來，反映在凡接受祂的人身上。在祂裡面，透過人的智慧能力，將可把最偉大教師的智慧表彰出來。（《時兆月刊》1902年9月3日）

絕不可乘人之危

> 你不可向寄居的和孤兒屈枉正直，也不可拿寡婦的衣裳作當頭。
>
> 申命記24：17

上帝的話語從不認可人們能藉著欺壓某一等人而使另一等人致富的作法。《聖經》教訓我們在一切經營上，要設身處地為別人著想，不僅只為自己考慮，也要為別人考慮。乘人之危、損人利己的行為與《聖經》的原則和誡律是背道而馳的。

「你不可向寄居的和孤兒屈枉正直，也不可拿寡婦的衣裳作當頭。」（申命記24：17）「你借給鄰舍，不拘是什麼，不可進他家拿他的當頭。要站在外面，等那向你借貸的人把當頭拿出來交給你。他若是窮人，你不可留他的當頭過夜。」（同上，第10—12節）。「你即或拿鄰舍的衣服作當頭，必在日落以先歸還他；因他只有這一件當蓋頭；……若是沒有，他拿什麼睡覺呢？他哀求我，我就應允，因為我是有恩惠的。」（出埃及記22：26—27）「你若賣什麼給鄰舍，或是從鄰舍的手中買什麼，彼此不可虧負。」（利未記25：14）

「你們施行審判，不可行不義。在尺、秤、升、斗上也是如此。」（利未記19：35）。「你囊中不可有一大一小兩樣的法碼。你家裡不可有一大一小兩樣的升斗。」（申命記25：13—14）。「要用公道天平、公道法碼、公道升斗、公道秤。」（利未記19：36）「有求你的，就給他；有向你借貸的，不可推辭。」（馬太福音5：42）「惡人借貸而不償還；義人卻恩待人，並且施捨。」（詩篇37：21）

上帝為以色列人所制定的人生計畫，原是要成為全人類的實際教訓。如果今日實行了這些原則，這個世界將會多麼地不同啊！（《論健康佈道》，舊名《服務真詮》原文第187—188頁）

窮人的存在考驗我們的品格

你在田間收割莊稼，若忘下一捆，不可回去再取，要留給寄居的與孤兒寡婦。這樣，耶和華——你上帝必在你手裡所辦的一切事上賜福與你。

申命記24：19

我看到上帝的美意是要讓孤兒、寡婦、盲人、聾子、瘸子，以及各種受苦的人帶到教會的親密團契之中，這樣可以考驗祂的子民，培養他們的真品格。上帝的使者正在觀看我們怎樣對待那些需要我們同情、愛心和無私幫助的人，這是上帝對我們品格的考驗。

如果我們有《聖經》的真信仰，覺得在弟兄身上欠基督愛心、仁慈和關懷的債，我們就會深深地關懷和無私地愛我們的弟兄和不如我們幸運的人，用此來表達我們感謝祂以不可測度的愛，對待我們這些本來不配領受祂恩典的罪人。

上帝律法的兩大原則就是以愛上帝為至上，並且無私地愛我們的鄰舍。前四條和後六條誡命本是源自於這兩條原則。基督曾用一個事例向那個律法師解釋了誰是他鄰舍的問題：有一個人從耶路撒冷下耶利哥去，落在強盜手中。他們剝去他的衣裳，把他打個半死，就丟下他走了。

一位祭司和一位利未人先後來到這裡，看見他受痛苦，但他們的心沒有同情他的苦難，而是從旁邊過去，避開了他。有一個撒馬利亞人從那條路經過，看到這個陌生人需要幫助，不管他是不是親戚，也不問他是哪一國人、信奉什麼宗教，就去幫助了這個受害者，因為他需要幫助。他盡己所能地減輕他的痛苦，扶他騎上自己的牲口，帶他到店裡，自己出錢支付他的需要。

基督說，這個撒馬利亞人就是那落到強盜手中之人的鄰舍。祭司和利未人代表了教會裡的一班人，他們對那些需要他們同情和說明的人表現出冷漠。這等人，雖在教會中身居高位，卻是違背誡命的人。那個撒馬利亞人代表一班真心與基督同工幫助人的人，他們在善行上效法祂的榜樣。（《教會證言》卷三，原文第511—512頁）

管理事務的金科玉律

> 祂向你所要的是什麼呢？只要你行公義，好憐憫，存謙卑的心，與你的
> 上帝同行。
>
> 彌迦書6：8

列國的律法總帶有未曾重生之心的軟弱和情慾的影響；但上帝的律法卻帶著神聖的印證，若是順從，就會促成溫柔地對待他人的權利。……祂看顧祂兒女的一切利益，宣布祂會眷顧受苦和被壓迫之人之事。他們如果求告祂，祂就說：「我就應允，因為我是有恩惠的。」（出埃及記22：27）

有錢人若有嚴格誠實的特質，愛上帝並敬畏祂，就會資助窮人。他會幫助他們，借出去的錢，不收取合理範圍之外的利息。他若這樣做，他自己不會蒙受損失，他不幸的鄰舍卻大大受益，因為得以擺脫不誠實之人的手。在任何事務往來中，不可忘記黃金之律。……上帝絕不希望一個人掠奪另一個人，祂嚴密關注祂兒女的權利；在天國的冊子上，不公平商人的名下將記錄他的巨大損失。

《聖經》嚴厲譴責貪婪的罪。「無論是……有貪心的，在基督和上帝的國裡都是無分的。有貪心的，就與拜偶像的一樣。」（以弗所書5：5）詩人說：「因為惡人以心願自誇；貪財的背棄耶和華，並且輕慢祂。」（詩篇10：3）保羅把貪婪的人與拜偶像的、姦淫的、盜竊的、醉酒的、辱罵的和敲詐的人同列；他們都不能承受上帝的國。他們是敗壞之樹的果子，上帝因他們而蒙羞。我們不要把世界的習俗和格言當作行事的準則，要進行改革工作，一切的不義都要去除。

主吩咐我們「查考《聖經》」，整部《聖經》是我們的行動準則。我們要在日常生活中貫徹《聖經》的原則。這是基督教最明顯的標誌。我們彼此相處時要實行公義和慈愛的大原則；我們每天要培養使我們適合進入天國的品格，我們若是這樣做了，上帝就成了我們的保障，應許祝福我們所做的一切工作，使我們「永不動搖」。（詩篇112：6）（《時兆月刊》1884年2月7日）

上帝預防貧困的計畫

> 第五十年要作為你們的禧年。這年不可耕種；地中自長的，不可收割，沒有修理的葡萄樹也不可摘取葡萄。……你若賣什麼給鄰舍，或是從鄰舍的手中買什麼，彼此不可虧負。
>
> 利未記25：11—14

按照上帝為以色列人所制定的計畫，每一家除了有住宅之外，還要有充足的耕田。這樣，他們就有條件和資源過著勤勞且自食其力的生活。世人無法改變這個計畫。今日的貧窮和困苦，在很大的程度上，是因為世人脫離了這個計畫。

以色列人在定居迦南之時，進行全族的土地分配。只有利未支派要在聖所裡供職，就沒有得到土地的均分，其他支派則按戶記名，照著每戶人口的數目，分得產業。

雖然有人可能暫時出售土地，但他不能將子女的產業永久賣掉。一旦有錢，他就可以贖回，而且每過七年，一切債務都要豁免，到五十年，所有抵押的地產，都要歸還本家。

耶和華吩咐說：「地不可永賣，因為地是我的；你們在我面前是客旅，是寄居的。在你們所得為業的全地，也要准人將地贖回。你的弟兄若漸漸窮乏，賣了幾分地業，他至近的親屬就要來把弟兄所賣的贖回。若沒有能給他贖回的，他自己漸漸富足，能夠贖回，……自己便歸回自己的地業。倘若不能為自己得回所賣的，仍要存在買主的手裡直到禧年。」（利未記25：23—28）。……就這樣，每一家的產業都有了保障，不致有貧富趨向極端之虞。（《論健康佈道》原文第183—185頁）

需要上帝的恩典磨練我們

> 你們彼此不可虧負，只要敬畏你們的上帝，因為我是耶和華——你們的上帝。
>
> 利未記25：17

你們在事務往來上有著犯嚴重錯誤的危險。上帝警告你們要警惕，免得放縱互相傾軋的精神。當心不要培養騙子的機智，因為這在上帝的日子經受不住考驗。機靈和嚴謹的考慮是必要的，因為你們要和各等各類的人打交道。……但是不要讓這些特質成為主導的力量，在適當的管制之下，這些特質是品格中的重要成分。你們若保持敬畏上帝的心，且有祂的愛在你們心裡，你們就是安全的。

放棄一些原可得到的利益，比培養一種貪婪的精神，並使之成為本性的定律要好得多。耍小聰明對基督徒來說不足取，真理的大刀已把我們與世界分別開了。我們錯誤的品格特質不一定是我們能見到的，儘管這些特質對別人來說可能顯而易見，但時間和環境卻一定會檢驗我們，是顯明品格的真金，或暴露出廉價的金屬。

每一個卑劣的思想，每一個錯誤的行動，都顯明品格中的某個缺陷。這些粗糙的品性必須在上帝的工廠裡砍鑿敲打，被上帝的恩典磨平拋光，然後我們才能適合在那個光榮的殿中佔有一席之地。

這些弟兄（**我們機構的領袖**）若是願意把自己交給上帝施行改造的手，祂就能使他們比精金更寶貴，甚至比俄斐的純金更寶貴。他們應當下定決心使用每一個才能和每一個機會。上帝的道應該成為他們研究的對象和他們的嚮導，決定各種情況下何為最高的和最好的。

基督最軟弱的信徒與無窮的能力結盟了。在許多情況下，上帝對有學識的人做不了什麼，因為他們覺得不需要依靠祂，祂是一切智慧之源。所以，經過一次考驗之後，祂就撇下他們，去揀選才幹不如他們的人，因為後者學會了倚靠祂，他們的心靈因良善、真理和堅定的忠誠而加強，他們也不願屈尊去做任何會給良心留下污點的事。（《教會證言》卷三，原文第540—541頁）

必須讓福音的原則管理我們

就對管園的說：「看哪，我這三年，來到這無花果樹前找果子，竟找不著，把它砍了吧，何必白占地土呢？」

路加福音13：7

主很希望祂的子民彼此之間比以往更體諒，更仁慈憐憫，更能互相關照。每一個人心中若有基督的愛，就會溫柔體貼地關心他人的利益。在交易往來上，弟兄不會占彼此的便宜，他不會因看到自己的弟兄急需幫助，就趁機向那人收取過高的利息。

那些乘人之危的人，證明自己不是受基督福音的原則所管理。他們的行為在天上的冊子中被記錄為欺詐和不誠實，無論到哪裡，只要這些原則掌權，主的福惠就不會進入人心。這種人正在接受那大仇敵的印記，而非上帝之靈的印記。但那些最終承受天國的人，必被上帝的恩典所改變，他們必須在內心和生活上都得到潔淨，並具有勻稱的品格。

你所能積聚的一切錢財，即使達到數百萬，也不夠支付你靈命的贖價。因而不要留在不悔改和不信的狀態中，……使上帝仁厚的目的受挫，不要迫使祂勉強地伸手毀滅你的財產或使你受苦。

多少人現在所採取的行動不久必導致這種懲罰。他們日復一日，週復一週，年復一年為他們自私的利益生活。他們藉著天賜的技能與機智所積聚的影響力和錢財，用在自己和自己的家庭中，而沒有考慮他們仁厚的恩主。什麼都沒有歸還給他們的賜予者。

祂對這些不忠心僕人的耐心終於到了盡頭。祂就使他們一切自私屬世的計畫戛然終止，表明他們既是為自己的榮耀收聚的，祂就能分散。他們是無力抵抗祂的能力的。（《教會證言》卷五，原文第350—351頁）

從辦事標準顯明我們的品格

> 我若用不公道的天平和囊中詭詐的法碼，豈可算為清潔呢？
> 彌迦書6：11

按照基督的尺度，一個誠實的人，會表現出嚴格的正直。許多人用欺人的法碼和虛偽的天平騙取今生的利益，在上帝的眼中是可憎的。可惜許多自稱遵守上帝誡命的人也用虛偽的法碼與天平。人若真與上帝聯絡，真是遵守主的律法，他的生活必要顯出實情來，因為他的一切行動都必與基督的教訓相合。他必不為得利出賣自己的榮譽，他的原則是建立於穩妥的根基之上，他在世俗事務上的行為，乃是他原則的反映。

在世俗的渣滓垃圾之中，堅定的正直卻要發光如金。欺詐、虛偽和不信實的行為，雖可蒙蔽人的眼目，但卻不能蒙蔽上帝的眼目。那觀察人品格發展，及衡量人道德價值的天使，要把這些表現人品格的小作為登記在天上的冊子中。如果一個工人在其日常職業生活上不忠實，或怠慢其工作，世人若按他的辦事標準來估量他的宗教信仰標準，莫要說他們這種評估不正確。

「人在最小的事上忠心，在大事上也忠心；在最小的事上不義，在大事上也不義。」（**路加福音16：10**）事情公正與否，並不在於它的大小。人怎樣對待同胞，也必怎樣對待上帝。凡在不義的錢財上不忠心的人，主絕不會把真實的財富托管給他。上帝的子民應當謹記在心，他們要在其一切業務上被試驗，在聖所的天平上過秤。（《教會證言》卷四，原文第310—311頁）

即便「小」罪也有嚴重後果

正直人的純正必引導自己；奸詐人的乖僻必毀滅自己。

箴言11：3

基督曾說：「好樹不能結壞果子；壞樹不能結好果子。」「所以，憑著他們的果子就可以認出他們來。」（馬太福音7：18、20）人的生活所為，就是人的果子。人若在今生的事務上欺詐不實，他就是結荊棘與蒺藜；他在信仰生活上也必不誠實，也必奪取上帝的十分之一和捐獻。

《聖經》用最強烈的措辭斥責一切虛偽、欺詐和不誠實的行為。是非善惡已有明訓，但我蒙指示卻見到上帝的子民置身於仇敵的境地，屈服於他的試探，順從他的奸計，以致他們的感覺變得非常遲鈍。在金錢得失的事上，人常以為稍微不誠實，或略為改變上帝的要求，總不致算為罪大惡極，然而罪就是罪，不論犯罪的人是百萬富翁還是街頭小乞，凡用虛偽方法取得財產的，正是判決自身的重罪。一切由詭詐欺騙而得的財利，只能是得利者的一個禍根。

亞當夏娃違背上帝的指令，遭受了慘重的後果。他們或曾推斷說：「這是很小的罪，上帝必不足以介意。」然而上帝卻把此事看作可怕的大惡，而他們的犯法禍患無窮，影響了各世代。在我們所生活的時代，自稱為上帝子民的人常犯比這更大的罪。自稱為上帝子民的人在處理業務時，言行詭詐，以致上帝向他們發怒，也使主的聖工蒙羞受辱。

稍微偏離真實和正直，就是干犯上帝的律法。繼續縱容罪惡，會使人慣於行惡，卻不減輕罪惡的重大。上帝制定了不變的原則，祂絕不會改變，除非祂改變了自己的全部本性。凡自稱信仰真理的人，若是忠實地研究《聖經》，在屬靈的事上，就必不會有所不足了。人在今生輕看上帝的要求，若能到天國，也必不會尊重祂的權威。（《教會證言》卷四，原文第311—312頁）

將品格建造在磐石耶穌身上

> 我見惡人和狂傲人享平安就心懷不平。……等我進了上帝的聖所，思想他們的結局（新譯本《聖經》：才明白它的結局）。
> 詩篇73：3—17

人生道路的第一步，就是把思想集中在上帝身上，始終敬畏祂。道德上稍有疏忽，就會使良心遲鈍，並為下一次的試探敞開了門戶。「行正直路的，步步安穩；走彎曲道的，必致敗露。」（箴言10：9）

《聖經》吩咐我們要愛上帝為至上，並愛鄰舍如同自己，可是生活的現實證明這條命令被忽視了。行為正直，處世誠實的人，必蒙上帝所喜悅，成為社會的福氣。但是這個世界到處潛伏著形形色色的試探，要保持清潔的良心和上天的悅納，必須有上帝的幫助和敢於主持正義的原則。

上帝和世人所稱賞的品格遠勝過財富。要在磐石基督耶穌的身上，奠定又寬又深的根基。有許多自稱立於真實根基上的人，他們的散漫表明他們是站在散沙之上的，等到狂風暴雨把他們的基礎沖去，他們就無處可藏了。

許多人說，如果他們不精明地維護自己的利益，就會蒙受損失。他們不講道德、唯利是圖的鄰居都發了財，他們努力嚴格遵循《聖經》的原則卻沒有得到很大的好處。他們這些人是否能看到將來呢？他們的目光是不是太遲鈍，被屬世的迷霧所遮住，看不到尊嚴和正直的報賞並不是屬世的財富呢？上帝會不會單以屬世的成就來報償美德呢？祂已將他們的名字刻在祂的手上，他們將承受永久的尊榮和不朽的財富。（《聖經註釋懷注》卷三，原文第1158頁）

做公眾服務需要嚴格的誠實

> 君王喝酒不相宜；王子說濃酒在那裡也不相宜；恐怕喝了就忘記律例，
> 顛倒一切困苦人的是非。
>
> 箴言31：4—5

人們不要選擇那些不節制的人擔任重要的職務，他們的影響會敗壞其他人，這涉及到嚴肅的責任。他們的大腦和神經受到煙草和其他刺激品的麻痺，在這種狀態下他們制定了他們中意的法律。短暫的興奮過去之後，神經就崩潰了，人的性命便處於危急之中。擔任重要職務的人所作的決定涉及生命與自由，或囚禁與絕望。所有從事這些工作的人是多麼需要經過驗證，自我造就，忠誠老實，堅貞不憶，拒絕賄賂，不讓他們的判斷和正義感受到偏見和成見的動搖啊！

主說：「不可在窮人爭訟的事上屈枉正直。當遠離虛假的事。不可殺無辜和有義的人，因我必不以惡人為義。不可受賄賂；因為賄賂能叫明眼人變瞎了，又能顛倒義人的話。」（出埃及記23：6—8）（《時兆月刊》，1880年7月8日）

只有嚴格節制和誠實的人才可以進入我們的立法機構，被挑選出來主持我們的法庭。不節制和不道德的人主持審判時，財產、名譽甚至生命本身都是不安全的。多少無辜的人被判處死刑，還有更多的人被醉酒的陪審員、律師、證人，甚至法官剝奪了地上的財產。

現在需要像但以理那樣的人。他們要捨己並有勇氣積極從事節制改良工作。但願每一位基督徒都保證自己的榜樣和影響有利於改革事業；但願傳道人能忠心地教導和警告百姓；但願所有人都記住，我們現在和來生的幸福都有賴於今生的正確利用。（《時兆月刊》1886年2月11日）

《聖經》認可法律上的起誓

不可隨夥佈散謠言；不可與惡人聯手妄作見證。
出埃及記23：1

我見到主對於地上的法律，現今還有些作為。當耶穌仍在聖所內之時，上帝的約束之靈還能感動世上的官長及人民，然而，撒但對於地上的民眾也有極大的控制力量，若沒有那些政府的法律，我們就要受更多的苦難了。我蒙指示，若在實際需要之下，人奉命照法定的條例要起誓作證，這並不違背《聖經》上的教訓，上帝的子民是可以莊重地請上帝來證明他們所說的乃是實話，沒有一點虛謊。

人心已敗壞至極，以致法律要把責任推在人自己的頭上。有些人不怕對同胞說謊話；但他們卻領受過道理，同時上帝的約束之靈也感動他們，叫他們曉得向上帝說謊乃是一件可怕的事。亞拿尼亞和他的妻子撒非拉的情形，就是一個例子。既然那事件已從人手中提到上帝面前了，若他說還說假見證的話，就不是對人，而是對那偉大的上帝了，祂是鑒察人心，知道一切真相實情的。我們的法律對於起假誓，列為重罪。上帝往往報應那起假誓的人，甚至當他口中還在發誓的時候，那滅命的天使就把他除滅了。這對於行惡的人，真是一個可怕的證明。

我見到世上若有人能守誓不背約的，那就是基督徒了。他在上帝聖顏的光中生活，在祂的力量中剛強。若有重大的事件需要依法解決之時，也只有基督徒善於向上帝申訴了。

耶穌在受審之時也奉命起誓。大祭司對祂說：「我指著永生上帝叫祢起誓告訴我們，祢是上帝的兒子基督不是？」耶穌對他說：「你說的是。」（**馬太福音26：63—64**）如果耶穌先前對門徒所發的教訓，是關於法律上的起誓，那麼，此時祂就要指責那大祭司，並加強其教訓而使今日的門徒有所依據了。有些人對於起誓的看法有錯，撒但很是高興，因為這就給他一個機會好壓迫他們，並從他們拿去主的錢。上帝的管家應當更聰明，作各樣的安排，預備自己抵擋撒但的詭計，因此他要更努力工作。（《教會證言》卷一，原文第202—203頁）

在兩者之間進行選擇

不可在窮人爭訟的事上屈枉正直。當遠離虛假的事。不可殺無辜和有義的人，因我必不以惡人為義。

出埃及記23：6—7

基督宣告凡違犯上帝誡命的人有禍了！祂曾宣布祂那個時代的律法師有禍了，因為他們利用自己的權柄，迫害指望他們秉公行義的人。罪的一切可怕後果將臨到那些在名義上屬教會信徒、卻把廢除耶和華的律法當作小事、又善惡不分的人。

在主所賜給我的異象中，我看見了那些隨心所欲、誤表真理、壓迫弟兄，又把種種障礙擺在他們面前的人。人的品格正在形成；許多人也正在採取立場；有些在主耶穌基督的一邊，有些則站撒但和他的使者一邊。主呼籲忠心順服祂律法的人，從自願置身在仇敵一邊的人中間出來，與他們斷絕關係，在那些人的名字下寫著：「提客勒，就是你被稱在天平裡，顯出你的虧欠。」（但以理書5：27）

許多人看上去很有道德，但他們並不是基督徒，他們在真基督徒的評價標準上受了欺騙。他們混雜的品格破壞了純金的價值，因此不能被蓋上上帝悅納的印記，他們一定會作為不純而無價值的金屬被拋棄。

我們靠自己無法完善真正的道德品質，但我們可以接受基督的義。我們可以脫離世上因情慾而帶來的敗壞，得以與上帝的性情有分。基督已經為我們留下了一個完美的榜樣，使我們可以成為上帝的兒女。（《今日偕主行》原文第222頁）

管理錢財要討上帝喜悅

> 只要積攢財寶在天上；天上沒有蟲子咬，不能鏽壞，也沒有賊挖窟窿來偷。因為你的財寶在哪裡，你的心也在那裡。
>
> 馬太福音6：20—21

許多作父母的人雖然家道豐裕，但卻過著貧窮的生活。他們在某種程度上削減了個人生活的安適，即便是對於身體健康和樂享天倫必備的生活物資，他們也是自我克儉，儘管他們有大量的錢財可以支配，卻覺得不可為了自己生活的舒適或為了慈善的目的而使用自己的錢財。他們眼前只有一個目的，就是不斷存錢留給兒女。

他們這種想法表現得非常強烈，貫穿於其生活的每一行動，以致他們的兒女學會了期盼得到這份財產的時刻。他們依賴這份財產，而這種期盼對他們的品格有一種重要卻很不利的影響。這些兒女之中有的因此揮霍無度，有的變得自私貪婪，還有的變成粗心懶惰之人。許多作兒女的並未培養勤儉節約的習慣，他們沒有盡力學習自力更生、獨立自主。他們沒有目標，品格也缺乏穩定。童年和青年時接受的印象貫穿於品格中，成了他們成年生活的行動原則。

上帝對於管家之職責的聖言是極其清楚明白的，並且對於處置財產祂的話語中也有相應的警告和責備。兒女若有這些亮光擺在眼前，則無論是直接還是間接地影響他們的父母在世時將財產分給他們，或使父母寫下遺囑在過世後主要將財產交到兒女手中，這些兒女都要負可怕的責任。

兒女若有自稱相信真理的年邁父母，就當懷著敬畏上帝的心，建議並懇勸他們的父母忠於自己的信仰，就他們的錢財採取可蒙上帝悅納的措施。作父母的應當用他們的財產來推動上帝聖工的發展，好為自己積攢財寶在天上。他們不應將財產留給生活已經綽綽有餘的人，而剝奪自己在天上的產業。他們若這樣做，不僅剝奪了自己積攢財寶在天上的特權，同時也搶奪了上帝的倉庫。（《教會證言》卷三，原文第119—120頁）

為了救靈而放棄個人的利益

> 我知道怎樣處卑賤，也知道怎樣處豐富；或飽足，或饑餓；或有餘，或缺乏，隨事隨在，我都得了祕訣。我靠著那加給我力量的，凡事都能做。
>
> 腓立比書4：12—13

每一個世代，撒但都曾設法在教會中引起狂熱的精神，來破壞上帝僕人的工作。保羅的日子如此，後來在改革運動的日子也是如此。威克里夫、馬丁路德，以及其他許多改革家曾以他們的感化力和信仰造福世人，而他們卻必須應付仇敵一貫用來引誘狂熱、無理性、不聖潔之人的詭計。

這些趨於極端的人教訓人說：真聖潔的造詣使人超脫一切屬世的思想，並使人完全禁戒勞動。其他的人則謬解某幾段經文而取偏激的看法，以為勞動乃是罪惡——基督徒不該掛念自己和家庭的今世幸福，卻當奉獻一生，完全為屬靈的事努力。使徒保羅的教訓和榜樣對於這些極端看法，乃是明顯的譴責。

當保羅初次訪問哥林多的時候，他發現哥林多人是不信任外人的，住在沿海港口的希臘人都是精明的商人。他們已經是商界老手，甚至他們以得利為至上，並認為賺錢的事，無論用什麼手段都是正當的。保羅熟悉他們的特性，他不願給他們任何藉口，說他傳福音乃是為要發財。他原有權力要求哥林多信徒供給他的生活費，但他願意放棄這權利，惟恐人們無故懷疑他是為得利而傳福音，因而影響到他福音執事的功能與成效。他要設法去掉一切足以使人誤解的藉口，使他所傳的信息不致失去力量。（《使徒行述》原文第348—349頁）

調整生活中的輕重緩急

> 你們要先求祂的國和祂的義。這些東西都要加給你們了。
>
> 馬太福音6：33

到處都有引誘基督徒離開窄路的試探，但那些希望完善適應永生之品格的人要以上帝的旨意作為他們的標準，完全擺脫祂所不喜歡的一切事物。數以千計的人被誘入罪惡，是因為沒有防守好心靈的堡壘。他們全神貫注於今生的思慮，從心中排斥了真敬虔。他們急於進行投機活動，竭力積累今世的財富，就這樣把自己置身於無法在基督徒生活中進步的地方。「你們要謹慎自守，警醒禱告。」（彼得前書4：7）你們祈禱的時候，要認真努力防止你們的心受到一切的污染，因為沒有行動的祈禱只能是貌似嚴肅的笑柄。

「不要愛世界和世界上的事。人若愛世界，愛父的心就不在他裡面了。」（約翰一書2：15）我們的每一分鐘都是屬於上帝的，無權憂心忡忡，不給祂的愛留出空間，同時我們也要聽從「殷勤不可懶惰」（羅馬書12：11）的命令。我們必須做工，以便幫助有需要的人。基督徒必須工作，繼而從事商務活動，進行一定程度的商業行為卻不得罪上帝。

基督徒經常讓今生的思慮佔據屬於上帝的時間，他們用寶貴的光陰來經商或娛樂，全力以赴地去追求屬世的財富，就這樣將自己置身於禁地之中。

許多自稱為基督徒的人，十分謹慎地讓自己的商業往來打上嚴格誠實的印記，但他們與上帝的關係卻並不真誠。他們醉心於屬世的商業事務，沒有履行對周圍人的責任，沒有照著主的教訓和警戒養育他們的孩子。他們疏忽了家庭的祭壇，忘記了個人的靈修，沒有把永恆的利益擺在首位，而是將它擺在第二位。他們把最好的思想給了世界，從而搶奪了屬於上帝之物，因為他們把光陰花在次要的事情上。他們的毀滅不是因為他們與別人交易時的不誠實，而是因為他們詐取了本來屬於上帝之物。（《時兆月刊》1896年12月17日）

基督徒絕不可偏離誠實

> 耶穌對他們說：「你們是在人面前自稱為義的，你們的心，上帝卻知道；因為人所尊貴的，是上帝看為可憎惡的。」
>
> 路加福音16：15

在生活的一切細節上，都要保持最嚴格的誠實原則。這些原則並不是統管世界的原則，因為撒但——那欺騙、說謊、壓迫人的——乃是這世界的王，他的國民都隨從他並且實行他的意圖。但基督徒是在一位不同的主領導下服務的，他們所行的必須倚靠上帝而行，不考慮一切自私的得利。

在一些人看來，在業務交易上偏離完全公平是小事一椿，但我們的救主卻不這樣看。祂論到這一點的話是清楚明白的：「人在最小的事上忠心，在大事上也忠心。」（路加福音16：10）一個在小事上欺詐鄰舍的人，若是試探臨到，就會在大事上欺詐鄰舍。在小事上有虛假的表現，在上帝看來像在大事上虛假一樣不誠實。

今日的基督教界欺詐行為到了可怕的程度。遵守上帝誡命的子民應該表明他們超越這一切的事。一個自稱相信現代真理的人，絕不應該有不誠實的行為，損害他與同胞的交易。上帝的子民稍微偏離正直誠實就會大大損害真理。

一個人或許沒有悅人的外表，或許在許多方面有缺陷，但他如果有正直誠實的好名聲，就會受人尊敬。嚴格的誠實遮蓋許多討厭的品格特性。一個踏實地堅持真理的人，必牢記眾人的信任，不僅弟兄姐妹信賴他，連不信的人也會因他的行為而承認他是一個值得尊敬的人。

上帝的僕人們因商業交易不得不與世人接觸，但他們在買賣交易時應該認識到上帝的眼目在看著他們。不可用虛偽的天平或欺詐的砝碼，因為這些事對主來說是可憎的。基督徒希望弟兄們認為祂是怎樣的人，就要在每一項交易中作怎樣的人。他的行動方針要受基本原則指導，他既不設陰謀，就沒有什麼要隱瞞的，也沒有什麼要掩蓋的。（《心理、品格與個性》卷二，原文第437—438頁）

從事上帝的工作時顯示仁愛

死蒼蠅使做香的膏油發出臭氣；這樣，一點愚昧也能敗壞智慧和尊榮。

傳道書10：1

我向弟兄姐妹呼籲，勸勉你們培養溫柔的心。不論你的恩召和地位如何，若存著自私和貪婪，就會招致上帝的不悅。不要以上帝的聖工為藉口，吝嗇和自私地對待任何人，即使所辦的事與祂的工作有關。凡藉著自私的行為而帶進上帝府庫的資財，祂都不會接受。

凡與祂聖工有關的一舉一動，都要接受祂的審查。每一次刻薄的交易、仗勢欺人、以低價騙取的地產或物業，即使賺來的錢都奉獻給聖工，也不會為祂所接納。上帝獨生子的寶血，已為每一個人付上贖價，所以要誠實交易，公平地對待每一個人，以實行上帝律法的原則。

如果一位弟兄一直無私地為聖工效勞，卻因為身體的軟弱而無法繼續工作，這時絕不可解雇他，迫使他自謀生路，而要支付足額的工資供養他，並要記住他是上帝之家的一員；你們都是弟兄姐妹。

我們奉命愛鄰舍如同自己，這條命令不是要我們只愛那些與我們有共同觀念和信仰的人。基督用良善的撒馬利亞人的比喻說明了這道命令的意義，但是這些寶貴的話語竟多麼奇怪地受人忽略，人們經常壓迫他們的同胞，追求虛妄的東西。（《評閱宣報》1894年12月18日）

效法基督，而不是效法世界

> 貪財是萬惡之根。有人貪戀錢財，就被引誘離了真道，用許多愁苦把自己刺透了。
>
> 提摩太前書6：10

我看到上帝的子民處在大危險中；許多人是地上的居民，他們的興趣和感情都集中在世上，他們的榜樣是錯誤的。世人因許多自稱信奉偉大高尚真理之人所走的道路而受了欺騙。我們的責任是與所賜下的亮光、恩典及恩賜相稱的。工人在其才幹、錢財、機會和能力上，負有最重的責任。

我蒙指示，見到A弟兄代表一等處於同樣景況的人。他們向來連最小的屬世利益也都關心。藉著勤勉的商業機智和成功的投資，藉著小筆而非大筆的貿易，他們已經積聚了財產。但在這樣做的過程中，他們培養出了與基督徒品格發展不一致的才能。他們的生活絕不能代表基督，因為他們愛世界及其利益過於愛上帝及真理。「人若愛世界，愛父的心就不在他裡面了。」（約翰一書2：15）

人所擁有的一切能力都屬於上帝，效法世界和愛慕世界在祂的道中是斷然禁止的。當人心感受上帝恩典的改變之能時，這種能力就會把一個迄今都屬世的人送到每一條慈善的路上。那些決心要在世上積攢財富的人，必「陷在迷惑、落在網羅和許多無知有害的私慾裡，叫人沉在敗壞和滅亡中。貪財是萬惡之根[一切貪心與俗心的基礎]。有人貪戀錢財，就被引誘離了真道，用許多愁苦把自己刺透了。」（提摩太前書6：9—10）

耶穌已經為各人開闢了門路，藉以獲得智慧、恩典和能力。祂在凡事上都是我們的模範。任何事物都不應把我們的心思從人生的主要目的轉移，就是有基督住在心靈之中，使心地融化而順服。一有這樣的情形，教會的每一成員，每一個自稱相信真理的人，就必在品格、言語和行為上與基督相似了。

（《教會證言》卷五，原文第277—278頁）

遇到不可避免的貧困時，要有同情心

> 棄絕管教的，必致貧受辱；領受責備的，必得尊榮。
> 箴言13：18

比喻中的主人把不憐恤人的債戶叫來，「對他說：『你這惡奴才！你央求我，我就把你所欠的都免了。你不應當憐恤你的同伴，像我憐恤你嗎？』主人就大怒，把他交給掌刑的，等他還清了所欠的債。」（馬太福音18：32—35）耶穌說：「你們各人若不從心裡饒恕你的弟兄，我天父也要這樣對待你們了。』」凡不肯饒恕人的，就是放棄了自己得蒙赦免的希望。

但是這個比喻的教訓不可濫用。上帝對於我們的赦免，並不減少我們順從祂的義務，我們對同胞的寬恕精神並不減少合法債務的權利。基督在教導門徒的禱告中說：「免我們的債，如同我們免了人的債。」（馬太福音6：12）

祂並不是說，為了使我們的罪得蒙赦免，我們就不可向欠我們債的人討債，而是說如果他們不能償還，即使是因為他們不善於理財，也不可以將他們下在監裡，壓迫甚至苦待他們，然而這比喻並沒有叫我們鼓勵懶惰的精神。上帝很明白地說：「若有人不肯做工，就不可吃飯。」（帖撒羅尼迦後書3：10）

主沒有要求勞碌做工的人去養活懶惰的人。有許多人浪費光陰，不肯勞動，結果造成貧困缺乏。如果犯有這種錯誤的人不加以糾正，那麼對於他們的一切接濟，都會像把錢放進有漏洞的錢袋裡。但是也有一種人的貧困是出於不得已，我們應當對這等不幸的人表現溫情和同情。我們對待別人的態度，應當像我們自己若處於同樣的環境中所希望得到別人的看待一樣。（《天路》原文第247—248頁）

以憐憫顯示上帝的愛

> 但耶和華的慈愛歸於敬畏祂的人,從亙古到永遠;祂的公義也歸於子子孫孫——就是那些遵守祂的約,記念祂的訓詞而遵行的人。
>
> 詩篇103:17—18

憐憫是人類可以與上帝分享的特質。我們可以像基督那樣拉住神聖的膀臂,領受上帝的能力。慈善的工作已經交託給我們,讓我們為同胞服務。在從事這項服務的時候,我們是與上帝同工的。我們要滿有仁慈,就像我們的天父滿有仁慈那樣。

上帝說:「我喜愛憐恤,不喜愛祭祀。」(馬太福音9:13)慈悲是仁慈而有憐憫。慈悲和上帝的愛會淨化心靈、美化意識、清除生活中的自私。慈悲是上帝之愛的顯現,由那些事奉祂並代表了上帝性情的人,將天上的光返照在弟兄姐妹的道路上所表現出來的。

許多人的狀況需要施以真正的慈悲。基督徒彼此相待時要受慈悲和仁愛的原則所支配,他們要利用每一個機會幫助苦難中的同胞。下面這段話清楚地說明了每一個基督徒的責任:「你們不要論斷人,就不被論斷;你們不要定人的罪,就不被定罪;你們要饒恕人,就必蒙饒恕;你們要給人,就必有給你們的,並且用十足的升斗,連搖帶按,上尖下流的倒在你們懷裡。」(路加福音6:37—38)「你們願意人怎樣待你們,你們也要怎樣待人。」(同上,第31節)這些原則是我們應該好好珍惜的。

凡希望基督化品格完善的人,要時常仰望基督為救贖人類而受死的十字架,並要時常心存那促使基督為救贖我們而作出無限犧牲的慈悲精神。(《時兆月刊》1902年5月21日)

在經手錢財時尋求上帝的智慧

主人說：「好，你這又良善又忠心的僕人，你在不多的事上有忠心，我要把許多事派你管理；可以進來享受你主人的快樂。」

馬太福音25：21

C弟兄身負重任。如果他的岳家以誠心待他，就會影響他使之成為主財富聰明的管家。他會正大光明使用他的錢財，不會用非法的手段賺錢，而會單單仰望上帝的榮耀。他將迴避一切卑鄙的詭計和不誠實的手段，不做任何妨礙培養真虔誠的事情。他將認識到自己的一切業務交易都處在上帝的管理之下。

我們不要忘記，管家所處置的是主的財產，他負有神聖的職責。《聖經》要求人在買賣交易的時候，要深刻意識到他們在向天父祈求力量和恩典時所承諾的宗教職責。上帝不會讓人隨意處置自己的財產，任人心血來潮，有求必應。他所經手的錢財不是他自己的，不可浪費。因為主的葡萄園需要工作，聖工需要開支。

現在正是我們信靠的時候。結帳的日子尚未來到，上帝把錢財委託給祂的管家去聰明地使用。因為每一個人都負有道德的責任，需要履行職責，我們的資財是根據我們使用的能力而賜給我們的，但我們不可用上帝的資財單為滿足自私的願望而意氣用事。

C弟兄過去在處置主的資財時曾有過失敗，因他始終未考慮到要用託付給他的錢財來討主的喜歡，並進行真理的事業。他必須為如何處置所託付給他的錢財而交帳。在這件事情上，他不可考慮自己的心意，他必須向上帝尋求智慧。（《論婚姻危機》原文第70—71頁）

致力於榮耀上帝，而不是榮耀自己

> 人不要誇口說驕傲的話，也不要出狂妄的言語；因耶和華是大有智識的上帝，人的行為被祂衡量。
>
> 撒母耳記上2：3

我在夜間異象中見有許多摩天大廈，層層相疊，高聳入雲。這些房子都有防火設施。建築師和屋主造這些房屋的目的，乃是要榮耀自己。……不過業主們的心裡卻沒有自問：「我們能用什麼最好的方法榮耀上帝呢？」因為他們一切所想的，都以為居中沒有上帝。

我心裡想到：「唉！但願凡如此使用錢財的人，能像上帝一樣看出他們的行動才好。他們雖然建造高樓大廈，但是在宇宙之主的眼中看來，他們的打算和計畫該是何等的愚蠢！他們非但沒有盡心竭力地研究如何榮耀上帝，竟然還忘了這只是人類首要的本分。」

當這些矗立的大廈完成時，業主們就都傲然自視，十分得意，覺得擁有金錢可用以滿足一己的慾望，並引起鄰人的妒羨。他們所用的金錢大半是以勒索的手段從貧民身上壓榨出來的。他們忘了天上對於人類的每一項交易處理都有記載；凡是不公平的事情和欺詐的行為，天上無不一一記下。時候將到，這些詭詐傲慢的人，必走到一個上帝再不能容忍他們的地步，那時他們才會知道，耶和華的寬容也是有限度的。

世界上的人，就連教育家和政治家，也沒有幾個能明白造成現在社會當前景象的原因。執政的人也無法解決目前道德敗壞，罪行增多，以及饑餓窮困等問題，他們雖極力要想出一種更可靠的基礎來處理人類的事業，但他們的計畫往往成為泡影。如果人對於上帝的話和教訓多加留意，就必尋得能夠解決這些難題的辦法來。（《教會證言》卷九，原文第12─13頁）

在一切環境中表現基督

我憑著所賜我的恩對你們各人說：不要看自己過於所當看的；要照著上帝所分給各人信心的大小，看得合乎中道。

羅馬書12：3

要為自我以外的某種事物生活。你的動機若是純潔無私的；你若始終為主尋找工作去做；你若總是自我警惕著，要表示仁慈的關心，做出禮貌的行為，你就是在無意中建立自己的紀念碑。在家庭生活中、在教會裡、在世界上，你要在品格方面代表基督，這是上帝號召所有人去做的工作。

你的願望和動機務要純潔，每一筆交易都必須嚴格誠實。不論遇到什麼試探，都不要在最小的事上欺騙和搪塞。有時天性的衝動會帶給你偏離嚴格誠實道路的試探，但我們絲毫不要偏離。如果在任何事情上你聲明了所要採取的行動，後來發現這對別人有利，對你自己卻不利，你也不要偏離原則，要履行你的協議！

你若改弦更張，就表明你靠不住。你若在小小的交易上失信，在較大的交易上也必如此。在這種情況下，就會有人受到試探而撒謊說：「那是別人誤會了我！他們聽錯了我說的話，那不是我原來的意思！」其實他們所說的話一清二楚，沒有被人誤會，只是後來想收回，免得自己吃虧。主要求我們行為正直，愛憐憫、真理和公義。

人類喪失了建立教會所需的嚴謹美德，沒有能力去塑造健康穩定的品格。他們缺乏了教會興旺所必不可少的資質，這樣的教育需要改變成健全合理的教育，與《聖經》的原則和諧一致。（《懷氏文稿》卷二十，原文第343—344頁）

計畫時要考慮無窮的將來

> 操練身體，益處還少；惟獨敬虔，凡事都有益處，因有今生和來生的應許。
>
> 提摩太前書4：8

每一件業務的帳目，每一筆交易的細節，都經過看不見之查帳員的審查。他們是天上那從不與罪惡妥協、絕不忽略罪孽、從不掩飾過錯之主的代表。

上帝的律法宣告每一個作惡的人有罪。那人也許不理睬這聲音，設法埋沒其警告，卻是徒然。這聲音總要隨著他，要讓他聽見，不得安寧。如果他不聽，這聲音就要追隨他至死，並要在審判時見證他的不是。它像不滅的火，最終消滅他的身體與靈命。

「人就是賺得全世界，賠上自己的生命，有什麼益處呢？人還能拿什麼換生命呢？」（馬可福音8：36—37）

這是每一位父母、教師、學生，無論老少都需要考慮的問題。凡只顧及今生短暫的歲月，而不為無窮將來做準備的方案和人生計畫，都不是妥善或完美的。要教導青年人為永生而籌畫，選擇持久的原則和產業，為自己積蓄「財寶在天上，就是賊不能近、蟲不能蛀的地方」。他們「藉著那不義的錢財結交朋友，到了錢財無用的時候」，可以被接到那「永存的帳幕裡去」（路加福音12：33；16：9）。

凡這樣做的人，就是為今世的生活作最好的準備。那些積蓄財寶在天上的人，無不發現自己在地上的生活也因而豐富尊貴。

「惟獨敬虔，凡事都有益處，因有今生和來生的應許。」（提摩太前書4：8）（《教育論》原文第144—145頁）

絕不要因違犯公義的原則而羞辱上帝

> 凡貪戀財利的，所行之路都是如此；這貪戀之心乃奪去得財者之命。
>
> 箴言1：19

每一個人都蒙賜予各自的工作，每一個人在上天的永恆計畫中都有一個地位。父母們有責任克服他們自己的非法行為，和他們不整潔的習慣。真理是清淨純潔的，具有重大價值，需要被帶入品格的培養中。那些擁有真理，心中喜愛真理的人，願意做出任何犧牲，使這真理在凡事上居首位。

在我們各教會中，有些人看似有許多話要說，但是這些人在場時我們總要謹慎小心，因為他們在自己的業務交易上已拋棄了上帝的道。他們做買賣的時候，上帝並不在他們身邊。仇敵卻在現場，並且佔據了他們的心。基督徒的手足情誼和愛心被犧牲在他們的貪慾祭壇上。上帝、天國、耶和華的律例、祂所發的命令，都從他們的心中被抹掉了。他們不知道實行上帝的道中所定下的原則是什麼意思，他們為非法所得出賣自己的靈命。蒙著他們眼睛的帕子那麼厚，以致他們只看到眼前的非法收入。包裹著他們內心的硬殼那麼剛硬，以致他們感受不到基督要他們對同胞表現愛心和慈憐，上帝的聖潔和真理都被他們關在心門之外。

上帝的子民願意壓制這一切敗壞的影響嗎？他們願意把自己的心獻給上帝嗎？他們願意滿心憐憫地對待自己的同胞嗎？復臨信徒要記住，你們不能在與同胞打交道時背離真理，有違公平，或放棄自己的純正而離棄上帝。任何羞辱上帝的事絕不會使你們受益。指望藉著違背永恆公義原則取得成功的人，是在為自己積存不願收穫的果子，他置身於仇敵的行列，使自己降格。儘管他可能會興盛一時，但他絕對無法幫助組成上帝的家庭。（《證道與談話》卷二，原文第133—134頁）

上帝聖工的忠實管家

> 我——耶和華憑公義召你，必攙扶你的手，保守你，使你作眾民的中保，作外邦人的光。
>
> 以賽亞書42：6

我曾蒙指示，看到一些精明謹慎、精通業務交易、機敏仔細、才能出眾的人，在處理自己財產的事上，卻顯得缺乏遠見和果斷。他們不知道自己的寬容時期何時結束，時間一年一年過去，他們對自己的身後之事卻未作任何安排，因此，往往在還沒有善用自己的理智時，他們的生命就結束了。他們突然去世，絲毫沒有前兆，他們的財產便以他們原不會贊同的方式處理了。這些人犯了疏忽管理之罪；他們是不忠心的管家。

相信現代真理的基督徒，應當表現出智慧和遠見。他們不可疏忽對自己財富的處理，不可期待到了自己久病臥床才想分配自己的產業。他們應當這樣辦理：即使他們隨時離世，即便他們死前來不及再作囑託，他們財富的分配也應像他們在生前那樣進行。

因為原可以在一個小時之內辦好的事被疏忽了，許多家庭被詭詐地剝奪了全部財產並陷入貧窮之中。那些立遺囑的人應當不怕麻煩，不怕花費，並獲得法律上的指導，使他所寫下的內容經得起考驗。

我看到那些自稱相信真理的人，應當用自己的行為表現出他們的信心。他們應當將當初的不義之財拿來做聖工之用，好使他們最終可以被接到永存的帳幕裡去。上帝使人作錢財的管家，祂將錢財放在人手中，為要讓他們用來推進救人的大工；基督為人離開自己的家，自己的財富和榮耀，成了貧窮，以便藉著自己的謙卑與犧牲，領亞當的許多兒女歸向上帝。

在主的安排下，祂命定自己葡萄園中的工作應由託付在祂管家們手中的錢財來維持。他們若疏忽回應上帝推進聖工的呼召，就表明自己是懶惰又不忠心的僕人。（《教會證言》卷三，原文第116—117頁）

To be like
JESUS

人若說他住在主裡面, 就該自己照主所行的去行。
基督也為你們受過苦, 給你們留下榜樣,
叫你們跟隨祂的腳蹤行。

7月

JULY

末日實行的生活方式

經歷耶穌的生活方式

我已經與基督同釘十字架。現在活著的不再是我，乃是基督在我裡面活著；並且我如今在肉身活著，是因信神的兒子而活，祂是愛我，為我捨己。

加拉太書2：20

我們如果要被列為基督的門徒，就要重生，使自我死亡。使徒說：「所以你們若真與基督一同復活，就當求在上面的事；那裡有基督坐在上帝的右邊。……因為你們已經死了，你們的生命與基督一同藏在上帝裡面。」（歌羅西書3：1、3）「若有人在基督裡，他就是新造的人，舊事已過，都變成新的了。」（哥林多書後5：17）

人悔改歸向上帝的時候，就產生了新的道德品味，他們會愛上帝所愛的，因為他們的生命藉著不變應許的金鏈與基督的生命相連。他們的心嚮往上帝，他們的祈禱是「求祢開我的眼睛，使我看出祢律法中的奇妙。」（詩篇119：18）他們在不變的標準中看見救贖主的品格，知道雖然他們犯了罪，卻不會得救留在罪中，而是得救脫離罪惡，因為耶穌是上帝的羔羊，除去世人罪孽的。他們靠著基督的寶血被帶到上帝面前。

他們看見上帝聖誡中基督的公義時，就驚歎說：「耶和華的律法全備，能甦醒人心。」（詩篇19：7）當罪人因著基督的功勞獲得赦罪，藉著相信祂而披上祂的義時，他們就和詩人同說：「你的言語在我上膛何等甘美，在我口中比蜜更甜！」（詩篇119：103）「都比金子可羨慕，且比極多的精金可羨慕；比蜜甘甜，且比蜂房下滴的蜜甘甜。」（詩篇19：10）這就是悔改！

當上帝的靈控制人心的時候，祂會讓父母的心轉向兒女，讓悖逆的人轉向義人的智慧。耶和華的律法將被視為上帝品格的寫真。從上帝的恩典所感動心中將迸發出新歌，因為他們了解到上帝的應許已經實現在他們的經驗中…，他們的罪過得到了赦免，他們的罪孽得到了遮蓋。他們向上帝悔改違犯祂律法的罪，信靠為他們稱義而捨命的耶穌基督。（《評閱宣報》1892年6月21日）

耶穌要求全心全意的委身

> 你要盡心、盡性、盡力、盡意愛主——你的上帝；又要愛鄰舍如同自己。
>
> 路加福音10：27

主正在測試和考驗你們。祂已經忠告、訓誡，並勸勉了你們，這一切嚴肅的告誡要麼使教會更好，要麼使教會更壞。主經常發言糾正或勸告你們，你們越漠視祂的聲音，你們的心就會越傾向於拒絕它，直到上帝說：「我呼喚，你們不肯聽從；我伸手，無人理會；反輕棄我一切的勸戒，不肯受我的責備。你們遭災難，我就發笑；驚恐臨到你們，我必嗤笑。驚恐臨到你們，好像狂風；災難來到，如同暴風；急難痛苦臨到你們身上。那時，你們必呼求我，我卻不答應，懇切的尋找我，卻尋不見。因為，你們恨惡知識，不喜愛敬畏耶和華，不聽我的勸戒，藐視我一切的責備，所以必吃自結的果子，充滿自設的計謀。」（箴言1：24—31）

你們拿不定主意嗎？你們疏忽了順從上帝賜給你們的亮光嗎？「你們要謹慎，免得你們中間或有人存著不信的惡心，把永生上帝離棄了。」（希伯來書3：12）你們不知道上帝眷顧你們的時候，猶太人的大罪乃是忽視並且拒絕他們當前的機會。當耶穌觀看今日自稱為祂信徒的狀況時，祂看見的是卑鄙的忘恩負義，空洞的形式主義，假冒為善的虛偽言行，法利賽人的驕傲和背道。

基督在橄欖山頂流淚是為了末世每一個不知悔改不知感恩的人。祂看見祂的愛被藐視了，人們心靈的殿宇變成了不聖潔的商場，人們心懷自私、金錢、惡意、嫉妒、驕傲、情慾，拒絕並嘲笑祂的警告，冷落祂的使者，把他們的話當作無稽之談。耶穌本著憐憫說話，但人們卻不承認祂的憐憫；祂藉著嚴肅的警告發言，人們卻拒絕這些警告。

我懇求你們這些自稱信主多年，在外表上尊敬基督的人：不要欺騙自己的心，耶穌所重視的是你們整顆心。在上帝看來，內心的忠誠才是唯一有價值的。「巴不得你在這日子知道關係你平安的事！」（路加福音19：42）——基督此刻在對你個人講話，祂從自己的寶座屈身，滿懷慈憐地思慕掛念那些不覺得自己危險，不知道自己可憐的人。（《教會證言》卷五，原文第72—73頁）

上帝賜下警告，卻只有少數人聽從

> 那時，我必用燈巡查耶路撒冷；我必懲罰那些如酒在渣滓上澄清的；他們心裡說，耶和華必不降福，也不降禍。
>
> 西番雅書1：12

我們越來越接近世界末日了。我蒙指示，見到上帝的報應審判，現今已在世上施行了。主已將那要來的事預先警告我們，在這黑暗遮蓋大地，幽暗遮蓋萬民之時，從祂的《聖經》上，有光照亮我們。「人正說『平安穩妥』的時候，災禍忽然臨到他們，……他們絕不能逃脫。」（帖撒羅尼迦前書5：3）

我們的本分，就是要查究這可怕大黑暗的原因，方能逃避那使世人自招大迷惑的事。上帝已給世人一個機會，可以明白及順從祂的旨意。祂已從《聖經》上給他們真理之光，也向他們發出了警戒、訓誨、忠告，然而肯聽從祂話的人，卻是很少。大多數的人，甚至於自稱為基督徒的，都是像猶太國一樣，因自己的優越權利而自誇，並未為這些大福氣報答上帝。

祂本其無窮的慈悲，已向世人發出最後的警告信息，宣布基督已在門口，並喚起人注意上帝已被破壞了的律法。然而現今貪愛宴樂之輩，也像洪水以前的人譏誚並拒絕挪亞的警告一樣，拒絕上帝忠心僕人的信息。世人重蹈古人覆轍，執迷不悟，像從前一般地熱中於世俗的買賣業務及宴樂，然而上帝的忿怒即將向一切干犯祂律法的人發作了。

我們慈悲的救贖主，預先見到祂門徒在現代所要遭遇的危險，便特別向他們警告說：「你們要謹慎，恐怕因貪食、醉酒，並今生的思慮累住你們的心，那日子就如同網羅忽然臨到你們；因為那日子要這樣臨到全地上一切居住的人。你們要時時警醒，常常祈求，使你們能逃避這一切要來的事，得以站立在人子面前。」（路加福音21：34—36）（《教會證言》卷五，原文第99—100頁）

狂熱和吵鬧不是信心的憑據

> 我感謝上帝，我說方言比你們眾人還多。但在教會中，寧可用悟性說五句教導人的話，強如說萬句方言。
>
> 哥林多前書14：18—19

謬誤必須先被根除，然後土壤才得以預備好，使善種能夠發芽生長，結出果子來榮耀上帝。這唯一的解救之方就是周全的組織和紀律，在那守安息日的信徒中，有一等人被狂熱的精神所制。他們在真理的泉源上僅是淺嘗輒止，對於第三天使信息的精神，也是茫然無知。這等人若非其狂熱的見解得蒙矯正，就不能為他們做什麼了。有些曾參加過1854年運動的人，一直帶有錯誤的見解，例如惡人不復活、對將來時代的奇特見解等，他們正謀求把這些見解和自己過去的經驗跟第三位天使的信息聯合起來。但他們不能做到教導人一事，因為基督與魔鬼是不能相合的。

惡人不復活和他們關於將來時代的奇特見解等，這些乃是嚴重的謬論，屬於撒但所製造的末日異端，要達到其毀滅靈命的目的。這些謬論是與源自天上的信息毫不相合的。

其中有些人施用其所謂的恩賜，並說那是主所賜給教會的。他們說一種毫無意義的狂言亂語，而稱它為人所不知的方言；其實這種方言，不但人不明白，就是上主及天庭全體也無一能明白。這一類恩賜乃是此輩男女所杜撰，並得到那大騙子撒但的贊助。宗教狂熱、假奮興、假方言及喧鬧的儀式，已被人當作是上帝賜給教會的恩賜。有些人便受了迷惑，他們所結的果子，乃是惡果。「憑著他們的果子，就可以認出他們來。」（馬太福音7：16）

宗教狂熱及嘈雜喧鬧的情形，竟被認為是信心的特別證據了。有些人對於聚會，若沒有強烈情感且歡樂的時光，便不滿意。他們為了要達到此目的，便激起一種感情上的衝動，然而這種聚會的感化力，對人卻是無益的。當那種快樂奔放的感情過去之後，他們便消沉下去，比聚會之前更低落，這是因為他們所得的歡樂並非出於正當的來源。那能使人靈性進步、最有益之聚會，其特點是一種嚴肅深切地省察己心；每個人尋求知道自己的情形，並且是迫切又極虛心地力求效法基督。（《教會證言》卷一，原文第411—412頁）

上帝不喜歡邋遢庸俗

> 耶和華又對摩西說：「你往百姓那裡去，叫他們今天明天自潔，又叫他們洗衣服。」摩西率領百姓出營迎接上帝，都站在山下。
> **出埃及記19：10、17**

有些人接受一種意見，以為要照《聖經》的主張，與世俗分開，就不必注意自己的服裝。有些姊妹們，想要實行不可效法世界的原則，便……穿每週平日的便服，在安息日參加敬拜上帝的聖徒聚會。

有些自命為基督徒的男人們，對於服裝也有同樣的看法。這些人在安息日與上帝的子民一齊聚會，衣衫又髒又縐，甚至於有些地方破裂，顯出污穢不潔的樣子。

但這等人與社會上的達官貴人朋友見面時，想望自己蒙其青睞，就必盡力穿著最好的服裝出席，以免蓬首垢面，衣裝襤褸不整，深怕朋友見之以為恥。

可是等到安息日去敬拜偉大的上帝之時，他們卻以為自己的服裝及儀表無關緊要，他們在祂的殿裡，就是至高者的觀見室，有眾天使在場的地方，卻在自己的儀表和服裝上顯出少有尊重或崇敬之意。他們的態度已代表了他們的品格。

另外，這等人喜愛的話題是服裝的驕傲。端莊、品味、整潔的穿著，卻被他們視為是驕傲。這些誤解穿著之人的交談、行為和交易都與他們的服裝一致。他們對服裝和儀表是不在意的，他們在家中、在弟兄中和在世人面前往往談吐粗俗。服裝得體與否通常是那人的標誌，他們有時把古怪和粗俗不雅認作是謙卑的行為。

我們的上帝是一位有秩序的上帝。祂不喜悅任何混亂、不潔和罪惡。

（《信息選粹》卷二，原文第475—476頁）

跟隨基督，打敗敵人

因為，凡世界上的事，就像肉體的情慾、眼目的情慾，並今生的驕傲，都不是從父來的，乃是從世界來的。
約翰一書2：16

許多上帝的子民被世俗的慾望所迷惑，他們正用他們的行為來否定自己的信仰。他們培養了對於金錢、房屋和田地的愛好，直到他們的身心與能力全被它們所吸引了，連去愛主、以及愛那些基督為之替死之生命的心也消失了。這世界的神已弄瞎了他們的眼睛，永恆的利益被放到次要的地位。他們竭盡心力地累積屬世的財富，為這世俗一切憂慮和重擔的累積，已直接違犯了基督的命令。祂說：「不要為自己積攢財寶在地上；地上有蟲子咬，能鏽壞，也有賊挖窟窿來偷。」（馬太福音6：19）

他們忘記了祂說過：「只要積攢財寶在天上。」主這樣說，是為了他們自己的益處，因為存放於天上的財寶是安全的，那裡沒有賊能接近，也沒有蟲咬壞。但是他們如果將財寶存放在地上，他們的情感也就在財寶上。

基督曾在曠野中遭遇到那襲擊人類的最大試探。祂與狡詐的仇敵孤軍奮戰，仍取得了勝利。第一個大試探是關於食慾的，第二個則是關於權利的擅自妄為，第三個涉及是否貪愛世界。那擺在基督面前的，是世界的寶座和國度，及其榮華富貴。撒但帶著屬世的尊榮、財富和人生的享樂，以極其誘人的方式，對基督進行迷惑和欺騙。他對基督說：「祢若俯伏拜我，我就把這一切都賜給祢。」（馬太福音4：9）基督卻拒絕了狡詐的仇敵，獲得了勝利。

基督的榜樣擺在我們面前，祂戰勝了撒但，告訴我們如何也能獲得勝利。基督用《聖經》來抵制撒但，祂本來可以運用自己的神能，借助於祂自己的話語來抵擋，可是祂說：「經上記著說：『人活著，不是單靠食物，乃是靠上帝口裡所出的一切話。』」（馬太福音4：4）基督徒如果研究和順從《聖經》，就會得到抵禦那狡詐仇敵的力量，可是他若忽略了上帝的道，災禍與失敗就會接踵而至。（《給管家的勉言》原文第209—210頁）

以堅決的努力對付罪惡

> 謹守訓誨的，乃在生命的道上。違棄責備的；便失迷了路。
> 箴言10：17

許多人為他們的靈命軟弱、愛發脾氣、對弟兄姐妹缺乏愛心而感到愧疚。他們覺得自己與上帝疏遠，意識到自己受罪惡奴役，但他們遵行上帝的旨意的願望只是基於自己的想法，而不是基於心中深受聖靈的感動。他們認為上帝的律法是有約束力的，但他們卻沒有心懷清晰判斷的強烈意願，將他們的行為與上帝的律法進行比較。他們雖心中承認要敬拜上帝，並以愛上帝為至上，但他們的心卻沒有讓上帝進入，讓上帝佔據他們的心思意念。他們相信要遵守愛同胞的命令，但他們卻冷漠地對待他們的同伴，甚至有時不公正對待！他們就是這樣離開了樂意順從的道路，沒有深入進行悔改的工作。他們若意識到自己的錯誤，就當以最誠懇的心尋求上帝的能力，並用仁慈和忍耐來彰顯基督。

許多人雖努力斷斷續續地改進自我，但做出這種努力的人並沒有把自己釘在十字架上。他們沒有把自己完全交在基督手中，尋求上帝的能力，遵行祂的旨意。他們不願意按照上帝的形像接受塑造，他們籠統地承認自己的虧欠，卻不願放棄一些具體的罪行。他們說：「我們做了不該做的事情，該做的事情卻沒有做。」他們自私的行為得罪了上帝，不符合祂的律法，就算自我所取得的勝利也沒有表現出完全的悔改。

仇敵很喜歡人們只做出斷斷續續的努力，因為這樣行的人並沒有與罪惡做堅決的鬥爭。他們的心彷彿塗上了膏藥，他們看似在自我滿足中已重新開始遵行上帝的旨意，但這樣籠統的認罪並不能改變人。

我們可能模糊地厭惡自己的瑕疵，但我們如果不做出堅決的努力來戰勝罪惡，這樣的認識就毫無用處。我們如果願意與基督合作，想要像祂那樣得勝，就必須靠著祂的能力，堅決地抗拒自我和自私。（《時兆月刊》1897年3月11日）

追求在凡事上節制

> 在公義的道上有生命；其路之中並無死亡。
> 箴言12：28

在這末日時期，上帝讓健康改良的亮光照耀在我們身上，使我們可以行在光中，避免將要遇到的許多危險。撒但正努力做工，引誘人放縱食慾，滿足嗜好，過著愚昧糊塗的日子。他使自私享樂和放縱情慾的生活，顯得有魅力。

不節制的生活耗盡人身心的精力。凡是這樣失敗的人，便是置身於撒但的境地中，備受試探和苦惱，終究受到眾義之敵的隨意控制。

父母們應銘記自己有責任將兒女奉獻給上帝，在這世界做工。那有道德操守能抗拒試探的兒女，其人生必榮耀上帝、造福同胞。凡在人生的開端已有堅固原則的人，便有了充分的準備，可以在這道德敗壞的污濁世代中屹立不搖，不受污染。母親們要善用每一個機會教育自己的兒女們做有用的人。

母親的工作是神聖而重要的，她應該教導兒女自幼養成捨己和自制的習慣。她的光陰從特殊的意義上說，應是屬於自己孩子的。但她的時間若總是被這墮落世界的愚昧事情所佔據，全神貫注於自己的社交、穿著打扮和娛樂活動上，那麼她的兒女就不會受到適當的教育了。

不節制的行為始於餐桌，而且大多數人都放縱食慾，直到縱慾成了第二天性。無論誰若吃得太多或吃的食物不益於健康，就是在削弱自己抗拒其他慾念和情慾張狂的能力。

許多父母為避免需要以耐心教育兒女養成捨己的習慣，便縱容他們隨意吃喝。這些放任的青少年滿足口味和愛好的願望並沒有逐年減少，長大後便受到衝動控制，成了食慾的奴隸。等到他們進入社會，開始自己的生活時，他們更是無力抵抗試探的。（《基督徒教育》原文第175—177頁）

訓練兒童是神聖的職責

> 又說，你們務要從他們中間出來，與他們分別；不要沾不潔淨的物，我就收納你們。我要作你們的父；你們要作我的兒女。這是全能的主說的。
>
> 哥林多後書6：17—18

當末日審判之時，父母們要與兒女們相遇，那將是一場什麼樣的情景啊！成千上萬的兒女，曾作食慾及卑鄙邪惡之奴隸，過道德破產的生活，這時將與那造成他們這種狀況的父母面對面。除了父母之外，還有誰要負起此可怕的責任呢？難道是上帝使這些青年墮落嗎？斷乎不是！那麼是誰做了這種可怕的工作呢？父母豈不是將敗壞的食慾和情慾上的罪傳給了兒女嗎？這事豈不是那些疏於按照上帝所賜受訓練兒女的人所做成的嗎？這些父母怎樣存在，也必怎樣在上帝面前受檢查。

撒但已隨時準備做好他的工作；他不會疏於把孩子們沒有意志力或道德力予以抗拒的引誘擺在他們面前。我看到，藉著他的種種試探，他正在謀立不斷改變的時尚、動人的宴會和娛樂，引誘母親們把時間花在輕浮瑣碎的事上，而不是教育和訓練自己的兒女。我們的青少年需要被教導自幼就控制情慾、克制食慾、克服自私的母親們。他們需要律上加律，例上加例，這裡一點，那裡一點。

婦女應充分享有上帝為她原定的地位，與她的丈夫平等。這世界所需要的母親，不是那種徒具虛名的母親，而是在各方面都名符其實的。我們盡可放心地說：婦女所負的義務，比男子所承擔的更神聖、更純潔。願婦女都省察自己工作的神聖性，依靠上帝的大能，存著敬畏的心，負起她人生的使命。願她教育自己的兒女，在此世作有為的人，在更美的世界有一個家。

我懇勸基督徒母親們要認識到自己的責任，不要為取悅自己，而要為榮耀上帝而活。基督不求自己的喜悅，而是取了奴僕的形像。祂離開天庭，神性上披上人性，好藉著自己的榜樣，教導我們如何可以被提拔到作王室兒女和天上君王的孩子。（《基督徒教育》原文第177—179頁）

工作和運動有利於健康

> 你因路遠疲倦，卻不說這是枉然；你以為有復興之力，所以不覺疲憊。
>
> 以賽亞書57：10

有些人以為富足閒散就算是有福的。所以當有些人突然獲得了財富，或者意外繼承了財產時，便不再有積極主動的生活習慣，他們不善用時光，只想過著安逸自在的生活，但到盡頭時他們變得心神不安、焦慮、不快樂，他們的生命不久就結束了。

那些總是忙碌、高興地去執行他們每天任務的人，才是最快樂、最健康的人。夜晚的安歇與靜謐，使他們疲憊的身體得到完全的睡眠。主在賜給人類工作時，就已知道什麼對於人的幸福是最有益的。人必須汗流滿面才得糊口，以及將來得福樂和榮耀的應許，都是來自天上同一個寶座，也都是福氣。

運動有助於消化。飯後散步、抬頭挺胸，做適當的運動很有好處。我們的注意力就會從自己轉到大自然的美景上。飯後越少把注意力集中在胃部越好，如果你時常擔心飲食會傷害你的身體，那就必定會這樣。把自身憂慮的事忘記，想一些令人感到高興的事情。

肺臟尤其不應被剝奪純潔新鮮的空氣。當身體的任何一部分，比如肺或胃生病的時候，純潔的空氣總是必不可少的。適量的運動會使血液流向體表，從而減輕內臟的負擔。懷著愉快的精神在戶外作輕快卻不猛烈的鍛鍊，會促進血液循環，使皮膚有健康的氣色，且使經由清淨空氣活化的血液流通到手足。

運動能使胃病得到緩解。醫生們常建議病人去外國旅遊、去溫泉療養、或去航海，以便恢復健康；其實這些病人若是願意節制飲食，懷著愉快的精神參加有益健康的運動，他們十之八九都會恢復健康，而且還能節省時間和金錢。運動，加上大量的運用空氣和陽光——這些都是上天已白白賜給人的福氣——就會使衰弱的病人有生命和力量。（《教會證言》卷二，原文第529—531頁）

試煉臨到時，要緊緊抓住基督

> 你不要害怕，因為我與你同在；不要驚惶，因為我是你的上帝。我必堅
> 固你，我必幫助你；我必用我公義的右手扶持你。
>
> **以賽亞書41：10**

父母應當設法讓兒女一直從事有益的勞動。……父母們若想帶著孩子們進入安全的方舟，就絕不可忘記要為自己和孩子們認真工作。我們依然在仇敵的境地。父母們要努力達到更高的標準，把孩子們帶在身邊。他們要拋棄黑暗的行為，穿上光明的軍裝。

要證明你們會盡一切力量把你們的孩子放在最有利的位置，造就上帝要求祂僕人所塑造的品格。要運用你們的一切屬靈能力拯救你們的小羊。陰間的勢力正在密謀如何毀滅你們。你們的祈禱要比平時多得多，並溫柔親切地教導你們的孩子來到天父上帝面前。

在管理家庭的時候，要用你們自身的榜樣教導他們自制。要教育他們在家裡幫忙，告訴他們基督不是為了讓自己高興而活的。當你們為你們自己和你們孩子的得救而努力的時候，聖靈會用最寶貴的思想充滿你們的心。

父母們！要收集上帝照在你道路上的神聖光芒，要像基督那樣行在光中。當你積極設法幫助你的孩子事奉上帝時，你將會遇到最難堪的試煉，但你不可放手，卻要緊緊抓住耶穌。祂說：「讓它持住我的能力，使它與我和好，願它與我和好。」（**以賽亞書27：5**）

困難將會產生，你也會遇見阻力，但你要堅定地仰望耶穌。在危急的關頭，你要求主說：「現在我當怎樣行？」如果你不煩惱、也不發怨言，上帝就會向你指明道路，幫助你運用基督化的話語，使你的家庭充滿忍耐、安慰和仁愛的寶貴品質。

要盡力在孩子們面前佔據有利的位置。藉著隨從基督的做法，堅信上帝的應許，你就可以成為家庭的傳道士，成為你孩子們恩典的執事。（**《斯伯丁與馬根集》**原文第185頁）

對於每個難處，上帝的恩典都是夠用的

> 祂對我說：「我的恩典夠你用的，因為我的能力是在人的軟弱上顯得完全。」
>
> 哥林多後書12：9

沒有人是處在不能順從上帝的環境中的。今日的基督徒信心實在太小了！他們只是在能夠看見有利成果的前景時，才肯為基督和祂的事業工作。上帝的恩典將會配合每一個真信徒的努力，這恩典在一切環境之中是夠我們用的。基督的靈要在一切忠心順從的人品格上發揮更新、完善的能力。

上帝是偉大的自有永有者，是生命的泉源，是權威和能力的中心。祂的兒女不論處在什麼環境中，都沒有充分的理由不順從上帝的要求。上帝要我們對於那照在我們道路上的亮光負責。我們看似被不能勝過的障礙所包圍，更會拿這些當作自己不順從耶穌真理的藉口，但這樣所提出的理由都是不堪一擊的。如果是真有理由的話，那就證明我們的天父是不公平的，並證明祂為我們定了一些不能履行的得救條件。

基督徒不應只想到世界末日前可能會遭受的一切試煉。他只需要著手事奉上帝，每天為榮耀上帝而生活和工作。這樣，那些表面上不可克服的障礙就會逐漸消失。如果他真的遇到他所擔心的事，基督恩典也必按照他的需要而分給他，有足夠的力量賜給他來應付和克服一切困難。

凡專心事奉上帝的人必能找到機會為祂服務。他必禱告、讀經、追求德行，並放棄罪惡。他既「仰望為我們信心創始成終」並「忍受罪人這樣頂撞」的耶穌，就必勇敢地對待侮辱和嘲笑。信實的主已經應許賜給他們幫助和恩典。對於一切信靠祂的人，上帝必履行祂的應許。（《保羅略傳》原文第296—298頁）

丈夫要體貼且開朗

> 你們作丈夫的也要按情理和妻子同住；因她比你軟弱，與你一同承受生命之恩的，所以要敬重她。這樣，便叫你們的禱告沒有阻礙。
>
> 彼得前書3：7

丈夫應大大表示關心自己的家庭，尤其是對於柔弱妻子的感受，應當十分溫存體貼。他可以關閉許多病痛之門。仁愛、喜樂及鼓勵的話，會比那些最有效的良藥更好。它們會使灰心喪膽的人生出勇氣，那些慈愛的行為及鼓勵的言語，使家庭光明喜樂溫暖，所費的力量，必得十倍的報酬。

丈夫應當記得，教育兒女的責任大半落於母親的身上；在陶鑄他們心思的事上，母親要下許多的功夫，因此丈夫應當有極溫存的心，細心留意去減輕妻子的重擔。他應當鼓勵她依靠他的厚愛，指導她的心思仰望天上那裡有力量與平安，以及為疲憊之人預備休息。他不應當帶著愁眉苦臉到家中，乃是要容光煥發，滿堂春風，並應當鼓勵妻子仰望及信靠上帝。他們可以同心合意祈求上帝所應許的，使萬福臨門。（《教會證言》卷一，原文第306—307頁）

在細心方面，許多丈夫和父親可以從那忠心的牧羊人身上學到有益的教訓。當以掃催促雅各走難行的道路時，雅各回答道：「孩子們年幼嬌嫩，牛羊也正在乳養的時候，若是催趕一天，群畜都必死了。……我要量著在我面前群畜和孩子的力量慢慢地前行。」（創世記33：13—14）

在人生艱難的道路上，丈夫和父親要體諒旅伴的耐力，「慢慢地前行」。在世界追逐財富權勢的潮流中，他要學會放慢腳步，安慰和支持那蒙召與他同行的人。（《論健康佈道》原文第374頁）

《聖經》中的聖潔是我們的最大需要

> 上帝願意叫他們知道，這奧祕在外邦人中有何等豐盛的榮耀，就是基督在你們心裡成了有榮耀的盼望。
>
> 歌羅西書1：27

若要讓那些自以為有可靠的造詣、相信自己有豐富屬靈知識的人，接受說他們受了迷惑，需要各樣屬靈恩典的信息，這是很困難的。未因真理成聖的人心，是「比萬物都詭詐，壞到極處。」（耶利米書17：9）我蒙主指示，看到有許多人沒有一絲來自耶穌的光明，卻自以為是優秀的基督徒。他們屬靈生活上沒有活生生的體驗，他們需要深刻徹底地在上帝面前謙卑，這樣才會覺得自己真正需要恆切努力，追求聖靈的寶貴恩賜。

上帝一步步地引導祂的子民。基督徒的生活是不停的戰鬥和前進，且在戰鬥中是沒有休息的。藉著不停的努力，我們才能保持對撒但試探的勝利。我們這等人是在真理的宣揚和力量中得勝的。《聖經》明確的見證十分豐富，足以支援我們的立場，但我們所極其缺少的，是《聖經》中的謙卑、忍耐、信心、愛心、克己、警醒及犧牲的精神。我們需要培養《聖經》中的聖潔，罪惡在上帝的子民中間橫行。責備老底嘉教會的明確信息沒有被人接受。許多人不肯放棄自己的疑惑和所喜愛的罪惡，同時處在大欺騙中，自誇自覺一無所缺，他們認為上帝聖靈證言的責備是多餘的，或與他們沒有關係。

這等人極需上帝的恩典和屬靈的眼光，以便發覺自己屬靈知識的欠缺。他們幾乎沒有完善基督徒品格所需要的所有資格。《聖經》真理的實際知識引人過謙卑的生活，使人的意願與基督的旨意相符；他們卻沒有這種知識。他們沒有過順從上帝全部要求的生活。

單單承認相信真理是不夠的。所有基督十字架的精兵，實際上都有責任去與人類的仇敵作戰、譴責邪惡、維護正義。真實見證者的信息指出我們的信徒處在可怕的欺騙之中，所以要警告他們，打破他們的屬靈美夢，喚醒他們採取堅決的行動。（《教會證言》卷三，原文第253—254頁）

在普通的小事上忠心

> 你當竭力在上帝面前得蒙喜悅，作無愧的工人，按著正意分解真理的道。
>
> **提摩太後書2：15**

以利沙在小事上忠心，使他有資格擔任更重大的責任。他天天藉著實際的經驗得到訓練，以便從事更廣泛更高尚的工作。他學習怎樣服事別人，同時學習怎樣教育、領導別人。這事對我們都有教訓。沒有人知道上帝的訓練到底有什麼旨意，但我們可以確知，人在小事上忠心，乃是他有資格擔負更大責任的憑據。

有人認為他們無論怎樣履行較小的任務，都是無足輕重的，這就證明他不配擔任更尊榮的職分。他或許以為自己完全有資格負起更大的責任，但上帝不是看外貌，而是看內心。在經過考驗與試煉之後，上帝對於他的判語是：「你被稱在天平裡顯出你的虧欠。」（**但以理書5：27**）他的不忠結果害了自己，他沒有得到那藉著毫無保留的獻身所能領受的恩典、能力和堅強的品格。

許多人因為沒有直接參加宗教工作，就覺得自己的人生沒有效用，以為自己在推進上帝國度的事業上沒有什麼貢獻。如果他們能做一些大事，他們就必欣然去參加！但他們既然只能做一些小事，就認為自己可以什麼事都不做了，這種看法是錯誤的。

許多人渴望上帝賜予特別的才能，以便從事一種非常的特別工作，但他們卻忽略了種種擺在面前的本分，殊不知履行這些本分就可以使他們的人生芬芳華美。這樣的人應隨時隨地先盡到當前的本分。成功並不完全在於才幹，而是在於努力和樂意的服務。那能使我們作可蒙悅納之服事的，並不在於我們具有卓越的才能，而在於謹慎履行日常的本分、知足的精神，以及真誠懇摯地關心別人的利益。真正優美的品格可從卑微的生活中培養出來。最平凡的工作，若能憑著愛心和忠心去進行，在上帝看來都是佳美的。（**《先知與君王》**原文第218—219頁）

應付困難會增強屬靈的筋骨

主所應許的尚未成就，有人以為祂是耽延，其實不是耽延，乃是寬容你們，不願有一人沉淪，乃願人人都悔改。

彼得後書3：9

在受試探的時候，我們似乎忘記了上帝在考驗我們，使我們的信心經過試驗，到基督顯現的時候可以得著稱讚、尊貴和榮耀。主將我們安置在不同的環境中，要培養我們。如果我們有自己尚未發現的品格上的缺點，祂就訓練我們認識到自己的缺點，並予以克服。

祂屬天的安排要將我們帶到不同的環境中，而在每一個新的境遇中我們都會遇見不同的試探。多少次我們陷入難堪的境遇時，心裡想：「這真是大錯特錯！巴不得我能留在原來的地方！」為什麼你不滿意呢？因為你的環境使你看到你品格上新的缺點，而它所顯示的只不過是你的真實狀況。你們在受到上帝旨意的考驗時應該怎麼做呢？你們要能應付緊急事變，克服你們品格上的缺點。

與困難接觸會加強你屬靈的肌肉和筋骨。你如果忍受了試煉的過程和上帝的考驗，就會在基督裡強壯起來。但是你如果挑剔自己的處境和周圍的每一個人，就只能更加軟弱。我看到有人總是挑剔周圍的人事物，但毛病是在他們自己身上。他們必須跌在磐石上而且跌碎。他們覺得自己的義是完全的。試煉臨到我們是要考驗我們。我們靈命的仇敵正在不斷地針對我們活動，但我們品格的缺點會暴露在我們面前。當這些缺點擺出來時，我們不要挑剔指摘的人，而要說：「我要起來，到我父親那裡去。」（路加福音15：18）

當我們意識到自己是罪人，在磐石上跌碎自己時，那永恆的膀臂就會擁抱我們，使我們靠近耶穌的胸懷。這樣，我們就會被祂的愛所吸引，厭惡自己的不義。我們需要來到十字架跟前。我們越將自己降卑，就越能看清上帝的愛。（《評閱宣報》1889年8月6日）

不惜代價保持正直

> 從前引導你們、傳上帝之道給你們的人，你們要想念他們，效法他們的信心，留心看他們為人的結局。
>
> 希伯來書13：7

人生的每一計畫和目標都要接受上帝之道無誤標準的檢驗。《聖經》的話是上帝的智慧在人間事務上的運用之道。不論什麼做法，即使在人有限的判斷看來多麼有利，但只要是《聖經》所譴責的，結果只能是不良的。

身居高位的人，不論受人的稱讚或責備，要追隨剛直不阿的道路是不容易的，然而這是唯一安全的道路。出賣自己尊榮的人所得的報償，只不過如污穢的唇間呼出的氣息，又如碎屑在火中燃燒。那些擁有道德勇氣，抵制同胞罪惡的人——這些同胞可能是世人所尊重的，將遭到仇恨、侮辱和誣衊。他們可能從高位上被推下來，因為他們不願意被收買或出賣人格，不願受威脅或利誘，讓自己的手沾染罪汙。

全世界似乎都在與他們作對，但是上帝已將祂的印蓋在自己的工作上。他們或許被同伴認為軟弱無能、不稱職，但是至高上帝對他們的看法是完全不同的。藐視他們的人是真正無知的人。辱罵和誹謗的風暴可能終生追隨正直的人，至死還打擊他們，但上帝卻要悅納他們。愚妄與罪孽只能導致不平安和不滿足的人生，至終要接受一個多刺的死亡之枕。許多人回顧了自己的行徑和後果以後，親手結束自己不光彩的事業。他們還要等候審判，就是不能改變的判決：死亡！

上帝的兒子為所有跟隨祂的人樹立了榜樣。他們不應謀求別人的稱讚，貪圖安逸或財富，而是應不惜任何代價效法祂純潔克己的生活，……他們不會表現出漠視別人的權利。上帝的律法吩咐我們愛鄰舍如同自己，盡力不要讓他們受到傷害，但是基督所賜的誡命有著更深遠的內涵。世界的救贖主說：「我怎樣愛你們，你們也要怎樣相愛。」（約翰福音13：34），否則就達不到身為基督徒的標準。（《時兆月刊》1882年2月2日）

動機決定行為的價值

> 耶穌叫門徒來，說：「我實在告訴你們，這窮寡婦投入庫裡的，比眾人所投的更多。因為，他們都是自己有餘，拿出來投在裡頭；但這寡婦是自己不足，把她一切養生的都投上了。」
>
> 馬可福音12：43—44

我們的動機決定我們行為的本質，說明它是卑鄙或是高尚的。上帝並不以那些眾目所睹，眾口所讚的大事為最有價值。人甘心樂意盡到的種種小義務，不令人注意的微小奉獻，在人看來或許不算什麼，但在上帝的眼中往往是最有價值的。一顆信實仁愛的心，比最貴重的捐獻更為上帝所重視。

窮寡婦為要獻上那麼一點捐款，已經拿出她所有的生活費，為要將那兩個小錢獻給她所愛的聖工，她竟犧牲了自己的飲食。她憑著信心去作，篤信天父不會忽略她迫切的需要。使她得到救主稱讚的，乃是這一種無私的精神和赤誠的信心。

在窮人之中有許多因領受上帝的恩典和真理，而渴望向祂表示感激。他們極願與更富裕的弟兄們共同維持上帝的聖工。誰都不應該拒絕這樣的人。務要讓他們把自己的小錢積蓄在天國的銀庫裡。如果他們所奉獻的是出於一顆充滿愛上帝的心，那麼，這區區之數就必成為神聖的奉獻和無價的供物，是上帝所喜悅所重看的。

當耶穌說這寡婦「投入庫裡的，比眾人所投的更多」時，祂的話是真的，不單在捐獻的動機上，也在它的效果上。因那兩個小錢流入上帝庫裡的金錢，其數目比那些猶太財主所獻的大多了。那區區捐款的影響正像一條河流，起初很小，但越流、越深、越廣，世世代代無窮。同時這一條河流曾以無數的方式說明了窮人的需要，推廣了福音的工作。

這窮寡婦自我犧牲的榜樣，在各世代、各方各處千萬人心裡的影響從不間斷。富人和窮人都受了感動，所以他們的奉獻就使她小錢的價值日益增漲。上帝的恩典加在窮寡婦的小錢上，使之產生很大的果效。凡出於誠心追求上帝榮耀的願望而獻的每一份捐款，所行的每一件作為都是如此。它是與全能上帝的旨意聯結在一起的，它所成就的良好效果，不是世人所能衡量的。

（《歷代願望》原文第615—616頁）

越靠近耶穌，越像祂

> 祢必將生命的道路指示我。在祢面前有滿足的喜樂；在祢右手中有永遠的福樂。
>
> 詩篇16：11

這個世界是我們的學校——一所教育和訓練的學校。我們被安置在這裡是要塑造基督化的品格，培養更高尚生活的習慣和語言。如今到處都存在仇敵抵擋公義的影響。罪惡的發展普遍而深入，令上帝所厭惡，所以祂不久就要威嚴地震撼大地。

仇敵的計畫非常狡猾，他帶來的理論似是而非，致使信心軟弱的人識不透他的騙局，他們落入他所佈下的網羅。他藉著人實施欺騙，若有可能，連選民也迷惑了。只有與上帝保持密切聯絡的人才能識破仇敵的謊言和陰謀。

在這個世界上只有兩等人，那就是事奉上帝的人和站在黑暗之君黑旗之下的人。進入上帝聖城門戶的人必須在今生過與基督聯合的生活。

凡想進入天國的人必須遵循上帝政權永遠長存的原則，事奉上帝和不事奉上帝的人之間的界限是非常明顯的。

我們要讓上帝管教我們的心，更不要說一些致使我們的同胞轉離正道的話。我非常難過，因為我想到只有這麼少人表示他們嘗過與復活升天的救主交流的大福氣。縱使世人都在爭奪最高的權力地位，但跟隨上帝的人要始終注視基督、步步詢問：「這是耶和華的道路嗎？」在他們心中要充滿過著基督化生活的聖潔願望。因在祂身上本就蘊藏著一切豐富的知識和智慧的寶藏。

但願我們的信徒認識到如果願意始終仰望耶穌就會獲得的好處。……祂是阿拉法和俄梅戛——創始成的主。我們親近祂，與祂密切交流，就會變得越來越像祂。藉著聖靈改變的大能，我們的心靈和生活就必發生了變化。

（《澳洲聯合會記錄》1904年1月1日）

順從上帝，才能獲得真幸福

> 我所以如此，是因我守你的訓詞。
> 詩篇119：56

必須按正確的途徑，從正確的源頭尋求幸福，有些人認為放縱罪惡的享樂，或世俗欺騙的誘惑，必能得到幸福。有些人放棄身體和道德的責任，尋歡作樂，造成了身體和屬靈的損失；還有人則尋求以放縱反常的食慾為樂，以為放縱食慾比保持健康和生命更加舒服；也有許多的人被情慾所困，為滿足情慾而犧牲體力、智力和道德的能力。結果他們英年早逝，在審判的時候還要被控犯自殺的罪。

在違背自然律和道德律的道路上所得到的快樂，是值得羨慕的嗎？基督的人生指出幸福的真正泉源，以及尋求的方法。祂的生活指出了通往天國的方向和唯一道路，要讓智慧的聲音發出來，指明路徑。「她的道是安樂；她的路全是平安。」（箴言3：17）

到處都潛伏著試探，要把青年人的腳步引向毀滅之途。兒童教育的不幸缺陷致使他們軟弱、失去防衛、品格搖擺不定、智力和道德力量薄弱，結果與基督的榜樣相去甚遠，普遍像風中飄搖的蘆葦。他們沒有體力和道德力量，因為他們屈從了試探。他們因有罪的放縱而玷污了自己的純潔。他們的禮貌喪失了，不耐於接受不好的結果，以為自行其樂才是對的。

青少年如果要追求他們在世上的最高利益，就必須在忠實順從的道路上追求它。健壯的體格是世上最大的獎賞，只有透過克制不自然的食慾才能獲得。他們若真的要快樂，就必須高高興興地謀求站在負責任的崗位上，忠心地做分配給他們的工作，讓他們的心和生活效法那完美的榜樣。（《青年導報》1872年4月）

在試煉中要回顧上帝的大憐憫

我的腳踏定了祢的路徑；我的兩腳未曾滑跌。上帝啊，我曾求告祢，因為祢必應允我；求祢向我側耳，聽我的言語。

詩篇17：5—6

主曾指示摩西，要他向以色列子民重述祂在拯救他們出埃及時所行的事，以及在曠野中向他們所施的奇妙保護。祂也要使他們想起自己在遭遇艱難時的不信和埋怨，而主的慈愛和憐憫卻始終未曾離開他們。這樣就可以激發他們的信心，加強他們的勇氣。

現今上帝的子民也照樣需要記住他們是在何時並且如何地受過考驗，以及在何處他們的信心遭受失敗，又在何處因為自己的不信和自恃，以致危害了祂的聖工。當一步一步地重新數算上帝的恩典，祂旨意的維護，和祂那永不可忘記的拯救。

上帝的百姓若如此地緬懷往昔，就應當看出祂常是一再施展祂的作為。他們應當明瞭所賜下的警戒，並當謹慎，以免重蹈覆轍。他們須放棄一切的自恃，全心信賴祂要保守他們不致再羞辱祂的名。每逢撒但得到一次勝利，就有多人遭遇危險。有的人成了他試探的物件，自己永不能回轉復原。

上帝之所以降下苦難，乃是要證實誰是在試煉之下仍然忠心屹立。祂將一切的人都置於試煉之中，要看他們是否信賴那非出乎自己及超於本身的能力。每個人都有某些未曾發現的品格特質，必須藉著苦難彰顯出來。上帝容許那些自滿自足的人遭遇難堪的試煉，使他們得以明瞭自己的軟弱無力。

當患難臨頭之時；當我們看出我們當前要緊的並非是繁榮的累積，而是需要每個人都迫不得已作必需的犧牲時，試問我們將如何應付撒但的暗示，說我們正遭遇極大的艱難？如果我們聽信他的暗示，就必生出不信上帝的心來。……我們當注意祂曾行過的事和祂所做的改革，也當聚集各種天上賜福的證據，就是那恩待的憑據，說：「主啊，我們相信祢，也相信祢的眾僕人和祢的工作。」（《教會證言》卷七，原文第210—211頁）

接受亮光，行在光中

> 你們是世上的光。城造在山上是不能隱藏的。
>
> 馬太福音5：14

在這個世界上，有一個對象是基督最為關心的，那就是祂在地上的教會，因為教會的成員要在精神和品格上彰顯祂。世人要從他們身上看到基督教的代表，看到神聖真理的寶庫，裡面蘊藏著極為珍貴的寶石，要給別人帶來富足。在幾個世紀的道德黑暗與錯謬、鬥爭和迫害之中，基督的教會將永遠如造在山上的城。《聖經》的純潔真理一代又一代在其中展開，直至今日。

但是地上的教會若要成為世上教育的力量，就必須與天上的教會合作。教會信徒的心必須敞開，接受上帝選擇傳授的每一線亮光。上帝的亮光要根據我們的接受能力傳給我們。我們接受了這光，就越能領受公義日頭的光。

我們每一個人都處在寬容時期中。在學校裡，我們必須做勤奮的學生。主吩咐我們行在光中，就像基督行在光中那樣。我們只有在光中才能認識上帝。「認識你獨一的真神，並且認識你所差來的耶穌基督，這就是永生。」（約翰福音17：3）這是創世以前就與聖父同在的主說的。在為凡透過祂門徒的話而信上帝之人祈禱時，祂說了這番話。認識上帝的作為乃是真科學。讓我們繼續認識主，直到祂出現確如晨光。

一直有忠心的人在地上組成教會。上帝讓他們與祂立約，使地上的教會與天上的教會合而為一，祂差遣天使為祂的教會服務。陰間的權柄從來未能勝過祂的子民。（《懷氏文稿》卷二，原文第265—266頁）

顯示愛心、同情和溫柔

無論作什麼，或說話或行事，都要奉主耶穌的名，藉著祂感謝父上帝。

歌羅西書3：17

有重大的責任落在奉聖父、聖子、聖靈受洗的人身上。要努力明白這一句話的意思：「你們已經死了，你們的生命與基督一同藏在上帝裡面。」你們既開始了新生活，就要確保表現基督的生命。

有罪的舊生命已經死亡，藉著受浸時所許的願，在基督裡的新生活開始了。你們要實行救主品格中的美德，要讓祂的智慧豐豐富富地住在你們心裡，「用詩章、頌詞、靈歌，彼此教導，互相勸戒，心被靈感，歌頌上帝。」

這些事情要呈現在眾教會之中。仁愛、同情、溫柔要在我們中間顯示出來。我們作為上帝的選民，要披戴憐憫和仁慈，悔改之前所犯的罪，要與舊人一同拋棄。在穿上新人基督耶穌的時候，要穿上了「恩慈、謙虛、溫柔、忍耐」。

那些與基督一同復活過新生活的人乃是上帝的選民。他們已經歸耶和華為聖的，蒙祂承認為自己所愛。既是這樣，他們就有嚴肅的責任，以謙卑的心作為自己的特徵，披上公義的禮貌，有不同於世界的精神與行為，表明他們是向祂學習的。祂說：「我心裡柔和謙卑。」

他們如果認識到自己是已與基督同死的，遵守他們受洗時所立的約，世界就無法吸引他們離開基督而否認祂了。他們如果過基督在世時的生活，就必與上帝的性情有分。將來我們的生命之主基督顯現的時候，他們也將與祂一同在榮耀裡顯現。（《懷氏文稿》卷十九，原文地236—237頁）

不要指控別人，卻要為他們代求

> 所以，祂凡事該與祂的弟兄相同，為要在上帝的事上成為慈悲忠信的大祭司，為百姓的罪獻上挽回祭。
>
> 希伯來書2：17

但願備受試探的世人都記著：在天庭那裡，他們有一位大祭司能體貼他們的軟弱，因為祂在凡事上受過試探，與他們一樣。那些擔任負責工作的人尤其要記住自己會受到試探，需要完全依靠基督的功勞。他們蒙召從事的工作無論多麼神聖，他們依然是罪人，只能靠基督的恩典得救。有朝一日他們要站在上帝的寶座前，或者藉著羔羊的血得救，或者被定罪接受惡人的懲罰。

基督的子民在彼此相待的時候缺乏愛心和溫柔，令祂多麼傷心！祂注意到人的話語和音調，聽見人對祂本著無窮的愛呈獻給天父之人的嚴酷論斷。祂聽見因人的冷酷所造成的每一聲痛苦憂傷的歎息，祂的靈為此而擔憂。

離開基督我們不能行善。人類高舉自己，是多麼矛盾啊！有人竟忘記自己與同胞一樣必須悔改，這是多麼奇怪！他們所嚴厲指謫的人也許在上帝面前得稱為義，受到基督和天使的同情。

上帝的使者要做智慧的人。他們的心不要自負虛榮，而要謙虛謹慎。「因為那至高至上、永遠長存（原文作住在永遠）名為聖者的如此說：我住在至高至聖的所在，也與心靈痛悔謙卑的人同居；要使謙卑人的靈甦醒，也使痛悔人的心甦醒。」（以賽亞書57：15）

基督正在為每一個受試探的人代求，可是祂在這樣做的時候，祂的許多子民卻站在撒但一邊指控弟兄姐妹，論斷他們污穢的衣服而令祂傷心。

但願受到批評的人不要灰心；因為當他們的弟兄指責他們的時候，基督對他們說：「我已將你銘刻在我的手掌上。因著創造和救贖，你是屬於我的。」（《評閱宣報》1903年3月17日）

無私地生活，教導人們愛耶穌

> 耶和華——你們上帝所吩咐你們行的，你們都要去行，使你們可以存活得福，並使你們的日子在所要承受的地上得以長久。
>
> 申命記5：33

基督是道路、真理、生命。我要你們研究祂的生活。……祂來把永生的恩賜帶給淪喪之人。天父犧牲了祂的兒子，表明祂希望罪人得救。基督說：「我父愛我，因我將命捨去。」（約翰福音10：17）天父愛我們的愛，很少有人領會。

人因缺乏克己犧牲的精神，而無法領會上天把基督賜給世界所做出的犧牲。他們的宗教信仰經驗摻雜著自私和自高，這樣的信徒怎麼有希望分享基督的產業呢？祂對祂的門徒說：「我實在告訴你們，你們若不回轉，變成小孩子的樣式，斷不得進天國。」（馬太福音18：3）

許多人雖然自命虔誠，卻在他們中間進行自我評價，結果造成屬靈生活的軟弱。他們的驕傲之心沒有克服，他們只有跌在磐石上而且跌碎，才會明白自己的需要。但願他們能在上帝面前承認自己的錯誤，懇求聖靈進入他們的生活。真理和公義將湧入清除了自私和罪惡的心中；那是藉著讓真理在心中佔據首位之人的生活而進入。

世界的罪惡並沒有減弱，罪行一年比一年盛行並越發受到忽略。我們的聚會應成為省察內心和認罪的時辰。享有如此大福分的這群人有權利成為公義樹，散發出安慰和福惠，他們要成為熠熠生輝的活石。得到赦罪的人應當帶著熱誠的宗旨，引導行走罪路的人踏上公義之道。他們既與基督一同克己犧牲，就會教導人放棄自私和罪惡，代之以上帝可愛的性情。（《評閱宣報》1909年7月22日）

制服低級的情慾

> 親愛的弟兄啊！你們是客旅，是寄居的。我勸你們要禁戒肉體的私慾；這私慾是與靈魂爭戰的。你們在外邦人中，應當品行端正，……便在鑒察的日子（鑒察或作眷顧），歸榮耀給上帝。

彼得前書2：11—12

當初，魔鬼如何在古以色列人進入應許之地的前夕引誘他們，現在，在這世界歷史將近終局的時候，撒但也要用盡他一切能力，舊技重施。他要在那些自稱遵守上帝誡命之人腳前布置網羅，這些人幾乎已經站在天上迦南的邊境上了。撒但為要陷害生靈，必無所不用其極，竭力在自命上帝子民者最軟弱的地方攻擊他們。

那些未使下等情慾順服理智的人，那些容許心思隨從低級情慾、放縱肉體之人，撒但決心要用試探毀滅他們，用邪淫放蕩玷污他們的靈命。撒但不會特別針對低級次要的目標，卻要利用他能夠利用的人作為網羅，引誘別人僭取上帝律法所譴責的自由，肆意妄為。

那些身居高位、教導上帝律法的要求、口中充滿維護上帝律法之論據的人，撒但要用他邪惡的權勢和工具竭力攻擊他們，在他們品格的弱點上傾覆他們，他知道，人犯了一條，就是犯了眾條，他便能完全掌控那人。人的理智、靈命、身體和良心是撒但毀滅的對象。人若是公義的使者，擁有大光，或者主在真理事業上特別使用他，這樣的人犯罪，撒但該如何歡呼雀躍，他的勝利該是何等大啊！而上帝所蒙受的又是何等的羞辱呢！

撒但知道現在正是他的時候。他現在只有不多的時候做工了，他必竭盡全力，在上帝百姓品格的弱點上引誘陷害他們。……人必須防護自己的思想，用上帝聖言中的命令在心靈周遭圍上藩籬；務必謹慎每一思想、言語和行為，千萬不要把自己賣給罪惡。（《評閱宣報》1887年5月17日）

設法反映耶穌的形像

> 人若說他住在主裡面，就該自己照主所行的去行。
>
> 約翰一書2：6

當我們沒有資格獲得上帝的憐憫時，基督竟願意承擔起救贖我們的責任，這是何等驚人的慈愛和屈尊啊！但我們的大醫生要求每一個人毫無異議地順從。我們絕不要為自己的病情開處方，要讓基督完全支配我們的意志和行動，否則祂無法著手幫助我們。

許多人沒有感覺到自己的狀況和危險。基督教的特性在許多方面是與世俗的情感和原則格格不入，與人心的驕傲背道而馳的。我們可能像尼哥底母那樣自以為我們的生活和道德品質是無可指謫的，以為自己不需要像一般罪人那樣在上帝面前降卑自己的心，但是我們必須心甘情願地像罪魁那樣獲得新生。自我必須死去，我們不可依賴自己的義，而要依賴基督的義，祂是我們的力量和盼望。

真正的信心會有愛心伴隨，這愛心表現在家裡、社會上和一切人際關係中。這種愛心會消除我們的困難，使我們脫離撒但擺在我們路上、攪擾我們的不快之事。愛心會伴隨著順從，悔改之人的一切能力和情感都要受基督的控制。祂的聖靈是令人更新的力量，會把所有接受的人改變成上帝的形像。

要成為基督的門徒乃是要克己，不論是美名或惡名都要跟隨耶穌。要關閉驕傲、妒嫉、懷疑和其他罪惡的門戶，繼而杜絕紛爭、仇恨和每一罪惡的行為。要把柔和謙卑的耶穌接到心裡，祂希望進來作我們的佳賓。

耶穌是人類完美的榜樣。祂想使我們像祂自己，保持每一目的、感情和思想的真誠，保持心靈和生命的真誠。心中懷有基督之愛最多，能最完美地反映救主形像的人，在上帝看來乃是地上最真實、最高貴、最可敬的人，但「人若沒有基督的靈，就不是屬基督的。」（羅馬書8：9）（《時兆月刊》1887年7月14日）

我們應當給墮落的人帶來希望

> 又要將你們的心志改換一新，並且穿上新人；這新人是照著上帝的形像造的，有真理的仁義和聖潔。
>
> 以弗所書4：23—24

基督忠心地指責罪惡。從來沒有人比祂更憎恨罪惡，也從來沒有斥責罪惡的人比祂更無所畏懼。對於一切虛假卑污的事來說，祂的出現就是一種責備。在祂純潔的光中，人看出自己是不潔的，他們的人生目的是卑鄙虛偽的。然而祂吸引他們，這位創造人類的主深知人類的價值，祂斥責罪惡，視罪惡為祂所拯救之人的仇敵。每一個人，不論多麼墮落，祂都視他們為上帝的兒女，有可能恢復與祂的神聖關係。

「上帝差祂的兒子降世，不是要定世人的罪，乃是要叫世人因祂得救。」（約翰福音3：17）耶穌看著受苦墮落的人類，在顯出絕望和滅亡之處，發現他們尚有希望。什麼地方有需要的感覺，祂就看出拯救的機會。對於那些受試探、遭失敗，自覺已失喪、將要滅亡的人，耶穌不是帶著斥責，而是帶著祝福而來。

基督的「八福」乃是祂對全人類的祝福。祂看到聚集在山上要聽祂講道的群眾，似乎一時忘記了自己不久後將要離世升天。祂採用了光明世界所常用的祝詞，有福澤從祂的口中流淌，就像久已封閉的生命洪潮迸發出來。

祂轉離世上那班野心勃勃、自鳴得意、受人寵敬的人，宣稱人的需要無論多麼大，只要領受祂的亮光和仁愛，都是蒙福的。祂向虛心、哀慟和受逼迫的人伸出祂的手說：「到我這裡來，我就使你們得安息。」（馬太福音11：28）

祂從每一個人身上都看到無限的前途，祂看出人可以按「主我們上帝的榮美」（詩篇90：17）被祂的恩典所改變。祂懷著希望看待他們，鼓起人們的希望。祂懷著信心與他們接觸，引起他們的信任。……許多似乎已對一切聖潔之事死了心的人，現在又重新激起了新的脈息和希望。他們在許多絕望的人面前，展開了新生活的前途。（《教育論》原文第79—80頁）

花時間禱告和讀經

還有那撒在荊棘裡的，就是人聽了道，後來有世上的思慮、錢財的迷惑，和別樣的私慾進來，把道擠住了，就不能結實。

馬可福音4：18—19

基督列舉了有害於心靈的各種事物。馬可記載祂提到了「世上的思慮，錢財的迷惑和別樣的私慾」。路加記載祂提到了「今生的思慮，錢財和享樂」。這些東西把真道，也就是正在生長的屬靈種子擠住了，人既不再從基督身上吸取營養，屬靈的生命就在心中死亡了。

「世上的思慮」，不論哪一等人都擺脫不了屬世思慮的試探。貧窮的人常因勞苦、貧困、和擔心缺乏而愁苦煩惱。富裕的人則擔心受到損失，還有其他無數的憂慮。許多基督徒忘記了祂吩咐我們從田間的花朵中所學的教訓。基督不能為他們挑走重擔，是因為他們沒有將重擔卸給祂。

許多本來可以在上帝聖工中多結果子的人，卻因為一心追求財富，把全副精力用在事業上，就把屬靈的事忽略了。他們就這樣使自己與上帝隔絕了。《聖經》很確實地吩咐我們要「殷勤不可懶惰」（羅馬書12：11）。我們應該勞動，協助那些需要的人。基督徒必須有工作，有自己的事業，他們可以這樣做而可以不致犯罪，但是有許多人太過專注於自己的事業，沒有時間禱告、讀經、尋求上帝和事奉祂。

他們雖然時常渴慕聖潔和天國，卻沒有時間轉離世俗的喧擾，傾聽聖靈莊嚴權威的聲音。他們把永恆的事當作次要的，而把世界的事當作主要的，所以真道的種子不可能生長結實，因為靈命的養分被用來滋養世俗的荊棘了。

許多人的工作目的雖然不致如此，但也犯了同樣的錯誤。他們正在為別人謀利益，工作又忙，責任又多，結果就排擠了他們靈修的時間。……他們沒有與基督同行，他們的生活沒有被祂的恩典所充滿，反而表現出自私的本性。（《天路》原文第51—52頁）

學習基督的話語，而不是人的觀點

> 律法本是藉著摩西傳的；恩典和真理都是由耶穌基督來的。
> 約翰福音1：17

耶穌是世上的光。祂從天降下帶著給亞當墮落的後裔盼望和拯救的信息而來。只要人們願意接受祂為個人的救主，祂就應許在他們身上恢復上帝的形像，並要救贖一切因罪淪喪的人。祂向他們陳明真理，不摻有一絲錯誤。祂教訓人時，話語帶著權威，因為祂說的是明確的真理知識。

世人的教導完全不同於基督的教導。人總是希望別人關注他們自己的理論和見解，即便沒有真理的依據。他們頑固堅持自己的錯誤觀點和虛妄見解，更是抱住傳統不放，將之當作真正的真理來積極維護。耶穌曾說過，凡出於真理的人必聽祂的聲音。

要是傳道人少考慮人的理論和觀點，多思考基督的教訓和實際的敬虔，那就會有何等多的能力伴隨著聖道的傳播啊！凡堅持上帝的教導，生活在祂面前的人，非常瞭解真理的來源和要素，知道真理對人的關係和重要性。他們要向世界宣揚上帝的救恩計畫，揭示那崇高的真理，也就是永生的話語。

先祖、先知和使徒受聖靈的感動發言。他們清楚地表明他們不是靠自己的能力，或者奉他們自己的名說話的。他們不希望把功勞歸給自己，不希望有人視他們為任何榮耀之事的創始者；他們為一切讚美所歸屬的上帝尊榮發熱心；他們宣稱他們的能力和所傳的信息是上帝所賜，讓他們作為上帝能力的代表。上帝是他們的權威和滿足。

基督是一切真理的創始者。每一卓越的觀念，每一智慧的思想，每一世人所具有的才能與天賦，都是基督的恩賜。祂並沒有向世人借用任何新的意見，因為一切都是祂原創的。（《評閱宣報》1890年1月7日）

在為基督服務時被聖靈使用

主上帝——全能者啊，祢的作為大哉！奇哉！萬世之王啊，（世或作國）祢的道途義哉！誠哉！主啊，誰敢不敬畏祢，不將榮耀歸與祢的名呢？因為獨有祢是聖的。萬民都要來在祢面前敬拜。

啟示錄15：3—4

上帝要感動那些地位卑微的人去傳揚現代真理。許多這樣的人要來往奔忙，在聖靈的驅策下，把光亮帶給黑暗中的人。真理就像他們中間的火焰，使他們滿懷熱忱去照亮坐在黑暗中的人。許多人，甚至有些未受教育的人，將要傳揚主的道。聖靈也要促使孩子去傳天國的信息。順服聖靈激勵的人，聖靈要沛降在他們身上。他們要擺脫人束縛的規條，放棄過分小心的行動，加入主的軍隊。

將來，從事普通職業的人們將被主的靈所感動，離開他們平常的工作，四處傳揚憐憫的最後信息。他們要儘快地預備做工，好使他們的努力成功。他們與天上的生靈同心協力，因為他們願意盡心竭力為主服務。任何人都無權阻擋這些工人。當他們出發執行偉大的使命時，應得到人的祝福，尤其在艱難的地方播撒福音的種子，不應受人嘲笑。

生命中最美好的特質 —— 簡樸、誠實、真實、純潔、沒有污點的正直 —— 都是不能買賣的，而是白白賜給沒有知識的人和受過教育的人、黑人和白人、卑微的農民和寶座上的國王。

凡不依靠自己的力量，始終單純地信靠上帝的謙卑工人，將分享救主的喜樂。他們恆切的禱告將帶人來到十字架跟前。耶穌將配合他們自我犧牲的努力，感動人心，施行神蹟使人悔改。將有男男女女被聚集加入教會，教堂和學校將興建起來。當工人們見到上帝的救恩時，他們的內心必充滿喜樂。

（《教會證言》卷七，原文第26—28頁）

8月
AUGUST
與自然界相聯繫

從周圍自然界所獲得的快樂

> 上帝稱旱地為「地」，稱水的聚處為「海」。上帝看著是好的。
>
> 創世記1：10

聖父與聖子共同進行祂們所設計的偉大奇妙之工——創造世界。這地球從創造主手中被造出來時，原是非常美麗的。有山巒丘陵和平原，其中分布著江河湖泊。而大地並不是一望無際的平原，以致風景過於單調，它反而穿插著大小山崗，但不像今日那樣險峻崎嶇，而是勻稱美麗的。其上看不到赤露的大岩石，因這些岩石都在地面之下，作為大地的骨骼。

水的分布也是很均勻的。大小山崗和極為美麗的平原上點綴著各色的花草和高大雄偉的樹木；這些樹木較現今的樹木高大多倍，而且更為美麗。那時的空氣是純潔而有益健康的，全地宛如一所華貴的宮廷。眾天使看到上帝奇妙而美麗的作為，便感到欣喜。

聖父與聖子在大地和其上的動物造齊了之後，便執行了祂們在撒但墮落之前所擬定的計畫，要按照祂們自己的形像造人。祂們曾在創造大地和其上各種生物的事工上同工合作。這時上帝對祂的兒子說：「我們要照著我們的形像造人。」當亞當從他的創造主手中出來的時候，他是高貴而魁偉，俊美而勻稱的。他比較現今住在地上的人高出一倍有餘，而且十分均衡。他的相貌完美。他的膚色不白，不黃，乃是紅潤而煥發著健康的光彩。夏娃身高不及亞當，她的頭略高過他的肩膀。她也是高貴勻稱而極其美麗的。

這一對無罪的夫婦沒有穿著人造的衣服，他們都披著一層榮光，像天使所穿著的一樣。當他們順從上帝的時候，這一層榮光常包圍著他們。雖然上帝所造的一切都是完美的，而且地上似乎並不缺少任何足以使亞當夏娃快樂的東西，但上帝還要特別為他們設立一個園子，藉以顯示祂對他們的大愛。……這個美麗的園子要作為他們的家，他們專用的居所。（《時兆月刊》1897年1月9日）

整個自然界都交託給亞當和夏娃

上帝說：「我們要照著我們的形像、按著我們的樣式造人，使他們管理海裡的魚、空中的鳥、地上的牲畜，和全地，並地上所爬的一切昆蟲。」

創世記1：26

如果亞當和他的伴侶夏娃能繼續效忠上帝，他們就必管理全地。管理一切生物的無限大權已經賜給他們。獅子與羔羊和平相處地圍著他們嬉戲，或一同臥在他們的腳前。快樂的雀鳥毫無畏懼地在他們頭上跳躍。當它們婉轉清脆的歌聲升到造物主面前讚美祂的時候，亞當和夏娃也同聲應和，感謝聖父和聖子。

那聖潔的夫婦，不僅在上帝慈愛照顧之下享有兒女的權利，也是在全智的創造主訓導之下作祂的學生。常有天使來訪問他們，他們也有機會與造他們的主直接交往，並沒有什麼阻礙。他們因吃生命樹的果子而富有活力，他們的智力僅次於天使。宇宙間的種種奧祕——「那知識全備者奇妙的作為」（約伯記37：16）——是他們取之不盡用之不竭的資源，使他們得到教育和喜樂。

六千年來，人類所研究大自然的定律和作用，早已由那創造和托住萬有的主向亞當、夏娃闡明了。他們仔細研究樹木花草，並從其中探出生命的奧祕。一切生物，從在水中遊玩的恐龍，直到在日光之中浮沉的小蟲，亞當都很熟悉。他曾為各種生物起名，並熟知所有生物的性質和習慣。

上帝在諸天之上所顯的榮耀，和無數星球規律化的運轉，「雲彩如何浮於空中」（約伯記37：16），以及聲與光、晝與夜的奧祕——都是我們始祖學習的信息。森林裡的一枝一葉，深山上的大小岩石，太空中的光明星球，以及天地間的一切事物，無不寫著上帝的聖名。全宇宙的秩序與和諧，都向他們說明上帝無限的智慧和能力。他們不住地發現新的奧妙，使他們心中充滿更深摯的愛心，口裡重新發出感恩的讚美。（《先祖與先知》原文第50—51頁）

大自然所顯示上帝的智慧和慈愛

> 上帝就賜福給他們，又對他們說：「要生養眾多，遍滿地面，治理這地，也要管理海裡的魚、空中的鳥，和地上各樣行動的活物。」
> 創世記1：28

這對聖潔的夫婦觀看大自然，猶如一幅無比可愛的圖畫。褐色的大地上覆蓋著一層鮮綠的地毯，其間點綴著各式各樣變化無窮而自動繁殖、自動生存的鮮花。灌木、花卉與藤蔓，其美麗與芳香令人心曠神怡。多種巍然高聳的樹林結滿了形形色色、不同美味的鮮果，適合快樂的亞當夏娃的口味，滿足他們的需要。上帝為我們的始祖預備的這個伊甸家園，給了他們無誤的證據，證明祂對他們的大愛和關懷。

亞當被加冕為伊甸之王。他被授與對上帝所造一切生物的管理權。上帝賜給亞當和夏娃的智力是動物所沒有的。祂讓亞當合法地治理祂所創造的萬物。

亞當夏娃可以從每一株草和各樣灌木花卉上，探尋上帝的技巧和榮耀。那環繞他們的天然之美像鏡子一般，反照他們天父的智慧、卓越與仁愛。他們深情的讚歌，悠揚而恭敬地上達於天，與高貴的天使及無憂無慮唱著美妙樂曲之快樂鳥兒的歌聲相和。完全沒有疾病、衰弱與死亡。眼目所見的事物都充滿生氣。大氣也孕育著生命。在每一片葉子、每一朵花兒和每一棵樹裡都蘊含著生命。

上帝知道亞當夏娃若不勞動就不快樂，就給了他們修理看守伊甸園的愉快工作。當他們照看周圍美好有用之物時，就能在上帝的創造之工上看到祂的良善和榮耀。亞當夏娃在伊甸園中可以思考有關上帝作為的許多主題。伊甸園是天國的縮影。

上帝造人不僅僅是讓他們思想祂光榮的作為；因此，祂既賜給人心智進行思考，也賜給人雙手從事勞動。如果無所事事會給人帶來幸福，創造主就不會給亞當指定工作了。人可以在默想和勞動之中得到幸福。（《評閱宣報》1874年2月24日）

提供工作作為快樂的泉源

> 耶和華上帝將那人安置在伊甸園，使他修理，看守。
> 創世記2：15

上帝讓人類受律法的約束，作為他生存的必要條件。他是上帝政權之下的子民。而任何政權都不能沒有律法。上帝原可造一個不能違犯祂律法的人，祂也可以攔阻亞當的手，使他不採禁果。但是如果這樣的話，人就沒有自主的權力，只是一個聽話的機械而已。如果沒有自由的選擇，他的順從就不能出於自願，就是出於勉強的了。他的品格也就不能有所發展。這樣的辦法就必與上帝對待其他諸世界居民的計畫相反。人既是有理性的動物，這種辦法就根本不適用，否則撒但就有藉口控告上帝，詭稱祂是一位專制的神。

我們始祖的家庭是要作全地子子孫孫建立之家庭的模範。上帝親手所裝飾的第一個家，並不是一所豪華的宮殿。世人憑著驕傲的心喜愛華貴的大廈，因自己的建築而誇耀得意。但是上帝把亞當安置在花園中。這花園就是他的家。蔚藍的天空是它的屋頂。地與其上美麗的鮮花和如茵的青草是它的地板。大樹上繁茂的枝條便是它的華蓋。四圍則懸掛著最壯麗的裝飾品——天上大藝術家的傑作。

這一對聖潔夫婦的環境是要作為千秋萬代的教訓，就是：真正的幸福不在乎驕奢淫逸的生活，而在乎藉著上帝創造的作為與祂交往。只要世人少注意矯揉造作，多追求淳樸率真，他們就更能符合上帝造他們的旨意。驕傲和野心是永遠不能滿足的。惟有那些真智慧的人才能得到真實和高尚的快樂。上帝已經安排一切，使人人都可以得到這種快樂。

上帝將伊甸園交給亞當夏娃照管，使他們「修理看守。」他們的工作並不令人疲勞，卻是愉快而能增進體力的。上帝指定勞動為人類幸福之源，使人藉著工作來運用思想，操練身體，發展才能。（《先祖與先知》原文第49—50頁）

大地要為勤勞的工人出產豐富

> 田野的樹必結果，地也必有出產；他們必在故土安然居住。我折斷他們所負的軛，救他們脫離那以他們為奴之人的手；那時，他們就知道我是耶和華。

以西結書34：27

土壤的預備需要更多更廣泛的知識。關於可以從土地得到什麼，人的眼界不夠開闊，其所隨從的常規狹隘無變化，結果令人失望。（《基督教育原理》原文第317頁）唯願受過教育的才幹能用來改進工作方法，這也正是上帝所希望的。

在農業和建築以及其他任何部門，都需要以智力和受過教育的才能來設計出最好的方法，提高勞動效率。……上帝為人類的益處而造了世界，祂必從土地提供方法供養勤勞的工人。

撒在完全預備好的土壤裡的種子，會有收穫。上帝能為祂的子民在曠野擺設筵席。……其實人們若是閱讀舊約《聖經》，就會看到關於正確地對待土地，主比他們知道的多得多。土地在耕種數年、貢獻其財寶給人之後，就應該讓部分土地休息，然後改種別的作物。我們還可從舊約《聖經》學到關於工作問題的許多教訓。

大地有其隱藏的珍寶，主甚願千千萬萬在城市裡擁擠等候機會、博取蠅頭微利的人，都來從事墾殖的工作。……要讓地貢獻出它的力量；但是如果沒有上帝的祝福，它就什麼也不能做。

起初，上帝觀看祂一切所造的，之後祂便宣布說甚好。因人類犯罪的緣故，咒詛臨到了地球，但是難道可以讓這咒詛因犯罪的增加而加重嗎？人的無知正在發揮有害的影響。懶惰的僕人正因他們懶惰的習慣而使罪惡加增。許多人不願意汗流滿面得糊口，他們不肯耕種土地。然而大地的諸般福惠卻是藏在地的深處，等待那些有勇氣、意志和毅力的人去搜索滙集這些財寶。（《基督教育原理》原文第 315—327頁）

誰願意作傳道士，去教導青年和教導那些凡願意學習正確方法工作的人呢？（同上，第324頁）

工作和學習有益於土地和心智

看哪，天和天上的天，地和地上所有的，都屬耶和華——你的上帝。

申命記10：14

自然本身的美，就會引導人心脫離罪惡世界的吸引，傾向清潔、平安與上帝。因此，耕作是一項對青少年有益的工作，會使他們直接接觸自然界和自然界的上帝。我們的學校，應盡可能地開闢大規模的花園和農場，使學生能獲得這方面的好處。（《教育勉言》原文第186—187頁）

在（澳大利亞）庫蘭邦這裡開辦的學校中，我們指望看到農業和各門學科的學習相結合而取得真正的成功。我們希望這裡成為一個中心，有亮光照射出去，傳播寶貴的先進知識，將未開發的土地開墾出來，使丘陵和山谷都開花如玫瑰。對青少年和成年人來說，體力勞動和智力勞動相結合，將可正確地養成全面教育。心智的培養會給土地的耕作帶來智慧的新動力。（《給傳道人的證言》原文第244頁）

學校有了一個極好的開始。學生們在學習如何種樹、種草莓等，如何不擠壓每一個根鬚，使他們有機會生長，這豈不是一種如何對待人的心靈和身體的極寶貴教訓嗎？——不要妨礙身體的任何一個器官，而要給它們足夠的空間做各自的工作。

我們應當懷著快樂、希望和感恩的心去耕種，相信大地蘊藏著豐富的資源，供忠心的人去收穫，其寶藏比金銀更富足。……我們若是恰當而聰明地耕種，大地必獻出其寶藏來造福人類。

耕種土地需要運用我們的全部腦力和智慧，我們周圍的土地證明了人的懶惰。我們希望能啟動處於休眠狀態的感官，看到聰明的農夫他們殷勤的勞動得到獎賞。手和心必須配合，在土地的耕作上實施明智的新計畫。（同上，原文第242—244頁）

在增進快樂的工作中與上帝合作

> 並且勞苦，親手做工。被人咒罵，我們就祝福；被人逼迫，我們就
> 忍受。
>
> 哥林多前書4：12

在創造的時候，勞動是上帝所指定的一種福氣，會帶來發展、能力與快樂。地球的狀況因罪的咒詛而改變之後，勞動的條件也發生了變化。現在的勞動雖然伴隨著憂慮、疲乏和痛苦，但仍是幸福與發展的一個泉源。勞動是抵制試探的保障。勞動的訓練能制止人的放縱，促使人勤儉、純潔和堅定。勞動就這樣成了上帝恢復人類大計畫的一部分。

要讓青年人（和其他人）認識到勞動的真正尊嚴。要告訴他們上帝在不斷地工作。萬物都有被指定的任務，一切受造之物都在活動中。我們要完成自己的使命，也必須活動。

我們在勞動中要與上帝同工。祂賜給我們地球和其中的寶藏，我們必須予以利用，為我們的幸福服務。祂使樹木生長，我們卻必須砍伐木材，建造房屋。祂將金、銀、鐵、煤藏在地裡，我們卻必須透過辛勞，才能獲得。

上帝雖然創造並不斷控制著萬物，祂也賜給我們一種與祂相似的能力。祂使我們對自然的力量有一定程度的控制。上帝既能從混沌中創造出美麗的世界，我們也能將混亂變為整齊和美觀。雖然萬物現在遭到罪惡的污損，但我們在工作完成之後，仍有一定的快樂，就像祂看著美麗的地球並宣稱它「甚好」時的快樂。

最有益於青年的運動，寓於有用的活動之中。小孩子可在玩耍中獲得娛樂和發展，他的運動不僅要促進他的體力，也要促進他的智力和靈力。他在獲得體力和智力的時候，最好的消遣就是從事某些有用的工作。凡訓練雙手成為有用並教導青年分擔生活責任的，都是最有助於思想與品格發展的。（《教育論》原文第214—215頁）

有規律的勞動有助於全面的發展

就如一塊田地，吃過屢次下的雨水，生長菜蔬，合乎耕種的人用，就從上帝得福；若長荊棘和蒺藜，必被廢棄，近於咒詛，結局就是焚燒。

希伯來書6：7—8

要教導青年人明白，生活意味著殷勤工作、責任與操勞。他們需要接受一種訓練，成為有用的人，以應付緊急情況。要教導他們：系統性有規律的勞動訓練是必不可少的，它不僅是應付生活變遷的保障，也有助於人全面的發展。

雖然體力勞動的神聖性已被大量論述了，但一般人還是認為它是卑賤的。青年人都渴望成為教師、職員、商人、醫師、律師，或從事其他無需體力勞動的職業。女孩則喜歡避免家務而追求其他方面的教育。這些人需要明白，誠實的勞動不會貶低人的身分。貶低人的乃是懶惰和自私地依賴別人。懶惰會養成放縱，結果便是一生虛度，萬惡叢生。

男人和女人既然都是組建家庭的一分子，所以不論男女孩童都應學習做家務。……青少年要從《聖經》學習上帝如何看重日常操勞之人的工作。

要讓他們閱讀「先知門徒」（列王紀下6：1—7）的故事。他們雖是在校的學生，還得自己建造房屋。上帝曾為他們施行了一個神蹟，使他們不致失去借來的斧頭。青少年還要閱讀耶穌做木匠和保羅製造帳棚的故事，這兩位都將工匠的辛勞與對人對上帝的最高服務結合在一起。他們還要閱讀那個擁有五個餅的少年的故事，救主曾利用那幾個餅施行了使眾人吃飽的奇妙神蹟。還有那善於縫紉的多加怎樣從死裡被喚醒，繼續為窮苦的人縫製衣服。另有箴言所形容有才德的女子怎樣「尋找羊絨和麻，甘心用手做工」，「把食物分給家中的人，將當做的工分派婢女」，「栽種葡萄園」，「使膀臂有力」，「張手賙濟困苦人，伸手幫補窮乏人」，以及「她觀察家務，並不吃閒飯」（箴言31：13、15—17、20、27）等操練。（《教育論》原文第215—217頁）

大自然的美麗顯示上帝的品格

我要向山舉目；我的幫助從何而來？我的幫助從造天地的耶和華而來。
詩篇121：1—2

我曾有幸瞻仰科羅拉多州最美麗的日落。藝術大師上帝不分貧富貴賤，為了所有人的益處，在天際變幻莫測的畫布上，呈現了祂最優美的圖畫。天國的門似乎敞開了，使我們能看見其中的美麗。當一個又一個人經過，卻沒有關注這幕美景時，我心裡就想，這些畫若是人手所畫的，會有多少人會膜拜啊！

上帝是愛美的。祂愛美麗的品格，希望我們培養純潔和樸素，以及花兒般幽靜的美德。我們要追求溫柔和安靜之靈的裝飾，這在上帝眼前是極有價值的。

父母們，你們給孩子們哪一種教育呢？你們有沒有教導他們接受純潔可愛的東西，或是設法把世俗的東西放在他們手中呢？你們有沒有花費時間和錢財讓他們學習人生外表的禮節，接受世俗淺薄虛偽的裝飾呢？

從孩子們幼年的時候起，就要向他們展示大自然的課本。要教導他們花兒的功用，告訴他們耶穌如果不降世受死，我們就得不到現在所享受的美好東西。要他們注意到每一個精緻的蓓蕾和花朵所顯示的色彩和紋路，都彰顯了上帝對於人類的大愛。為了這一切恩賜，他們的心中應當激發對他們天父的敬愛和感謝。

人間最偉大的教師耶穌從大自然的景象中吸取極有價值的真理例證。父母們：要效法祂的榜樣，運用令感官愉悅的事物向你們的兒女教導重要的真理。早上要帶他們出來，讓他們聆聽小鳥歡唱讚美的詩歌。要教導他們：我們也應當為每天領受的一切福惠，向慷慨的施予者報恩。要教導他們：人不是靠衣服打扮的，而是靠內心的真敬虔。（《評閱宣報》1885年10月27日）

大自然彰顯上帝的慈愛和榮耀

人算什麼，祢竟顧念他！世人算什麼，祢竟眷顧他！祢叫他比天使（或譯：上帝）微小一點，並賜他榮耀尊貴為冠冕。

詩篇8：4—5

我們慈愛的天父希望祂的兒女信靠祂，就像小孩子信靠地上的父母一樣。但是我們經常看見軟弱可憐的人，反被上帝沒有要他們承擔的憂慮和困惑壓垮。他們顛倒了順序，把世界擺在第一位，把天國擺在第二位。既然從不考慮將來需要的小麻雀也得到眷顧，為什麼按照上帝形像創造的人類，他們的時間和注意力完全被這些事物所吸引呢？

上帝為我們提供了祂慈愛和眷顧的充分證據。但我們卻往往在眾多的福氣中看不到上帝的聖手。我們的一切機能，我們的每一次呼吸，我們所享受的每一安慰，都是從祂而來的。我們每當全家聚餐的時候，都不要忘記這是上帝慈愛的表現。我們豈能領受了禮物，卻又否認施予者呢？

當亞當和夏娃被安置在伊甸園的時候，他們擁有仁慈的創造主賜給他們的一切恩惠，以增進他們的安舒和幸福。但是他們竟敢悖逆上帝，結果被趕出可愛的家園。然後上帝的大愛在一個恩賜中向我們顯示出來，那就是祂的愛子。我們的始祖如果不接受這個恩賜，今日的人類就會處在絕望的悲慘之中，現在他們可以多麼快樂地尊崇彌賽亞的應許啊！

所有的人都有權利接受這一位救主，成為上帝的兒女，王室的成員，最後坐在上帝的右邊。這是何等奇妙的大愛啊！約翰呼籲我們關注：「你看父賜給我們是何等的慈愛，使我們得稱為上帝的兒女。」（約翰一書3：1）

儘管地球受到咒詛，長出了荊棘與蒺藜，但是刺棘上仍開著花朵。這個世界並不都是痛苦和悲哀的。上帝打開大自然的課本讓我們學習，使我們對祂的偉大和無比之愛及榮耀有更高的認識。（《評閱宣報》1885年10月27日）

上帝的大能不斷地運行在大自然中

> 誰曾用手心量諸水，用手虎口量蒼天，用升斗盛大地的塵土，用秤稱山嶺，用天平平崗陵呢？
>
> 以賽亞書40：12

詩人說：「諸天述說上帝的榮耀；穹蒼傳揚祂的手段。這日到那日發出言語；這夜到那夜傳出知識。無言無語，也無聲音可聽。」（詩篇19：1—3）有人可能誤把自然界中這些宏偉的事物當作上帝，其實不然。諸天的這些奇蹟只是執行上帝所指定的任務而已，它們僅僅是上帝的使者。上帝既是萬物的創造者，也是萬物的維護者。祂托住所創造的萬有，祂的聖手還托住眾山，使它們保持平衡，並引導諸行星循著神祕的軌道繞太陽運行。

大自然的任何動作，《聖經》幾乎都有提到。《聖經》說到祂「使草生長在山上」；「祂降雪如羊毛，撒霜如爐灰。祂擲下冰雹如碎渣……祂一出令，這些就都消化；祂使風颳起，水便流動。」（詩篇147：8、16—18）。「祂使雲霧從地極上騰，造電隨雨而閃，從府庫中帶出風來。」（詩篇135：7）

《聖經》的這些話語並沒有單獨提到大自然的法則，上帝提供物質和原理來實施祂的計畫。上帝運用各種媒介使植物繁殖。祂賜下陽光雨露，使草木生長，遍滿全地，使灌木和果樹萌芽、開花、結果。

不要以為種子自行萌芽，葉子自行長出，這些都只有一條法則。上帝制訂了許多法則，作為祂的大自然僕役，要結果累累。每一粒種子破土而出，孕育生命，都是透過上帝的直接運作。上帝的能力使每一片葉子生長，每一朵鮮花綻放。（《評閱宣報》1904年3月17日）

欣賞大地自然、靜穆的美

誰為雨水分道？誰為雷電開路？使雨降在無人之地、無人居住的曠野？
使荒廢淒涼之地得以豐足，青草得以發生？

約伯記38：25—27

祂安下大地的根基，裝飾諸天，有秩序地排列眾星。祂給大地披上有生命的地毯，用各種各樣可愛的花朵把它裝飾地非常美麗。祂要祂的兒女欣賞祂的作為，欣賞祂在地上家園為他們所妝飾的樸素而靜穆的美。

基督設法使門徒把注意力從人工的華美轉到大自然的美麗上：「你們這小信的人哪！野地裡的草今天還在，明天就丟在爐裡，上帝還給它這樣的妝飾，何況你們呢！」（馬太福音6：30）

為什麼我們的天父不用棕色或灰色鋪設大地呢？祂所選擇的顏色是最舒適，最宜人感官的。觀賞披著充滿生機之綠色外衣的大地，會給疲乏的心靈帶來快樂和鼓舞。大地如果沒有這層外衣，空氣中將充滿灰塵，大地將成為一片荒漠。每一根草莖，每一朵綻放的花朵，都證明上帝的愛，教育我們信靠祂。基督呼籲我們注意這自然的美，並向我們保證，有史以來屬世國度最偉大君王的華服，也比不上最普通花朵的裝飾。

我把基督和祂釘十字架呈現在你們面前；而你們應把心中最好的情感獻給祂；把你們的智力獻給祂，因為那是屬於祂的；把你們的財富和影響力獻給祂，因為這些只是借給你們使用的。耶穌曾脫下祂尊貴的王袍，離開祂永恆的寶座，神性披上人性，為我們的緣故成為貧窮，使我們因祂的貧窮而成為富足。那是錢財、土地、銀行股本的富足嗎？不是的！那富足是讓我們得到永遠的財富。

救恩只能憑藉耶穌而來。祂來到世上拯救墮落的人類，用祂人性的膀臂擁抱人類，同時用祂神性的膀臂拉住無窮上帝的寶座，把有限的人類與無限的上帝連接起來，把地與天連接起來。（《評閱宣報》1885年10月27日）

大自然帶來希望和安慰的信息

> 耶和華使泉源湧在山谷，流在山間，使野地的走獸有水喝，野驢得解其渴。
>
> **詩篇104：10—11**

大自然和《聖經》都彰顯上帝的愛。我們的天父是生命、智慧、喜樂的泉源。請你觀察奇妙美麗的自然萬物，思考它們是如何神奇地滿足人類和一切生物的需要和幸福。給大地、群山、海洋、平原帶來生機和滋潤的陽光和雨露，向我們述說創造主的慈愛。供應一切受造之物日常需要的，乃是上帝。

詩人在他優美的詩句中寫道：「萬民都舉目仰望祢：祢隨時給他們食物。你張手，使有生氣的都隨願飽足。」 **(詩篇145：15—16)**

上帝所創造的人類本來是完全聖潔幸福的。當美麗的大地從創造主手中出來的時候，毫無衰敗的痕跡和咒詛的陰影。

災難和死亡是因違背上帝愛的律法而臨到的，但即使在罪所帶來的苦難中，上帝的愛仍然顯明。《聖經》說到上帝因人的緣故就咒詛大地 **(創世記3：17)**。荊棘和蒺藜 —— 使今生煩惱勞苦的種種艱難試煉 —— 是為人的益處而安排的。這在上帝的計畫中是一門必修課，為要使人擺脫由罪而生的敗壞和墮落。

這個世界雖然已經沉淪，但並不都是憂鬱淒慘的。在大自然中仍然有希望和安慰的信息。刺草之中開著野花，荊棘之上長著玫瑰。

「上帝就是愛」寫在每一朵蓓蕾和每一株芳草上。鶯歌鳥語，宛轉鳴空；姹紫嫣紅，馥鬱芬芳；樹高林密，綠蔭如蓋。凡此美景，無不證明我們上帝的溫慈和父親般的照顧，證明祂希望祂的兒女幸福的願望。（《喜樂的泉源》原文第9—10)

從樹木汲取屬靈的教訓和健康之福

> 祂使草生長，給六畜吃，使菜蔬發長，供給人用，使人從地裡能得
> 食物。
>
> 詩篇104：14

在某個地方，正在做準備工作，清理土地以便成立療養院。這裡有許多天上所賜的松樹、杉木和樅樹，而它們的香氣是有利於健康的。還有其他幾種樹木具有藥性，也能促進健康。

不要無情地砍伐這樣的樹木，改變療養院建築的地點要比砍掉這些常青樹更好。在這些樹木中有給我們的教訓，《聖經》說：「義人要發旺如棕樹，生長黎巴嫩的香柏樹。」（詩篇92：12）大衛說：「至於我，就像上帝殿中的青橄欖樹；我永永遠遠倚靠上帝的慈愛。」（詩篇52：8）

基督徒就像黎巴嫩的香柏木。我知道這種樹不是淺淺地扎根在沃土之上，而是深深地扎根在地下，並且越扎越深，尋找更加牢固的基礎。它能巍然屹立在強烈的暴風雨之中，因為地下的根會牢牢地拉住它。

基督徒也是這樣深深地扎根在基督身上。他們相信他們的救贖主，他們知道自己所信的是誰，也深信耶穌是上帝的兒子，罪人的救主。他們毫無疑慮地接受了福音的好消息。真正的基督徒就像黎巴嫩的香柏木，不是生長在柔軟的淺土上，而是扎根在上帝身上，生長在山岩的裂縫之中。

要研究這些樹木的教訓，我可以長期思考這個題目，但我現在不行！我要求你們別砍掉這些松樹，它們會成為許多人的福氣。讓他們活著吧！

我的弟兄姐妹們！我要對你們說，你們在工作中有我的祈禱和同情。要記住你們是主花園裡的樹木，上帝在你們周圍保護你們。上帝的花朵與撒但的荊棘蒺藜之間的界線越是明顯，主就越是能從你們身上得到榮耀。（《斯伯丁和馬根集》原文第228—229頁）

大自然是創造主所引導和支持的

你們要以感謝向耶和華歌唱，用琴向我們的上帝歌頌。祂用雲遮天，為地降雨，使草生長在山上。

詩篇147：7—8

許多人教導說，物質本身具有生命的能力，就是說物質賦有某種特性，能靠它內在的能力來活動。又說，自然界的一切作用是循著不變的定律的，連上帝自己也不能加以干涉。其實這是虛假的科學，是《聖經》所不能贊同的。

原來大自然不是自動產生的，她乃是創造主的僕役。上帝絕不廢除自己的律法，也不違反律法行事，但祂常用律法作為祂的工具。自然界說明有一位全智者、一位神、一種活力，憑著自然律法並在其中運行，而且超乎自然律法之上。在自然界中有聖父和聖子經常做工。基督說：「我父做事直到如今，我也做事。」（約翰福音5：17）

上帝雖已完成了祂的創造工作，但祂的活力仍在用來維持祂所造的萬物。脈搏呼吸之所以生生不息，並不是由於機械式的作用，也不是一經發動就可憑它內在的能力自行運行不已的。其實每一呼吸、每一心跳都說明上帝無所不在的看顧，「我們生活、動作、存留，都在乎祂。」（使徒行傳17：28）

地球每年出產豐富，繼續繞著太陽公轉，並不是由於它內在的力量，乃是因為有上帝的手引領著行星，使它們各在其本位，照著一定的軌道在天空運行。植物繁茂，長葉開花，也是靠著上帝的能力。祂的話管理一切的自然力，祂使山谷中結果累累。「祂用雲遮天，為地降雨，使草生長在山上。」（詩篇147：8）「祂降雪如羊毛，撒霜如爐灰。」「祂一發聲，空中便有多水激動；祂使雲霧從地極上騰；祂造電隨雨而閃，從祂府庫中帶出風來。」（詩篇147：16；耶利米書10：13）

祂看顧祂手所造的萬物。沒有什麼東西是大到祂無法管理的，也沒有什麼東西是小到祂不能關注的。（《時兆月刊》1884年3月20日）

基督向我們指出一個更加榮美的世界

原來我們不是顧念所見的，乃是顧念所不見的；因為所見的是暫時的，所不見的是永遠的。

哥林多後書4：18

地球和地上的事物會因著消耗或使用而毀壞。若干年過去了，死亡就會來到。你永久的命運將會決定，並且是永遠決定了。假如你的靈命淪喪了，拿什麼來補償你的損失呢？基督是賜生命之主，是救贖主，是上帝的羔羊，除去世人罪孽的。祂向你指出了一個更崇高的世界，祂把這個世界帶到你的視線之內，祂帶你到天國的門口，讓你注視永恆世界的榮耀，使你的盼望得到激發，得以把握極為優美的永恆榮耀。在你凝視天國異象的時候，你的心中就會產生與上帝建立友誼、完全與祂和好的願望。

我們救主的工作就是調整屬世和屬天利益的要求，使人生的職責和本分與永恆的利益保持正確的關係。我們首先要關注的是敬畏上帝和愛祂，我們擔當不起把關乎我們靈命利益的事拖延到明天，我們現在的生活要憑藉信靠上帝之子的話，因著全備完美的救贖，我們從屬世悲憐不堪的景況中被拯救出來，這樣的救贖不可增添任何出於人的成分。

但是在這個慈愛的浪潮中，在豐盛的神聖之愛中，許多人對上帝恩典的安排無動於衷，漠不關心。我們豈能自稱基督徒，卻不努力打破撒但施加在這些人身上的魔力呢？我們難道就這樣容他們硬著心腸，沒有上帝，沒有指望嗎？斷乎不能！雖然我們所發出的每一個呼籲都可能遭到藐視和拒絕，我們仍不能停止為他們禱告，對他們的心發出溫柔的懇勸。我們必須在上帝之靈的幫助下，盡力打破他們抗拒上帝真光的障礙。我們必須設法消除他們的盲目，將他們從撒但的奴役下解救出來。（《時兆月刊》1893年7月17日）

從大自然可以學到許多功課

願這些都讚美耶和華的名！因祂一吩咐便都造成。祂將這些立定，直到永永遠遠；祂定了命，不能廢去（或譯：越過）。

詩篇148：5—6

詩人描寫上帝看顧林中生物的文字多麼優美！「高山為野山羊的住所；岩石為沙番的藏處。」（詩篇104：18）祂使飛鳥所住宿，「在樹枝上啼叫」的山間有水泉流出。（同上，第12節）林中和山間的一切生物，都是祂大家庭的一部分。祂張手，凡「有生氣的都隨願飽足」（詩篇145：16）。

阿爾卑斯山的雄鷹有時被風暴逼入狹小的山峽。風暴的密雲包圍了這林中的巨鳥，團團的黑雲把它與棲身的朝陽山巔隔開。它設法躲避，卻似乎徒勞。它來往衝撞，在空中拍打巨大的翅膀，哀鳴聲響徹群山。最後在勝利的吶喊中，它向上衝刺，穿雲而過，重見光明，將黑暗與風暴遠遠地拋在下面。

同樣，我們有時也可能被困難、灰心和黑暗所包圍，虛謊、災禍和冤屈困住了我們。有些雲霧我們無法驅散，我們與環境鬥爭，卻是徒勞。我們只有一條逃生之路。雲霧都是靠近地面的，在雲海之上，有上帝的榮光照耀。我們乘著信心的翅膀，就可以升入有上帝同在的陽光之中。

用這種方法可以學到許多教訓。樹木獨自生長在平原或山邊，深深扎根於土壤，其力量足以抵禦風暴。我們可以從中學到自力更生的教訓。細嫩的小樹如果遭到屈折，長成扭曲醜陋的樹幹，以後不論用什麼方法，都不能使它恢復原有的勻稱。我們可以從中瞭解到幼年影響的後果。荷花生長在污濁的池塘裡，為雜草和垃圾所包圍，但它那空心的花莖，卻是從水底清潔的沙土中生長出來的。它從那裡得到生命，在日光下開出馨香無瑕疵的花朵。我們可以從中學到聖潔生活的祕訣。（《教育論》原文第118—119頁）

如何從大自然學習最深奧的教訓

看這一切，誰不知道是耶和華的手做成的呢？凡活物的生命和人類的氣息都在祂手中。

約伯記12：9—10

青少年一方面可以從教師和課本那裡學習實際的知識，一方面也能自己學到教訓，認識真理。在他們從事園藝的時候，可以詢問他們從照看植物中得到什麼教訓。當他們觀賞美麗的風景時，可以詢問他們上帝為什麼讓田野和森林披上各種美麗的色彩。上帝為什麼不使萬物都披上深褐色呢？他們採集花朵的時候，可以引導他們思考，上帝為什麼從伊甸園給我們留下了這些美麗的花木。要教導他們注意大自然各處的證據，證明上帝顧念我們，使萬物都奇妙地供應我們的需要和快樂。

只有那些在大自然中認出天父的作為，在地上的豐盛與美麗中看出天父手筆的人，才能從大自然的事物上領會最深奧的教訓，並獲得它們最高的服務。只有視山林、幽谷、江河和大海為上帝思想的表達和創造主之啟示的人，才能充分欣賞它們的意義。

《聖經》的作者採用了許多自然的例證。我們觀察自然界的事物時，能夠在聖靈的引導下更加充分地理解《聖經》的教訓。自然界就這樣成了開啟《聖經》寶庫的鑰匙。

要鼓勵兒童在大自然中探索解釋《聖經》教訓的事物，並從《聖經》中找出源於大自然的比喻。他們必須從《聖經》和大自然中找出每一件代表基督的事物，和祂用來解釋真理的事物。這樣，他們就能學會在樹木與葡萄藤、百合與玫瑰、太陽與星辰中看見基督。他們也可以學習從禽鳥的歌聲、樹木的歡息、隆隆的雷聲和海洋的樂聲中，聽見祂的聲音。自然界的每一件事物都必向他們重述祂的寶貴教訓。

就認識基督的人而言，地球不再是孤獨荒涼的地方，而將成為他們天父的家，到處都有那位曾在人間居住的主同在。（《教育論》原文第119—120頁）

大自然教導順從的價值

> 兩個麻雀不是賣一分銀子嗎？若是你們的父不許，一個也不能掉在地上。
>
> 馬太福音10：29

大教師讓祂的聽眾與大自然接觸，使他們能傾聽一切受造之物所發的聲音。在他們心地軟化、思想開放之後，祂就幫助他們解釋所見場景的屬靈教訓。祂教導人真理時所喜歡用的比喻，顯明祂的心靈是如何接受大自然的薰陶，以及祂是何等樂意從日常環境中吸取屬靈的教訓。

空中的飛鳥、田野的百合花、撒種者與種子、牧人與羊群——這一切都被基督用來說明不朽的真理。祂也用日常生活中百姓所熟悉的事物，如酵、埋藏的財寶、珍珠、魚網、遺失的錢幣、浪子、建在磐石和沙土上的房屋等，作為例證。在祂的教訓中，都有吸引每個人、使他們感興趣的東西。如此，日常的工作就不會成為苦役，喪失其更高的意義，卻會藉著不斷提醒人屬靈和未見之事而成為愉快高尚的了。

我們也當如此教導，要讓兒童學會從大自然中看到上帝慈愛和智慧的流露，將禽鳥、花卉和樹木與上帝聯想起來。要使一切能見之事成為未見之事的解釋，並使人生的一切事務成為神聖教育的工具。

當他們學習這樣研究一切受造之物和生活經驗的教訓時，就必看出那管理自然事物與人生境遇的定律，也是管理我們的定律。這些定律是為我們的利益而制定的，惟有服從這些定律，我們才能獲得真正的幸福和成功。（《教育論》原文第102—103頁）

自然界有價值的物品需要修理和精練

> 我熬煉你，卻不像熬煉銀子；你在苦難的爐中，我揀選你。
>
> 以賽亞書48：10

爐火並非為毀滅，乃為精煉、提高、純化。若沒有這些試煉，我們就不會感覺那麼需要上帝和祂的幫助，我們會變得心驕氣傲，自滿自恃。我看這些試煉無非是憑據，證明上帝的眼目在看顧你，有意要吸引你歸向祂。健康的人用不著醫生，受傷患病的人才需要。那些被壓迫到幾乎忍受不住的人需要一位幫助者。

我們蒙召忍受苦難，這種事實正是證明主耶穌在我們身上看出來一些極其寶貴的品質，是祂切望使之得到發展的。如果祂在我們身上並未看出什麼足以榮耀祂名的，祂就不致於花費時間來熬煉我們了。我們既不肯費一番苦心去修剪荊棘；基督也絕不至將無價值的頑石投入祂的熔爐中。祂所要鍛鍊的，乃是那有價值的礦石。

鐵匠要將鋼鐵放在火裡，才曉得它們是什麼樣的金屬。主也容許祂所揀選的人被投入磨難的熔爐中，好使祂能看出他們的性質如何，可否加以模造以適合祂的工作。

在你建設品格的事上，或許有不少的工作要做，因為你是一塊頑石，必須先加以切磋琢磨，然後才可以在上帝的殿中佔有一席地位。當上帝在你身上施以刀斧，削除你品格中的棱角，使你能適合祂為你安排的位置時，你毋庸驚奇。因為對於這種工作，世人無能為力；惟獨上帝才能完成。同時也儘可放心，祂必不至施以無益的打擊，每一次的擊打都是本乎愛，也都是為了你永生的福樂。祂明瞭你的弱點，祂要恢復你，而不是毀壞你。

當我們遭遇似乎難以理解的試煉時，切不可失去平靜的心態。我們所遭遇的不論多麼委屈，也不要意氣用事。我們若有報復的心理，就會損害自己，影響自己對上帝的信靠，並使聖靈擔憂。必有天上的使者在我們旁邊觀察，祂必為我們向仇敵舉起旗幟，祂要用公義日頭的光輝普照我們。撒但無法衝過這一道屏障，他也不能越過這聖潔光輝的盾牌。（《時兆月刊》1909年8月18日）

大自然為那大藝術家和大設計師作見證

> 這日到那日發出言語；這夜到那夜傳出知識。無言無語，也無聲音可聽。
> 詩篇19：2—3

今天我們所看到的自然萬物，只能隱約地反映伊甸園的榮耀。雖然罪惡污損了世界的美麗，在萬物上面留下了它的痕跡，但自然界仍然保留了許多美麗。自然界向我們證明有一位能力無邊、偉大良善、憐憫仁愛的主創造了這世界，把生命和快樂充滿其間。萬物即使在受到破壞的狀態下，仍體現出那位藝術大師的手藝。我們無論到哪裡去，都可以聽到上帝的聲音，看見祂良善的證據。從隆隆的雷聲，不住咆哮的海洋，到林間婉轉的歌唱，自然界千變萬化的聲音，一齊讚美上帝。在大地、海洋、和太空中的萬物奇光異彩，千變萬化，爭豔鬥美，我們可以從中瞻仰上帝的榮耀。

永久的高山述說祂的權能，樹木揮動翠綠的繁枝，百花披著豔麗的新裝，都在指出創造它們的主。褐色的大地鋪上嫩綠的草坪，說明上帝對祂最小的創造物所有的關懷。海的洞穴、地的深淵，都蘊藏著祂的財寶。那一位把珍珠安放在海洋中，將紫石英和橄欖石隱藏在岩石中的上帝是愛美的。在穹蒼中升起的太陽，代表那作為一切受造之物的生命和亮光的上帝。裝飾大地、照亮諸天的一切榮耀和美麗，都在述說上帝。……萬物都證明祂的慈愛和如父親般的照顧，證明祂希望祂的兒女得到幸福。

那運行於大自然中並托住萬有的大能大力，並非如某些科學家所說的，只是一種充滿萬有的法則或動力而已。上帝是個靈，然而祂也是一位有位格的神，因為祂曾顯示自己說：「惟耶和華是真上帝，是活上帝，是永遠的王。」（耶利米書10：10）

上帝在自然界所顯示的作為，並非是上帝本身，自然界的事物只不過是上帝品德和能力的一種表現，但我們卻不可將大自然當作上帝。人用藝術家的技能製造出精巧悅目的作品，我們從這些作品上藉以略知作者的思想，然而作品並不是作者本人。值得推崇的，並不是作品，而是作者本身。故此自然界雖是上帝思想的表現，而我們所應當景仰的，並不是自然界，而是自然界的上帝。

（《論健康佈道》，舊名《服務真詮》原文第411—413頁）

大地的豐富供應證明上帝的愛

> 那賜種給撒種的，賜糧給人吃的，必多多加給你們種地的種子，又增添你們仁義的果子；叫你們凡事富足，可以多多施捨，就藉著我們使感謝歸於上帝。
>
> 哥林多後書9：10—11

當我們不斷地領受上帝的恩典時，我們也應當不斷地把上帝的恩典分享給人。假如天上的施予者停止了供應，我們的責任就可能得到豁免，因為我們無物可施。但上帝始終賜給我們祂慈愛的憑據，因為祂要造福我們。祂從天上降雨給我們，賜給我們結果子的季節，將祂豐盛的福分供應我們，使我們的心充滿快樂。祂宣布說：「地還存留的時候，稼穡，寒暑，冬夏，晝夜就永不停息了。」（創世記8：22）

我們時刻都因上帝的照顧而得到供養，因祂的大能而獲得支持。祂把食物擺在我們的餐桌上，賜給我們安眠以恢復體力；每週把我們帶到安息日，使我們可以放下世俗的重擔，來到上帝的聖殿中敬拜祂，領受祂的道，作為我們腳前的燈和路上的光，並從《聖經》中找到智慧的勸勉。每當我們憑著信心來到祂的面前，懊悔並承認所犯的罪時，就可獲得祂所賜的恩典。最重要的是上帝愛子的無限恩賜。我們今生和來生的一切福分，都是從祂而來的。

可靠的恩慈和憐憫伴隨著我們的每一步。我們不應不耐煩地喊叫說：「奉獻難道沒有盡頭嗎？」除非我不希望無窮的天父向我們賜恩。我們不但應忠心繳納原屬上帝的十分之一，還應奉獻其他的貢物於上帝的府庫中，作為感恩。但願我們懷著快樂的心情，將祂所賜一切恩惠的初熟的果子，獻與創造主——就是我們最好的財產和至善至聖的服務。（《評閱宣報》1886年2月9日）

自然界述說創造之主

願天和地、洋海，和其中一切的動物都讚美祂！因為上帝要拯救錫安，
建造猶大的城邑；祂的民要在那裡居住，得以為業。

詩篇69：34—35

那創造世界的大能，如今仍托住宇宙，維持自然界的秩序。上帝親手引導
行星在穹蒼中，按著指定的軌道運行。地球年復一年地環繞著太陽運
轉，提供豐富的出產，並不是出於它自己的能力。上帝用祂的話管理節令。
祂用雲遮天，為地降雨，使河谷生產，「使草生長在山上」（詩篇147：8）。植
物繁茂、樹葉青蔥、百花盛開，這一切都是出於祂的大能。

　　整個自然界都是用來解釋屬靈事物的。當初亞當和夏娃在伊甸園中時，
自然界對於他們，充滿了認識上帝的知識和神聖的教訓。在他們留意傾聽的
耳朵聽來，大自然乃是智慧的聲音。他們既聽見智慧的聲音，就存記在心；
因為他們藉著上帝創造的萬物與祂交往。當這對聖潔的夫婦，干犯了至高者
的律法之後，來自上帝面上的榮光，就從地面上撤去了。自然界如今已被罪
所敗壞，但上帝賦予自然萬物的教訓，並沒有消失。即使是在今日，只要我
們正確地加以研究和理解，大自然仍在述說著她的創造主。

　　神聖的真理怎樣在《聖經》中顯示出來，也照樣在自然界的面貌上彰顯
出來，如同從鏡子裡返照一樣；我們藉著受造之物認識造物主。所以大自然
就成了一本偉大的教科書，聰明的教師們可以將它與《聖經》結合起來使
用，引領迷路的羊歸回祂的羊圈。當他們研究上帝的作為時，聖靈就會使他
們的心有所感悟。這種感悟不是靠邏輯的推理，只要人的心還沒有黑暗到無
法認識上帝，眼睛還沒有昏花到看不見祂，耳朵還沒有聾到聽不到祂的聲
音，他們就會明白更深的意義，將《聖經》偉大的屬靈真理銘記在心。

　　教導未認識上帝的外邦人最有效的方法，就是藉著上帝的作為。這種方
法能比其他方法更快地使他們認識到他們所造的偶像，和天地的創造主真神
上帝有何等大的區別。（《對教育的特別證言》原文第58—60頁）

土地休耕所帶來的豐盛福氣

六年要耕種田地，也要修理葡萄園，收藏地的出產。第七年，地要守聖安息，就是向耶和華守的安息，不可耕種田地，也不可修理葡萄園。
利未記25：3—4

不論是為了住棚節或收割節，以及為守節而從田園帶禮物來，大家都在枝葉搭成的棚內住宿一週，彼此交流團聚。遵守神聖的紀念禮節、款待上帝的工人 —— 就是聖所供職的利未人、或是款待上帝的兒女 —— 就是寄居的和貧窮的人，這一切都會使眾人對那「以恩典為年歲的冠冕」、「路徑都滴下脂油」的主，產生感謝的心。

虔誠的以色列人每年都要足足用一個月時間這樣守節。在這段時間徹底擺脫了憂慮與操勞，從最真實的意義上說，幾乎完全用於教育的目的。

上帝將產業分給祂的子民，祂的旨意乃是要教導他們，並透過他們教導後世的人有關土地所有權的正確原則。迦南地是分給全體人民的，只有在聖所中供職的利未人除外。一個人雖然可以在一段時間裡處置他的產業，但他卻不能將子孫的家產賣掉。只要有能力，他在任何時候都可以將產業贖回。債務每隔七年要豁免一次。到了第五十年，就是禧年，一切的地產都要歸還原主。每家的產業就這樣得到保全，不致出現貧富差距極端的現象。

上帝將土地分給人民，原是為他們預備一種最適宜於發展的職業 —— 農業和畜牧業 —— 正如祂為伊甸園的居民所預備的那樣。祂的另一種教育措施，就是每七年休耕一次，使土地得到休息，而其中自長的莊稼要留給窮人。這樣就有了進修、社交、崇拜和行善的機會。這一切往往因生活的憂慮和操勞而無暇顧及。

如果上帝分配產業之律法的原則能在今日的世界實行，人們的狀況將會有多大的不同啊！（《教育論》原文第42—44頁）

窮人在上帝的世界裡擁有權利

地和其中所充滿的，世界和住在其間的，都屬耶和華。
詩篇24：1

在「七月初十日，……就是贖罪日」（利未記25：9），要吹起禧年的號筒。遍地，凡是有猶太人居住之地，都可以聽見這號筒的聲音，叫雅各一切的子孫歡迎豁免年的來臨。在贖罪大日，以色列的罪都已蒙贖，所以百姓都帶著愉快的心情迎接禧年。

禧年如同安息年一樣，土地不可耕種，也不可收割，一切出產要算為窮人合法的所得。某一些希伯來奴婢——凡在安息年沒有得到釋放的——在這一年都要得自由。

但禧年的特徵乃是一切的地產必自然歸還原主。從前由於上帝的特別指示，土地曾用拈鬮的方法分給各人。及至分定之後，就沒有人能自由交換。人也不可出賣他的地業，除非是他為經濟所迫而不得不賣。但以後無論何時，他或他的近親若要贖回那地，買主不得推辭；如果一直沒有人贖回，那地到了禧年，仍必歸還原主或他的後嗣。

百姓要經常記得他們所得以及暫時佔有的地乃是上帝的；祂乃是合法的原主，所以祂要他們特別照料貧窮和不幸的人。這要在一切人的心中留下深刻的印象，要他們知道窮人在這屬上帝的世界上與富人有相等的權利。

這就是我們慈悲的創造主所做的安排，為要減輕窮乏和遭難之人的痛苦，使他們的生活多少有一點光明和溫暖。（《先祖與先知》原文第533—534頁）

要工作，因為地上的黑夜即將來臨

智慧人必發光如同天上的光；那使多人歸義的，必發光如星，直到永永遠遠。

但以理書12：3

那交給我們的工作是極其偉大重要的，在這種工作上需要明智而不自私的人，明白獻上自己為救人而做的無私努力意味著什麼。但不需要那不冷不熱之人的服務，因為基督用不著這等人。只有那感到人類的痛苦，並在生活上證明自己乃在接受而又轉授光亮、生命、恩惠的男女，才是聖工所急需的。

上帝的子民需在克己犧牲上與基督接近，並以傳揚救恩的信息給天下萬民為唯一的宗旨。雖然各人做工的方法，按照主的呼召和引導，也許有所不同；但是大家都應當同心努力，以求做成完善的工作。他們應當用文字和聲音努力為祂做工。真理的印刷品要譯成各種語言，傳至地極。

我常為這麼多本來可以工作卻無所事事的人感到難過，他們是撒但試探的對象。每一個明白真理的信徒，都應趁著白日努力做工，因為黑夜將到，就沒有人能做工了。再過不久，我們就會嘗到黑夜的滋味了。上帝的靈已憂傷地漸漸離開地上。各國互相仇視，進行大規模的戰備。黑夜近了，教會應當警醒，出來做所指定的工作。每一位信徒，不論曾否受過教育，都能傳揚這個信息。

永恆正在我們面前展開，幔子即將掀開。我們心裡所打算的是什麼呢？四周的人即將滅亡，難道我們仍專顧自己貪圖安逸嗎？我們的心難道完全硬化了嗎？我們豈不能看明，自己為別人有番工作當做嗎？我的弟兄姐妹啊！你們是否已成為有耳不能聽，有眼不能看的那等人呢？上帝使你們明白祂的旨意，這豈是徒然的嗎？祂屢次對你們發出警告，要你們覺悟末日近了，難道這都是徒勞無益的嗎？試問你們到底信不信祂的聖言所宣布將要臨到世界的大事呢？到底信不信祂的報應確已迫近地上的人呢？你們怎麼能安安逸逸地坐著漠不關心呢？（《教會證言》卷九，原文第26—27頁）

耕作土地就是為上帝服務

這葡萄樹從栽種的畦中向這鷹彎過根來，發出枝子，好得它的澆灌。這樹栽於肥田多水的旁邊，好生枝子，結果子，成為佳美的葡萄樹。

以西結書17：7—8

什一制是上帝所設立，作為最理想的安排，幫助百姓實行律法的原則。他們若順從這條律法，就會獲得整個葡萄園和全地。

人類應當與上帝配合，使患了疾病的土地恢復健康，成為祂聖潔的讚美和榮耀。正如他們所擁有的土地，若經精心耕作就會有收成，照樣，他們的心若受上帝所管理，就能反映出祂的品格。

在上帝所賜耕作土地的律法中，祂使百姓有機會克服自我，擁有屬靈的心志。他們如果順從上帝的話，迦南就會成為他們的伊甸園。上帝計畫藉著他們教導地上各國怎樣耕作土地，結出健康無疾的果實。地球是上帝的葡萄園，應當按照祂的計畫經營。種地的人應當認識到自己是在為上帝工作。他們在經營土地和產業時，要像奉命擔任祭司在聖所工作的人一樣忠心。上帝告訴百姓，利未人是他們的一種福惠。他們不論從事什麼行業，都要幫助支援利未人。（《聖經注釋懷注》卷一，原文第1112頁）

亞當和夏娃因不順服上帝而喪失了伊甸園，全地因罪而受了咒詛，但如果上帝的子民肯遵從祂的指示，他們的土地就必恢復原來的肥沃與美麗。上帝曾親自指教他們如何耕種土地。他們應當在恢復的工作上與祂合作。這樣，全地在上帝的管理之下，就會成為屬靈真理的實際教訓。土壤怎樣遵照自然的定律生產出莊稼，照樣，人心也必順從祂道德的律法，反映祂品德的特性，連外邦人也要看出事奉敬拜永生上帝之人的優越性。（《天路》原文第289頁）

教誨和快樂取之不竭的泉源

我立大地根基的時候，你在哪裡呢？你若有聰明，只管說吧！你若曉得
就說，是誰定地的尺度？是誰把準繩拉在其上？

約伯記38：4—5

當夏娃奉命修理看守伊甸園。宇宙之主供應他們的雖然很豐富，他們卻不宜閒懶，讓他們做有益的工作，乃是福氣，可以增強體質、擴大思想、發展品格。

大自然的課本向他們展示活生生的功課，是他們取之不盡、用之不竭的資源，使他們得到教育和喜樂。森林裡的一枝一葉，深山上的大小岩石，光輝燦爛的星球，以及天地海的一切事物，無不寫著上帝的聖名。伊甸園的居民可以與一切被造的生物或無生物──樹木花草以及各樣活物交談，舉凡在水中遊玩的恐龍，甚至在日光之中浮沉的小蟲，以此領悟各種生命的奧祕。上帝在諸天之上所顯的榮耀，和無數星球規律化的運轉，「雲彩如何浮於空中」（約伯記37：16），以及聲與光、晝與夜的奧祕，都是地上第一所學校裡學生學習的信息。

無窮的創造主所造之萬物啟發了他們的思想，使他們明白自然界的定律和運作，以及管束屬靈大地的偉大真理原則。他們的智力和靈性在「上帝榮耀的光」裡得到發展（哥林多後書4：6）。他們感受到自己聖潔生活的最高樂趣。

伊甸園乃至於全地從創造主手中出來的時候是非常美麗的。在一切華美的受造之物中，沒有一點罪惡的痕跡或死亡的陰影。上帝的榮耀「遮蔽諸天；頌讚充滿大地。」（哈巴谷書3：3）

上帝希望全地都成為伊甸園那樣。祂的旨意是隨著人類的繁衍，他們要建立其他家庭與學校，像祂所設的那樣。到了一定的時候，全地必充滿研究上帝言語和作為的家庭與學校。學生們在裡面得到準備，好在無窮的歲月中越來越反映上帝榮耀知識的光。（《教育論》原文第21—22頁）

人心的土地需要耕作

> 你們要為自己栽種公義，就能收割慈愛。現今正是尋求耶和華的時候；
> 你們要開墾荒地，等祂臨到，使公義如雨降在你們身上。
>
> 何西阿書10：12

我想勸告那些位居負責崗位的人，要認識到自己的責任，不要雇用一些無效率的人參加上帝的聖工，危及現代真理的事業。我們需要那些願意進入新的園地，去為主作辛苦服務的人。

我記得在訪問愛荷華州新區的時候，曾看見農民們開墾荒地。我注意到他們成群結隊，努力將田地犁得很深，但他們也透過勞動而增強了自己的體力和筋骨。進入新的田園開墾人心的荒地，會使我們的青年人強壯起來。這項工作會使他們更加親近上帝。這會幫助他們看清自己本身毫無效率。

他們必須完全歸主，必須放棄一切自尊自負之心而投靠主耶穌基督，當他們這樣做的時候，就會樂意走出營外，負起責任作十字架的精兵。他們必須藉著克服困難和戰勝障礙來提高效能和才幹，需要能居於負責崗位的人，但他們必須是已經充分證明了自己的作用，樂於負基督之軛的人，而上天也嘉許這等人。

我奉勸你們買眼藥，使你們能看明上帝對你們的期望，太多的證道裡面沒有基督。一系列沒有能力的話語只會使人退步，願上帝幫助我們，讓聖靈彰顯在我們中間。我們不應等到回家才能獲得天國的福氣，傳道人應該就在這裡開始幫助人們尋求上帝，並要從正確的立場開始做工。那些長期從事聖工的人，不會僅滿足於晚雨沛降所帶來的復甦。

我們這班人像約翰一樣，是要為主預備道路的。我們如果在為基督復臨作準備，就必須全力以赴，幫助別人也為基督復臨作準備，正如基督的先鋒為祂的第一次降臨作準備，呼召人們悔改那樣。……願上帝幫助我們親自查考《聖經》，而當我們都被上帝的真理所充滿時，就會流出活水的泉源來。天上的泉源是取之不盡的。我們汲取得越多，就越樂於汲取生命的活水。（《評閱宣報》1889年10月8日）

需要更大的效率和更深的獻身

只等真理的聖靈來了，祂要引導你們明白（原文作進入）一切的真理。因為祂不是憑自己說的，乃是把祂所聽見的都說出來。並要把將來的事告訴你們。

約翰福音16：13

日子過去一天，末日就更近一天。我們是否也與上帝一天比一天親近呢？我們是否警醒禱告呢？那與我們日常相處的人，都需要我們的說明和指導。他們的心情或許是這樣的：只要我們趁機說一句合時的話，聖靈就會使之銘刻在心，「像釘子釘在堅固處」（以賽亞書22：23）。若延至明天，則有些人也許已落到我們再不能企及的地步了。我們對於這些同行的旅客有什麼影響呢？我們做了什麼努力爭取他們歸向基督呢？

時間很短促了，我們必須會合眾人的力量從事更大的工作。我們所需要的工人，就是了解這工作的偉大，不是為了所得的工資，而是因認識到末日迫近而參加的人。這時代需要更大的效率與更深切的獻身。唉！我一心想念這事，不禁呼求上帝說：「求祢興起差遣充滿責任感的使者，就是那已把自我崇拜的觀念，即一切罪惡的根源，釘死在十字架上的使者。」

我們應當倚靠上帝，毅然前進，毫不自私地做祂的工作，謙卑地信賴祂，把我們的現在和將來完全交給祂全智的安排，堅持起初確實的信心，並要記得我們之所以接受天上福氣，並不是因為我們自己的德行，乃是因為基督的功勞，並藉著相信祂，得以承受上帝豐盛的恩典。（《教會證言》卷九，原文第27—29頁）

使福惠的水流不斷循環

> 你們豈不說「到收割的時候還有四個月」嗎？我告訴你們，舉目向田觀看，莊稼已經熟了，可以收割了。
>
> 約翰福音4：35

人的力量既無法建立也無法摧毀上帝的工作。上帝要不斷指引並派聖天使保護那些面對困難和反對推展祂聖工的人。祂在地上的工作絕不會停止。祂天家聖殿的建築工程要繼續進行，直到大工告成，那時主必搬出一塊石頭，安在殿頂上，人且喊著說：「願恩惠恩惠歸與這殿。」（撒迦利亞書4：7）

基督徒應成為他人的福惠，這樣他自己也會蒙受福惠。「滋潤人的，必得滋潤。」（箴言11：25）這乃是上帝神聖管理工作中的一個律例，祂定意藉著這一律例使仁慈的河川，像深淵的水一樣不住地循環，不斷地流歸到源頭那裡。基督教團體的能力乃在於遵行這一律例。

我蒙指示，不論在什麼地方，若已經過克己和不懈的努力而獲得了建立和推進聖工的設備，主也使工作興旺起來了，那裡的人就應拿出資財來幫助那些派往新園地的上帝僕人。無論哪裡的聖工若已打下了良好基礎，信徒們就當感到自己有責任協助需要的人，把部分或過去全部曾投在他們地區的資財奉獻出來，即使要作很大的犧牲也在所不惜。上帝就是這樣安排以擴大祂的聖工，這就是用在聖工上的償還定律。（《教會證言》卷七，原文第170頁）

9月
SEPTEMBER

傳 播 好 消 息

告訴別人敬愛和順服基督

> 耶和華說：你們是我的見證，我所揀選的僕人。既是這樣，便可以知道，且信服我，又明白我就是耶和華。在我以前沒有真神，在我以後也必沒有。
>
> **以賽亞書43：10**

撒但經常引誘我們，在那將考驗每一個生靈的大事上怠惰，不作必要的準備。天上聖所的工作正在進行。耶穌已在潔淨聖所，地上的工作與天上的工作要互相配合。天使也經常吸引世人，也就是活的器皿，來仰望耶穌，深思默想祂，好讓我們看明基督的完美，感悟到自己品格的不完全。關於祂所應許的保惠師，基督已說到「祂來了，就要為我作見證」，這是當代信息的重點。

要像基督那樣講話，像祂那樣做工，我們必須仰望祂而得活。我們既看見基督的可愛，就渴望實行祂的美德和公義。藉著仰望基督，我們才變成祂的形像，藉著棄絕自我，把我們的心完全交給耶穌，讓聖靈使我們變得文雅、高貴、高尚，我們就會與將來的世界有密切聯繫，沐浴在公義日頭的明光中。我們就有說不出、滿有榮光的大喜樂。於是我們就因上帝的愛而心中火熱，奉命去其他城鎮，把好消息告訴他們，告訴在遠方的人，就是主 —— 我們上帝所召來的。

要把聖言的有福真理告訴他人，並且因順從基督的話而繼續在祂的愛裡。祂是怎樣敦促我們要藉著對祂的愛來遵守祂的誡命啊！祂這麼做並不是敦促我們去做不可能的事，而是因為祂知道遵守祂父的命令是什麼意思。祂希望每一個聽到祂邀請的人都同樣邀請別人，並且接受祂豐富的恩賜，因為祂知道，我們遵守上帝的誡命，並不是陷入奴性的束縛，而是藉著耶穌基督的血得以自由。「守著這些（祂的誡命）便有大賞。」（詩篇19：11）

要用筆墨和聲音、用虔誠、謙卑、愛心將祂告訴別人，表現基督的品格。「聖靈和新婦都說：『來！』聽見的人也該說：『來！』口渴的人也當來；願意的，都可以白白取生命的水喝。」（啟示錄22：17）（《舉目向上看》原文第344頁）

大家都有責任作見證

但聖靈降臨在你們身上，你們就必得著能力，並要在耶路撒冷、猶太全地，和撒馬利亞，直到地極，作我的見證。

使徒行傳1：8

我看見在悔改的人中有那麼多青年男女因耶穌的愛而內心軟化馴服，承認上帝為他們的心靈所成就的善工，心中就感到快樂。那實在是寶貴的時辰！「因為，人心裡相信就可以稱義，口裡承認就可以得救。」（羅馬書10：10）這些人絕不可喪失起初愛的熱情，因著驕傲和貪愛世界，讓奇怪的冷漠控制他們的心靈。

新接受真理的人務必意識到自己對上帝的責任，因為祂呼召他們認識真理，使他們心中充滿祂神聖的平安。他們應當在與他們交往的人身上發揮聖潔的影響。「耶和華說：『你們是我的見證。』」（以賽亞書43：10）

上帝已經將一項工作交託給每一個人，那就是使世人明白祂的救恩。真正的宗教信仰絕不含自私或排他的成分。基督的福音是普及而積極傳播的。它被比作世上的鹽，產生變化的酵，照耀黑暗的光。一個得蒙上帝的恩寵和眷愛，享受著與祂交往的人，是不可能對那些基督為他們受死，但依舊處在錯謬與黑暗中犯罪的生靈，感覺不出自己有任何的責任。

如果自稱是跟從基督的人，忽略了作世上的光，賜生命的能力就會離開他們，他們就會變成冷酷而非基督化了。冷漠的魔力必控制他們，如死一般的呆滯心靈必使他們成為取死的身體，而無法成為耶穌的活代表。每一個人都必須高舉十字架，存謙卑、溫柔的心，負起上帝所交託的職責，為周圍需要幫助和亮光的人盡個人的努力。

凡接受這些責任的人，必獲得豐富而多采多姿的經驗，他們自己的心必火熱起來，並得到加強和鼓舞、再接再厲、恐懼戰兢地作成自己得救的工夫，因為他們立志行事都是上帝在心裡運行，為要成就祂的美意。（《評閱宣報》1891年7月21日）

把亮光和希望帶到各處

> 你們的光也當這樣照在人前，叫他們看見你們的好行為，便將榮耀歸給你們在天上的父。
>
> 馬太福音5：16

實際行動要比單單講道有效得多。我們應當將食物分給飢餓的人，將衣服送給赤身的人，為無家可歸的人提供棲身之處。但上帝要我們去做的還遠不止於此。人心靈方面的需要，惟有基督的愛才能滿足。如果基督住在我們裡面，我們的心就會充滿上帝的同情，原來封閉、真誠的基督之愛的泉源亦敞開了。

上帝不僅要我們拿出財物幫助窮人，也要我們流露愉快的表情，說有希望的話，與人友好地握手。基督在醫治病人的時候，按手在他們身上，我們也當照樣接近我們所要幫助的人。有許多人已經絕望了，要將陽光帶回給他們；許多人已經喪失了勇氣，要向他們說鼓勵的話，為他們禱告；有些人需要生命之糧，應當將上帝的話語讀給他們聽；許多人患有心靈的疾病，是地上的藥物和屬世的醫師所不能醫治的，要為這樣的人祈禱，把他們帶到耶穌面前，要告訴他們在基列有乳香，在那裡有一位醫生。

它不是一種普遍的福分，它常將其福惠賜向這個不知感恩、敗壞不潔的世界。公義的日光也是這樣。整個地球雖然被罪惡、憂患和痛苦的黑暗所籠罩，但仍受上帝慈愛的知識所光照。來自天上寶座的光必要照在每一個人身上，不分宗派、地位或階級。

希望和慈憐的信息要傳到地極。……外邦人將不再被籠罩在午夜的黑暗之中。在公義日頭的光輝面前，烏雲將被驅散。陰間的權勢已經被打敗了。

但是人不可能將自己沒有領受的分給別人。在上帝的工作上，人不能開創什麼。……唯有那兩位天上的使者將金色的油灌入聖所七燈的燈盞，才能產生長明不滅的亮光。上帝的愛繼續不斷地輸入人的心中，能使人發出亮光。所有因著信而與上帝聯合的人，心中都有愛的金油通暢地流入，然後再藉著他們的好行為，就是為上帝所作真誠衷心的服務照耀出來。（《天路》原文第417—419頁）

先要釘死自我，才能成功地作見證

有一個人，是從上帝那裡差來的，名叫約翰。這人來，為要作見證，就是為光作見證，叫眾人因他可以信。

約翰福音1：6—7

《聖經》對我們說：「所以你們要完全，像你們的天父完全一樣。」（馬太福音5：48）祂呼籲每一個人把自己釘在十字架上。回應的人會在祂裡面堅強起來。他們每天向基督學習。他們越學習，就越強烈地希望透過幫助同胞來建立上帝的國。他們越得到啟迪，就越希望啟迪別人。他們越與上帝交談，就越少為自己而活。他們的特權、機會和才幹越多，就越覺得有責任為他人服務。

人的本性總是想竭力表現出來。在基督裡完全的人必須首先倒空自我驕傲和自滿，靜下心來，傾聽上帝的聲音，然後讓聖靈毫無阻礙地進來。要讓上帝在你們裡面，並通過你們做工。這樣，你就可以與保羅同說：「現在活著的，不再是我，乃是基督在我裡面活著。」（加拉太書2：20）但我們如果不把自我放在祭壇之上，讓聖靈按照上帝的形像塑造我們，就達不到上帝對我們的理想。

基督說：「我來了是要叫羊得生命，並且得的更豐盛。」（約翰福音10：10）要為基督做工，我們必須擁有這樣的生命，並且要得的更豐盛。上帝必將這樣的生命吹入每一個向自己死、向基督活的心靈中，然而需要完全棄絕自我，否則我們就會存留那摧毀我們幸福的邪惡。

主需要那些能將敬虔榜樣之光帶進日常生活中的男女，其言語行為能顯明基督住在其心中，教訓、引領並指導他們。祂需要祈禱的男女，藉著單獨與上帝較力而戰勝自己，並能出去將他們從能力之源所獲得的東西給別人分享。

上帝悅納那些釘死自我的人，並使他們成為尊貴的器皿。他們在上帝的手中如同泥在窯匠的手中，祂藉著他們行使祂的旨意。這樣的男女接受屬靈的力量。基督住在他們裡面，祂靈的能力伴隨著他們的努力。他們意識到他們在此世要過耶穌所過的生活——一種完全脫離自私的人生；祂會使他們成為祂的見證並吸引人歸向髑髏地的十字架。（《時兆月刊》1902年4月9日）

邀請人成為上帝的兒女

你看父賜給我們是何等的慈愛，使我們得稱為上帝的兒女；我們也真是祂的兒女。世人所以不認識我們，是因未曾認識祂。

約翰一書3：1

「**親**愛的弟兄啊，我們現在是上帝的兒女，將來如何，還未顯明；但我們知道，主若顯現，我們必要像祂，因為必得見祂的真體。凡向祂有這指望的，就潔淨自己，像祂潔淨一樣。」（約翰一書3：2—3）

這段《聖經》揭示了很少有人領會的基督徒特權。每一個人都要瞭解上帝在《聖經》中賜給我們的福氣。關於祂願意為我們所做的事情，祂給了我們許多保證。祂的一切應許，都是藉著基督為我們所作的犧牲而成就的。

施洗約翰為我們藉以成為上帝兒女的那一位作見證說：「凡接待祂的，就是信祂名的人，祂就賜他們權柄作上帝的兒女。」（約翰福音1：12）。

我們靠自己無法成為上帝的兒女，惟有接受基督為他們救主的人才有權柄作上帝的兒女。罪人無法靠自己的力量除去罪惡，為了達到這個目的，他們必須指望更高的能力。約翰喊著說：「看哪，上帝的羔羊，除去世人罪孽的！」（約翰福音1：29）惟有基督能拯救人心。尋求赦免和接納的人只能說：「我乃空手就主前，十字架下求哀憐。」（托普雷迪作詞，《萬古磐石》）

但是作上帝兒女的應許是賜給一切「信祂名的人」。凡憑信心來到耶穌面前的人都會得到寬恕。懺悔的人一旦仰望救主幫助他們轉離罪惡，聖靈就會在他心裡開始轉變的工作。「凡接待祂的，就是信祂名的人，祂就賜他們權柄作上帝的兒女。」（約翰福音1：12）

這個動力將會激勵凡願意向仍處於黑暗謬道之中的人，去介紹福音盼望之人。（《評閱宣報》1903年9月3日）

天使與從事救靈工作的人合作

眾先知也為祂作見證說：「凡信祂的人必因祂的名得蒙赦罪。」
使徒行傳10：43

上帝藉著天使做工，使認識真理的人與需要亮光和知識的人接觸。請閱讀使徒行傳第十章。天上的上帝看見哥尼流的忠實與虔誠。祂目睹他的禱告和施捨，注意到他的影響力。祂希望賜給他有關基督使命的亮光，吸引他參加祂的聖工。

主差遣祂的使者通知哥尼流，讓他與使徒彼得接觸。天使把彼得的住址告訴哥尼流，並保證說：「他會告訴你所當行的。」然後天使奉命去消除彼得對是否可以為外邦人做工的疑慮，說：「上帝所潔淨的，你不可當作俗物。」（使徒行傳10：15）正當彼得思考這神祕啟示時，聖靈對他說：「起來，下去，和他們同往，不要疑惑。因為是我差他們來的。」（同上，第20節）

這段歷史告訴我們，天國與我們的世界是緊密相連的，在雅各所看見的梯子上，上帝的使者上去下來，上帝在梯子之上，榮耀的光線從梯頂一直照耀到梯底，這條交流的通道如今依然敞開。

上帝恩待哥尼流有什麼成果呢？請閱讀這段寶貴的歷史，學習和讚美上帝，因為其中給我們的教訓是……上帝「吩咐我們傳道給眾人，證明祂是上帝所立定的，要作審判活人、死人的主。眾先知也為祂作見證說：『凡信祂的人必因祂的名得蒙赦罪。』」（使徒行傳10：42—43）

彼得說這些話的時候，聖靈降在眾人身上。他們就奉主的名受了洗。這樣，凱撒利亞地區就有了一群高擎真理之光的基督徒。

這是應做的工。我們有一個信息要傳給人。……基督宣布說：「我就是生命的糧。到我這裡來的，必定不餓；信我的，永遠不渴。……凡父所賜給我的人必到我這裡來；到我這裡來的，我總不丟棄他。」（約翰福音6：35、37）

（《澳洲聯合會記錄》1900年1月1日）

作見證時要慎言和機智

你們要愛惜光陰，用智慧與外人交往。你們的言語要常常帶著和氣，好，像用鹽調和，就可知道該怎樣回答各人。

歌羅西書4：5—6

主固然吩咐我們說：「你要大聲喊叫，不可止息；揚起聲來，好像吹角。向我百姓說明他們的過犯；向雅各家說明他們的罪惡。」（以賽亞書58：1）這個信息我們是必須傳的。然而我們仍得小心，不可用言語冒犯、催逼、譴責那些不像我們一樣享有亮光的人。

那些已享有偉大的機會和權利，卻未能增進自己的體力、智力和道德力，專求自己享受，不肯盡自己的責任的人，他們在上帝面前比一般在教義要點上雖有錯誤，但卻願為他人謀利益而生活的人，處於更危險、更有罪的地位。所以我們不可責備別人，不可定他們的罪。

如果我們讓自私的意念、虛假的理論和似是而非的辯護，讓自己落到心志敗壞的地步，以致我們不能認清上帝的旨意和道路，我們的罪就要比一般公開作惡的罪人重得多了。所以我們須得十分謹慎，以免我們心中定了那些在上帝眼中罪孽比我們輕的人的罪。

我們每個人都該記住，無論如何我們都不可去招惹逼迫，不可說尖銳刺人的話。不論是在我們所寫的文章上或所演講的語句上，都不可有這樣的言語。刺激人和責備人的工作，要讓上帝的道去做。我們智慧有限的人要隱藏起來，躲在基督耶穌裡面，讓基督的靈顯現出來。大家都應該謹慎自己的言語，以免招致因言語衝撞，惹怒不信真理的人向我們大肆攻擊，並且讓撒但有機會利用我們魯莽的言語來阻礙我們的道路。

不久將有大艱難的時期，是從立國以來所沒有的。我們的工作，是要設法掃除一切含有報復性的挑釁，以及人身攻擊或對其他教會不利的話：因為這不是基督的方法和手段。已經明白上帝真理的百姓，卻沒有照著上帝教訓所指示的去盡他們的本分，這一事實，使我們不得不格外小心，以免我們在還沒有使不信的人聽到有關安息日和星期日的道理之前，先得罪了他們。

（《教會證言》卷九，原文第243—244頁）

現在是為基督做工的時候

> 我在上帝面前，並在將來審判活人死人的基督耶穌面前，憑著祂的顯現和祂的國度囑咐你：務要傳道，無論得時不得時，總要專心，並用百般的忍耐、各樣的教訓責備人，警戒人，勸勉人。
> 提摩太後書4：1—2

你們用上帝的恩賜做了什麼呢？祂已提供給你們行事的原動力，好使你們用忍耐盼望和不倦的警醒，宣揚基督並祂釘十字架，呼召人們悔改自己的罪，警告世人基督即將帶著能力和大榮耀降臨。

　　信徒們現今若不醒來，並到傳道園地去做工，就會後退陷入死一樣的昏睡中。聖靈怎樣在你們心中運行的呢？……你們豈沒有受到聖靈感動要操練上帝所賜給你們的才幹，以便每個青年男女都使用各自的才幹去宣揚現代真理，作出個人的努力，進入還未宣揚過真理的各城，高舉軍旗嗎？

　　你們的精力沒有被上帝賜給你們的福惠喚醒嗎？真理沒有更深地印刻在你們心上嗎？你們沒有更清楚地看出它與那些不在基督裡、將滅亡之人的重要關係嗎？上帝既已彰顯祂的福惠，你們為基督作的見證不是應比以前更清楚、更明確了嗎？

　　聖靈已使你們的心明白了至關重要的現代真理。這知識難道要被包裹在布裡，藏在地裡嗎？不！不！要把它交給兌換銀錢的人。無論人的才幹多麼微小，只要肯忠心運用，聖靈就會將屬上帝的事物向他重新闡明。上帝透過祂的聖靈使祂的話成為一種活潑的能力，它又快又有力，在人心發揮一種強大的影響，這並不是因為傳道人的聰明或學問，而是因為神能與人力合作而有的結果。一切的讚美都應獻給上帝的能力！（《教會證言》卷八，原文第54—55頁）

作見證時，操練基督教義的重要性

誠命你是曉得的：不可殺人；不可姦淫；不可偷盜；不可作假見證；不可虧負人；當孝敬父母。
馬可福音10：19

那些不承認上帝律法要求的人，通常會採取不法的行動，因為他們長期以來袒護那位與上帝律法為敵的大叛徒，他們在這種工作上已受過訓練。上帝的律法是祂天上和地上政權的基礎，他們在鬥爭中不願向亮光睜開眼睛、開啟良知，他們情願閉著眼睛，避免受到啟發。

他們的情況與那些不肯看基督帶給他們亮光的猶太人一樣不可救藥。基督已用奇妙的證據向他們表明了自己就是彌賽亞，祂施行神蹟、醫治病人、叫死人復活、並行一些任何人都未曾行過也不能行的事，然而這一切不但沒有融化、征服他們的心，排除他們邪惡的偏見，反而激發了他們惡魔般的仇恨與憤怒，他們所表現的精神與撒但被驅逐出天庭時的精神相同。他們擁有的亮光和證據越大，他們的仇恨就越深。他們定意要消滅基督來熄滅那天上的亮光。

我們應當抓住每一次機會，向任何希望、或感興趣聽我們信仰緣由的人，本著真理的純正與簡明傳揚真理。那些潛心研究預言和我們信仰要點的人，應當毫不遲延地成為研究實際題目的《聖經》學者。他們應當更深地飲用神聖真理之源，認真研究基督的生活和祂關於實際敬虔的教訓，就是那為了眾人益處所賜下的、要成為一切相信祂聖名之人的生活準則。他們應當充滿那偉大的模範精神，並對基督門徒應有的神聖生活有敏銳的感覺。（《教會證言》卷三，原文第213—214頁）

在耶穌呼召你的任何地方作見證

> 惟有主站在我旁邊，加給我力量，使福音被我盡都傳明，叫外邦人都聽見。
>
> **提摩太後書4：17**

要下定決心，不靠自己的力量，而是靠上帝所賜的力量和恩典，趁現在就將自己每一分能力、每一分才幹獻給祂，你就必因耶穌的吩咐而跟從祂，你也不會詢問要往何處去，或將得到怎樣的報賞，你會進展順利，因為你順從主的話：「跟從我來。」你的本分就是要藉著明智、忠實的努力帶領他人來就真光。在那神聖領袖的保護之下，立志行事，決心去做，沒有片刻的猶豫。

何時你向自我死亡，將自己降服於上帝，去從事祂的工作，讓祂所賜給你的光在善工上照耀出來，你就必不是單獨工作了。上帝的恩典將會顯現，啟迪一切愚蒙者和不曉得萬物結局已近之人。

然而上帝並不會做你所當做的工，亮光或許會大量照耀，但祂所賜的恩典若不喚醒你與神通力合作，就不會改變你的心。你蒙召要穿戴基督徒的全副軍裝，作精兵為主服務。上帝的權能要與人的努力合作，破除仇敵在人心所投世俗迷惑的魔力。

但願你們傾心關愛將亡的生靈，順應來自高天的意願。不要因遲延而使聖靈擔憂，不要抵制上帝救人脫離罪惡奴役的方法。每個人都按各自的能力得到了職責，要盡力而為，上帝必悅納你的努力。（《教會證言》卷八，原文第55—56頁）

耶穌視窮人為一體

王要回答說：「我實在告訴你們，這些事你們既做在我這弟兄中一個最小的身上，就是做在我身上了。」

馬太福音25：40

雖然上帝本其美意，使地上遍滿福惠，貯備生活上的一切需要，我們依然沒有理由讓上帝的倉庫空著。基督徒們讓寡婦孤兒痛苦缺乏的呼求升達天上是不可原諒的，因為上帝慷慨的天意將豐富的資財放在他們手中，為要供應寡婦孤兒的需要。

千萬不要讓寡婦孤兒的呼求給我們這班人召來天譴。所謂基督教的世界中耗費於過度的炫耀，用於購買珍寶妝飾的錢財，足供我們城鎮所有一切飢餓的、赤身露體的人溫飽之需，而且這般自稱跟從柔和謙卑的耶穌之人，自己並不缺乏什麼適當的食物或舒服的衣服。

當上帝的大日，這些教會信徒面對值得幫助的貧窮人、困苦的寡婦和孤兒、備受日常生活必需品缺乏之苦的人，將有什麼話可說呢？這般自稱是跟隨基督的人為購買過多的衣服，和《聖經》明白禁止那些不必要的妝飾品所浪費的錢，足夠應付那些困苦人的一切需要。

我們看到有些自命虔誠的女子披金戴銀，珠光寶氣，在受苦貧窮的人面前招搖過市。她們不關心受苦的人，也不同情他們，卻會因小說所描繪虛構的苦難而傷心落淚。她們掩耳不聽窮人的呼聲，閉目不看周圍大人小孩的赤身和寒冷。他們視真實的需要為罪過，像躲避瘟疫那樣躲避受苦的人類。基督對這些人說：「我餓了，你們不給我吃，渴了，你們不給我喝；……我病了，我在監裡，你們不來看顧我。」（馬太福音25：42—43）

但基督對右邊的人說：「因為我餓了，你們給我吃，渴了，你們給我喝；我作客旅，你們留我住；我赤身露體，你們給我穿；我病了，你們看顧我；我在監裡，你們來看我。」（馬太福音25：35—36）……基督就是這樣與受苦的人類利害與共。做在受苦之人身上仁愛慈善的行為，就像是做在祂自己身上。（《評閱宣報》1878年11月21日）

聖靈賜能力給見證

> 使徒大有能力，見證主耶穌復活；眾人也都蒙大恩。
>
> 使徒行傳4：33

在五旬節那一天，聖靈沛降的結果是什麼呢？就是救主復活的喜訊傳遍天下。門徒的心受了豐足深厚之仁慈的感動，以致不得不到地極去，作見證說：「我斷不以別的誇口，只誇我們主耶穌基督的十字架。」（加拉太書6：14）

當他們傳揚那在耶穌裡的真理時，許多人的心就順服了這信息的能力。教會眼見悔改的人從各處蜂湧而至，冷淡退後的人重新悔改了，罪人與信徒聯合起來一同去尋找那重價的珍珠。一些強烈反對福音的人，變成了福音的捍衛者。……信徒們的唯一志向就是對他人顯示與基督相似的品格，並為擴大祂的國度而努力。

他們工作的結果使教會增添了許多蒙主揀選的人——他們既已接受真理的道，便獻身與主，為祂服務，把那使他們內心充滿平安與喜樂的盼望傳給他人。數以百計的人宣告「上帝的國近了」的信息。他們不因任何威脅而止步或退避畏縮。既有主藉著他們說話，他們不論往何處，就使那裡的病人蒙醫治，使貧窮的人聽見福音。這就是上帝在人們獻身、受聖靈管理之後所行的大事。

聖靈的應許，在今日是屬於我們的，正如它也屬於早期門徒一樣。上帝今日也要將上頭來的能力賜給信徒們，就像祂在五旬節賜給那些聽從救恩之道的人那樣。祂的靈和祂的恩典此時此刻要賜給一切需要它們並願意聽從祂話語的人。

當注意聖靈的沛降乃是在門徒們達到完全的合一，不再為自己爭取高位之後。他們同心合意，一切歧異都已排除，並且在聖靈降臨之後，他們所作的見證也都是一致的。請注意《聖經》說：「那許多信的人，都是一心一意的。」（使徒行傳4：32）祂受死使罪人得生。祂的靈使整個教會會眾充滿生機。

（《澳洲聯合會記錄》1904年6月1日）

上帝賜恩典給相信祂話語的人

> 人非有信，就不能得上帝的喜悅；因為到上帝面前來的人必須信有上帝，且信祂賞賜那尋求祂的人。
>
> **希伯來書11：6**

我蒙指示，許多人對悔改沒有清晰的認識。他們常聽到講臺上一再說道：「你們必須重生！」「你們必須有一顆新心！」這些話使他們感到困惑，他們無法理解救恩的計畫。

許多人因有些傳道人誤傳心靈悔改時所發生的變化而跌倒，甚至因此滅亡。有些人多年生活在憂傷之中，等候蒙上帝悅納的顯著證據。他們在很大程度上已經與世界分離，卻在與上帝子民的交往中獲得快樂，但他們仍不敢公開承認基督，因為他們害怕口稱自己是上帝的兒女，有僭越之嫌。他們在等待經歷奇特的變化，因為有人引導他們相信悔改之時必有這種變化。

過了一段時間，他們之中有一些確實得到了蒙上帝悅納的憑據，於是有人告訴他們現在算是上帝的子民了，並且認定他們的悔改是從這時算起的。但我蒙指示，他們在此前已經被接納進入上帝的家。在他們對罪惡感到厭煩，不再存有屬世的快樂慾望，決心真誠地尋求上帝之時，上帝已接納了他們。可惜他們因不了解救恩計畫的單純，就失去了許多特權與福氣。只要他們相信自己在歸向上帝之時就已蒙祂悅納，這些特權與福氣本是他們可以得到的。

還有一些人陷入更危險的錯誤中，他們被衝動所支配，他們的同情心受到了激發，他們認為這一瞬間的感覺就證明自己已蒙上帝悅納，並且悔改了，但是他們生活的原則卻沒有改變。恩典在人心中真正運行的憑據，不是憑感覺得到的，而是在生活中表現出來的，基督說：「憑著他們的果子，就可以認出他們來。」（馬太福音7：20）

恩典在人心上的工作，不是瞬間發生的，它需要藉著每天繼續不斷地警醒禱告和相信上帝的應許方能生效。悔改相信的人，珍愛他的信心，並渴望基督更新的恩典。上帝不會憑空離去，祂必賜給他恩典。在他堅持努力前進時，服役的天使必來幫助他。（《佈道論》原文第286—287頁）

一本小冊子就能產生大效果

> 有一個撒種的出去撒種；撒的時候，有落在路旁的，……又有落在好土裡的，就結實，有一百倍的，有六十倍的，有三十倍的。有耳可聽的，就應當聽！
>
> 馬太福音13：3—9

在會議（在密西根州帳棚大會的一次聚會）結束以後，一位姐妹誠摯地拉著我的手，說她十分高興再見到我。她問我是否還記得22年前曾拜訪過一個森林木屋，當時她給我提供點心，我留給他們一本小冊子《經歷和目睹》。

她說她把這本小冊子借給了每一戶新搬來的鄰居，直到這本書的書頁所剩無幾。她很希望能再得到一本新的，而她的鄰居們也想見見作者。她還說當年我拜訪她時曾談到耶穌和天國的榮美，講話的時候態度十分熱情，使她受了感動，永誌不忘。從那以後，主差派傳道士向他們傳揚真理，現在那裡已有相當一批人遵守安息日了。這本小冊子現在雖然因著眾人反覆閱讀而破損不堪，但是其感化力卻已從一個人傳到另一個人，默默無聲地起了作用，直到土壤準備好撒播真理的種子。

我十分清楚地記得22年以前在密西根州的漫長旅行。當時我們正前往弗金斯（Vergennes）開會，離目的地還有15英里，我們的嚮導多次走過這段路，所以對這一帶十分熟悉，可是他這次卻不得不承認自己迷路了。我們那天走了40英里路，穿過樹林，跨過圓木和倒下的樹木，幾乎連路的痕跡也沒有。

我們不明白自己為什麼會在這荒野中迷路。當我們看見一塊小小的空地，和其中的一座小木屋時，就非常高興，在那裡我們找到了剛才提到的那位姐妹，她仁慈地把我們接到了她的家，給我們吃點心，我們感激領受了。我們休息的時候與這家人談話，留給他們一本小冊子，她很高興的收下了，一直保留到現在。

那一次在森林裡迷路的經歷使我們迷惑了22年，可是現在我們在這裡遇見了一大群相信真理的人，他們最初的經驗可以追溯到那本小冊子的影響。

（《時兆月刊》1876年10月19日）

個人佈道是救靈的關鍵

有人帶著一個癱子來見耶穌，是用四個人抬來的；……耶穌見他們的信心，就對癱子說：「小子，你的罪赦了。」

馬可福音2：3—5

福音需要透過個人之工與人接觸。如果少花時間講道，多花時間做個人服事，就會更有效果。困苦的人需要解救、患病的人需要照顧、憂傷痛苦的人需要安慰、愚昧無知的人需要教育、缺少經驗的人需要指導。我們要與哀哭的人同哭，與快樂的人同樂。這項工作如果帶著感化人心的能力、祈禱的能力和上帝之愛的能力，就不會沒有成果。

我們要時刻牢記健康佈道工作的宗旨，是向患了罪病的人指出那一位除去世人罪孽的髑髏地之主。透過仰望祂，世人能變成祂的形像。我們應當鼓勵患病受苦的人仰望耶穌而得生存。工人們要把大醫師基督時刻呈現在因身心的疾病而心灰意懶的人面前。……要鼓勵他們把自己交託給那一位捨身使他們得永生的主照顧。我們要述說祂的慈愛，宣揚祂拯救的能力。

這就是健康佈道士的崇高職責和寶貴特權。個人佈道往往為此開路。上帝常利用我們解除人身體痛苦的努力來感化人心。

每一個地區，都有很多人不願聽上帝聖言的宣講或參加聚會，所以要把福音傳給他們，就必須把福音帶到他們家中，說明他們身體上的需要，往往是接近他們的唯一途徑。

凡照料病人，幫助可憐受苦之人的傳道士，會有許多機會與這些人一起祈禱，為他們讀經，講述救主的事。他們可以為意志薄弱、無法制服敗壞之慾念的人禱告，或與他們一同祈禱，把希望之光帶進灰心失望之人的生活中。他們無私的愛表現在仁慈的舉動中，使受苦的人更容易信從基督的愛。

（《論健康佈道論》原文第143—145頁）

說明生命的價值

> 你要謹慎自己和自己的教訓,要在這些事上恆心;因為這樣行,又能救
> 自己,又能救聽你的人。
>
> 提摩太前書4:16

你現在所做的,幫助姐妹們知道她們個人要對上帝負責的工作,乃是很好的,也是必要的。這種工作已長久被忽略了。但是當此種工作以清晰的思路既簡明又確切地向人宣示時,我們期望家庭的重要責任不只被重視,更要明智地被履行。主始終希望我們向那些不明白的人竭力陳述人類生命的價值。

如果我們能像你現在所做的那樣,定期安排有組織的團隊,聰明地教導他們作主僕人所應盡的本分,我們的教會就會得到他們長期缺乏的生命與活力了。

我們的救主基督重視心靈的美德。我們的姐妹一般都遇到了極為艱難的時期,既有家庭人口的增加,又有始料未及的考驗。我非常渴望女性能成為教育者,幫助她們擺脫灰心,使她們意識到自己可以為主做工。這種工作會把陽光帶進她們的生活,並反射到他人的心中。在這項偉大的工作中,上帝必賜福你和所有與你同工的人。

許多青年和成年姐妹不好意思談論宗教信仰的話題,她們沒有正確地理解實質問題。她們應當以上帝的話作為自己的保證、盼望和平安。她們關閉了朝天上的窗戶,打開了朝地的窗戶。但當她們看見人類生命的寶貴時,他們就會關閉朝地的窗戶,不再依靠屬世的娛樂和交誼,掙脫愚昧和罪惡,敞開朝天的窗戶,以便看見屬靈的事物。這樣,她們就能說:「我要接受公義日頭的光線,以便把亮光照到別人身上。」

最有效的工人,是那些樂意在小事上事奉上帝的人。每一個人都要把自己紗線織進布匹之中,以完成布上的圖樣。(《評閱宣報》1899年5月9日)

音樂能吸引人轉向上帝的信息

你們要向耶和華唱新歌！全地都要向耶和華歌唱！要向耶和華歌唱，稱頌祂的名！天天傳揚祂的救恩！

詩篇96：1—2

連幾個晚上，我在思考應如何把真理傳給這些大城市的居民時，心情很不平靜。我們確信只要他們聽到這信息，就會有一些人接受真理，並把真理轉告別人。

傳道人們警告他們的會眾，說我們所傳的道理很危險，他們去聽了就會上當，會被這種奇怪的道理所迷惑。如果我們能使人們來聽道，就能消除他們所聽到的這些偏見。我們為此事禱告，相信主會提供機會把這警告的信息和教訓傳給末世的人。

一天晚上，我出席一場會議，會議上大家正在討論這些問題。一位嚴肅有威望的人說：「你們要祈禱，求主興起有才幹的人獻身聖工。你們需要認識你們中間有才幹的人。」

他提出了幾個智慧的建議之後，說了以下這番話：「我提醒你們注意培養歌唱的才幹，因為人歌唱的聲音是上帝所託付的才幹之一，要用來榮耀祂。公義的仇敵在他的工作中大量利用這種才幹，使這種原本應造福人類的上帝恩賜，被歪曲誤用來為撒但的目的服務。」

「聲音的才幹如果奉獻給主為祂聖工服務，就會成為一種福氣。某某人具有才幹，但未受賞識，應該考慮她的工作，讓她的才幹吸引人，使他們能聽到真理的信息。」（《教育論》原文第497—498頁）

不僅要傳講，而且要實行真理

人在列邦中要說：耶和華作王！世界就堅定，不得動搖；祂要按公正審判眾民。

詩篇96：10

不管男女，都不該因加入教會後而靈性萎縮，反而應該得到增強和提升，成為高貴的人，準備好從事交託給人類的最神聖的工作。上帝的旨意是要有一支訓練有素的軍隊，準備隨時待命。這支軍隊將由訓練有素的男女所組成，他們願意接受影響，預備服役。

上帝的工人要看守人的靈命如同要交帳的人。他們的心中要常有基督的同在，以便爭取罪人歸向祂。他們自己必須完全降服於上帝，好告訴他們所服務的人毫無保留地順服的需要和意義。他們務要記住自己是與上帝同工的，必須防止在行動上猶豫不決。撒但孜孜不倦地尋找機會要控制他們正在爭取歸向基督的人，基督的工人只有不住地警覺才能擊退敵人。工人們只有靠著救贖主的力量，才能把受試探的人帶到十字架跟前。成就這一點不是靠學問和口才，而是靠簡單的語言和聖靈的大能宣揚上帝的真理。

只有基督的大能才會讓罪人轉離罪惡歸向聖潔，惟有我們的救贖主才能除掉罪惡，赦免罪孽。只有祂能使人堅強，並使人保持堅強。

基督的工人不僅要宣揚真理，而且要實行真理。人們正在觀察和權衡那些凡自稱相信現代特殊真理的人。他們正在觀看這些人的生活在什麼地方表現了基督。上帝的子民只有藉著謙卑熱情地對眾人進行善工，才能向他們所接觸的所有人發揮影響。認識真理的人若是一有機會就從事這項工作，天天在所居住的地方憑愛心行善，基督就會彰顯在他們的生活之中。（《評閱宣報》1903年6月2日）

樹立崇高的目標，為上帝多加努力

> 以諾因著信，被接去，不至於見死，人也找不著他，因為上帝已經把他接去了；只是他被接去以先，已經得了上帝喜悅他的明證。
> 希伯來書11：5

上帝有一番大工要完成，祂要把來生最大的賞賜授與那些在今生獻上最忠誠最樂意之服務的人。上帝揀選了祂的代表，每天在各種不同的環境下，按照祂的工作計畫給他們一個考驗。祂揀選誠心實行祂計畫的人作祂的代表，不是因為他們是完全的，而是因為他們能藉著與祂的聯絡而達到完全的境地。

上帝只悅納那些立志達到崇高目標的人，祂要每一個僕人忠心盡責，祂要求所有的人都得到完美的品德。我們絕不可降低公義的標準，來迎合我與生俱來或後天養成的犯罪傾向。我們必須明白：品格的不完美就是罪。上帝公義的品德是一個完美和諧的整體。每一個接受基督為個人救主的人都有權獲得這些品德。

任何人也不要說：「我無法糾正品格上的缺點。」你如果這樣想，就一定得不到永生。不能糾正是因為你不願意糾正，你既不願意，就不能克服，真正的困難就在於不聖潔之心的敗壞和不願服從上帝的管束。

許多蒙上帝賦予資格可以成就大事的人，由於嘗試得少，成就的也就少。千萬人虛度光陰，似乎並沒有人生的目的和需要達到的標準。這樣的人必得到與他們的工作相稱的報酬。

應當胸懷大志，為了主的榮耀而培養品格上的各種美德。要在品格建造的各方面討主的喜悅，只要願意，你是能夠做到這一點的。以諾雖然生活在一個墮落的世代，仍能蒙上帝悅納，在我們的時代裡也有許多以諾。（《天路》原文第330—332頁）

在城市的各大集會上見證

他們很希奇祂的教訓，因為祂的話裡有權柄。

路加福音4：32

我蒙指示，當我們接近末了的時候，在我們的各城中會有大型集會。……務必做好準備工作，在這些集會上介紹真理。當基督在地上時，祂也利用了這種機會。無論何處，只要有多人聚集，不管他們的目的何在，祂的聲音都會被人聽到，清楚明白地發出祂的信息。結果，在祂被釘十字架並升天之後，一日之內有數千人悔改了。基督所撒下的種子深入人心，並且發芽了。當門徒們領受了聖靈的恩賜時，莊稼就被收割了。

門徒們帶著這種能力出去，到處傳揚主的道，以致使他們的反對者們感到懼怕，要不是上帝動工的跡象非常明顯，他們是不敢去做他們後來所成就之事的。

在每一次的大型集會中，都應該有一些我們的傳道人參加。他們應該聰明地做工，以便獲得發言的機會，盡可能地使更多人得到真理的亮光。

在所有的這種集會中，都應該有上帝可以使用的人出席。含有現代真理亮光的傳單應該像秋天的落葉一樣散布到人們中間。對許多參加這些集會的人來說，這些傳單將如同生命樹的葉子，醫治萬民。

我的弟兄們，我將這個信息傳給你們，為的是你們可以再傳給他人。前去傳揚真理的人必蒙祂祝福，因為這是祂把傳揚真理的擔子交託他們的。

時候已經到了，復臨信徒要空前地興起發光，因為他們的光已經來到，主的榮耀已經發現照耀他們了。（《教育論》原文第35—36頁）

基督的門徒與世人有別

> 惟有你們是被揀選的族類，是有君尊的祭司，是聖潔的國度，是屬上帝的子民，要叫你們宣揚那召你們出黑暗入奇妙光明者的美德。
>
> 彼得前書2：9

我們閱讀上帝的話，就會明白祂的子民應當成為地上特別的人，與周圍不信的世人迥然有別。我們的立場又吸引人又叫人害怕。我們生活在末後的日子，多麼需要效法基督的榜樣並照祂所行的去行啊！「若有人要跟從我，就當捨己，背起他的十字架來跟從我。」（馬太福音16：24）務不可讓人的意見和智慧指導或支配我們，它們總是會使我們離開十字架。

基督僕人們的家鄉和財寶都不在此世，但願他們都能明白，只是因為主在作王，我們才蒙允許，平安穩妥地住在我們的敵人們中間。我們的特權並不是要求世人特別的恩待。我們必須同意在他們中間同甘共苦、受輕視，直到爭戰結束，贏得勝利。基督的肢體蒙召要從世界出來，拒絕世界的友誼和精神；他們的力量和能力乃在於成為蒙上帝悅納的選民。

世界正在走向滅亡，上帝只能再忍受罪人一點點時候了。他們必須喝祂未摻憐憫、忿怒之杯中的渣滓。那些願意成為上帝的後嗣，與基督同為後嗣，承受不朽產業的人，要成為特別的人。是的！要成為非常特別的人，好讓上帝在他們身上印下一個印記，證明他們是全然屬於祂的。你們以為上帝會接受、尊榮並承認那些與世人混雜、只是在名義上與他們不同的人嗎？請再讀〈提多書〉2章13—15節。不久就要知道誰是在主這邊，誰不會以耶穌為恥了。那些沒有道德勇氣面對不信的人，無法憑良心採取自己的立場，離棄世界的時尚，並且效法基督捨己生活的人，乃是以祂為恥的，不喜愛祂的榜樣。（《教會證言》卷一，原文第286—287頁）

透過安息日學救靈

> 耶穌回答說：「我實實在在地告訴你，人若不重生，就不能見上帝的國。」
>
> **約翰福音3：3**

安息日學的教師應當與上帝同工，與基督合作。不要滿足於無生命的形式主義宗教。安息日學的宗旨應該是餵養並收穫生命。工作可以有條不紊，設施可以應有盡有，但如果不把兒童和青少年帶到基督面前，辦學就是失敗的，因為人若不被吸引歸主，他們在形式化的宗教影響之下就越來越難受到感動。

當基督在需要幫助的人心門外叩門時，教師應當與祂合作。如果學生回應聖靈的呼召，敞開心門讓耶穌進去，祂就會開啟他們的悟性，使他們明白那些是屬上帝的事。教師的工作是簡單的，且若藉著耶穌的靈去做，在聖靈的運行下，就會有深度和效率。

在安息日學中應當多作成個人之工。這種工作的必要性，尚未得到應有的認識與重視。教師受上帝之愛的灌溉，心中充滿感激之忱，就當溫柔而迫切地為其學員的悔改而操勞。

我們能有什麼憑據向世人證明安息日學的工作不是一種徒具虛飾之工呢？要憑它的果效來辨識它，也要從學員的品格與行為來評斷它。在我們的安息日學中，應當邀請青年基督徒參與事工，使他們能發展其才幹並獲得屬靈的能力。

青年人先要獻身給上帝，而後在其早期的經驗中受教去服務別人。此項工作將使他們的才能得到操練，並使他們學習如何計畫，及如何執行其計畫，來為他們所交往的人們謀福利。他們當去尋找那些需要幫助的友伴，不是參加他們無愚昧的談話，而是表現基督徒的品格，作上帝的同工，爭取那些尚未獻身給上帝的人。（《安息日學工作的見證》原文第47—48頁）

在大城市裡要做的工作

> 在黑暗中行走的百姓看見了大光；住在死蔭之地的人有光照耀他們。
> 以賽亞書9：2

每一位基督徒都要有傳道的精神。結果子就是要像基督那樣工作，像祂愛我們那樣愛人。更新之心的第一個念頭就是使別人也歸向救主：人一悔改歸向真理，便感到一種懇切的願望，願那些在黑暗中的人也能看到從上帝之道發出來的寶貴亮光。

需要有傳道士在這些大城市傳播真理的亮光。上帝的兒女——那些被祂稱為「世上的光」的人——應該在這方面竭盡所能。你們會遇到挫折，也會遇到反對。仇敵會耳語：「這幾個窮人在這座大城裡能做什麼呢？」然而你們若是行在光中，你們每一個人就都能作世上的擎光者。

不要設法成就某種大工，卻忽略眼前的小機會。我們可以藉著在日常的生活中示範真理來做非常多的工作。我們如此發揮的影響是不容易抵擋的。

人們或許會抗拒和藐視我們的推理，抵制我們的呼籲，但一種具有聖潔宗旨、對他們有無私之愛的生活，卻是支持真理的一個論據，他們無法反駁。謙卑、獻身、聖潔的生活，遠比單單講道卻缺乏敬虔的榜樣有成就得多。你們可以努力做工建立教會，鼓勵弟兄們，使見證聚會有興致；你們也可以讓自己的禱告出去做工，像快鐮刀一樣，與工人們一起進入收割園地。每一個人都應該有個人的志趣，拯救靈命的負擔，為工作的成功警醒禱告。

你們還可以存謙卑的心，叫別人也注意上帝之道的寶貴真理。要教導青年人在這些城市裡工作，他們可能一直未能上臺傳揚真理，但他們可以挨家挨戶向人指出那除去世人罪孽的上帝羔羊。謬道的塵埃和渣滓埋沒了寶貴的真理珠寶；但主的工人可以把這些珠寶揭示出來，讓許多人可以高興而敬畏地觀看。（《基督安息日會史略》原文第181—182頁）

表現憐憫之情，使人對福音打開心門

愛是永不止息。先知講道之能終必歸於無有；說方言之能終必停止；知識也終必歸於無有。

哥林多前書13：8

凡接受了上帝的委託，明白現代真理的人，上帝都期待他去作個人之工。雖不是人人都能到國外去傳道，但人人儘可在自己的家庭和鄰里中作家庭佈道。信徒們將信息傳給周圍的人，方法很多。其中最有成效的，就是過一種無私忘我、樂於助人的基督徒生活。

有許多在人生的戰場上奮鬥得精疲力竭的人，我們不必花費什麼錢，只要對他們細心關懷，就能使他們得到安舒和力量。簡單地說出仁愛的話語，簡單地給予些微的關注，就會消除籠罩在心頭試探和疑惑的烏雲。真心表示基督化的同情，雖是簡單給予，卻有力量打開心門，人心需要基督精神單純微妙的感動。

基督是多麼樂意地接納凡來歸向祂的人啊！祂使人神合一，以便祂將那道成肉身之愛的奧祕傳與世人。應當談論、祈求、歌頌之，使世界充滿祂真理的信息，並且繼續推廣，直達遙遠的地區。

天上的生靈等著要與人合作，好向世人顯明人類能達到何等地步，藉著他們的影響，在拯救將亡之人的事上能有何成就。凡真正悔改的人，心中必充滿了上帝的愛，以致渴望想將自己的喜樂分給別人。

主希望祂的教會將聖潔的美顯示給世人。她須表明基督徒信仰的能力。在基督徒的品格上，要把天國返照出來。要使凡在黑暗中的人聽到感恩和頌讚的歌聲。

我們為了福音的好信息，為了福音的應許和保證，應該藉著使別人得益的努力，表示我們感謝的心情。從事這種工作，就能使天上的公義之光照亮疲倦、困惑、受苦的人，就好像為疲乏乾渴的旅客開了一個泉源。凡是仁慈的行為、出乎愛心的作為，都有上帝的天使在場。（《教會證言》卷九，原文第30—31頁）

救靈工作需要聖靈

興起，發光！因為你的光已經來到！耶和華的榮耀發現照耀你。看哪，黑暗遮蓋大地，幽暗遮蓋萬民。耶和華卻要顯現照耀你，祂的榮耀要現在你身上。

以賽亞書60：1—2

我們的救贖主整夜向祂的父禱告；基督教會和傳道活動的根基就是在禱告的氛圍中奠定的。門徒們同心合意聚集在一個地方，呼求主沛降祂的聖靈在他們身上。

當聖靈藉著不同的管道豐豐富富地賜下時，我們就越追求，而我們的傳播也就越廣泛。我們越真切地從事救靈的工作，就越需要不斷地使用一切能力之源；這無疑會在人心靈和上帝之間建立一種習慣性的交流。生命水的泉源憑信心不斷得到汲取，而且永遠取之不盡。

工作是在作用與反作用之中進步的。對上帝的愛與奉獻會使人積極行善，而行善會增加信心和靈性。我們多麼需要天上的智慧啊！我們豈不是有應許嗎？「你們中間若有缺少智慧的，應當求那厚賜與眾人、也不斥責人的上帝，主就必賜給他。只要憑著信心求，一點不疑惑；因為那疑惑的人，就像海中的波浪，被風吹動翻騰。這樣的人不要想從主那裡得什麼。」（雅各書1：5—7）這是何等美好的保證啊！多麼充分而廣博啊！讓我們就照著所讀的接受這個應許吧！主希望我們以完全確信的心來到祂面前，相信祂的話，祂就必照祂所說的行事。

但願我們能感覺到教育每一個肢體都要有所作為的重要性。我們每一個人都要意識到基督徒的嚴肅責任，要積極使用上帝委託給我們的資源和能力，竭盡所能的從事主期待我們去做的工作。

我們需要更多信心、更多成聖的能力，擺在我們前面的，是偉大而崇高的宗旨，我們沒有時間和話語可以花費在爭論上。……我們需要有成聖的活力。天上的眾軍已在行動，可是地上與上帝合作的人在哪裡呢？（《對南非的證言》原文第43—44頁）

獻身的工人能在短時間裡成就大工

那許多信的人都是一心一意的，沒有一人說他的東西有一樣是自己的，都是大家公用。

使徒行傳4：32

世界需要佈道士，需要獻身家鄉的佈道士。人若沒有佈道的精神，就不能在天國的冊子上登記為基督徒。但我們如果沒有成聖的能力，就一事無成。心中一旦喪失了傳道的精神，對上帝聖工的熱情開始消退，我們見證和計畫的重心就成了呼籲謹慎和節制，傳道工作就開始真正的倒退。

無論舉行什麼會議，都不要削弱聖工，而要表現出更大的決心。要推廣警告世界的大工，即便需要付出克己犧牲的代價。教會的每一個成員如果不斷意識到我們不是屬於自己的，而是用重價買來的，大家就會感受到自己負有最神聖的責任，運用上帝所賜的一切能力，就能一年一年倍增效用。他們不再有屬靈疏忽的理由。這樣，他們在救靈的大工中就不會與主離心離德。

在我們中間，有誰具備屬靈的見識，能看透善惡兩大勢力之間的激烈衝突呢？你明白生命之君基督與黑暗之君撒但之間大鬥爭的性質嗎？你對這場鬥爭的看法與天上一致嗎？

如果所有自稱跟從基督的人都真正成為世上傳光的活通道，被上帝的靈所感染，心中滿溢福音的信息，臉上煥發出獻身上帝和愛同胞的光芒，在短時期裡就會成就何等的大工啊！真理的使者說話就不會吞吞吐吐、猶豫不決，而會勇敢而充滿信心，他們的話語和聲調也會感動聽眾的心。（《評閱宣報》**1892年8月23日**）

做工的人要表現出耶穌的精神

> 黑夜已深，白晝將近。我們就當脫去暗昧的行為，帶上光明的兵器。
> 羅馬書13：12

在你做出最誠懇的努力，把真理傳給那些上帝所託付重大責任的人之後，他們如果拒絕了真理，你也不要灰心，真理在基督的時代也曾遭到拒絕，要藉著秩序井然的計畫和虔誠的言談保持聖工的尊嚴。

不要擔心標準提得太高！從事傳道工作的家庭應該接近人心。耶穌的精神應充滿工人的心中；愉快同情的話語，熱愛他人靈命的無私表現，會打破驕傲和自私的屏障，向不信的人表明我們有基督的愛，然後真理就必找到進入人心的路徑。這就是我們的工作，也是上帝計畫的實現。

要拋棄一切粗鄙和不雅，保持謙讓、文雅和基督化的禮貌。要謹防變成唐突魯莽的人。不可視這些癖性為美德，因為上帝不這樣看待。要盡力避免得罪與我們信仰不同的人，非到必要的時候，絕不要強調我們信仰中那些不受人歡迎的特色，那樣做只會給聖工帶來損害。

人人都當追求上帝之靈軟化人、折服人的感化力，以及基督化的溫柔和對生靈的愛。那些奉派出去一起做工的人，應該撇棄自我，把自己的癖性放在一邊，追求同心合意地執行上帝的旨意。為要使工作取得進步，他們必須和諧同工。

我們需要擁有越來越多的基督精神，並使自我和使我們與同胞遠離的品格特性越來越少。我們若透過自己的生活彰顯基督的恩典，就可以在很大程度上拆毀這些障礙。耶穌已把祂的資產一代又一代地託付給教會，這份在代代不斷累積的世襲委託，和不斷增加的責任，已經傳到這個時代的我們。……我們務不可穿著自己的衣服，而要穿著基督的義袍。（《大西洋文字佈道士》1890年18號）

先獻身，再去尋找將亡的生靈

> 有人聲喊著說：在曠野預備耶和華的路，在沙漠地修平我們上帝的道。
>
> 以賽亞書40：3

你們在自己的內心、生活和品格上，感覺到真理使人成聖的能力了嗎？你們有那種上帝為祂愛子的緣故，已赦免了你們的罪之確信嗎？你們在努力過著一種避免得罪上帝得罪人的生活嗎？你們常常為自己的朋友和鄰舍向上帝懇求嗎？你們若是已經與上帝和好，並將這一切都放在祭壇上，就可以從事得人的服務了。

我們在實施向別人介紹現代真理的知識，和上帝推進聖工奇妙引導的計畫時，首先要將自己完全奉獻給祂。我們要高舉祂的聖名，還要為我們準備拜訪的人懇切祈禱，藉著活潑的信心，把他們一個一個帶到上帝面前。

上帝知道人的心思意念，祂很容易感化我們，祂的聖靈真像火一般能制伏剛硬的心！祂能使我們的心靈充滿愛和溫慈，祂能賜給我們聖靈的美德，使我們能出入參與救靈工作。

在今日的整個教會中，應當感受到恩典得勝的能力。我們只要注意到基督給祂信徒的勸勉，就可以感受得到這種能力。我們在學習如何裝飾救主基督的聖道時，必然得見上帝的救恩。

我對那些……準備進行特別佈道工作的人說：「要殷勤努力，在聖靈的引導下生活，每天增進基督徒的經驗。要讓有特別才華的人去為人做工，不分貧富貴賤，殷勤地尋找將亡的生靈。基督是多麼渴望把迷路的羊帶回祂的羊圈啊！

要關注人的靈命，就像那要交帳的人。在你的教會和鄰里的佈道工作中，你的光要發出清晰而穩定的光線，好在審判的日子，沒有人會站起來說：「為什麼你沒有把這個真理告訴我？你為什麼不關心我的靈命？」（《教會職員公報》1914年9月）

無私的服務給基督和我們自己帶來喜樂

> 我們行善，不可喪志；若不灰心，到了時候，就要收成。
>
> 加拉太書6：9

今生我們為上帝所做的工，往往似乎沒有什麼效果。我們也許已盡心盡力去行善，但是卻可能不蒙主的允許，看見其效果。我們所付出的努力，可能似乎要白費。但救主向我們保證說，天上要記下我們的工作，必要報答，絕不落空。……在《詩篇》中我們讀到：「那帶種流淚出去的，必要歡歡樂樂地帶禾捆回來！」（詩篇126：6）

雖然在基督降臨時，要賜下最後的大報賞，然而為上帝所做的真心服務，即使在今生也能帶來報賞。工人難免要遇到攔阻、反對、傷心、痛苦和挫折，他也許不能眼見自己勞苦的果效。然而面對這一切，他仍然能在工作中找到有福的報賞。

凡使自己投誠於上帝，為人類作無私服務的人，就是在與榮耀的主合作。這種思想可以把一切勞苦化為甘甜，振奮意志，振作精神，足以應付任何將要臨到的事。他們以無私的心從事工作，因與基督一同受苦，分贈祂的同情而成為高尚，幫助擴展祂喜樂的浪潮，將榮耀和讚美歸於祂的尊名。

在與上帝、基督、聖天使的相交中，他們的周圍有天庭的氣氛，這種氣氛使人身體強壯，智力活躍，並且心神愉快。

凡奉獻身心靈為上帝服事的，必不住地領受新賜下的體力、智力、靈力。天庭無窮無盡的資源，他們可以隨意取用。基督將自己靈的氣息和自己的生命力分賜給他們。聖靈付出其最高的能力，要在他們的身心靈中做工。

（《教會證言》卷六，原文第305—306頁）

每一個信徒都要幫助推廣福音

> 耶穌又對眾人說：「我是世界的光。跟從我的，就不在黑暗裡走，必要得著生命的光。」
>
> 約翰福音8：12

跟從耶穌的人要成為上帝的同工。他們必不在黑暗裡行走，卻要找到正路，那裡有世界的光——耶穌領路。他們的腳步朝著錫安，憑著信心邁進時，必在上帝的事上獲得光明的經驗。基督的使命促使祂從上帝的寶座走向髑髏地十字架的神祕祭壇，雖然這個道理難以理解、不易領悟，但越來越能夠清楚地向人心展示。人可以從基督的犧牲上，看到其他一切仁愛使命的起源和原則。基督的愛激勵了世界上城市、鄉村、大道、小路上真正的傳道工人。

基督在地上的教會是為宣教的目的而組織的，教會的每一個成員務必真正與上帝同工，被聖靈充滿，帶著基督的心志，與基督完全同心同德，盡他們所獲得的一切能力，從事救靈工作。基督要求每一個信奉祂聖名的人把祂的聖工擺在最重要的位置，一心一意與天上的生靈合作，拯救基督為之捨命的將亡的人。

把精力投放到另外的管道，而不是上帝所設計拯救世界的管道，濫用資產、影響力或所委託的智力體力，就是搶奪上帝和世界之物。當基督來到世上的時候，祂曾差遣祂的門徒在猶大全地宣揚上帝的國，用這個榜樣清楚地告訴祂各世代的子民，他們有責任把對道路、真理和生命的認識傳遞給他人。耶穌的全部工作都是要訓練祂的教會從事傳道工作，隨著教會人數的增加，他們的工作將會擴大，直到通過他們的努力，最後把福音的信息傳遍全世界。（《評閱宣報》原文第1894年10月30日）

To be like

JESUS

人若說他住在主裡面，就該自己照主所行的去行。
基督也為你們受過苦，給你們留下榜樣，
叫你們跟隨祂的腳蹤行。

10月
OCTOBER
享受健康

每一個人都要認識並順從生命之律

> 我兒，要留心聽我的言詞，側耳聽我的話語，都不可離你的眼目，要存記在你心中。因為得著它的，就得了生命，又得了醫全體的良藥。
> 箴言4：20—22

新鮮的空氣、陽光、有節制的飲食、休息、運動、適宜的食物、水的應用、依靠上帝的能力──這些都是真正的療法。每一個人都要瞭解自然療法及其應用。我們必須明白醫治病人的原則，並接受實際的訓練，以便可以正確地運用這種知識。

運用自然療法，需要許多人所沒願意付出的關懷和努力。自然的治療和恢復，是一個漸進的過程，在沒耐心的人看來似乎太慢。拋棄有害的放縱，需要做出犧牲。但最後我們會發現，自然若沒有受到阻礙，就會巧妙地做成它的工作。凡堅持順從自然定律的人，必收穫身心健康的報酬。

一般人太不注意保護健康。疾病的預防要比發病後的治療好多了。每一個人都有責任為自己和他人的緣故瞭解生命的定律，並憑著良心遵行。大家都需要熟悉最奇妙的組織──人體。他們應該知道各器官的功能，及其為保持人體健康而相互依賴的關係。他們必須學習思想對身體，和身體對思想的影響，以及管理身心的一切定律。

健康不是偶然獲得的，這一點怎麼強調都不過分。健康是順從律法的結果。體育比賽和競技的選手知道這個道理。他們要做最精心的準備，經過充分而嚴格的訓練。身體的一切習慣要受到謹慎的控制。他們知道疏忽、過度或粗心，會削弱或摧殘人體的器官和功能，必然招致失敗。

鑑於問題的嚴重性，我們必做的事沒有一件是小事。我們的一舉一動，在決定人生勝負的天平上都有份量。《聖經》吩咐我們：「你們也當這樣跑，好叫你們得著獎賞。」（哥林多前書9：24）（《論健康佈道》原文第127─129頁）

領袖要實行和教導健康改良

> 你們來看上帝所行的，祂向世人所作之事是可畏的。
> 詩篇66：5

教會在創造歷史。每天都是一場戰役和征程。我們四圍被看不見的仇敵所包圍，藉著上帝賜給我們的恩典，我們不是得勝，就是被征服。我呼籲那些在健康改良的問題上採取中立態度的人們回轉，這個亮光是寶貴的，而且主賜給我信息，呼籲凡在主聖工的任何部門承擔責任的人，要注意使真理在心靈和生活上得以升高。唯有如此，他們所有人才能應對在世上遇到的各樣試探。

我們的一些傳道人為什麼對健康改良表現得興趣缺缺呢？這是因為在諸事上要節制的教導與他們自我放縱的行為相對立。在一些地方，這已成為最大的絆腳石，攔阻我們引導人們探究、實行並教導健康改良。任何人的教導或榜樣如果與上帝賜予祂僕人們有關飲食的見證相對立，就不應當被立為百姓的教師，因為這會帶來混亂。他對健康改良的輕視使他沒有資格擔當上帝的信使。

主所賜關於這主題的光，已在《聖經》上顯示得很清楚了。人將在許多方面受到考驗及試煉，看他們是否加以留意。各處教會及每一家庭都需要這基督徒節制的教訓。人人都當知道如何飲食，方能保持健康。我們正處於世界歷史結束的局面中；凡遵守安息日的人，都應當步伐一致，行動和諧。那些孤立而不參加將這道理教導眾人之偉大工作的，就是不跟隨那大醫師所領的路了。基督說：「若有人要跟從我，就當捨己，背起他的十字架來跟從我。」（馬太福音16：24）

主已向我顯示，藉著健康改革的實際影響，許許多多的人將從身體、精神及道德方面的墮落中被拯救出來。我們應當經常舉辦健康講座，加倍出版書刊。健康改革的原則，必受人的歡迎，許多人將得到開導。健康改革的影響將使凡需要亮光的人體驗到，他們也要逐步前進，接受現代的特別真理，公義和真理彼此相遇。（《評閱宣報》1914年6月18日）

現在要放棄一切損害健康的放縱

> 你要專心仰賴耶和華,不可倚靠自己的聰明,在你一切所行的事上都
> 要認定祂,祂必指引你的路。不要自以為有智慧;要敬畏耶和華,遠
> 離惡事。
>
> 箴言3:5—6

在每個教會都有需要傳達的健康改良信息,每所學校都有當做的工,任何領導和教師,除非對這個主題有了實際的知識,不然,都不應當受委託來教育年輕人。有些人儘管對健康改良的原則幾乎一無所知,卻感到可以隨意加以批評、質疑和挑錯。他們應當與那些從事這正確工作的人肩並肩、心連心地共同工作。

健康改良的主題已在各教會中提出,但亮光未被誠心領受。個人的自私、有損健康的放縱,損害了這信息的影響,阻礙了預備一批百姓來迎見上帝的大日。如果教會期待有力量,就必須活出上帝所賜予的真理。如果我們教會的成員輕視這一主題的亮光,他們肯定只會收穫靈性和身體上的墮落。這些教會資深成員的影響,像麵酵一樣影響了新信主的人。

主現今沒有著手引領許多人接受真理,乃是因為老信徒從未悔改,而且那些以前曾經一度悔改的,現今卻已冷淡退後了。這些未獻身的信徒對新信主的人會有什麼影響呢?他們豈不會使上帝所賜給百姓要傳的信息失效嗎?

要讓所有人都檢查自己的行為,看看自己是否沉溺於對自己有害的事物上。要讓他們擺脫在吃喝上一切不健康的放縱。有些人去遙遠的國家尋找更好的氣候;但無論到哪裡,他們的腸胃都產生患病的狀況。他們令自己招致任何人都無法減輕的痛苦。要讓他們每天的行為合乎自然法則;藉著信心與行為,能使心靈和身體營造氛圍,成為活的香氣讓人活。(《教會證言》卷六,原文第370—371頁)

傳遞健康生活的亮光

> 這樣，你的光就必發現如早晨的光；你所得的醫治要速速發明。你的公義必在你前面行；耶和華的榮光必作你的後盾。
>
> **以賽亞書58：8**

我們的傳道人應具有關於健康改良的知識，他們應當明白治理肉體生活的規律，以及這些規律對於身心健康的關係。

成千上萬的人都不大明白上帝所賜之身體的奇妙，以及應當如何加以愛護，反而著重研究在一些毫不重要的題目。傳道人在這件事上有一種工作要做，他們若在這事上立場正確，就必大有成績。他們在自身生活及其家庭上，都應遵守這生命律，實行正當的原理，過健康的生活。然後，他們才可對這主題說出正確的話，領導別人在健康改良的工作中進步。他們自己若在光中生活，就能向正需要這種見證的人，傳揚這偉大、有價值的信息了。

傳道人若將健康問題與他們在教會中所做的一切努力配合起來，就可得到寶貴的福樂及豐富的經驗。眾人必須有這健康改良的光。此項工作曾被人忽略了，以致有許多人因缺少這應得和必需的亮光，而導致身體患病或面臨死亡；他們必須在得此亮光之後，方能放棄自私縱慾的生活。

各地方教會的領袖們，應當覺得現今正是對這問題採取正確立場的時候，傳道人及教師們應將自己所得到的光傳送給別人，他們在各方面的工作都是需要的，上帝必定幫助他們，祂的僕人們若堅持立場，不偏離真理公義，不縱容私慾，上帝就會使他們剛強有力。

在健康佈道方面的教育工作，能喚醒人們的道德感，是具重要性的先行事工。如果傳道人按照上帝已賜下的亮光，在不同部門把握住這工作，就應當在吃、喝和穿衣上有最堅決的改革。……他們自己和許多其他人都是將死的受苦者，但都未學到智慧。（《論飲食》原文第452—453頁）

營養的飲食對於心智的活力十分重要

> 但以理卻立志不以王的膳和王所飲的酒玷污自己，所以求太監長容他不玷污自己。
>
> **但以理書1：8**

人的理智以及精力、敏銳度和活動性必須得到擴充。它必須作艱苦的工作，否則就會變得軟弱無能。要作十分認真的思考，是需要腦力的；大腦必須竭力解決難題並掌握，否則腦力就會減少，不適合思考了。心智必須發展、做工和較力，以便使理智堅定有活力。身體器官若不藉著豐盛、有營養的食物保持十分健康的狀態，大腦就得不到它應得的那部分營養去工作。

但以理明白這一點，他便採用平常、簡單、有營養的飲食，不肯享用王奢侈的飲食。花許多時間預備的甜點，大多都是有害健康的。固體食物需要咀嚼，比軟的或流質食物好多了。我細述這事是必要的！

理智要因新的、認真的、全心全意的工作而保持完全清醒。如何能做到呢？必須有聖靈的能力潔淨思想和心靈，使其脫離其道德上的污穢。污穢的習慣不僅降低心靈，而且降低理智。記憶力受損，擺在了卑鄙壞習慣的祭壇上。

何時師生將身心靈獻給上帝，並且藉著順從的律法淨化自己的思想，他們就會不斷領受體力和智力的天賦。於是就會傾心追求上帝，懇切祈求清晰的領悟力和辨別力。

勤奮學習和努力工作是必要的。……將體能用於娛樂活動通常不會使人獲得很平衡的心智。為了有效用而與腦力勞動相結合的體力勞動，乃是實際生活中的一種訓練，總是因想到它正訓練身心，使其有資格更好地去做上帝原打算要人在各方面去做的工作而變得愉快。……凡經過這樣的教育、在實際生活中運用體力的心智，必得到擴大，並藉著培養和訓練，獲得良好的造就和豐富的裝備來發揮作用，還獲得幫助和造福自己及他人所需要的知識。

（《基督教育原理》原文第226—229頁）

控制身體的更高能力

> 凡較力爭勝的，諸事都有節制，他們不過是要得能壞的冠冕；我們卻是要得不能壞的冠冕。所以，我奔跑不像無定向的；我鬥拳不像打空氣的。我是攻克己身，叫身服我，恐怕我傳福音給別人，自己反被棄絕了。

哥林多前書9：25—27

改革的進展在於對基本真理的清楚認識。現在一方面的危險是固執狹隘、墨守成規，另一方面的危險是自由散漫。一切持久改革的基礎是上帝的律法，要清清楚楚地說明順從上帝律法的需要，把律法的原則告訴人們，這些原則與上帝本身一樣是永恆不變的。

最初的背道最可悲的後果之一，就是人失去了自制的能力。只有重新獲得這種能力，才會有真正的進步。

身體是發展心智和心靈以建造品格的唯一媒介。因此人類仇敵的試探便力圖削弱和毀損人的體力。他若能在這方面取得成功，整個人類就受惡勢力控制了。我們肉體本性的各種傾向，若不受一種更高能力的管轄，就必造成毀滅和死亡。

人的身體要受到約束，要讓人生命中較高等的能力來作主。情慾要受意志的支配，而意志本身則要受上帝的支配。要由上帝的恩典潔淨的理智，來掌管我們的生活。

我們必須深刻理解上帝的要求，認識到自制的本分，以及必須潔淨和擺脫一切卑劣的嗜好和不潔的習慣。要認識到自己身心的一切機能，都是上帝所賜的，應當保持在最佳狀態，為祂服務。

在預表福音的古代祭祀中，有殘缺的祭物是不可放在上帝的壇上的。預表基督的祭牲必須毫無瑕疵。《聖經》以此為例證，說明了上帝的子民應是「聖潔沒有瑕疵」、「上帝所喜悅的活祭」（羅馬書12：1；以弗所書5：27）。

（《論健康佈道》原文第129—130頁）

要獲取成功，需要健康

> 失喪的，我必尋找；被逐的，我必領回；受傷的，我必纏裹；有病的，我必醫治；只是肥的壯的，我必除滅，也要秉公牧養牠們。
>
> 以西結書34：16

思想和心靈是通過身體來表達的。心智和靈性的活躍，在很大的程度上取決於身體的健壯與活力。凡能促進身體健康的，也能促進健康的思想和均衡的品格。人沒有健康的身體，就無法認明並充分履行對自己、同胞，以及創造主的職責。所以人要忠誠地保守健康，就如保守品格一樣。生理衛生的知識應成為一切教育活動的基礎。

現在人們普遍了解生理的知識，卻驚人地漠視健康的原則，連那些知道這些原則的人，也少有人付諸實行，人們盲目地隨從自己的愛好與情緒，似乎生命僅受制於機遇，而不是確定不變的定律。

青年人在體壯力強之時，往往不覺得自己旺盛精力的可貴。這種精力比黃金更為可貴；它比學識、地位或財富更加重要，但是它卻遭到多麼可惜的漠視、多麼隨意的浪費啊！多少人為了財富或權勢而犧牲了健康，在即將達到目的之時，卻陷入無奈之中，而另一個體力更強的人，則獲得了渴望已久的獎賞！多少人由於忽視健康的原則而病魔纏身，養成惡習，犧牲了今世和來生的一切希望！

在研究生理學的時候，要引導學生認識到體力的價值，以及如何保持和發展體力，使之為人生奮鬥的最高成就服務。

要儘早採用簡單易懂的課程，教導兒童初級的生理衛生知識。……他們要明白保持身體各器官的活力以防禦疾病的重要性，也要教導他們處理一般疾病和事故的方法。每一所學校都應教授生理和衛生知識，盡可能地配備教具，解釋人體的構造、功用和看護的方法。（《教育論》原文第195—196頁）

不僅追求健康，更要追求聖潔

> 所以，弟兄們，我以上帝的慈悲勸你們，將身體獻上，當作活祭，是聖
> 潔的，是上帝所喜悅的；你們如此事奉乃是理所當然的。
>
> 羅馬書12：1

如果（巴特爾克里克）療養院的工作人員，不再以崇高的宗教立場看待自己的工作，不再注目現代真理的高尚原則，而效法那些單純醫療機構負責人員的理論和作法，上帝的特別福氣就不會臨到我們的機構，就如不降在那些教導和實行敗壞理論的機構那樣。

我看到他們無法在短時間內成就聖工，因為他們不易找到蒙上帝悅納，並願為受苦的人類和諧無私、熱心工作的醫生。但要始終強調並堅持這個機構的偉大目標：不僅是為了身體的健康，更是為了使身心靈生病的人能獲得完全和聖潔的精神。若我們僅站在世俗的立場上，是達不到這個目標的。上帝必興起人來，使他們有資格從事這項工作，不僅作身體的醫生，而且作罪的醫生，作無知者屬靈的父親。

有人認為，那些濫用自己的體力和智力，使得身心已經垮掉的人，為了康復，就必須中止所有的活動。這種看法是十分錯誤的。在極少的情況下，他們可能需要短時間的完全休息，但這是非常罕見的。

那些因緊張的腦力勞動而垮掉的人，應該停止疲倦的思考。但是要教導他們：把自己的病情想像得比實際情況嚴重，乃是錯誤甚至危險的。

那些因過度操勞而垮掉的人，必須減少活動量，做一些輕鬆愉快的勞動。但若讓他們脫離一切勞動和鍛鍊，在許多情況下反而會毀掉他們。……不活動乃是這些人最大的禍根。他們的各種能力都處於休眠狀態，無法抵抗疾病和倦怠，以恢復健康。（《教會證言》卷一，原文第554—556頁）

健康改良和第三位天使的信息緊密結合

> 祂賜糧食給凡有血氣的，因祂的慈愛永遠長存。你們要稱謝天上的上帝，因祂的慈愛永遠長存。
>
> 詩篇136：25、26

主曾本著祂的深謀遠慮賜下建立療養院的亮光，病人應該在那裡基於衛生原理得到治療。必須教導人們依靠主的療法：純淨的空氣和水，並簡單健康的食物。

為人們的身體和道德健康而作的每一努力都應當基於道德原則。正在為榮耀上帝而努力提倡改良的人們，要堅定地站在衛生健康的原則之上，他們要採取正確的做法。人們需要真知識。這個世代的男男女女正因錯誤的生活習慣給自己招來無盡痛苦。

醫生們有一項工作要做，要透過教育人們來實現健康改革，使他們明白統管他們自身生命的律法。他們應當知道如何適當地吃、聰明地工作、健康地穿著，還應該教導他們使自己一切的習慣都符合生命律和健康律，並且丟棄藥物。有一項大工要完成，健康改良的原則要得到實行，這工作要確實與第三位天使信息密切相關，有如手與身體的關係一樣。

為何有這麼多的意見和不和呢？在這個宣教的大園地中，為何有這麼多獨立行動，這麼多自私的野心呢？上帝受了羞辱。應該有集中的、團結一致的行動，這在醫生的工作中，和為上帝的大日做準備的工作中，都是必要的。

要教導人們如何預防疾病，告訴他們停止一切違背自然律的事，消除一切障礙，從而使自然機能有機會付出最佳的努力撥亂反正。自然必須享有公平的機會使用她的醫治媒介。我們必須認真努力，在醫病的方法上達到更高的水準。若是上帝所賜的亮光得到勝利，若是真理勝過錯謬，在健康改良上就會邁出前進的步伐。這是必須的。（《懷氏文摘》卷十三，原文第177—178頁）

基督復臨的信息使身心成聖

> 親愛的兄弟啊，我願你凡事興盛，身體健壯，正如你的靈魂興盛一樣。
> 約翰三書1：2

上帝的旨意是要祂的兒女在基督裡長大成人，滿有男女長成的身量。若要成全這事，他們就必須善用身心靈各方面的所有能力，他們不能虛耗一點智力或體力。

怎樣保持健康是第一要緊的問題。我們若存敬畏上帝的心去研究這個問題，就可以知道若要使肉體和靈性雙方面同得進步，莫如採用簡單的飲食。但願我們平心靜氣地研究這個問題，我們對於這事需要具有相當的知識和判斷力，才能採取明智的行動。須知自然律是只宜順從，不宜違背的。

凡已受教明白肉食、茶、咖啡，以及口味重的不健康食物對於身體所有的害處，並且定意用祭物與上帝立約的人，就不會明知故犯，再放縱自己的食慾去採用那不健康的食物了。上帝要我們清除不良的慾望，對於一切不健康的食物要自行抑制。上帝的子民必須先做成這項工夫，然後才能在祂面前得以完全。

上帝的餘民必須是一群悔改的人，這信息的傳揚是要導致人心悔改成聖，在這個運動上，我們須感覺聖靈的能力，這是一種奇妙確定的信息；對於接受的人意義重大，當用大呼聲傳揚。我們必須具有真實持久的信心，確信此信息必能愈傳愈顯重要，直至末日為止。

凡明白真理的人，都負有一種嚴肅的責任，就是應當有與其信仰相符的行為，以及優雅聖潔的生活，並且要預備，以便承擔在這信息即將結束之日那必須迅速做成工作，他們沒有光陰和精力可耗費在放縱食慾上了。「所以你們當悔改歸正，使你們的罪得以塗抹。這樣，那安舒的日子就必從主面前來到。」（使徒行傳3：19）。（《評閱宣報》1910年2月24日）

要遵守保持健康的條件

你若留意聽耶和華——你上帝的話，又行我眼中看為正的事，留心聽我的誡命，守我一切的律例，我就不將所加與埃及人的疾病加在你身上，因為我——耶和華是醫治你的。

出埃及記15：26

基督就是古時以色列民的嚮導和教師。祂曾教訓他們，健康就是遵守上帝律法的結果。那在巴勒斯坦醫治病人的大醫師，從前也曾從雲柱中向祂的子民說話，把他們所應做的事，以及上帝必要為他們成就的事都告訴了他們。祂說：「你若留意聽耶和華——你上帝的話，又行我眼中看為正的事，留心聽我的誡命，守我一切的律例，我就不將所加與埃及入的疾病加在你身上，因為我——耶和華是醫治你的。」（出15：26）關於以色列人的生活習慣，基督曾給他們明確的指示，並應許他們說：「耶和華必使一切的病症離開你。」（申命記7：15）當他們履行了這些條件時，以下的應許就實現在他們身上了：「他支派中沒有一個軟弱的。」（詩篇105：37）

這些教訓也是給我們的，凡願保守健康的人必須履行健康的條件，人人都應該學習這些條件是什麼。耶和華不喜悅人不明白祂的律法，無論是自然的或是屬靈的。我們要在恢復身體和心靈兩方面的健康上與上帝合作。

我們也應當教導別人如何保守並恢復健康，我們應當為病人使用上帝在自然界所預備的治療法，並把那唯一能使他們恢復健康的主介紹給他們。我們的工作是要用信心的手把患病和受苦的人帶到基督面前，教導他們相信那位大醫師。我們當篤信祂的應許，並祈求祂顯示祂的能力。福音的本質就是「恢復」，所以救主要我們勸誡凡患病、絕望和困苦的人握住祂的能力。在基督一切醫治的工作上都帶有愛的能力，我們惟有因著信與那愛有分，才能成為祂工作的器皿。如果我們疏忽了，沒有與基督發生神聖的聯絡，那麼祂賜生命的能力就不能透過我們豐豐富富地傳給世人。

肩負祂的軛，乃是接受祂能力的主要條件之一。教會的生命全在於她忠心履行救主的使命，若是忽略這工作，就必招致靈性的軟弱和衰殘。哪裡沒有為別人進行積極的工作，哪裡的愛心就必漸漸冷淡，信心就必漸漸消失。

（《歷代願望》原文第824—825頁）

自我成長對於成就最大的善事很重要

因為，凡要救自己生命的，必喪掉生命；凡為我喪掉生命的，必救了生命。人若賺得全世界，卻喪了自己，賠上自己，有什麼益處呢？

路加福音9：24—25

賜給我們的生命只有一次，因此每一個人都應捫心自問：「我怎樣才能利用我的生命獲得最大的效益？我應該怎樣努力來榮耀上帝並造福同胞？」因為生命只有用在這些目標上才有價值。

我們對於上帝和同胞的首要本分就是自我成長。我們應該培養創造主所賜的每一機能，以達到最完美的程度，成就盡可能多的善事。所以我們要利用光陰建立和保持身心的健康，不可因過勞或濫用人體機器的任何部分而削弱或損害身心的一個機能。我們若真的這樣做了，就要承擔後果。

每一個人都有機會，在很大的程度上決定自己要成為怎樣的人。今生的福氣和不朽來生的福氣，都是他能力所及的。他可以建造堅固價值的品格，每一步都獲得新的力量。他可以天天在知識和智慧上長進，因自己的進步而感到新的快樂，德上加德，恩上加恩。他的才能必因運用而增進；他得到的智慧越多，就越有能力得到。他的聰明、知識和美德，就必如此發展為更大的力量，並且更加完美勻稱。

另一方面，他也可讓自己的能力因缺乏使用而鏽壞，或因壞習慣、缺乏自制或道德及虔誠的毅力而被濫用。於是他就會走下坡，因而不順從上帝的律法和健康律，食慾勝過了他，愛好把他擄去了。他更容易讓始終積極活動的惡勢力拖住他往後，而不是努力勝過它們，奮勇前進。放蕩、疾病和死亡便隨之而來，這便是許多原可在上帝和人類的聖工中有所作為之人的歷史。

（《保健與節制》原文第41—42頁）

節制的習慣和身體的鍛鍊能產生活力

> 親愛的弟兄啊，我們既有這等應許，就當潔淨自己，除去身體、靈魂一切的污穢，敬畏上帝，得以成聖。
>
> 哥林多後書7：1

許多人因過度用腦而受苦，沒有用鍛鍊身體來緩解，結果導致各項能力的衰退，他們便容易規避責任。他們所需要的乃是更加積極的勞動。這種狀況並不局限於那些鬢髮斑白的人，年輕人也陷入了同樣的狀態，變得智力衰弱了。嚴格節制的習慣，加上肌肉和大腦的運用，就能保持智力和體力的旺盛，並有耐力從事傳道工作、編輯工作，以及各種文案工作。

傳道人、教師和學生，對戶外體力活動的重要性，尚未達到應有的認識。他們忽略了這項最重要的保持健康的本分。他們專心埋首於書本，飲食卻按體力勞動者所需的數量。在這種習慣下，一些人發胖了，因為人體系統的堵塞，還有一些人變得瘦小軟弱，因為他們的活力因排除過多的食物而枯竭了。……如果體力活動能與智力的運用相結合，血液循環就必暢通，心臟的功能也就更加完善，雜質被排除了，身體各部位就可以體驗到新生命與活力了。

我們所從事的是一項神聖的工作。……我們向上帝要盡的本分就是保持心靈純潔，將身體作聖靈的殿。我們的心思意念若都致力於事奉上帝，順從祂一切的誡命，盡心、盡性、盡意、盡力愛祂，並愛我們的鄰舍如同自己，就會忠於天國的要求。

我們現今是在上帝的工場中，我們許多人乃是來自採石場的粗糙石頭，然而當上帝的真理在我們身上發生作用時，一切不完全之處就都被除去，我們便得以預備好如同活石在天上的殿中發光，在那裡我們不僅要與聖潔的天使交往，而且要與天上的大君親自結交。

行義為善的意識對於有病的身心是最好的良藥，上帝特別的福惠落在接受之人的身上，便是健康和力量。凡在上帝裡有安靜和知足之心的人，已經登上健康的坦途了。（《保健與節制》原文第160—162頁）

效法四位希伯來人所樹立的榜樣

> 「然後看看我們的面貌和用王膳那少年人的面貌，就照你所看的待僕人吧！」委辦便允准他們這件事，試看他們十天。過了十天，見他們的面貌比用王膳的一切少年人更加俊美肥胖。
>
> 但以理書1：13—15

「**這**四個少年人，上帝在各樣文字學問（**學問：原文是智慧**）上賜給他們聰明知識；但以理又明白各樣的異象和夢兆。尼布甲尼撒王預定帶進少年人來的日期滿了，太監長就把他們帶到王面前。王與他們談論，見少年人中無一人能比但以理、哈拿尼雅、米沙利、亞撒利雅，所以留他們在王面前待立。王考問他們一切事，就見他們的智慧聰明比通國的術士和用法術的勝過十倍。」（但以理書1：17—20）

這段記錄含有健康改良的重要信息。四位希伯來青年經驗的教訓，與需要戒除一切所飲的酒和扭曲食慾的放縱息息相關。這四位希伯來青年的立場證明是正確的。十天以後，他們比國王所測試的其他人更加健美，更有智慧。

在我們的時代，主很喜歡那些為將來的永生做準備的人效法但以理和他同伴的榜樣，設法保持健康的身體和清晰的思維。我們越學會謹慎地對待自己的身體，就越容易躲避世上從情慾而來的敗壞。

我們要問：「真正高等教育的目標是什麼？難道不是為了與上帝建立正確的關係嗎？」這一切教育的標準，是關於能否讓我們專注上帝在耶穌基督裡崇高恩召獎賞的目標。

我們要學習如何均衡腦力和體力勞動，你如果承擔繁重的腦力勞動，卻讓肌肉無所事事，其後果就會與希伯來青年聰明的做法形成鮮明的對照。父母們應該始終不渝地教育自己的兒女，要從童年時代起就教導我們的青年如何均衡地運用體力和腦力。（《總會公報》1909年5月30日）

靠著基督的能力控制食慾

> 所以，你們當悔改歸正，使你們的罪得以塗抹，這樣，那安舒的日子就必從主面前來到。
>
> 使徒行傳3：19

凡欲與基督同得天國新生命的人，必須在心靈和思想方面經過一番變化，這種變化非透過基督的能力不能發生。……我們如果要正確地事奉上帝，就必須從聖靈而生，這才能使人警醒。聖靈必潔淨心靈，更新思想，並賜我們新的能力，得以認識並敬愛上帝，又使我們情願服從祂一切的條件。這才是真正的敬拜。

上帝要求祂的子民不斷前進。他們需要認識到，放縱食慾乃是心智提高和心靈成聖的最大障礙。許多人雖然自稱健康改良，卻吃得太多。放縱食慾乃是身體和心智衰弱的最大原因，也是虛弱和早死的主要基礎。正在尋求擁有純正精神的人要記住，在基督裡有能力控制食慾。

肉食對於身體的健康是有損的，所以我們應學著不攝取肉食。凡在可以得著蔬菜為食物的環境之中，若仍在這事上隨一己所欲，任性吃喝，就必漸漸不顧主所賜予的有關現代真理方面的教訓，也必失去對於何為真理的理解；這等人必收他們自己所種的結果。

我勸老年人和少年人，也勸中年人，你們都要棄絕凡足以使你們受害的東西，要本著犧牲事奉主。當使兒童明智地參與這項工作。我們都是上帝家裡的人，主要祂的兒女，無論老少，都毅然決然地節制食慾，將金錢節省下來，作為建造會堂和供養佈道士之用。

我蒙指示，要向作父母的人說：「在這個問題上，你們當將自己的心與靈完全歸順上帝。」我們須時常記著：當此寬容時期，我們乃是在宇宙之主面前受考驗。難道你們還不肯放棄一切於你有害的嗜好嗎？口頭的承認並無價值，你們應該以克己的行為來證明自己順從上帝向祂特別子民的要求。

（《評閱宣報》1910年2月24日）

基督徒要嚴格節制，受原則管束

所以，你們或吃或喝，無論做什麼，都要為榮耀上帝而行。

哥林多前書10：31

使徒保羅寫道：「豈不知在場上賽跑的都跑，但得獎賞的只有一人？你們也當這樣跑，好叫你們得著獎賞。凡較力爭勝的，諸事都有節制；他們不過是要得能壞的冠冕；我們卻是要得不能壞的冠冕。所以，我奔跑不像無定向的；我鬥拳不像打空氣的。我是攻克己身，叫身服我，恐怕我傳福音給別人，自己反被棄絕了。」（哥林多前書9：24—27）

世上許多人沉迷於有害的習慣。食慾是控制這一切的法則，而且因為錯誤的習慣，道德感被蒙蔽了，在很大程度上，他們對分辨聖潔事物的能力就被毀滅了。但嚴格的節制對基督徒是必要的，他們當有崇高的標準，在吃喝和穿著上的節制是關鍵，應當讓原則而非食慾或幻想來掌控。飲食過度或是食物品質不佳的人容易陷入放蕩或是其他「無知有害的私慾裡，叫人沉在敗壞和滅亡中」（提摩太前書6：9）。那「與上帝同工的人」應當運用他們的每一影響，來促進傳播真正節制的原則。

忠於上帝有很深的含義。祂對凡從事祂服務的人有所有權，祂渴望人的心靈和身體能保持在最佳健康狀況，每一能力和天賦在上天的控制下，既有活力又審慎，只有嚴格的節制才能做到。我們對上帝有義務，要把自己的身心靈毫無保留地奉獻給祂，所有的官能都要當作祂託付的恩賜，運用在祂的服務中。

我們自己一切的精力和能力，都當在這恩典試驗期中不斷地加強和改進。唯有那些欣賞這些原則，以智慧和敬畏上帝來照顧自己身體的人，才能蒙揀選承擔這工作的責任。……每個教會需要清楚、敏銳的見證，使號筒吹出確定的聲音來。（《論飲食》原文第156—157頁）

食物要衛生可口

你們為何花錢買那不足為食物的？用勞碌得來的買那不使人飽足的呢？你們要留意聽我的話，就能吃那美物得享肥甘，心中喜樂。
以賽亞書55：2

我們有些人在本著良心戒除不適當的食物時，忽略了維持身體必不可少的營養。人若對於健康改良採取一種極端的觀點，則所預備的食物，恐怕就會淡而無味，不令人滿意了。預備食物，不但應使它富有營養，同時也要顧及美味可口，絕不可剝奪身體所需要的營養。我用鹽調味，並且一向都用，因為鹽不但無害，而且是血液不可少的。菜蔬中也當加一點牛奶、乳酪或相等的東西以增加滋味。

雖然我們得到警告，說奶油有傳染疾病的危險，小孩多吃雞蛋也有害處。然而食用在適當條件下飼養的雞所生的蛋，不應被認為是違背原則的。蛋裡面含有抵抗某些毒素的成分。

有的人因為拒食牛奶、雞蛋和奶油，以致不能使身體得到適當的營養，結果竟衰弱而無力工作。這樣，健康改良就要遭受非議了。我們原先所竭力建樹的堅固工作，就與上帝所沒有吩咐的怪誕之事相混淆，致使教會的能力遭受摧殘。但是上帝必從中干預，以防止這些過分的想法及其結果。福音乃要融合有罪的人類，要召集貧富貴賤的人都來聚集在基督的腳前。

時候將到，我們或許需要廢除一些所採用的食品，例如牛奶、乳酪和雞蛋等食物，但我們卻毋須以過早與過分的限制來使自己為難，等到情勢需要我們如此行時，主自會為這事開路的。

但願我們沒有因為採用了味美可口的食物，去替代那已棄絕的有害之物，而作了反對健康改良的見證。無論如何，不要助長採用刺激品的食慾，只要吃有益於健康的食物，並要因這健康改良的原則而時常感謝上帝。要在凡事上忠誠正直，這樣，你們就必獲得寶貴的勝利。（《評閱宣報》1910年3月3日）

控制食慾要從童年開始

> 敬畏耶和華是知識的開端;愚妄人藐視智慧和訓誨。
>
> 箴言1:7

不僅疾病一代一代禍害不斷,父母們還把他們錯誤的習慣、扭曲的食慾和敗壞的情慾傳給他們的兒女。人們很難從過去的歷史中記取教訓,現代人對原則的忽略,對生命和艱苦之律的無視,是十分驚人的。雖然很容易獲得這方面的知識,不幸的無知現象依然普遍存在。

大多數人所關心的主要問題是:「我要吃什麼?我要喝什麼?我要穿什麼?」

儘管已經對健康的重要性和保持健康的方法作了充分的論述,食慾依然是支配著一般人的大法則。

怎樣才能力挽疾病與罪惡的狂瀾,免得人類被捲入毀滅與死亡之中?既然罪惡的根源在於放縱食慾和情慾,改革大工程的第一步就必須是學習和實行節制與自制的教訓。

要實現改良社會的持久性變革,必須從小開始教育群眾。在青少年時期所形成的習慣,培養的愛好,造就的自制,以及從搖籃時期起就得到教誨的原則,對人的前途幾乎可以起到決定性的作用。青年時期的適當訓練,可以防止因不節制和道德鬆懈而造成的罪惡與腐敗。

身體的健康,是造就青年人純潔高尚的品質,加強他們對食慾的控制,防止他們敗壞縱慾的最大幫助之一,而在另一方面,這些自制的習慣也是保持健康的重要因素。

青年時期特別需要累積知識,在日常生活中付諸實踐。青年時期要建立良好的習慣,糾正已經養成的錯誤習性,獲得並保持自制的能力,制定計劃,身體力行,使人生的一切行為都符合上帝的旨意和同胞的福利。(《評閱宣報》1881年12月13日)

刺激品最終產生不良的後果

> 你們所遇見的試探，無非是人所能受的。上帝是信實的，必不叫你們受試探過於所能受的；在受試探的時候，總要給你們開一條出路，叫你們能忍受得住。
>
> 哥林多前書10：13

我們這一班人口口聲聲宣導健康改良，卻還是吃得太多。放縱食慾是體力、智力衰弱的最大原因，也是人間到處可見虛弱疾病的根源。

不節制始於餐桌上不健康的食物。經過一段時間持續的放縱，消化器官衰弱了，所吃的食物滿足不了口腹之慾，形成了不健康的狀態，便渴望更刺激性的食物。茶、咖啡和肉食，會很快產生效應。在這些毒素的影響下，神經系統受到刺激，產生興奮。在有些情況下，智力似乎一時受到激發，思維也活躍了。由於這些刺激品能產生暫時愉快的效果，許多人就以為自己真需要這些東西，於是便繼續採用。

然而這總是有反作用的，神經系統既受了不適當的興奮，便把儲存為未來之用的精力借作臨時之需，及至這一切暫時的興奮消逝之後，接著就是萎靡不振。這些刺激品臨時激發體力到何等的高，及至刺激物失效之後，被刺激的器官也要消沉到何等的低。食慾受到培養渴求某種更強烈的東西，以維持和增加這種愉快的興奮，直到放縱變成了習慣，從而繼續渴求更強的刺激品，如菸和酒等。

基督在曠野長期禁食的偉大目的，就是要教導我們必須克己和節制。這種工作應從我們的餐桌開始，並在生活的各方面嚴格實行。世界的救贖主從天上來幫助軟弱的人類，使人可以藉著耶穌所賜的力量成為剛強，勝過食慾和情慾，並在各方面上得勝。（《教會證言》卷三，原文第487—488頁）

靠著耶穌獲得健康並解惑

> 到了瑪拉，不能喝那裡的水；因為水苦，所以那地名叫瑪拉。百姓就向摩西發怨言，說：「我們喝什麼呢？」
> 出埃及記15：23—24

上帝曾有一個教訓要教導以色列人。瑪拉的水是一個實際的教訓，代表因罪而臨到人類的各種疾病。地上的居民患各種各樣的疾病並不奇怪，這是因為他們干犯了上帝的律法。

以色列人也是這樣，上帝為保護他們免遭患病而樹立起一道屏障，使他們可以過健康聖潔的生活，在曠野的旅程中學會順從，然而他們卻推倒了這道屏障。他們曾在基督的特別指引下前進，祂捨己犧牲，為了保存一班人時常紀念上帝，抵禦撒但精明的試探。祂用雲柱遮蔽他們，是要將一切願意遵行祂旨意的人保護在祂的恩典之下。

以色列人在行程中來到瑪拉絕非偶然，在他們離開埃及以前，主已經開始對他們進行指教，以便能引導他們認識到祂是他們的上帝、拯救者和保護者。他們向摩西和上帝發怨言，可是上帝仍設法告訴他們，只要他們仰望祂，祂就會解救他們一切的困難。他們所遭遇和經過的磨難原是上帝大計畫的一部分，祂要藉此考驗他們。

「到了瑪拉，⋯⋯百姓就向摩西發怨言，說：『我們喝什麼呢？』摩西呼求耶和華，耶和華指示他一棵樹。他把樹丟在水裡，水就變甜了。耶和華在那裡為他們定了律例、典章，在那裡試驗他們。」(出埃及記15：24—25)。⋯⋯雖然人肉眼看不見，上帝仍是以色列人的領袖和大能的醫治者。是祂賦予樹木使水變甜的功能，祂希望藉此告訴他們，祂的能力能醫治人心中一切的邪惡。

基督不僅醫治人的肉體，亦是人心靈的大醫師。祂把人類帶回到上帝身邊。上帝讓祂的獨生子被壓傷，使醫治的能力可以從祂身上流出來醫治我們一切病症。（《懷氏文稿》卷十五，原文第29—31頁）

順從自然律享受健康

> 不可叫人小看你年輕。總要在言語、行為、愛心、信心、清潔上，都作信徒的榜樣。
>
> **提摩太前書4：12**

在一千個已婚或未婚的人中，沒有一個人認識到清潔的習慣在維護身體衛生、思想純潔方面的重要性。疾病是違背自然定律、忽略生命和健康律的必然後果。我們的身體需要保養，好使我們能尊榮上帝，祂已救贖了我們。我們需要知道如何保養這部活機器，使我們的靈魂與身子都可以分別為聖地事奉祂。

我們作為有理性的人，卻對身體及其要求可悲地無知。我們所建的學校雖然已經開始學習生理學，卻沒有以應有的明顯活力把握它。他們沒有聰明地實行所學的知識，也沒有認識到身體若不操練，就會衰退。

儘管有這方面的亮光從《聖經》中照耀出來，儘管有但以理、沙得拉、米煞和亞伯尼歌的教訓，儘管有健康飲食的明顯成果，依然很少有人重視這些蒙上帝啟示之人所寫的教誨。人們普遍忽略飲食的習慣問題，抽菸喝酒，依賴肉食的現象愈發嚴重。

你是主的財產，因著創造，也因著救贖，你是屬於祂的。……「你要愛鄰舍如同自己。」這裡所呈現的，是說到要尊重自己和主的財產的誡命，會引導人尊重人人都要履行的義務，就是保護人體這部「受造奇妙可畏」的活機器。要瞭解這部活機器，仔細研究這個奇妙機構的每一部件，要實行自我保護。

干犯身體的律法就是干犯上帝的律法，我們的創造主是耶穌基督，祂是我們人類的作者，祂創造了人類的軀體，祂是身體律法的制定者，也是道德律法的制定者。人若在涉及肉身生活和健康的習慣和行為上疏忽輕率，就是得罪上帝。（《克雷斯集》原文第45—46頁）

聽從上帝保持健康的勸導

摩西的岳父說：「你這做的不好。你和這些百姓必都疲憊；因為這事太重，你獨自一人辦理不了。」

出埃及記18：17—18

我們只有盡力維護健康，才可指望蒙福的結果隨之而來，並憑著信心求上帝賜福我們為保障健康而做的種種努力。如果祂的聖名能因此而得榮耀，祂就會應允我們的祈求。但願大家都明白，他們有一項工作要做。凡不注意健康律，主動惹病上身的人，上帝必不施行神蹟保障其健康。（《論飲食》原文第26頁）

細心順從上帝培植在我們身上的律法，就必得到健康，而不會有身體的摧殘了。（同上，原文第20頁）

許多人問我，要如何有效地保障健康？我回答說：「停止干犯自己身體的律法，停止滿足敗壞了的食慾，吃簡單的食物，穿有益健康的服裝。這就要求適度的簡樸，做有益健康的工作，那樣你就不會生病了。」……許多人因父母犯罪的結果而受苦。雖不能因父母的罪責難他們，但他們有責任查明自己的父母在何處違背了自身的生命律；他們父母的習慣錯在哪裡，他們就應在那裡改變自己的行徑，藉著正確的習慣，置身於更好的健康狀況中。（《健康改革者》1866年8月號）

身心全部機能若和諧健康的運作，會帶來快樂；這些能力越高尚越優雅，快樂也就越純粹越清潔。沒有目的的人生是活受罪。心智的能力應該用在關係我們永恆利益的題目上。這會有益於身心的健康。（《評閱宣報》1884年7月29日）

只要人類願意順從上帝的律法並與祂合作，祂就保證維持人體機器的健康運作。（《論健康》原文第17頁）

主已賜給祂子民關於健康改革的信息，這亮光多年來一直照在他們的道路上，主不能支持祂的僕人採取與之相反的做法。……主所賜關於健康改革的亮光，若是受到輕忽，就必對那些嘗試改良的人造成傷害；任何人若藉著言傳身教行事反對上帝所賜的亮光，就不能指望在上帝的工作中取得成功。（同上，第38頁）

健康和疾病均有其原因

你們或以為樹好，果子也好；樹壞，果子也壞；因為看果子就可以知道樹。

馬太福音12：33

伊甸園中的亞當和夏娃，體魄魁梧，完全勻稱而俊美。他們是無罪的，享有美滿的健康，與今日的人類相比，真是天壤之別！現今人類今不僅美麗消失了，美滿的健康亦不為人知，到處所見盡是疾病、殘缺和虛弱。

人類犯罪之後，世上就有了各種形形色色、不節制的現象。食慾支配了理智。人類走上了叛逆的道路，像夏娃一樣被撒但誘惑，藐視上帝所宣布的禁令，自以為後果絕不會像所預料的那麼可怕。人類干犯了健康律，幾乎在所有的事上放肆過度，疾病於是不斷地增加，有因必有果。

上帝賜給我們始祖的食物，乃是祂計畫讓人類吃的食物。剝奪任何受造之物的生命，都違背上帝的計畫。伊甸園中不應有死亡。園中樹上的果子，就是人類所需要的食物。在洪水以前，上帝不允許人吃動物的肉。

許多人驚訝人類在身體、精神和道德上如此墮落，他們不明白正是由於違犯上帝的典章和律法，違犯了健康律，才造成了這種可悲的墮落。人干犯了上帝的誡命，使祂收回了令人類興旺的手。在吃喝上不節制，放縱卑鄙的情慾，使人精緻的感官麻木了，以致將聖潔的事物放在普通事物的位置上。

許多人單因為自己已經求上帝了，就希望上帝會保護他們免除疾病。但上帝卻不會看重他們的祈求，因為他們的信心沒有因著行為得到成全。對於那些不知自愛，而繼續干犯健康律，也不盡力預防疾病的人，上帝是不會行神蹟去保護其免患疾病的。……凡不留心健康律法，而行在必定招致病苦之道路上的人們，上帝必不行神蹟來保持其健康的。（《評閱宣報》1914年4月2日）

節制的原則能促成清晰的頭腦

願賜平安的上帝親自使你們全然成聖！又願你們的靈與魂與身子得蒙保守，在我們主耶穌基督降臨的時候，完全無可指摘！

帖撒羅尼迦前書5：23

使徒勸勉我們：「所以弟兄們，我以上帝的慈悲勸你們，將身體獻上，當作活祭，是聖潔的，是上帝所喜悅的。你們如此事奉，乃是理所當然的。」（羅馬書21：1）

當我們採用會削弱我們身體和心智活力的飲食，或養成導致這種結果的習慣時，我們就羞辱了上帝，因為我們搶奪了祂所要求的事奉。那些養成並放縱吸菸這種不自然嗜好的人，是以健康作為代價。他們在摧毀神經系統的活力，減弱生命力，並犧牲心智的能力。

那些自稱跟從基督，卻有這種可怕的罪惡伏在門口的人，無法對贖罪有崇高的賞識，對永恆的事物有高的估計。被麻醉品蒙蔽並部分麻痹了的心智，很容易被試探所勝，無法享受與上帝的交往。

吸菸的人對醉酒的人只能發出微弱的呼籲。在我們的國家中，三分之二醉酒的人都是因吸菸才產生對酒的慾望。那些聲稱菸草不會傷害他們的人，可以藉著幾天不讓他們吸菸來使他們認識到自己的錯誤；顫抖的神經，眩暈的頭顱，易怒的脾氣，將向他們證明這種有罪的放縱已使他們處於奴役之中了。它已經勝過了人的意志力，他們被一種有可怕後果的惡習所奴役。

上帝要祂的子民在凡事上節制。基督在曠野中長久禁食的榜樣，應當使跟從祂的人，學會拒絕撒但在食慾幌子下的試探，這樣他們才會有感化力去改良那些被放縱帶入歧途的人。這等人已喪失了道德的力量，無法克服控制他們的軟弱和罪惡。基督徒就這樣藉著純潔而秩序井然的生活，和在上帝面前沒有瑕疵的清潔良心，獲得健康與幸福。（《時兆月刊》1876年1月6日）

體力勞動有助於心智和品格的發展

他們要建造房屋，自己居住；栽種葡萄園，吃其中的果子。他們建造的，別人不得住；他們栽種的，別人不得吃；因為我民的日子必像樹木的日子；我選民親手勞碌得來的必長久享用。

以賽亞書65：21—22

今日正如以色列人的日子一樣，我們應當教導每一個青年實際生活的種種本分。每一個人都應學會一門手藝，以便必要時謀生。這不僅可以作為生活變遷時的保障，而且對於體力、智力和靈力的發展也是很重要的。即使一個人從來不需要靠手藝謀生，他仍要學習勞動。人若不參加體力勞動就不可能有健壯的體格和富有活力的身體。有規律的勞動鍛鍊，對於獲得健壯、活潑的心智和高尚的品格是很重要的。

　　已經獲得書本知識的學生，若沒有實際工作的知識，就不能自認為已接受均衡的教育。那些本應用在各種實際工作上的才能疏忽了。教育並不只是智力上的培養，體力勞動是每一個青年人的一項重要訓練，我們若沒有教導學生從事有用的勞動，就是忽略了教育的一個重要層面。

　　有益於健康的體力勞動，會給人更廣泛的教育。每一個學生每天都應花一定時間從事體力勞動，這樣就會養成勤勞的習慣和自力更生的精神，並使青年人得以脫離許多因閒懶而來的邪惡墮落的行為，這是與教育的最高目的相符合的，我們既如此促進自己的勤勞和純潔，就與創造主日益和諧了。

　　由體力勞動和智力運用相結合的實際生活訓練是美好的，因為它使人的身心更適於完成上帝要人所做的工作。青年人越是全面地認識到如何實行實際生活的義務，他們的快樂就在為別人服務中日益增加。人既受過教育而喜愛有用的勞動，他的心智就擴大了。經過培養和訓練，他已經合用了，因為他已獲得了造福別人的重要知識。（《告青年書》原文第177—179頁）

在凡事上節制很重要

> 照著我所切慕、所盼望的，沒有一事叫我羞愧。只要凡事放膽，無論是生是死，總叫基督在我身上照常顯大。
>
> 腓立比書1：20

現在有許多人面臨死亡的陰影，他們已準備好為主做工，但卻未感到有神聖的責任要遵守健康律法。身體系統的法則確實是上帝的律法，但這事實似乎已被遺忘。

一些人限制自己的飲食，不能維持自己的健康。他們沒有提供有營養的食物來代替有害的東西；他們沒有考慮到，在預備最健康的飲食時，必須要用智慧和心靈手巧。身體的系統必須加以適當的營養才能進行工作。

世上許多人沉迷於有害的習慣。食慾是控制這一切的法則，而且因為錯誤的習慣，道德感被蒙蔽了，很大程度上分辨聖潔事物的能力被毀滅了。但嚴格的節制對基督徒是必要的，他們當有崇高的標準，在吃喝和穿著上的節制是關鍵，應當讓原則而非食慾或幻想來掌控。

忠於上帝有很深的含義。祂對凡從事祂服務的人具有所有權。祂渴望人的心靈和身體能保持在最佳健康狀況，在上天的控制下，每一能力和天賦既有活力又審慎，只有嚴格的節制才能做到。我們對上帝有義務，要把自己的身體和靈魂，毫無保留地奉獻給祂，所有的官能都要當作祂託付的恩賜，運用在祂的服務中。我們自己一切的精力和能力都當在這恩典試驗期中不斷地加強和改進。

如果我們能在節制的主題上喚醒自己百姓的道德感，就將獲得巨大的勝利。當教導和實行在今生各樣事情上的節制。在吃、喝、睡和穿著上的節制是信仰生活的偉大原則。真理進入到心靈的聖所會引導人如何對待身體，凡是涉及人類代理健康的事情都不當以無動於衷的態度對待，我們永恆的福利有賴於自己在今生對時間、力量和影響力的運用。（《評閱宣報》1914年6月11日）

我們的思維受飲食影響

看哪，我要使這城得以痊癒安舒，使城中的人得醫治，又將豐盛的平安和誠實顯明與他們。

耶利米書33：6

健康生活的原則對於我們個人和全會眾，都有莫大的關係。最初健康改良的信息臨到我的時候，我的身體是軟弱無力的，時常有昏厥之患。當時我就祈求上帝的幫助，祂便將健康改良之道啟示給我。祂指示我凡遵守祂誡命的人，必須與祂自己建立神聖的關係，他們必須藉著在飲食方面有所節制，得以保守自己身心處於最適宜服務的狀態中。

我們在飲食上，不規劃出一成不變的方針；然而我們卻要說：「在一般盛產五穀水果和堅果的國家，肉類的確不是上帝子民的適當食物。」我蒙訓示：肉食有一種使人性淪於獸性的傾向，奪取了男女對於眾人所應有的愛與同情，並使低級的情慾控制了人高尚的機能。即使肉食向來是有益健康的，現在也不安全了。各種毒癌、腫瘤以及肺部的疾病等，大都是由吃肉造成的。

我們並不必以吃不吃肉作為加入教會的一種標準，不過我們也該考慮名為信徒而好肉食的人，在別人身上究竟有何等的影響。我們既身為上帝的使者，豈不應該對人說：「你們或吃或喝，無論做什麼，都要為榮耀上帝而行嗎？」（**哥林多前書10：31**）

我們豈不應對那放縱墮落食慾的惡習，作肯定的見證嗎？難道福音的傳道人，身負宣揚上帝所給予人類最嚴肅真理之責，自己還要破例回到埃及的肉鍋旁去嗎？難道身受上帝庫房中十分之一供應的人，竟聽任自己放縱私慾，去毒化那在自己血管中循環的生命之流嗎？難道他們竟不顧上帝所賜給他們的亮光和警告嗎？

身體的健康，應被視為在恩典裡長進及獲得平和性情所必不可少的。如果腸胃沒有受到正當的保養，則養成正直高尚的品格就會受阻。腦與神經原是和腸胃交相感應的，不正當的飲食會導致不正當的思想和行為。（**《評閱宣報》1910年3月3日**）

不用肉食，預備健康的食品

> 在基列豈沒有乳香呢？在那裡豈沒有醫生呢？我百姓為何不得痊癒呢？
> 耶利米書8：22

所有的人現今都在受試驗和考證。我們既已受過浸禮歸入基督，如果能各盡本分，棄絕那一切足以使我們墮落並使我們失去應有之身分的事，就必有能力加給我們，使我們得以長進，連於永活的元首基督，並得以看見上帝的救恩。

我們惟有理解健康生活的原則，才能充分警覺那由不適當飲食所產生的惡果。凡發現自己的錯誤而具有勇氣改革自己習慣的人，必定感覺在改革的過程中，頗需一番奮鬥和非常之堅忍；然而一旦養成了正當的口味之後，他們就會明白採用以前所以為無害的食物，無非是緩慢而確切的奠下了消化不良與別種疾患的病根而已。

作父母的人啊！你們要警醒禱告，要嚴格謹防各種不節制，要將真實的健康改良原則教導兒女，使他們知道應當避免什麼，以保持身體的健康。上帝的忿怒已開始臨到那悖逆之子了，何等的罪行，何等的罪惡，以及何等為非作歹的事，正在各方面顯出來！我們這班子民當十分謹慎地保守我們的子女，以免他們結交墮落的友伴。

應以更大的努力將健康改良的原則教導眾人，當設立烹飪學校，並挨家挨戶地去教人製作有益健康之食物的技能，無論老少都當學習更簡易的烹調法。我們無論將真理傳到什麼地方，都該教導那裡的人怎樣烹製簡單而美味可口的食物，要告訴他們，不用肉類也能做出富於滋養的食物。

在預備富有營養的食物，以替代一般學習健康改良之人以前所採用的食物時，必須格外審慎機警。信靠上帝的心、誠懇的意志和彼此相助的意願，都是必不可少的。食品若缺少適當的營養成分，就足以使健康改良的運動受人非難。我們都是血肉之人，所以必須用食物來供給身體適當的營養。（《評閱宣報》1910年3月3日）

身心的機能都需要培養

> 豈不知你們的身子就是聖靈的殿嗎？這聖靈是從上帝而來，住在你們裡頭的；並且你們不是自己的人。
>
> 哥林多前書6：19

健康乃是無價之寶，它是人類所能獲得最寶貴的財富。富足、尊榮和學問如果是以犧牲健康為代價換來的，這代價真是太大了。若沒有健康，這些收穫都不能給人帶來幸福。濫用上帝所賜予我們的健康是很可怕的罪過，因為每一次損害健康都削弱我們生活的能力，使我們成為失敗者，即便我們獲得了一定的教育。

貧困在許多情況下乃是一個福分，因為它防止了青少年因懶惰而致滅亡。體力和智力都應受到培養和適當的發育。父母的首要任務是使他們的兒女有堅固的體格，成為健壯之人。要達到這個目的，沒有身體的操練是不可能的。

為了孩子們身體健康、道德優良，我們應當教他們勞動，即使就生活需要而論並不要求他們這樣做。如果他們要有純潔優美的品德，就必須進行必要的勞動鍛鍊，以致使所有器官都受到操練。兒童們在勞動和捨己助人中所得到的滿足，將成為他們所能享受最有益健康的樂趣。

體力勞動絕不會妨礙腦力的培養。體力勞動會使人均衡成長，防止大腦過分勞累，身體的勞動會減輕大腦的疲乏。

一個脆弱、無能、專事打扮、總愛傻笑的人可成不了淑女。健全的頭腦需要堅強的體格；體格的健康以及對於必要家務的實際知識，對淑女來說都是很重要的，絕不會阻礙腦力的發育。

人若要得到均衡的心智，身心的一切能力都應加以運用和培養。在這個世界上有許多人只發展某一才能，而同時其他才能則置於不用，以致只有單方面的發展。

人的思想必有行動。行動的方向若不正確，就必是錯誤的。為了保持心智的均衡，在學校中，勞動與學習必須結合起來。（《教會證言》卷三，原文第150—153頁）

純潔新鮮的空氣促進身心的健康

> 不要自以為有智慧；要敬畏耶和華，遠離惡事。這便醫治你的肚臍，滋潤你的百骨。
>
> 箴言3：7—8

知足的心和愉快的精神使人身體健康和心靈有力。再沒有什麼比沮喪、鬱悶和悲傷更使人多病的了。精神抑鬱是可怕的。

空氣，這是人人都可得到、來自天上寶貴的恩惠，必用其使人精力充沛的影響祝福你們，只要你們珍惜它，它就會證明它是寶貴的神經安撫劑。空氣必須不斷流通以保持清潔，純淨新鮮之空氣的影響乃是使血液流通全身，它更新身體，使之強壯健康，同時它也明顯地影響人的心思，使人有一定程度的沉著平靜。它激發人的食慾，使食物的消化更完全，以便有安穩甜美的睡眠。

生活在通風不良的封閉房間裡所產生的影響乃是：身體系統變得軟弱不健康，身體循環系統受到壓制，血液流經身體變得很緩慢，因為它沒有被純淨而賜人活力的空氣淨化啟動。

你是否相信萬物的結局近了，這世界歷史最後幾幕即將上演了呢？現在，就用你的行為將自己的信心表明出來。

「信心若沒有行為就是死的。」（雅各書2：17）很少人有那生發仁愛並且潔淨心靈的真信心。可是凡被算為配得享永生的人，必須獲得道德上的資格方可。「親愛的弟兄啊，我們現在是上帝的兒女，將來如何，還未顯明；但我們知道，主若顯現，我們必要像祂，因為必得見祂的真體。凡向祂有這指望的，就潔淨自己，像祂潔淨一樣。」（約翰一書3：2—3）這乃是你當前的工作，而且你若全心做這工作，就絕對沒有太多時間了。（《教會證言》卷一，原文第702—705頁）

愛上帝對於完美的健康非常重要

> 因為你們是重價買來的。所以，要在你們的身子上榮耀上帝。
>
> 哥林多前書6：20

我們的身體是屬於上帝的。祂不但為我們的靈魂，也為我們的身體付出了贖價。……創造主看顧著人這台機器，使之運轉，要不是祂不斷的看顧，脈搏就不會跳動，心臟就會停止，大腦也不再發揮作用。

大腦是思維的器官和工具，控制著全身。為了使人體的其他系統保持健康，大腦必須健康。為了使大腦健康，血液必須純潔。如果我們藉著正確的飲食習慣使血液保持純潔，大腦就會得到適當的養分。

人體各部位因缺乏和諧運作而導致疾病，所以人體的每一部件都必須和諧工作；各個器官，特別是遠離心臟的部位，血液應要能自由流通。四肢的作用很重要，應予以適當重視。

上帝看顧著人體的機器。在照管我們身體的事上，我們必須與祂合作。愛上帝的心對生命和健康是至關重要的。……要有完美的健康，我們的心中應充滿仁愛、盼望和喜樂。

那些把全副精力投入健康佈道工作的人，他們是在危險、貧困、警覺、困倦和痛苦之中堅持不懈地工作的人，有一種危險，就是忘記自己需要忠心地看護自己的智力、體力。他們不應讓自己過分疲勞。可是他們充滿熱忱，有時行事欠考慮，讓自己負擔過重。這樣的工人若不改變，結果就會生病倒下。

我們的使命遠高過平庸、自私的利益，就像天高過地一樣。可是這一點不應使忠心勤勞的上帝僕人以為需要擔負一切的擔子，而不用任何休息。

（《醫療服務》原文第291─293頁）

11月

NOVEMBER

家庭崇拜

我們雖然跌倒，仍能獲勝

求祢使我們早早飽得祢的慈愛，好叫我們一生一世歡呼喜樂。
詩篇90：14

如果上帝的子民認識到祂對待他們的方法，領受祂的教訓，他們的腳前就會有筆直的道路，並有亮光引導他們穿過黑暗與灰心。大衛從上帝對待他的方法上得到智慧，謙卑地俯伏接受至高者的管教。先知拿單忠實地指出大衛的真實狀況，使他認識自己的罪，並幫助他棄絕罪惡。他謙卑地領受訓誨，在上帝之前虛心，說：「耶和華的律法全備，能甦醒人心。」（詩篇19：7）

悔改的罪人必不因人提醒其罪孽及警告其危險而自感絕望。這些為他們而發的努力，表明上帝是多麼愛他們，切望拯救他們。他們只須聽從祂的忠告，實行祂的旨意，以便承受永生。上帝將祂犯錯子民的罪惡擺在他們面前，以便他們能在神聖真理的光照下看明罪孽的深重，然後他們的本分就是永遠離棄罪惡。

上帝今日有能力救人脫離罪，正如先祖、大衛、眾先知和使徒的時代一樣。聖史所記載上帝拯救祂的子民脫離罪惡的許多事蹟，應當使今日的基督徒切心領受上帝的訓誨，熱心完善自己的品格，以便經得起審判的嚴格檢查。

《聖經》的歷史也提到人盼望上帝恩典時傷心的狀況。當我們看到別人在與我們一樣的逆境中怎樣掙扎，怎樣在試探之下像我們一樣跌倒，而又怎樣重新壯膽，蒙了上帝的賜福時，我們就毋須絕望了。受聖靈感動的話語安慰和鼓舞犯錯的人。

雖然先祖和使徒具有人性的軟弱，但他們憑著信心作了美好的見證，靠著主的力量投身戰鬥，獲得光榮的勝利。我們也可以這樣信靠主贖罪犧牲的功勞，奉耶穌的名做得勝的人。從亞當的日子直到今天，人的本質終究不變，而上帝的大愛歷經千秋萬世都是無與倫比的。（《教會證言》卷四，原文第14—15頁）

憑著信心團結前進

所以，在基督裡若有什麼勸勉，愛心有什麼安慰，聖靈有什麼交通，心中有什麼慈悲憐憫，你們就要意念相同，愛心相同，有一樣的心思，有一樣的意念，使我的喜樂可以滿足。

腓立比書2：1—2

我清楚地記得，當我們住在馬里蘭州時，在校園裡工作的青年人每天早晨五點半都會在寓所的大房間裡舉行家庭禮拜。我們一起敬拜上帝，知道聖靈在我們中間。

我們全心全意地尋求上帝，祂就來到我們身邊。我們提出主的應許：「你們祈求，就給你們；尋找，就尋見；叩門，就給你們開門。」（馬太福音7：7）這個保證不夠充分嗎？我們把這個應許帶到祈禱的地方，求上帝指示和引導我們在這裡所要開展的工作。

你們中間若有信心軟弱的人，要記住是因為你們沒有站在正確的一方。我們沒有堅定不移的信心，就不可能企圖推進上帝榮耀的聖工。世界很快就變得如同挪亞的日子。撒但知道自己的時候不多了，就全力以赴地進行活動。邪惡普遍盛行。上帝的子民與不敬虔的人相比，只有區區之數。我們惟有與天使合作，才能取得成功。天使會行在一切努力做上帝所指示之工的人前頭。

當我想到上帝為我們所做的一切時，我就說：「讚美上帝，萬福泉源。」在各地開工的時候，但願我們始終記住，我們要拉均衡的繩索。凡讓自己站在對立面的人應毫不猶豫地悔改歸正。……要記住當你們站在對立面進行批評指摘的時候，你們是給黑暗權勢的代表讓出空間。必須花費寶貴的時間來對付這些代表，因為有人拒絕站在正確的一方。

「凡事不可結黨，不可貪圖虛浮的榮耀。」（腓立比書2：3）在結黨和貪圖虛浮榮耀背後的乃是撒但。讓我們擺脫撒但的糾纏，與那些說「我們會取得勝利，我們依靠無窮大能的膀臂」的人站在一起。（《評閱宣報》1905年6月15日）

使家庭崇拜有趣味

> 耶和華——我的上帝啊，你所行的奇事，並祢向我們所懷的意念甚多，不能向祢陳明；若要陳明，其事不可勝數。
> 詩篇40：5

你們的兒女應受教育，成為一位會付出愛、關懷他人，且溫良柔順的人，尤其是個會尊重宗教信仰之事，及感覺到上帝主權重要性的人。應教導他們看重祈禱的時辰，應當命令他們早起，以便參加家庭崇拜。（《教會證言》卷五，原文第424頁）

父親是家庭的祭司，要主持早晚的靈修。務必要讓靈修成為家庭生活中最有趣最快樂的活動。聚會或作靈修時，若枯躁乏味，就會使上帝蒙羞。家庭聚會的時間應當簡短活躍。不可因冗長乏味而使你們的兒女或家庭的其他成員感到厭煩。若是宣讀和解釋長篇的《聖經》，又獻上很長的禱告，就會使寶貴的聚會變得令人厭倦，散會了大家才如釋重負。

家長應當特別注意讓靈修的時間十分有趣。藉著稍加思考和細心準備，當我們來到上帝面前時，家庭崇拜就可以非常愉快，其豐盛的成果也只能在永恆中顯明。

要選讀有趣易懂的經文，短短幾節就足以提供一天研究和實行的教訓。……至少可以精神飽滿地唱幾段詩歌，所獻的禱告簡短而中肯。帶領禱告的人，他的禱告內容毋須包羅萬象或一再重覆，只要用簡單的話語表達自己的需要，存感恩的心讚美上帝就可以了。（《時兆月刊》1884年8月4日）

激發和加強對《聖經》的研究和愛好，大多是利用崇拜的時間。早晚禮拜應當是一日中最甜蜜、最有助益的時間。需知不要讓任何煩惱與不當的思想侵擾這些時間，父母和兒女們應一同來朝見耶穌，並邀請聖天使進入家庭。

崇拜要簡短而充滿生命力，適時而多樣化。要使大家都能參加讀經，學習和背誦上帝的律法。有時如果讓孩子們自己選一些經文，就必增加他們的興趣。（《教育論》原文第186頁）

每日家庭的崇拜產生寶貴的效果

> 你們果然聽從這些典章，謹守遵行，耶和華——你上帝就必照祂向你列祖所起的誓守約，施慈愛。
>
> **申命記7：12**

由於某種原因，許多父母不喜歡對兒女進行宗教教育，讓他們到安息日學去學習那理應由他們自己傳授的知識。這樣的父母是失敗的，未能盡到職責，沒有給兒女全面的教育。上帝命令祂的百姓按照祂的訓戒和教導來培育兒女。

父母們，你們給兒女的教育應當簡明易懂。應當將你從《聖經》中所學得的教訓清楚地向青年人講明，使他們不至於聽不懂。透過上帝聖言的簡明教訓和他們自己的經驗，你可以教導他們如何按最高的標準行事為人。這樣，他們在童年和青年時代就能學習謹慎虔誠地生活，以便能結出豐盛的善果。

凡基督徒的家庭，應在每天早晚獻上祈禱和讚美，使上帝得到尊榮。要教導兒童敬重禱告時辰。作基督徒的父母有責任在每天早晚，藉著誠懇的祈禱和不倦的信心，在兒女周圍立起一道保護的圍籬。

在家庭信仰教育中，兒童應當學習祈禱和信靠上帝。要教育他們背誦上帝的律法。論到誡命，上帝曾吩咐以色列人：「也要殷勤教訓你的兒女，無論你坐在家裡，行在路上，躺下，起來，都要談論。」（**申命記6：7**）

要以謙卑和滿心的柔和，感知自己和孩子面臨的試探和危險，憑著信心把他們領到壇前，懇求上帝看顧他們。要教導孩子獻上簡單的祈禱，告訴他們上帝喜歡他們向祂禱告。

上帝豈會不留下任何福氣，而越過這樣的家庭？斷乎不會！服役的天使必要保守這樣獻身的兒童。他們傾聽出於信心的頌讚和祈禱，並把他們的懇求帶給那在聖所中為祂子民供職，並為他們獻上自己功勞的救主。（《教育勉言》原文第109—110頁）

每天早晚要忠心地敬拜

> 所以，凡聽見我這話就去行的，好比一個聰明人，把房子蓋在磐石上。
>
> 馬太福音7：24

每一個家庭的成員都應謹記：他們與上天有密切的聯繫。主特別關心祂地上子民的家庭。眾天使為祈禱的聖徒呈獻芳香的煙。在清晨和涼爽的黃昏，每一個家庭都要有禱告上達於天，為我們將救主的功勞呈於上帝面前。宇宙的生靈早晚都在關注每一個祈禱的家庭。（《兒童教育指南》原文第519頁）

在他們離開家庭出去工作之前，全家人都當召集一處，由父親、或在父親缺席時由母親懇切求告上帝保守他們一天的光陰。應當存心謙卑，滿懷溫柔，並感覺到那在自己及你們兒女之前所要遭遇的試探及危險；用信心將他們獻在祭壇上，求主照護他們。凡這樣被獻的兒女，就必蒙那服務的天使照應。（《教會證言》卷一，原文第397—398頁）

在每一個家庭中，應當有固定的時間，作早晚的禮拜。在早晨開飯之前，父母招集兒女，一同感謝天父保護一夜平安，並祈求祂幫助引導看顧這一天的生活，這真是何等的適宜啊！此外，在黃昏臨到時，父母與兒女再度聚集在主的面前，感謝祂在過去一日中所賜的福氣，這又是多麼合適啊！（《教會證言》卷七，原文第43頁）

家庭禮拜不可受環境所左右。你們不應偶然禱告，遇到整天工作忙碌就予以忽略。若是這樣，就會使兒女覺得禱告是無關緊要的。對於上帝的子民來說，禱告是非常重要的，要每天早晚到上帝面前獻上感恩祭。（《兒童教育指南》原文第520頁）

我們努力使客人安舒快樂、但我們亦不可忽視自己對上帝的責任，因任何理由而疏忽禱告的時辰。你們的談話和歡娛不可過度，以致太疲乏而不能參加家庭禮拜，否則便是向上帝獻上殘缺的祭物了。傍晚，當我們能從容而清醒地獻禱時，應在快樂感謝的頌讚中，獻上我們的祈禱。（《告青年書》原文第342頁）

父母要在家中開始改革

求祢使我清晨得聽祢慈愛之言，因我倚靠祢；求祢使我知道當行的路，因我的心仰望祢。

詩篇143：8

當上帝把耶穌賜給我們世界的時候，祂把全天庭都包括在這個恩賜裡了。祂沒有讓我們保留自己品格的缺陷和瑕疵，本著罪性的敗壞來事奉祂。祂已作出安排，使我們能在祂兒子裡得以完全，不靠自己的義，而是靠基督的義。在基督裡整個知識和恩典的庫存都隨我們取用，「因為上帝本性一切的豐盛，都有形有體的居住在基督裡面。」（歌羅西書2：9）

基督為我們捨棄了自己的生命，我們是祂的產業。祂說：「豈不知你們的身子就是聖靈的殿嗎？這聖靈是從上帝而來，住在你們裡頭的；並且你們不是自己的人，因為你們是重價買來的。所以，要在你們的身子上榮耀上帝。」（哥林多前書6：19—20）上帝的兒女要滿足祂的要求，獻身給祂，從而表現對祂的愛。只有祂能使用他們為祂服務，讓別人藉著他們認識真理，並因真理而歡欣。

但上帝的子民對今生和永世的利益卻麻木不仁。主對他們說：「興起，發光！因為你的光已經來到！耶和華的榮耀發現照耀你。」（以賽亞書60：1）祂希望他們本著信心和愛心團結工作，在家中開始改革的工作，讓父母和教會認識到聖靈的工作。這項工作的影響要像麵酵那樣在教會裡擴展開來。父母們需要悔改，他們還沒有培養自己能正確地塑造他們兒女的品格。

親愛的父母們，你們作為上帝的傳道士，應該利用剩下的寶貴時間做祂所交給你們的工作。祂希望你們在家中運用智慧的方法為祂訓練你們的孩子，要向耶穌學習，遵行祂的話。

兒童所需要的宗教應當是有吸引力的，而不是令人討厭的。要使家庭禮拜成為一天中最快樂的時辰，讀經要精心挑選簡單易懂的經文，要讓孩子們參加唱詩，禱告要簡短扼要。……要想到你們是為上帝服務的，可以接近那一位每逢需要就隨時提供幫助的主。（《評閱宣報》1902年3月18日）

崇拜的時間要分別為聖

> 我是從天上降下來生命的糧。人若吃這糧；就必永遠活著。我所要賜的糧就是我的肉，為世人之生命所賜的。
>
> 約翰福音6：51

與以色列人的禱告一同上升的馨香代表基督的功勞和祂代求的工作，以及祂完全的義。這義因著祂子民的信就歸於他們，而且有罪之人的敬拜惟有藉此才能蒙上帝的悅納。在至聖所的幔子前有一座永遠代求的壇；在聖幕的幔子前有一座贖罪的壇。祭司必須用血和香親近上帝 —— 這些都是預指那位偉大中保的表號。罪人藉著祂才能親近耶和華，而且悔改相信的人惟有藉著祂才能蒙憐恤，承受救恩。

在祭司早晚進入聖所燒香的時候，那每日要在祭壇上奉獻的祭牲已經在外院準備好等候宰殺。這是那些聚集在會幕外面敬拜之人最緊張的時刻，在他們尚未藉著祭司的服務進到上帝面前之前，他們必須懇切地省察己心並承認罪惡。他們面朝聖所，一同默禱。這樣，當他們信靠那贖罪犧牲所預表的應許之救主的功勞時，他們的祈求便與雲煙一同升到上帝面前。

上帝所指定早晚獻祭的時間是猶太國所視為神聖的，後來就成了他們普遍遵守的祈禱時間。及至猶太人成了俘虜分散在遙遠地區之後，他們在這指定的時辰，依然要面朝著耶路撒冷向以色列的上帝獻上禱告。在這個習慣上，基督徒應當學得一個早晚禱告的榜樣。上帝固然譴責一切徒有形式而沒有敬拜精神的人，但祂極喜悅那些敬愛祂，早晚屈膝懇求赦罪，並向祂祈求福惠的人。（《先祖與先知》原文第353—354頁）

艱難的時期熬煉上帝的子民

> 耶和華啊，求祢施恩於我們；我們等候祢。求祢每早晨作我們的膀臂，遭難的時候為我們的拯救。
>
> 以賽亞書33：2

雅各的歷史也是一個憑據，證明凡受欺騙，遭試探，並陷於罪惡之中的人，只要回頭，真心悔改歸主，上帝絕不丟棄他們。撒但雖然設法除滅這一等人，但上帝卻要差遣天使在艱難中安慰並保護他們。

撒但的襲擊固然猛烈而堅決，他的欺騙固然可怕，但耶和華的眼目必眷顧祂的子民，祂的耳朵垂聽他們的呼求。他們的苦難雖然慘重，熊熊的烈火似乎要燒滅他們，但那熬煉他們的主必要把他們從火中取出來，如同火煉的金子一樣。上帝對祂兒女的愛心在試煉最劇烈的時候，和在順利繁榮的時候是一樣堅強而溫慈的。但他們被放置於爐火中乃是必需的。他們那世俗化的成分必須焚燼，使基督的形像可以在他們身上完全反映出來。

我們需要一種能以忍受疲勞、遲延和饑餓的信心，來應付那即將臨到我們的憂患痛苦時期——這種信心縱然經受最慘重的試煉，也不至於衰退。上帝給人一個恩典時期，使人人都可以準備應付這未來的考驗。雅各的得勝是因為他有恆心和決心，他的勝利說明了懇切祈禱的力量。凡能像雅各一樣持守上帝的應許，並像他一樣熱切呼求堅持到底的人，必能像他一樣成功。凡不願克己，不願在上帝面前掙扎，不願恆切求主賜福的人，必一無所得。

與上帝「角力」，能體會這一句話的人，真是寥寥無幾！有幾個人曾因渴慕上帝而不遺餘力地尋求祂呢？當那說不出來的絕望之感，像浪濤一樣猛然衝擊祈求上帝的人時，又有幾個人能以不屈不撓的信心持住上帝的應許呢？

那些現在很少操練信心的人，將來最容易屈服於撒但迷惑的能力和強迫信仰的法令之下。即使他們經得起這種試煉，但他們在大艱難的時期卻要被捲入更深的憂患和痛苦之中，因為他們沒有養成信賴上帝的習慣。他們現今所忽略信心的操練，他們必須在灰心絕望的非常壓力之下從頭學起。（《善惡之爭》原文第621—622頁）

把你的家庭奉獻給上帝，並仰望髑髏地

> 我們務要認識耶和華，竭力追求認識祂。祂出現確如晨光；祂必臨到我們像甘雨，像滋潤田地的春雨。
>
> 何西阿書6：3

我們的生活和家庭絕不可與基督分離，不要用非基督化的言行對祂關閉門戶。有些自稱信仰真理的人忽略了家庭的禱告，然而你們怎麼敢不把自己的心靈交託你們的天父就出去工作呢？你們應當表現出對祂的信靠，在離家之前要把你們的家庭交託給上帝。

你們出於信心獻給上帝的每一個祈禱都會得到祂的重視和回應。當亞伯拉罕奉命到他所不瞭解的地方時，他不論在哪裡支搭帳棚，都會修築祭壇，早晚獻上禱告。主論到亞伯拉罕說：「我眷顧他，為要叫他吩咐他的眾子和他的眷屬守我的道，秉公行義。」（創世記18：19）

這是每一個家庭應做的工作，卻很奇怪被忽略了。我們在世上要像是生活在上帝眼前。最重要的是我們要不斷地為將來的永生做準備。我們可以得到能與上帝的生命相比的生命。我們如果有忠心，就會獲得不朽的產業，永遠的財富，得見君王的榮美，目睹我們賜福之救主的無比魅力。

我們要認識到教育訓練我們的兒女，使他們尋求和感受永生的重要性。他們的意志要順服上帝的旨意，他們要不斷設法抑制一切邪惡性質的事物。父母們如果希望他們的兒女在性格上基督化，就必須為他們樹立榜樣。你們的一舉一動都應有利於你們和你們的兒女進入天國。在這件事上，你們會獲得特殊的幫助。

救主希望你們的喜樂得以滿足，所以祂吩咐你們住在祂裡面，讓祂也住在你們裡面。要敞開你們的心門，讓耶穌帶著祂公義的明亮光線進來。祂以莫可言宣的愛來愛我們。若是有什麼時候你擔心自己會淪喪，耶穌不愛你了，那就請瞻仰髑髏地。（《評閱宣報》1890年8月5日）

當我們憑信心前進時，道路敞開了

> 凡以感謝獻上為祭的便是榮耀我；那按正路而行的，我必使他得著我的救恩。
>
> 詩篇50：23

天上的所有居民都聯合起來一同讚美上帝。我們現在務要學習天使的詩歌，為要在將來我們參加那光明的行列時，可以與他們同聲歌唱。我們務要與詩人一同說：「我一生要讚美耶和華！我還活的時候要歌頌我的上帝！」「上帝啊，願列邦稱讚祢！願萬民都稱讚祢！」（詩篇146：2；67：5）

上帝曾照著自己的美意引領希伯來人到了大海前面的山谷中，為要在他們蒙拯救的事上顯出祂的大能，並使壓迫他們之人的威風掃地。祂盡可以用其他的方法拯救他們，但祂選用這個方法，乃是為要試驗他們的信心，並加強他們倚靠祂的心。那時百姓固然疲乏恐懼，但當摩西吩咐他們前進的時候，他們若是退後，上帝就絕不會為他們開路。

他們乃是「因著信」，才能「過紅海如行乾地」（希伯來書11：29）。他們前進下到海裡，走在水中，乃是表明他們相信上帝藉著摩西所說的話。他們先在自己的力量範圍之內做了做能作的事，然後以色列的大能者才分開海水為他們闢開一條道路。

在這裡所發揮的偉大教訓乃是為了各時代的人。一個基督徒的生活往往被危險所包圍，他似乎難以履行自己的本分。在他的想像中，前面是即將臨到的毀滅，後面是捆綁或死亡，然而上帝的聲音清清楚楚地說：「往前走！」我們雖然看不透黑暗，而且只覺到自己的腳浸在冰冷的波濤中，我們還是應該服從上帝的這個命令。在躊躇疑懼的精神之下，那些攔阻我們前進的障礙是永不會消除的。

人若等待一切疑雲盡都消散，再無失敗的危險時才肯順從，他必永無順從的一日。不信的心在我們耳邊低語說：「讓我們等待障礙消除之後，我們就能清楚地看出我們的路線。」但是信心卻勇敢地督促我們前進，「凡事盼望，凡事相信。」（《先祖與先知》原文第289—290頁）

天使與我們一同崇拜

> 我又聽見在天上、地上、地底下、滄海裡，和天地間一切所有被造之物，都說：但願頌讚、尊貴、榮耀、權勢都歸給坐寶座的和羔羊，直到永永遠遠！
>
> 啟示錄5：13

上帝在地上的教會與祂在天上的教會原為一。地上的信徒與天上未曾墮落的眾生，組成了一個教會。地上的聖徒聚集，憑著心靈和誠實，以聖潔的心敬拜上帝。天上的每一生靈無不關心，他們在天庭的內院中，傾聽那在地上的外院中為基督所作的見證；地上的敬拜場所發出來的頌讚和感謝，也被採納編入天上的樂歌之中；從天庭中發出讚美和歡呼的聲音來，因為基督為亞當墮落的眾子而死，並不是徒勞無功的。

當眾天使在水源暢飲之時，地上的聖徒也可喝著那從寶座流出來而使上帝的城歡喜的純淨河水。哦！但願我們都能認識到天與地的接近！塵世的兒女雖不知道，卻有光明的天使和他們作伴，因為天上的使者奉差遣為將要承受救恩的人服務。

每一個活著的人都有一位無聲的見證者在守護著，要竭力吸引他歸向基督。天使絕不會任憑受試探的人落入仇敵的權下。仇敵一旦得到許可，就會毀滅生靈。只要還有一線希望，這些天使總是在守護著世人，直至他們抵抗聖靈、自取永遠的滅亡為止。

但願我們都記住：在地上，聖徒的每一次聚會中，都有上帝的天使在傾聽一切的見證、詩歌、禱告。同時也不要忘了我們所作的頌讚，也無不是由天軍聖詩隊所增補而上達於天的。（《總會公報》1895年2月15日）

刻在心上的基督形像，將天天在品格和實際生活中顯示出來，因為我們代表著一位活生生的救主。主已應許賜聖靈給凡尋求的人。當你查考《聖經》時，聖靈就代表耶穌基督在你身邊。

如果我們對耶穌敞開心門，祂就會進來與我們同住。我們的力量也一定會因祂的真實代表——聖靈，而得到加強。（同上，1895年2月15日）

基督的寶血和公義潔淨我們的敬拜

我們所講的事，其中第一要緊的，就是我們有這樣的大祭司，已經坐在天上至大者寶座的右邊。

希伯來書8：1

耶穌基督一直站在祭壇旁邊，隨時為世人的罪呈上犧牲。祂在上帝所搭的真帳幕裡任職，這帳幕不是人手所搭的。猶太人帳幕的預表意義已不再存在，每年預表性的贖罪儀式也不再舉行了。但因為人不斷犯罪，就需要一位中保的贖罪犧牲。耶穌在上帝面前履行職責，作為被宰殺的羔羊，獻上自己所流的血。耶穌為罪人的每一件罪過和過失都提供了祭物。

我們的中保基督和聖靈不斷為人代求。但聖靈工作的方式與基督不一樣。基督從起初就呈上自己的寶血；聖靈則在我們內心運行，使我們發出祈禱，認罪悔改，讚美感恩。我們口中所發出的感謝，是因為聖靈觸發了我們聖潔的記憶，喚起了我們心中的樂曲。

真信徒的敬拜、祈禱、讚美、悔改和認罪如馨香的煙升到天上的聖所。但這些在人類敗壞時受到了玷污，若不藉著寶血的潔淨，它們在上帝面前就毫無價值。它們上升時不是純潔無瑕的，如果不是經過那位上帝右邊的代求者，藉著祂的公義潔淨，就不能蒙上帝悅納。

從地上帳幕上升的香必須與基督潔淨人的寶血混合起來。祂在天父面前舉起自己功勞的香爐，裡面不含任何地上的敗壞。祂將祂子民的祈禱、讚美和認罪都聚集在這個香爐裡，然後再摻入自己毫無瑕疵的公義。這香調和著基督贖罪的功勞，升到上帝面前，得到完全的悅納和恩典的回應。

願人人都能看到所有的順從、悔改、讚美與感恩，都必須被放在基督公義的火中燃燒。這種公義的馨香如雲彩一樣上升到施恩的寶座周圍。（《聖經注釋懷注》卷六，原文第1077—1078頁）

談論耶穌，呈現作基督徒的喜樂

> 願頌讚歸與我們的主耶穌基督的父上帝，就是發慈悲的父，賜各樣安慰的上帝。我們在一切患難中，祂就安慰我們，叫我們能用上帝所賜的安慰去安慰那遭各樣患難的人。
>
> 哥林多後書1：3—4

我們的信徒應在傳道工作中獲得喜樂，但更重要的，是讓他們與上帝建立正確的關係，以便親自領受祂的福氣，成為向他人傳光的通道。傳道工作的意義遠遠超過一般人的想像。每一個真正的基督徒都是傳道士；工作的方法多得幾乎無法勝數。

但是有一件工作常常被忽略和疏漏了，那就是盡可能使禱告和見證聚會發揮應有的意義。如果所有的人都忠心盡責了，他們就會充滿平安、信心和勇氣。當他們參加聚會的時候，別人就會因他們為上帝所作、清晰有力的見證而受到鼓舞。

我們的禱告和見證聚會沒有達到應有的景況 —— 彼此之間為對方帶來特別的幫助和鼓勵。每一個人都有責任盡可能使這些聚會有意義和益處。最好的做法就是每天在屬上帝的事上有新的經驗，毫不猶豫地在祂聖徒的會中述說祂的慈愛。

如果你不讓黑暗和疑惑進入你心，它們就不會在你們的聚會中表現出來。不要糾結於你經驗中黑暗的一面，從而使仇敵心滿意足，你要更加信靠耶穌幫助你抵擋試探。我們的思想和談吐如果多集中在耶穌身上，少在自己身上，在我們的聚會中就會有祂更多的同在。

當我們對不信的人或者彼此之間，把基督徒經驗以鬱鬱寡歡、充滿試煉、疑慮和困惑來表現，我們就是羞辱了上帝。我們沒有正確地呈現耶穌和基督教信仰。耶穌是我們的朋友。祂賜給我們有關祂慈愛最顯著的證據，並能夠而且願意將救恩和生命賜給一切來到祂面前的人。

我們沒有必要時常絆跌、懊悔、悲傷和記錄痛苦的事情。我們有權利相信《聖經》的應許，接受耶穌樂意賜給我們的福氣，使我們的喜樂得以滿足。（《評閱宣報》1886年7月20日）

耶穌在心裡會使生活充滿香氣

耶和華啊，早晨祢必聽我的聲音；早晨我必向祢陳明我的心意，並要警醒！

詩篇5：3

基督徒讀者們：但願激勵保羅勇敢面對艱難困苦的偉大宗旨，能指引你完全獻身為上帝服務。但願你每天祈禱說：「主啊！幫助我竭盡全力，教導我如何更有效地工作，讓我把救主的愛心服務帶進我的服事之中。」

每一個人的責任是根據委託給他的才幹來決定的。人人都要成為工人，但機會最多，最明白《聖經》的工人，責任也就最重大。所有領受才幹的人都要對上帝負責，要運用他們的才幹歸榮耀給上帝。

上帝聖工的成功，絕不是機會、偶然或命運的結果，而是實行上帝的旨意，以及我們信心和謹慎、德行和堅毅的報賞。實行真理才會帶來成功和強大的道德力，公義日頭的明亮光線要被歡迎為人心的光；基督品格的原則要成為人品格的原則。

「上帝愛世人，甚至將祂的獨生子賜給他們，叫一切信祂的，不至滅亡，反得永生。」（約翰福音3：16）這種愛成全了律法。每一個心中對墮落人類充滿同情，以愛為宗旨的人，都會用基督化的行為彰顯這種愛。真正的基督徒透過全身散發這種愛，它包含了每一重要器官——腦、心和助人之手腳——使我們在上帝要求我們的地方堅定地站立，使瘸子不致失腳。

我們可以彰顯我們神聖之主的形像，明白屬靈生活的科學。我們能在屬於上帝的身心上榮耀祂。基督已經告訴我們藉著與祂合作所能成就的，祂說：「你們要常在我裡面，我也常在你們裡面。」（約翰福音15：4）（《評閱宣報》1912年4月4日）

家庭崇拜有助於締造和諧

> 祂來的日子，誰能當得起呢？祂顯現的時候，誰能立得住呢？因為祂如煉金之人的火，如漂布之人的鹼。
>
> 瑪拉基書3：2

我們正在迅速走向地球歷史的尾聲，結局即將來到，比許多人想像得更快。我覺得有責任要勸勉我們的信徒認識到誠心尋求主的重要性。許多人正在沉睡，能用什麼話把他們從世俗的沉睡中喚醒呢？主希望在祂的懲罰更加顯著地臨到世界之前，祂的教會能得到潔淨。

基督要除去每一件自負的外衣，任何真偽的摻雜都騙不了祂，「祂如煉金之人的火」（瑪拉基書3：2），將寶貴的金屬與廢料區分開來，將純金與雜質區分開來。

上帝的選民像利未人那，樣蒙祂分別出來擔任特殊的工作。每一個真正的基督徒都持有祭司的證書。大家都負有神聖的職責向世界顯示他們天父的品格。他們要傾聽主所說的話：「所以，你們要完全，像你們的天父完全一樣。」（馬太福音5：48）

我蒙指示要勉勵我們的信徒充分認識家庭信仰的重要性，家庭成員要始終保持溫柔和體貼，在早晚虔誠的靈修中同心合意。晚禱之時，家庭的每一個成員都當省察己心，要改正每一個錯誤。在一天之中，若是有誰得罪了另一個人或出言不遜，犯錯者就當請求受傷害的一方原諒。有時心裡難過，產生了不必要的誤解和悲傷，如果給受懷疑犯錯的一方機會，他就能進行解釋，讓家庭的其他成員放心。

「你們要彼此認罪，互相代求」（雅各書5：16），使你們的一切屬靈疾病得到醫治，犯罪的習性得以改變。要為永恆而殷勤努力，要懇切祈求主並堅持你的信仰。不要依靠血肉的膀臂，而要絕對信賴主的引導。現在每一個人都應當說：「至於我，我要出來，與世俗分離。我要全心全意地事奉上帝。」

（《評閱宣報》1906年11月8日）

順從基督命令的人一定能獲得勝利

> 我將這些事告訴你們，是要叫你們在我裡面有平安。在世上，你們有苦難；但你們可以放心，我已經勝了世界。
>
> 約翰福音16：33

基督來到我們的世界作人類的保障，賜給他們道德的力量，預備道路讓所有的人獲勝。祂不願任何人處於不利的地位。祂不願讓努力得勝的人在蛇的狡猾攻擊下害怕和灰心。祂說：「你們可以放心，我已經勝了世界。」（約翰福音16：33）

有這樣的一位統帥率領我們走向勝利，我們肯定會有喜樂和勇氣。祂來做我們的捍衛者，祂參與所有與撒但為敵的人必須投身的戰鬥，祂把戰鬥的計畫擺在跟從祂的人面前，指出其特殊性和嚴肅性，警告他們不要先計算代價再加入祂的軍隊。祂告訴他們，邪惡的強大同盟正針對他們列隊擺陣。組成祂軍隊的，不只是人類；祂的戰士是與天上的生靈同工的。比天使更高的一位在隊伍之中，因為基督的代表——聖靈在那裡。

然後基督召喚每一個堅定的門徒，每一個真正的戰士為祂而戰，向他們保證會拯救一切順從祂命令的人。基督的戰士如果忠心地聽從他們元帥的命令，他們與仇敵作戰就必取得勝利。他們不管受到怎樣的圍攻，終必獲勝。

他們的弱點雖多，罪孽雖重，愚昧似乎無法克服，但他們如果認識到自己的軟弱，仰望基督的幫助，祂就必成為他們的效能。祂隨時準備啟發他們的愚鈍，制勝他們的罪性。他們若運用祂的權能，他們的品格就會發生變化；他們必被光明聖潔的氣氛所包圍。藉著祂的功勞和祂所賜的能力，他們必「得勝有餘」。有來自上天的超自然能力要賜給他們，使他們在自己的軟弱中仍能成就全能者的作為。

為基督而戰的人是在天上的宇宙面前戰鬥。他們應當是戰士，而不是懦夫。……他們要憑著信心鎮靜地面對每一個仇敵，喊著說：「我們在無所不能之主的指揮下，正在打信心美好的仗。因為祂活著，我們也必活著。」（《時兆月刊》1897年5月27日）

耶穌在各種環境中都賜予新的福氣

> 我的心哪，你為何憂悶？為何在我裡面煩躁？應當仰望上帝，因我還要稱讚祂。祂是我臉上的光榮，（原文作幫助），是我的上帝。
> 詩篇42：11

我們時常在看不清上帝的安排之時，提出我們自己的想法或是走自己的道路，但不去思考上帝的信實是不明智的。我們需要彼此理解與同情。我們透過耶穌基督的恩典得以緊密相連，並在基督徒同情的紐帶中透過苦難得以成聖。

痛苦往往是化裝的憐憫，沒有痛苦我們不知道自己會怎麼樣。當上帝以祂難以理解的旨意推翻所有我們所珍視的計畫時，我們可能會感到憂傷而非喜樂，但我們要在順服中屈身說：「上帝啊，願祢的旨意成全。」我們必須也願意對愛我們、為我們捨命的主，懷有安靜而虔誠的信靠。「白晝，耶和華必向我施慈愛；黑夜，我要歌頌禱告賜我生命的上帝。我要對上帝 —— 我的磐石說：祢為何忘記我呢？我為何因仇敵的欺壓時常哀痛呢？」（詩篇42：8—9）

主關注我們的痛苦，祂仁慈而有區別地將痛苦分給我們；作為煉淨者，祂無時無刻不看著我們，直到我們被完全煉淨。火爐是為煉淨與提純，而非毀壞與消滅。祂必使那些信靠祂的人在審判中唱出感恩的歌，祂一直在看顧我們，準備在最緊要關頭賜下新的福氣，在軟弱之時賜下力量，在危難之中賜下援助，在孤單之時賜下朋友，在悲傷之時賜下從人與神來的同情。

我們是要回天家的人。那深愛我們以致為我們捨命的主，已經為我們建造了一座城。新耶路撒冷是我們的安息之所，在上帝的城中不再有悲傷、哀號，我們不再聽見希望破滅感情埋沒的哀樂。（《上帝的兒女》原文第223—224頁）

耶穌憑著仁愛與憐憫與我們一同祈禱，並為我們代禱

> 我們不致消滅，是出於耶和華諸般的慈愛；是因祂的憐憫不致斷絕。每
> 早晨，這都是新的；祢的誠實極其廣大！
>
> 耶利米哀歌3：22—23

「你們要慈悲，像你們的父慈悲一樣。」（路加福音6：36）主讓祂的僕人與祂合作，從而尊榮他們。基督的心中充滿寬宏的憐憫和真理，祂因祂子民的一切痛苦而難受。我們應該富有惻隱之心，樂意關懷凡被殘忍的毀滅者所襲擊、打個半死的人，包紮好他們的傷口。我們要隨時準備醫治罪惡所造成的創傷。

凡這樣做的人乃是基督的傳道士。祂的代表在世人面前成了上帝慈愛的活見證。上帝透過那些做基督工作的人彰顯於世界。祂的仁慈、憐憫和寬恕藉著祂的使者表現出來。「上帝既不愛惜自己的兒子，為我們眾人捨了，豈不也把萬物和祂一同白白地賜給我們嗎？」（羅馬書8：32）

在基督裡，上帝是屬於我們的。祂豐盛的慈愛和憐憫是取之不竭的，祂希望每一個人都受惠於祂為愛祂之人所預備的豐富供應。祂邀請我們分享祂的榮耀，天國的快樂要提供給一切愛上帝為至上、又愛同胞如同自己的人。

世人只要離開撒但欺騙誘惑的魔力，不斷地仰望耶穌，瞻仰和領悟祂的慈愛，就不再是罪的奴僕。新的習慣養成了。強烈的犯罪傾向受到了抑制。我們的首領是一位勝利者，祂指引我們走向必然的勝利。

我們的辯護人耶穌正在祂父的寶座面前為我們代求；祂也在懇勸罪人說：「轉回吧！離開惡道，何必死亡呢？」（以西結書33：11）上帝難道沒有藉著基督千方百計爭取我們擺脫撒但的欺騙嗎？……祂難道不是復活的救主，長遠活著為我們代求嗎？難道祂沒有藉著聖靈在每一個人心中的工作，繼續祂贖罪的大工嗎？慈憐之虹依然環繞上帝的寶座，證明每一個相信基督為個人救主的人都享有永生。上帝在對待祂產業的時候，慈愛和公義是相結合的。

（《時兆月刊》1895年9月19日）

在黑暗的世界散布亮光

> 我遊行的時候，觀看你們所敬拜的，遇見一座壇，上面寫著「未識之神」。你們所不認識而敬拜的，我現在告訴你們。
>
> 使徒行傳17：23

耶穌教訓祂的門徒：他們欠了猶太人和希臘人的債，欠了聰明人和愚拙人的債。祂還告訴他們：種族的區別、階級的制度，以及人為的界線，並不為上天所認可，不應影響傳福音的工作。基督的門徒不可在他們的鄰舍與仇敵之間作任何區別，而要視每一個人為需要幫助的鄰舍，並要視全世界為他們的工作園地，盡力拯救失喪的人。

耶穌已賜給每一個人當做的工，使他脫離自私的心所劃定的狹隘範圍。祂取消區域的界線和一切人為的社會級別；祂不為佈道的熱情標出界限，卻吩咐跟從祂的人將他們的工作擴展到地極。

在工作的園地裡，有許多人處在謬道的黑暗之中，心裡充滿渴望，向他們所不認識的一位祈禱。他們需要聽到上帝同工對他們說話的聲音，就像保羅對雅典人所說的：「你們所不認識而敬拜的，我現在告訴你們。」（使徒行傳17：23）

基督教會的信徒在上帝的田園裡要作忠心的工人，要殷勤做工，懇切祈禱，不斷前進，在世界的道德黑暗中散布亮光。天上的使者難道沒有把神聖的靈感給予他們？他們從來沒有想到，更何況說到他們工作的失敗。……他們要充滿希望，知道他們不是倚靠人的力量或有限的資源，而是倚靠上帝所應許的幫助，天上的使者保證要在他們前面開路。

上帝的使者會在我們前面開路，預備人心接受福音的信息，祂所應許的能力將伴隨著工人，「耶和華的榮光，必作你的後盾。」（以賽亞書58：8）

（《評閱宣報》1894年10月30日）

只能敬拜上帝

你們卻要這樣待他們；拆毀他們的祭壇，打碎他們的柱像，砍下他們的木偶，用火焚燒他們雕刻的偶像。因為你歸耶和華——你上帝為聖潔的民。

申命記7：5—6

上帝要祂的子民明白，惟獨祂應當作他們崇拜的對象，因此在他們勝過四周拜偶像的國家之後，他們也不可保留他們所拜的任何偶像，要將其全數銷毀。這些異邦的神像多半是很貴重的，而且製作手藝精巧，可能引誘曾見過其盛行於埃及的拜偶像的人，以致對這無知無覺的東西存有崇拜之意。主希望祂的子民明白，祂之所以要用以色列人作為祂的工具、去刑罰這些國度並毀滅他們的神像，正是因為這些國民拜偶像而導致種種邪惡。

「我要定你的境界，從紅海直到非利士海，又從曠野直到大河。我要將那地的居民交在你手中，你要將他們從你面前攆出去。」（出埃及記23：31）

上帝給祂子民的這些應許，乃是以他們的順從為條件的。如果他們肯全心全意地事奉主，祂必為他們施行大事。摩西從主那裡領受了種種典章，和那些以順從為條件的應許，並為民眾寫了下來之後，主對他說：「你和亞倫、拿答、亞比戶，並以色列長老中的七十人，都要上到我這裡來，遠遠地下拜。惟獨你可以親近耶和華；他們卻不可親近；百姓也不可和你一同上來。」摩西下山，將耶和華的命令典章都述說與百姓聽。眾百姓齊聲說：「耶和華所吩咐的，我們都必遵行。」（出埃及記24：1—3）

摩西所寫的不是十條誡命，而是上帝所要他們遵守的種種典章，以及那以他們順從祂為條件的各項應許。他將這些話念給民眾聽了，他們也保證要遵守主所說的一切話。於是摩西將他們嚴肅的誓願寫在書中，並為民眾向主獻祭，「又將約書念給百姓聽。他們說：『耶和華所吩咐的，我們都必遵行。』」（同上，第7節）（《聖靈的恩賜》卷三，原文第269—270頁）

基督自我犧牲的生活是我們的教科書

> 稱謝耶和華！歌頌祢至高者的名！用十弦的樂器和瑟，用琴彈幽雅的聲音，早晨傳揚祢的慈愛！每夜傳揚祢的信實。這本為美事。
>
> 詩篇92：1—2

務實的基督徒意味著每天與上帝同工，不是偶然的，而是持續不斷的。忽略在生活中顯示真實的公義，就是否認我們的信仰和上帝的大能。上帝正在尋找一班成聖的人，一班分別出來為祂服務的人，一班願意傾聽和接受「負我的軛，學我的樣式」（馬太福音11：29）之邀請的人。

基督何等認真地從事拯救我們的工作啊！當祂想要將祂無瑕疵公義的功勞賜給悔改相信的罪人，從而賦予墮落的人類以相同價值時，祂的人生顯示了何等的獻身精神啊！祂不息不倦地工作！祂在聖殿中、在會堂裡、城市的街頭、在市場、在工廠、在海邊、在群山中間，傳揚福音，醫治病人。祂將自己的一切獻上，實施救贖之恩的計畫。

基督本無義務作出這麼重大的犧牲 —— 祂自願保證承擔違犯祂律法的人所當受的刑罰。祂唯一的義務就是祂的愛，祂毫無怨言地忍受了凡與救贖計畫有關的各樣痛苦，樂意接受各種侮辱。基督的人生是完全無私服務的人生，祂的人生要作為我們的課本，我們要推進祂所開始的工作。

既有祂勞苦犧牲的人生擺在自稱信奉祂聖名的人面前，他們又怎麼能猶豫而不克己，不背起十字架來跟從祂呢？祂將自己降到最低的地位，從而把我們提到純淨、聖潔與完美的高峰。祂成為貧窮，以便將祂豐盛的財富傾降於我們貧困的心靈。祂忍受恥辱的十字架，將平安、安息和喜樂賜給我們，使我們能分享祂寶座的榮耀。

我們難道不應該賞識為祂工作的特權，為祂的緣故而熱心實行克己犧牲嗎？我們難道不應該將上帝所救贖的一切，祂所潔淨的情感和所買下的身體，全部奉還與祂，以保持在成聖和聖潔的狀態中嗎？（《評閱宣報》1912年4月4日）

記住經文，為將來作準備

> 你們要為我的名被眾人恨惡。惟有忍耐到底的，必然得救。
>
> 馬可福音13：13

基督的僕人不必預備一套在受審時應用的證詞，他們所需要準備的是——天天儲藏上帝聖言中寶貴的真理，並藉著禱告來堅固自己的信仰。及至他們受審時，聖靈就必使他們想起所需要的真理。

人若天天熱切追求認識上帝和祂所差來的耶穌基督，心裡就必得著力量和能力。由於殷勤查考《聖經》而得的知識，必在恰當的時候突然現於心頭。但人若疏忽而不熟悉基督的話，從來沒有在考驗中親身經歷過祂恩典的力量，就不能期望聖靈幫助他們想起祂的話來。他們必須天天全心全意地事奉上帝並信靠祂。

人對福音的恨惡將要使他們不顧一切，甚至人間最親的關係，也置之度外了。基督的門徒將被他們自己家裡的人出賣以至於死。……但祂囑咐他們也不要妄自置身於逼迫之下。祂為了避開那些尋索祂性命的人，往往離開一個工作地點去到別處。當拿撒勒人拒絕祂、祂本鄉的人要殺害祂的時候，祂就往迦百農去。那裡的人都希奇祂的教訓，「因為祂的話裡有權柄」（路加福音4：32）。祂的僕人也該如此行，不因逼迫而灰心，卻要另找一個可以繼續為救人而工作的地方。

僕人不能高過主人。天上的君王既被人辱罵為別西卜（鬼王），祂的門徒也必照樣被人汙蔑。但不論有什麼危險，跟從基督的人必須承認自己的信仰，他們當以掩飾畏縮為可恥，不可等到確知承認真理沒有危險時，才表明自己的信仰。他們既被立為守望的人，就要把世人的危險處境警告他們。要把從基督那裡領受的真理，白白而公開地傳給一切的人。（《歷代願望》原文第355頁）

我們可以領受上帝無限的恩典來行善

> 你們雖然不好，尚且知道拿好東西給兒女，何況你們在天上的父，豈不更把好東西給求祂的人嗎？
>
> 馬太福音7：11

我們都有責任每天為基督克己犧牲。耶穌說：「若有人要跟從我，就當捨己，天天背起他的十字架來跟從我。」（路加福音9：23）「凡不背著自己十字架跟從我的，也不能作我的門徒。」（路加福音14：27）

當我們步步求告上帝、在前進中尋求上帝的智慧、追求亮光和恩典，在一切環境中有己所不欲，勿施於人的態度時，我們就會感到需要滿足上帝神聖律法的要求。這樣，我們就會不看自己，進而仰望為我們的信心創始成終的耶穌。我們就會把那堪比金銀寶石的仁慈、憐憫、愛心和同情的行為放置在基礎之上，這是末日的大火所無法燒毀的。

我們一切事情的效能全在於主耶穌，聖靈要激勵我們，我們若把自己交在祂手裡，作傳光的通道，我們行善的資源就會用之不竭。我們可以吸取祂豐富無窮的恩典。我們救恩的元帥必步步教導我們，使我們活潑的信心獲取強大的能力。祂說：「離了我，你們就不能做什麼。」（約翰福音15：5），祂還說，我們「要做比這更大的事，因為我往父那裡去。」（約翰福音14：12）

我們應當不住地禱告，我們奉基督的名在施恩寶座前祈求，主的應許是可靠的。「我實實在在地告訴你們，你們若向父求什麼，祂必因我的名賜給你們。向來你們沒有奉我的名求什麼，如今你們求，就必得著，叫你們的喜樂可以滿足。」（約翰福音16：23—24）當你信靠上帝，全心全意地求告祂時，你就能找到祂。「那時你求告，耶和華必應允；你呼求，祂必說：我在這裡。」（以賽亞書58：9）（《評閱宣報》1894年10月30日）

要供養心靈，需與耶穌不斷交通

上帝啊，祢是我的上帝，我要切切地尋求祢，在乾旱疲乏無水之地，我渴想祢；我的心切慕祢。

詩篇63：1

世界上沒有人能滿足心靈的饑渴。但耶穌說：「看哪，我站在門外叩門，若有聽見我聲音就開門的，我要進到他那裡去，我與他，他與我一同坐席。」「我就是生命的糧。到我這裡來的，必定不餓；信我的，永遠不渴。」（啟示錄3：20；約翰福音6：35）

我們需要食物來維持體力。同樣，我們也需要天上的糧——基督來維持我們屬靈的生命，賜給我們力量為上帝做工。我們的身體怎樣不斷地吸收營養，以維持生命與活力，照樣，我們的心靈也必須不斷地與基督交往，順從祂，完全信靠祂。

疲倦的旅客怎樣在沙漠中尋找泉源，尋見了就解除了他如焚的焦渴，照樣，基督徒也要渴求並尋見純潔的活水。基督是那活水的泉源。

當我們看清我們救主完美的品德時，就會渴望照著祂聖潔的形像得到完全的改變和更新。我們認識上帝越多，對於品格的理想就越高，反映祂形像的願望也就越強烈。當人的心渴慕上帝時，就必有一種神聖的能力與他相結合。於是他那顆渴望的心就會說：「我的心哪，你當默默無聲，專等候上帝，因為我的盼望是從祂而來。」（詩篇62：5）

如果你感到心靈中有需要，如果你飢渴慕義，這就證明基督已經在你的心裡做工，使你尋求祂，並藉著所賜的聖靈，替你成就自己所無法做成的事。

上帝的話語是生命的泉源，當你尋求這活水的泉源時，你就必藉著聖靈而得以與基督交往。你向來熟悉的真理必以新的面貌出現在你的心中，《聖經》的一些章節，就會像閃爍的光芒突然向你顯出新的意義。你必看出其他真理與救贖工作的關係，並知道基督正在引導你，那位神聖的教師正在你身邊。（《山邊寶訓》原文第18—20頁）

要有禮貌，像耶穌那樣背負別人的擔子

> 總而言之，你們都要同心，彼此體恤，相愛如弟兄，存慈憐謙卑的心。
> 不以惡報惡，以辱罵還辱罵，倒要祝福；因你們是為此蒙召，好叫你們
> 承受福氣。
>
> 彼得前書3：8—9

凡為基督工作的人，要純潔、正直、可靠，也要心地溫和，富有同情心而且謙恭有禮。那些真有禮貌之人的交際有一種吸引力；仁慈的話語、令人愉快的表情、謙恭的風度具有無法估計的價值。粗魯無禮的基督徒因忽視別人而表明他們沒有與基督聯合。與基督聯合卻粗魯無禮是不可能的事。

基督在世時怎樣生活為人，每一個基督徒也當這樣。祂不但在祂無瑕的純潔上，也在祂的忍耐、溫慈和可愛的性情上是我們的楷模。凡在真理與責任之處，祂都堅如磐石，然而祂總是親切而有禮貌。祂的生平乃是真禮貌全備的例證。祂對貧窮和受壓迫的人，總是有仁慈的表情和安慰的話語。

祂來到家裡，就帶進來更純潔的氣氛。祂的生活如同麵酵一樣在社會各階層中起了作用。祂無邪惡無玷污地行在那些愚鈍、粗魯和無禮的人群之中，就是在不公的稅吏、不義的撒馬利亞人、外邦的兵士、粗魯的鄉民，以及雜亂的群眾中間。當祂看到人們勞苦疲憊而仍被迫擔負重擔的時候，就這裡說一句同情的話，那裡說一句勉勵的話。祂分擔他們的重擔，並向他們反覆提說祂從大自然中所學得的教訓，就是有關上帝之慈愛和良善的真理。

對於最粗魯最沒有希望的人，祂也設法點燃他們的希望，使他們覺得有把握也可以成為無瑕疵、無邪惡的人，並能養成一種品格，使他們表現出上帝兒女的身分。

基督的愛使人心變得柔美，消除性情上的一切魯莽粗暴之處。我們要向祂學習如何將純潔正直的意識與愉悅的性情調和，一位和善而有禮貌的基督徒，乃是維護福音最有力的論據。（《評閱宣報》1959年8月20日）

我們應當在敬虔、純潔和愛心上成長

就要愛慕那純淨的靈奶，像才生的嬰孩愛慕奶一樣，叫你們因此漸長，以致得救。你們若嘗過主恩的滋味，就必如此。

彼得前書2：2—3

上帝已做好充分的準備，要拯救每一個人，但如果我們藐視用無窮的代價為我們買來的永生恩賜，有朝一日祂就會把我們從祂面前趕走，不論貧富貴賤，或有無學問。永恆公義的原則將在上帝忿怒的大日完全掌權。

我們所受的指控不是基於我們所犯的罪，而是基於我們忽略了慈愛的上帝所交託我們善良、高尚的責任。我們品格的欠缺必要暴露出來。那時會顯明凡被定罪的人原已領受了亮光和知識，受命照管他們主人的產業，卻不忠於所託之責。眾人將會看到他們不重視上天的委託，沒有用他們的資本從事愛心的服務，沒有通過言傳身教培養所接觸之人的信心和獻身。他們受到審判和懲罰，是要根據他們所擁有的亮光。

上帝要求每一個人都當運用上天所賜的諸般恩典，在祂的工作中越來越有成效。我們要做好各種安排，使基督徒的敬虔、純潔和愛心不斷提高，才幹得以倍增，事奉神聖之主的能力獲得增長。

儘管有了這種安排，許多自稱相信耶穌的人卻沒有透過成長來證明真理使人生活與品格成聖的能力。我們最初把耶穌接到心裡時，在信仰上還是個嬰兒，但我們不應在經驗上永遠是嬰兒，我們要在救主耶穌基督的恩典和知識上長進，在祂裡面長大，有成年男女的身量。我們要不斷前進，憑著信心獲得豐富的新經驗，在信心、依靠和愛心方面逐漸成長，認識上帝和祂所差來的耶穌基督。（《青年導報》1893年6月8日）

上帝話語和慈愛會使人向耶穌打開心門

> 夜間，我心中羨慕祢；我裡面的靈切切尋求祢。因為祢在世上行審判的時候，地上的居民就學習公義。
>
> 以賽亞書26：9

救主的慈愛激勵使徒把信息傳給淪喪的人，基督對罪人的懇勸是多麼奇妙啊！雖然他的愛遭到剛硬頑強之心的回絕，但他卻帶著更大的力量回來說：「看哪，我站在門外叩門。」（啟示錄3：20）他的愛堅定地帶著感動人心的力量發出懇勸，直到人不得不進來。

前來赴宴的人對賜福的耶穌說：「祢的溫和使我為大。」（詩篇18：35）他用慈愛和大能的話語爭取他們，因為上帝的話語乃是他力量的杖。他說：「我的話豈不像火，又像能打碎磐石的大錘嗎？」（耶利米書23：29）

當聖靈把上帝的話帶進人的內心時，主的話就有足夠的力量摧毀撒但的堡壘。有限的人類若是沒有上帝的話語，在這場大仗中將無能為力。他們無法成功地感化人牢牢閉鎖、不讓耶穌進來的鐵石心腸。但主把他的智慧賜給人，讓最軟弱的人憑著信心在上帝裡面變得像大衛一樣堅強。

主接納獻身於他的人，儘管他們可能是沒有受過教育的卑微之人，差遣他們帶著他警告的信息出來。他用他的靈鼓舞他們的心，賜給他們屬靈的筋骨，使他們能帶著上帝的話語出去，催促人進來。許多渴慕生命之糧的貧窮軟弱之人由軟弱變為剛強，勇敢參戰，迫使外邦的軍兵敗北。

「不可棄絕那向你們說話的。」（希伯來書12：25）每當你掩耳不聽，拒絕敞開心門之時，你的不信就會加強，你就會越來越不願意聆聽主的聲音。你回應最後慈憐呼喚的機會就會越來越少。不要讓基督為你哭泣，如同他為耶路撒冷哭泣那樣說：「我多次願意聚集你的兒女，好像母雞把小雞聚集在翅膀底下，只是你們不願意。看哪，你們的家成為荒場留給你們。」（馬太福音23：37—38）（《評閱宣報》1895年9月4日）

今日需要恩典和能力的特別賜予

> 這不法的人來，是照撒但的運動，行各樣的異能、神蹟，和一切虛假的奇事，並且在那沉淪的人身上行各樣出於不義的詭詐；因他們不領受愛真理的心，使他們得救。
>
> 帖撒羅尼迦後書2：9—10

善與惡之間的大鬥爭，將要越演越烈，直到末日。在每一個時代，撒但的怒氣不住地向基督的教會發作；所以上帝將恩典和聖靈賜給祂的百姓，為要堅固他們，使他們有力量抵抗那惡者的勢力。在基督的使徒們奉命將祂的福音傳給世界，並將這福音為後代寫成記錄時，他們曾經得到聖靈特別的恩賜。

及至教會臨近她最後蒙救的日子，撒但要以更大的力量作亂。他「知道自己的時候不多，就氣忿忿地下到你們那裡去了」（啟示錄12：12）。……那曾經一度在上帝眾天使之中居最高地位的萬惡主謀，這樣聚精會神地進行欺騙和毀壞的工作已有六千年之久了。他要用歷代積累下來的技巧和詭詐，以及所養成的極端之殘酷，在最後的鬥爭中全部用在上帝的子民身上。

正在這危險的時候，跟從基督的人要向全世界傳出救主復臨的警告。他們要為主預備合用的百姓，在祂降臨的時候得以「沒有玷污，無可指摘」（彼得後書3：14）地站立在祂面前。可見我們對於上帝的恩典和能力，今日所需要的特別賦予，不比使徒時代教會所需要的更少。

撒但曾在各世代一貫對上帝的品格進行誣蔑，並使人對造物主產生錯誤的觀念，以致不敬愛祂，反而懼怕並恨惡祂。撒但又不住地企圖廢除上帝的律法，令人以為自己有自由，不必遵守這律法。同時，凡是膽敢抗拒撒但之誘惑的人，他就加以迫害。以上種種情況都可以在眾先祖、先知、使徒、殉道者和宗教改革家的歷史上看出來。（《善惡之爭》導言，原文第9—11頁）

我們飢渴慕義時，耶穌臨近

> 上帝啊，我的心切慕祢，如鹿切慕溪水。我的心渴想上帝，就是永生上帝。
>
> 詩篇42：1—2

主有重要的真理要啟示願意明白屬靈之事的人。雖然祂的教訓採用了連小孩子也能明白的簡單語言，但是其真理卻是非常深奧的，甚至最有學問的人也為之傾倒，並尊崇無比智慧的創始者。儘管最有智慧的人會在祂最簡單的話語中發現豐富的精神糧食，但最卑微的人也能理解祂的真理，讓祂的應許滿足心靈的需要。

耶穌教導人是為了引起人明白屬靈事物的願望，使他們得以瞻仰上帝品格的優美，接受基督的義。他們靠著基督的義在主耶和華面前得蒙悅納。

你有沒有感覺心靈的需要？有沒有飢渴慕義？若有，就證明基督已在你的心中動工，引發了這種需要感，以便尋求祂，使祂賜下的聖靈，為你成就你靠自己無法成就的事。

將基督的比喻記錄下來；比喻的意義會向殷勤誠實追求真理的人顯明，其奧祕會對他們揭開。那些沒有尋求真理如同隱藏珍寶的人，將會表明他們並不是真心想明白什麼是真理。基督依然對真正跟從祂的人說：「天國的奧祕只叫你們知道。」（馬太福音13：11）「凡有的，還要加給他，叫他有餘。」（同前，第12節）

那些回應基督吸引的人將會尋求何為真理，他們的腳會被引到公義的道路上。基督正在吸引眾人，但並不是所有的人都會回應。凡願意讓自己的意志服從上帝的旨意、隨從聖靈的引導、接受亮光並行在其中的人，將會追求更多天上的啟迪，好「叫他有餘」。（《時兆月刊》1892年11月7日）

天使與我們一起幫助有需要的人

讓它持住我的能力，使它與我和好，願它與我和好。

以賽亞書27：5

許多人犯了錯誤之後，感覺到自己的恥辱和愚昧。他們一直想著自己的錯誤，幾乎絕望了。我們不可忽略這一等人。當一個人逆水向前游時，水流的一切力量會將他往後沖。但願有一隻援助的手這時向他伸出，就像人類的「長兄」耶穌向行將沉沒的彼得伸手一樣，要對他說希望的話，說鞏固信心，激發愛心的話。

你的弟兄姐妹心裡憂苦，需要你的幫助，正如你自己需要弟兄的關愛一樣。……我們既知道自己的軟弱，就能幫助其他有迫切需要的人。我們不可忽略一個受苦的人，而不設法用上帝所賜的安慰去安慰他。

那能使理智和心靈克服肉體情慾的力量，乃是出於與基督的交往，以及與永活的救主發生個人的接觸。……（流浪的人）必須拉住一隻溫暖的手，信靠一顆充滿同情的心。要使他想到，上帝常在他身邊，正以憐憫之愛垂顧著他。

你從事這項工作時，會有看不見的伙伴與你同在。天上的使者曾來到那照顧傷患的撒馬利亞人身旁。來自天庭的使者也必站在一切從事上帝聖工，為同胞服務的人旁邊。基督也要親自與你合作。祂本是恢復之主。你在祂的指導之下工作，就必看到偉大的成果。

別人的幸福和你永久的命運，都有賴於你在這項工作上的忠心。基督正在設法提拔一切願意與祂交往的人，使我們與祂合而為一，正像祂與天父合而為一一樣。祂讓我們接觸到別人的痛苦和災難，為要將我們從自私中喚醒。祂設法在我們身上培養祂品格的特性，就是同情、溫柔和仁愛。我們接受這項服務的工作，就是來到基督的學校裡，為進入天庭作準備。（《天路》原文第387—389頁）

To be like

JESUS

人若說他住在主裡面, 就該自己照主所行的去行。
基督也為你們受過苦, 給你們留下榜樣,
叫你們跟隨祂的腳蹤行。

12月

DECEMBER

悔改，然後成長

大牧長耶穌認識每一隻羊

我告訴你們，一個罪人悔改，在天上也要這樣為他歡喜，較比為九十九個不用悔改的義人歡喜更大。

路加福音15：7

傳道人應當成為一個牧人。我們的救贖主被稱為大牧人。使徒說：「但願賜平安的上帝，就是那憑永約之血、使群羊的大牧人——我主耶穌，從死裡復活的上帝，在各樣善事上成全你們，叫你們遵行祂的旨意；又藉著耶穌基督在你們心裡行祂所喜悅的事。」（希伯來書13：20—21）我們不論多麼卑微或高貴，不論是在逆境的陰影之下，還是在燦爛的陽光中，在大牧者的看顧之下，我們都是祂的羊，是祂草場上的羊。

但是大牧者手下有牧人，受權照看祂的羊和小羊。大牧者絕不會忽略一隻羊，祂關心羊群中哪怕是最軟弱的羊。基督所講的優美比喻中說到了一隻迷失的羊，牧人離開九十九隻去尋找那隻迷失的羊，充分說明了大牧者的關懷。祂並沒有漫不經心地看著羊欄中的九十九隻羊，說：「我已經有九十九隻了，去尋找那隻迷失的羊太麻煩了。讓它自己回來吧！我會打開羊欄的門讓它進來，但我不會去尋找它。」

不是的！那隻羊一迷失，牧人的臉上就充滿憂傷和掛慮。他確定羊走失之後，就無法入眠。他把那九十九隻留在圈裡，不論夜色多黑，風暴多大，道路多麼危險難行，尋找多麼費時辛勞，他依然不灰心、不退縮，直到找著那隻迷羊。

可是一旦找到了，他是否表示漠然無動於衷？他是否把羊叫到跟前，吩咐那隻迷羊跟從他？他是否恐嚇毆打牠或趕牠在前面走，講述自己為牠的緣故受了多少的痛苦、失望和憂慮？不！他將那隻精疲力盡的迷羊扛在肩上，滿懷愉快的感恩，他的尋找並沒有徒勞，將羊帶回羊圈。他的感謝之念在那美妙的快樂詩歌中表示出來，而天上的詩歌班也回應著牧人快樂的曲調。

當迷羊被找回來時，天和地要一同感謝歡喜。……耶穌說：「我是好牧人；我認識我的羊，我的羊也認識我。」（約翰福音10：14）（《評閱宣報》1892年8月23日）

真基督徒聚焦在基督，而不是自己

於是叫眾人和門徒來，對他們說：「若有人要跟從我，就當捨己，背起他的十字架來跟從我。」

馬可福音8：34

《聖經》對真基督徒的描述，符合聖靈在人心和生活的工作。上帝的兒女立即知道他們心中擁有證據，證明他們是從上帝而生的。……羔羊無論到哪裡去，他們都跟隨，這是深刻而廣泛的經驗。通往上帝大牧場窄門的道路始終呈現克己和犧牲。

對於相信的人來說，基督是寶貴的。祂的靈在信徒心中的工作，與《聖經》的話完全一致。聖靈和《聖經》相吻合，聖靈就這樣與我們的心一同見證我們是從上帝而生的。

凡心中不符合《聖經》偉大公義道德標準的人，是得不到基督承認的。他們的言語、思想與上帝的靈不一致。他們的信仰表白是虛偽的。你沒有看到奶油總是浮在水面之上嗎？心靈必須獲得基督生命氣息的活潑影響，才能在言語中表現出基督在心裡成了有榮耀的盼望。

在荊棘中是摘不到葡萄的。基督徒的言談要符合他們在基督裡的喜樂。那些不斷談論疑惑，要求特別見證來驅散他們不信疑雲的人，不是在《聖經》之上建造。他們的信心是取決於臨時的環境，是建立在感情之上的。但感情不論多麼美好，都不算是信心。上帝的話是我們建立天國盼望的基礎。

長期作一個懷疑者，眼目和思想始終只關注自己，這乃是極大的不幸。你注目自己，以此為你思想和談話的主題時，你是無法指望變得與基督的形像一致的。自我不是你的救主，你自己沒有救贖的能力，「自我」是你的信心登上的一艘漏水的船，不論你如何相信這艘船，它終究還是會沉沒。救生艇，祢要登上救生艇！這是你惟一的安全保障。耶穌乃是救生艇的船長，祂從未放棄任何一個乘客。（《懷氏文選》卷二十一，原文第23—24頁）

真正悔改的人追求完美

所以，你們要完全，像你們的天父完全一樣。

馬太福音5：48

做一個始終不渝的基督徒，其意義深遠重大，它意味著在上帝面前謹言慎行；而朝著我們在基督裡崇高恩召的獎賞前進，意味著多結果子、歸榮耀給賜下兒子為我們捨命的上帝。基督徒身為上帝的兒女，應當努力實現福音擺在他們面前的崇高理想。若不達到完全，他們就不可滿足。

我們應當研究上帝的聖言，在生活中貫徹它的聖潔原則。我們要柔和謙卑地行在上帝面前，天天改正自己的錯誤，不要因自私的驕傲而使自己的心靈與上帝隔絕。不可夜郎自大，以為自己比別人強。「自己以為站得穩的，須要謹慎，免得跌倒。」（哥林多前書10：12）當你將自己的意志順服基督的旨意時，就會得到平安和安息。於是基督的愛就會在你的心中作主，使你的一切祕密和動機都順服救主。急躁易怒的性情，會因基督恩典的膏油而緩解消除。赦罪的感覺，會給你帶來出乎意料的平安。你就會作出誠懇的努力，克服一切有違於基督徒完美的事。分歧消失了！愛挑剔別人的人，必要看到自己品格中還存在著更大的缺點。

有一些人聽了真理，認識到自己的一貫生活與基督為敵，自覺有罪而痛悔前非。他們依靠基督的功勞，真正相信祂，就得到了赦罪。當他們停止作惡而學習行善時，就在恩典和認識上帝的知識上長進。他們看出自己必須作出犧牲，才能與世俗分離。經過考慮得失之後，他們便將萬事當作有損的，為要得著基督。他們已經加入基督的軍隊，勇敢而高興地投入面前的戰爭，與自己本性的傾向和自私的慾望作鬥爭，使自己意志順服基督的旨意。他們每天向主祈求恩典，為了順從祂，得著力量和幫助。

這是真正的悔改，凡已獲得新心的人必以謙虛感恩的心仰仗基督的幫助，他必在生活上結出公義的果實。他過去愛自己，喜歡屬世的宴樂。如今他的偶像推倒了，上帝成了主宰。（《青年導報》1901年9月26日）

悔改的罪人過新的生活

我必用清水灑在你們身上，你們就潔淨了。我要潔淨你們，使你們脫離一切的污穢，棄掉一切的偶像。我也要賜給你們一個新心，將新靈放在你們裡面，又從你們的肉體中除掉石心，賜給你們肉心。

以西結書36：25—26

許多人常對別人說，你要有一顆新心，他們自己卻不明白這句話的意義。青年尤其不明白「一個新心」的意思，不明白其含義。他們指望自己在情感上發生某種特殊的改變，並把這種改變理解為悔改。成千上萬的人因不明白「你們必須重生」這一句話而沉淪。

撒但引誘人以為自己有了一種情感上的興奮，就算是悔改了，然而他們的生活並沒有改變。他們的行為與從前一樣。他們的人生沒有結出善果，他們經常作很長的禱告，不住地說自己在某時的感覺，可是他們沒有過新的生活。他們被自我感覺欺騙了，他們經驗僅限於膚淺的情感，他們建造在沙土之上，一旦逆風吹來，他們的房屋就會被捲走。

許多可憐的人在黑暗中摸索，尋求別人所說的那種經驗、感覺。他們忽略了一個事實，就是信靠基督的人必須恐懼戰兢作成自己得救的工夫。自覺有罪的人必定有事要做，他必須悔改，並表現出真實的信心。

耶穌所談到的新心，指的是心靈、生活和全身。心靈改變，就是將感情從世界轉移到基督身上。有一顆新心，就是有新的思想、願望和動機。新心的標誌是什麼呢？就是改變了的人生，就是每日每時向自私和驕傲死去。

一些人認為高談闊論可以代替真誠的服務，以致他們最後鑄成大錯。其實宗教信仰若不切合實際，就不是真宗教、真信仰。真正的悔改會使我們對同胞以誠相待，在每日的工作中盡責。每一個真正的基督徒都必證明《聖經》的宗教信仰能使他用自己的才幹為主服務。

使工作在主眼前完全蒙悅納的，乃是實行工作的高尚原則。真正的服務能把上帝在地上最卑微的僕人與祂在天庭最高貴的僕人聯合在一起。（《青年導報》1901年9月26日）

今日悔改，接受基督的義袍

> 我又告訴你們，你們祈求，就給你們；尋找，就尋見；叩門，就給你們開門。因為，凡祈求的，就得著；尋找的，就尋見；叩門的，就給他開門。
>
> 路加福音11：9—10

我們要將自己的心降服於上帝。祂能更新我們，使我們成聖，配得進天國。我們不必等待某一個特殊的時刻，今天就應獻身於祂，不再作罪的奴僕。你以為能一次一點地離棄罪嗎？不！要立刻離開可憎的事，恨基督所恨，愛基督所愛。難道祂沒有受苦受死，為潔淨你的罪創造條件嗎？

當我們意識到自己是罪人，在磐石上跌碎自己時，那永恆的膀臂就會擁抱我們，使我們靠近耶穌的胸懷。這樣，我們就被祂的愛所吸引，厭惡自己的義。

我們需要來到十字架跟前。我們越將自己降卑，就越能看清上帝的愛。基督的恩典和公義對自滿的人是無效的，因為他們認為很好，就滿足於自己的現狀。心中沒有給基督存留空間的人，是不會認識到自己需要上帝的光照和幫助的。

耶穌說：「虛心的人有福了，因為天國是他們的。」（馬太福音5：3）上帝有豐盛的恩典，我們可以大量擁有祂的靈和能力。不要依靠自己的義，而要到主那裡去，祂有最好的義袍要賜給你，祂要張開臂膀接納你。

你可以用上帝的話語來驗證祂。你不要等候某種情感的衝動，才相信上帝已經垂聽了你的禱告。情緒不能作為你判斷的標準，因為人的情感如雲彩一樣變化無定。你必須擁有堅實的信仰基礎。主的話語擁有無限的能力，是值得你信賴的。主說過：「你們求，就必得著。」（約翰福音16：24）仰望髑髏地吧！耶穌沒有說過祂要為你代求嗎？祂不是說過，你奉祂的名無論求什麼，祂都必為你成就嗎？

你要以一個悔改罪人的身分晉見上帝，靠著那位神聖的代求者耶穌的名，來到寬恕人的慈憐天父面前，相信祂會履行自己的承諾。願那些渴望上帝賜福的人前來叩門，以堅定的確信在施恩的寶座前等候。（《聖經迴響》1893年4月1日）

耶穌親切地呼喚，可是許多人遲遲不回應

然而有一件事我要責備你，就是你把起初的愛心離棄了。所以，應當回想你是從哪裡墜落的，並要悔改，行起初所行的事。你若不悔改，我就臨到你那裡，把你的燈臺從原處挪去。

啟示錄2：4—5

世人的救贖主說有一些罪比那使所多瑪和蛾摩拉遭滅的罪更大。那些聽見福音的邀請呼召罪人悔改而不加以留意的人，在上帝面前比西訂谷（鹽海區域）的居民更為有罪。還有比這更大的罪，就是那些自稱認識上帝並遵守祂誡命的人，卻在他們的品格和日常生活上否認基督。照救主的警告看來，所多瑪的厄運乃是一個嚴肅的勸誡，不單涉及公開犯罪的人，也涉及那些輕視天賜之亮光和特權之人。

我們的救主比地上的父母饒恕一個迷途受苦的兒子更為親切慈悲，注視著祂所發出的慈愛和赦罪的邀請將得到什麼反應。祂呼召迷途的人說：「現在你們要轉向我，我就轉向你們。」（瑪拉基書3：7）但一個犯錯的人若是怙惡不悛，不肯聽從那以慈憐親切之愛向他呼召的聲音，那麼最後他必被撇棄在幽暗之中。

那長久輕視上帝慈憐的心，必在罪惡之中變成頑梗不化，不能再感受上帝恩典的影響。到了救主最後宣布說「親近偶像，任憑他吧」（何西阿書4：17）的時候，那人的結局是悲慘的。在將來審判的日子，平原諸城所遭受的，比那些雖然認識基督之愛而依然追求罪中之樂的人所要受的，還要容易呢！

你這個輕視上帝慈憐的人，要想一想在天上的冊子中那些累積起來對於你不利的記錄，因為在那裡有記錄登載每一個國度、家庭和個人的罪行。當這記錄繼續增多的時候，上帝或許要長久忍耐，賜人赦罪之恩，召人悔改。可是總有一天記錄的罪惡將要滿盈，那時每一個人都已作了最後的決定。由於自己的選擇，人已決定了自己的命運，於是上帝就要發出執行審判的信號了。（《先祖與先知》原文第165頁）

罪人悔改時，天上就有快樂

祢怎樣差我到世上，我也照樣差他們到世上。我為他們的緣故，自己分別為聖，叫他們也因真理成聖。

約翰福音17：18—19

基督在失羊的比喻中說到，救恩的臨到不是因我們尋求上帝，而是因上帝尋找我們。「沒有明白的；沒有尋求上帝的；都是偏離正路。」（羅馬書3：11—12）我們悔改，不是為了讓上帝愛我們。祂向我們顯示祂的慈愛，是為了使我們悔改。

拉比們曾說，當一個得罪上帝的人滅亡時，天上就有快樂。耶穌卻教導說，毀滅在上帝乃是一件奇異的事。諸天所高興的，是在上帝所創造的人身上恢復祂的形像。當一個遠離上帝的罪人想要回歸祂的時候，必要遭受批評和不信任。總有人懷疑他的悔改是否出於真心，或悄悄地說：「他並不穩定！我不相信他會堅持到底。」

這些人所作的不是上帝的工作，而是那控告弟兄之撒但的工作。惡者希望藉著這種人的批評而使人灰心、失望，因此遠離上帝。悔改的罪人應當想到，當一個失喪的人回歸時，天上要為他快樂。他應當依靠上帝的慈愛，絕不可因法利賽人的藐視和猜疑而灰心。

拉比們知道基督的比喻指的是稅吏和罪人，但它還有更廣泛的意義；基督不僅用迷羊來代表有罪的個人，也代表這個悖逆而被罪惡敗壞的世界。在上帝所統治的浩大宇宙中，這個世界就像一粒微塵。但是這個墮落的小小世界——一隻迷羊——在祂看來，要比九十九隻安臥羊槽的羊更加寶貴。

全天庭所愛戴的元帥基督，為了拯救這個失喪的世界，竟屈尊捨棄祂與天父所共用的尊榮，離開天上無罪的諸世界，就是那愛祂的九十九隻羊，來到地上，「為我們的過犯受害，為我們的罪孽壓傷」（以賽亞書53：5）。上帝在祂兒子身上捨棄了自己，以便能得享尋回迷羊的喜樂。

基督所拯救的每一個人都蒙召要奉祂的名，參加拯救失喪者的工作。以色列人曾疏忽了這項工作。今日自稱為基督徒的人是不是也疏忽了呢？（《天路》原文第189—191頁）

悔改會產生新的興趣和愛好

> 就要脫去你們從前行為上的舊人，這舊人是因私慾的迷惑漸漸變壞的。
>
> 以弗所書4：22

上帝現在呼召你悔改，在聖工上熱心。你永恆的幸福將取決於你現在所走的道路。你豈能拒絕現在所提供的恩慈的邀請呢？你豈能選擇自己的道路呢？你難道要懷藏驕傲和虛榮，以至最終喪失你的靈魂嗎？上帝的聖言清楚地告訴我們，得救的人會很少，大多數蒙召的人都將證明自己不配進入永生。他們會與天國無分，而要和撒但一起，經歷第二次的死。

男女世人如果願意，他們都能逃脫這種厄運。儘管撒但是罪惡的最大始作俑者，但這卻不能成為任何人犯罪的藉口。因為撒但並不能強迫人犯罪。他引誘人犯罪，且使罪看上去既誘人又令人愉快，但他必須讓人的意志自行決定是否願意犯罪。他不強迫人喝醉，也不強行阻止人去參加宗教聚會，但他卻可以將試探擺在世人面前，引誘他們去犯罪，人有道德上的自由決定接受還是拒絕。

悔改這種工作，多數的人還不賞識。要把屬世的、喜愛罪惡的心意轉變過來，使之瞭解基督無可言喻的愛，祂恩典的美妙，和上帝的優美，以致使人被神聖之愛所充滿，被天庭的奧祕所吸引，這種工作確實不是小事。何時人明白了這些事，以往的生活就必顯出是可憎可恨的了。他恨惡罪惡，在上帝面前破碎己心，接受基督為他心靈的生命與喜樂。他拋棄從前的快樂。他有了新的心思、新的感情、新的興趣、新的意志；他的憂愁、願望和愛全都是新的了。肉體的情慾、眼目的情慾、並今生的驕傲，在從前都看為比基督更重要，現在卻轉離了，而以基督作為自己生命的至寶與喜樂的冠冕。

從前看不到什麼優美的天國，如今看到了它的富足和榮耀；他默想它是自己將來的家鄉，在那裡他將要看見、愛戴和讚美曾用自己的寶血救贖了他的那一位。（《教會證言》卷二，原文第293—294頁）

悔改的心恨惡罪，喜愛公義

眾人聽見這話，覺得扎心，就對彼得和其餘的使徒說：「弟兄們，我們當怎樣行？」彼得說：「你們各人要悔改，奉耶穌基督的名受洗，叫你們的罪得赦，就必領受所賜的聖靈。」

使徒行傳2：37—38

人怎樣才能在上帝面前稱義呢？罪人怎樣才能成為義人呢？我們只有靠著基督才能與上帝和好，成為聖潔。但我們怎樣才能到基督面前來呢？許多人與五旬節的群眾發出了同樣的問題。他們在認識到自己的罪之後，就喊著說：「我們當怎樣行？」彼得回答第一句話就是「要悔改」，不久以後他又說：「你們當悔改歸正，使你們的罪得以塗抹。」（使徒行傳2：37—38；3：19）

悔改包括為罪憂傷和離棄罪惡。我們如果沒有看到罪的本質，就不會離棄它。如果不從心裡離棄罪惡，生活就不可能有真正的改變。

許多人不明白悔改的真正意義。他們犯了罪以後，就憂愁起來。因害怕罪行所帶來的災禍，他們甚至表面上有所改善，但這並不是《聖經》所說的悔改。他們悲哀是因為怕受苦，而不是為了罪本身。這就像以掃看到自己永遠喪失長子名分時的傷心一樣。巴蘭在手持利劍攔在路中的天使面前也曾恐懼戰兢，他害怕喪命，就承認了自己的罪。但是他沒有真正悔改，也沒有改變主意，痛恨惡行。

加略人猶大在賣主之後也曾喊著說：「我賣了無辜之人的血是有罪了。」（馬太福音27：4）這種認罪乃是良心的譴責和懼怕刑罰的心理，是被逼出來的。犯罪的嚴重後果使猶大滿心恐懼，但他不是因出賣了無辜的上帝兒子，拒絕了以色列的聖者而深感悲痛。……他們都是為罪的後果悲哀，而不是為罪本身憂傷。

但當人順從聖靈的感化時，他的良心就會甦醒。有罪的人對於上帝聖律法的深奧和神聖性質就有所領會。這律法是天上地下政權的基礎。……他會看見上帝的慈愛、聖潔的美和純潔的快樂，並渴望得到潔淨，與上天恢復交往。（《喜樂的泉源》原文第23—24頁）

神性與人性相結合，能遵守律法

當下，耶穌從加利利來到約旦河，見了約翰，要受他的洗。約翰想要攔住祂，說：「我當受祢的洗，祢反倒上我這裡來嗎？」耶穌回答說：「你暫且許我，因為我們理當這樣盡諸般的義。」

馬太福音3：13—15

基督「盡諸般的義」，並不是終止諸般的義。祂滿足了上帝對悔改、信心、洗禮、靠恩真正悔改之步驟的要求。基督在人性中完全滿足了律法的要求。祂是人類的元首、替身和中保。人類藉著將自己的軟弱連於基督的神性，就能與祂的性情有分。

基督來給世人樹立了一個完全順服上帝律法的榜樣。這部律法是要求每一個人順從的 —— 從第一個人 —— 亞當，到世界末日的最後一個人。祂宣布自己的使命不是廢棄律法，而是藉著完完全全的順從而成全律法。

祂這樣做，是要「使律法為大，為尊」（**以賽亞書42：21**）。祂在生活中表現律法的屬靈性質。要在天上的眾生靈、未曾墮落的諸世界，以及悖逆、忘恩、不潔的世界面前，成全律法的深遠原則。祂來向我們顯明，人若憑活潑的信心與上帝聯合，是可以遵守上帝的全部誡命的。

表號性祭物是預指基督。一旦完全的祭物獻上，祭牲就不再被上帝所接納。因著上帝獨生子的死，表號遇見了真體。祂來顯明律法的不變性，宣稱人若悖逆與干犯律法，就絕不能得到永生的賞賜。祂道成肉身來到世人中，用祂的人性接觸人類。

但祂絕沒有減輕人類完全順從的義務，祂沒有破壞舊約《聖經》的有效性，祂成全了上帝親自預言的事。祂來不是使人擺脫律法，乃是要開一條路，使人可以順從律法，並教導別人也這樣做（**《懷氏文選》卷十，原文第292—293頁**）

誠心的人要防備被騙

> 總要警醒禱告，免得入了迷惑。你們心靈固然願意，肉體卻軟弱了。
>
> 馬可福音14：38

有些人自稱有新的亮光，自命為改革家，他們在某些相信現存的種種異端，及不滿教會屬靈情況的人身上，將有很大的影響。那些人有正直誠實的心，渴望見到向善的改革，以達到較高的道德標準，如果基督的忠僕能將純潔的真理傳給那些人，他們就會接納，並因順從而潔淨自己。然而在那時刻，機警的撒但卻會追蹤那些人，在他們尋求真理的路上等待他們。有的人儼然宣稱以改革家的身分來到他們之前，就如撒但化裝光明的天使來到基督面前一樣，把他們領離正道，並且領得更遠了。

那隨著放肆淫亂而造成的不幸與墮落，是無法估計的。這世界被其上的居民所污穢。他們的罪惡已漸近滿盈，但那引致最嚴重報應的，乃是以敬虔為外衣而實行的不法者。對於真心悔改的人，其罪惡無論是如何深重，世人的救贖主從不摒棄他們，但祂對於法利賽人及假冒為善之輩，卻是大發烈火般的譴責。那些公開露面的罪人，倒比這等人更有希望呢！

這個人（偽改革者）和被他欺騙的人，不愛真理，卻喜愛不義。他們認為淫蕩和通姦不會令上帝不悅，他們所受到的，還有什麼比這更強烈的欺騙呢？《聖經》裡的許多警告，都是針對這種罪惡的。保羅寫信給提多時，論到這種人，「說是認識上帝，行事卻和祂相背；本是可憎惡的，是悖逆的，在各樣善事上是可廢棄的。」（提多書1：16）在此時代，魔鬼如同吼叫的獅子，遍地遊行，尋找可吞吃的人，我認為實有揚聲大發警告的必要。「總要警醒禱告，免得入了迷惑。」（馬可福音14：38）許多大有才幹的人，卻將才幹惡劣地獻為撒但服務之用。……在他們之中，有許多人心藏污穢的思想，不聖潔的幻想，未聖化的慾望，以及卑賤的情慾，上帝憎惡這種樹木所結出的惡果，純潔聖善的天使見到這等人的行徑，便起厭惡之心，可是撒但卻甚歡喜。

唉！惟願人人能考慮到干犯上帝律法所要得的結果！無論在何種情形之下，犯罪總是羞辱上帝及貽害人類的。不論其偽裝是何等的美好，也不論是誰犯的罪，我們都必須存有這樣的看法。（《教會證言》卷五，原文第144—146頁）

真悔改會為罪悲傷，並放棄罪

因為依著上帝的意思憂愁，就生出沒有後悔的懊悔來，以致得救；但世俗的憂愁是叫人死。

哥林多後書7：10

上帝的愛絕不會導致祂對罪的輕視，它也絕不遮蓋和原諒未經承認的過錯。亞當悔之已晚。律法與它的創立者一樣是不變的。上帝的律法關乎我們的行為、思想和感情。它跟隨著我們每一個祕密的動機。人因放縱罪孽而輕看上帝的律法。許多人向同胞隱瞞自己的罪，還自我安慰說上帝不會嚴加監察。

然而祂的律法是公義的偉大標準。到了上帝審判的大日，人的一舉一動都要與律法進行對照，不論善惡每一個祕密都會顯露出來。心靈的純潔會促進生活的純潔；犯罪的一切藉口都是無效的，上帝若指證人有罪，誰能為他辯護呢？（《時兆月刊》1881年4月21日）

許多自認為是基督徒的人，像亞當那樣認罪。他們籠統地承認自己的不配，卻不肯承認內心的罪惡，這罪已使上帝的子民招致祂的不悅。真正的悔改來自對罪惡性質的認識。籠統的認罪不是在上帝面前虛心的結果，這種認罪使罪人與以前一樣自我滿足，直到良心變得十分剛硬，不再害怕過去使他恐懼的警告了，過了一段時間，心裡已麻痺，而犯罪的行為也顯得似乎無罪了，到了他一切的罪被查出來以後，已為時太晚。到那時再也無法用祭牲和供獻來洗刷了。查出來以後的認罪和私下向上帝認罪是不一樣的。（《時兆月刊》1881年5月5日）

亞當作為有罪的當事人，卻並不覺得他有何責任，他處之泰然。我們在《聖經》記錄中找不到他有傷心的表示，或悔恨、省察的證據。他只說：「祢所賜給我、與我同居的女人，她把那樹上的果子給我，我就吃了。」……他沒有想到藉著認罪和痛悔而改正錯誤。（《聖經注釋懷注》卷二，原文第997頁）亞當的認罪，雖已為時太晚，救不了他，卻證明了上帝處理亞當的正確性，關閉了不斷困擾以色列民之試探的門戶，使上帝的僕人擔負起祂親自布局的工作。（同上，原文第997頁）

靠著恩典，你能達到基督的理想

> 主耶和華——以色列的聖者曾如此說：你們得救在乎歸回安息；你們得力在乎平靜安穩。
>
> 以賽亞書30：15

你為實現主對你的理想所做的每一個努力，主都必看到。當你犯了錯誤，陷入罪惡之時，切莫覺得你不能祈禱，不配來到主面前。「小子們哪，我將這些話寫給你們，是要叫你們不犯罪。若有人犯罪，在父那裡我們有一位中保，就是那義者耶穌基督。」（約翰一書2：1）祂正伸臂等候歡迎浪子！到祂那裡去吧！把你的錯誤和失敗告訴祂，求祂加給你力量再做努力。祂絕不會使你失望，也不會辜負你的信任。

必有試煉臨到你，主就是這樣除去你品格的粗糙之處，不要發怨言，埋怨只會加重你的試煉，要藉著甘心順服而榮耀上帝。即使你受了虐待，仍當在心中保持愛心。基督知道你所受試探的分量，也知道你抵擋試探的能力。祂溫柔憐憫的手常向每一個受苦的兒女伸出，祂對受試探而灰心的人說：「孩子，我曾為你受苦受死，你還不能信任我嗎？」「你的日子如何，你的力量也必如何。」（申命記33：25）

那些誠心相信上帝聖言的人所得的平安和喜樂，是言語難以形容的。試煉並不能擾亂他，人的輕蔑也不能惹他生氣。他們的自我已經釘死，他們的職責雖然日益加重，試探日益增強，試煉也日益嚴重，但他並不灰心，因為他已得到了足夠的力量。（《青年導報》1902年6月26日）

基督並沒有向我們保證說，獲得完美的品格是一件容易的事。高尚完美的品格不是與生俱來的，也不是偶然得到的。高尚的品格是靠著基督的功勞與恩典，通過個人的努力而獲得的。上帝賜給我們才能和智力，讓我們來塑造品格。這種品格必須藉著與自己進行不懈而堅決的鬥爭才能形成。我們必須和老我做一次又一次的搏鬥，必須嚴於自我批評，不可讓不良習慣留著而不予糾正。無論是誰都不要自圓其說：「我無法糾正品格上的缺點！」不能糾正缺點是因為你不願意糾正；你既不願意，就不能克服。真正的困難就在於不聖潔之心的敗壞和不願服從上帝的管束。（《天路》原文第331頁）

上帝的子民是祂屬靈殿宇中磨光的石頭

> 耶和華必然等候,要施恩給你們;必然興起,好憐憫你們。因為耶和華
> 是公平的上帝;凡等候祂的都是有福的!
>
> **以賽亞書30:18**

福音是為眾人而設計的,它也必招聚一班在教育、品格與性情方面互異的男女來組成教會。在這班人中間有一些生性懈怠的人,認為秩序乃是驕傲,不必那麼講究。上帝不會降格以迎合他們低劣的標準。祂賜給他們寬容的時期,和《聖經》中的必要指示,要求他們改變,養成完善聖潔的品格。每一個離開罪惡歸向公義,離開謬道歸向真理的人,都要在言行上表現真理使人成聖的能力。

上帝的子民有崇高而聖潔的呼召,他們是基督的代表。保羅稱呼哥林多教會的人為「在基督耶穌裡成聖、蒙召作聖徒的」(**哥林多前書1:2**)。……彼得說:「惟有你們是被揀選的族類,是有君尊的祭司,是聖潔的國度,是屬上帝的子民,要叫你們宣揚那召你們出黑暗入奇妙光明者的美德。」(**彼得前書2:9**)

這些經文是要讓人認識到上帝工作崇高神聖的性質,以及祂子民應當採取的崇高聖潔的立場。不追求被真理純煉的人,會達到上述的狀況嗎?

猶太人的聖殿是用山中鑿成的石頭造的;每一塊石頭在帶到耶路撒冷之前,早已按著配合的位置鑿好、磨好、試驗過了。所以一運到建築工地之後,聖殿的建造並未發出錘子斧頭的聲音。

這聖殿也代表上帝的靈宮,其建造的材料乃是從各國、各方、各民,無論貧富高下,智愚貴賤,各式各樣的人中搜集來的。這些材料並不是要用斧錘來修改的無生命物質,他們都是活石,是用真理從世上開採出來的。那靈宮的主人就是那總工程師,現今正在做削鑿琢磨的工夫,要將他們各按其位配置在靈宮之中。及至建築告成,各部無不完善,可受天使和世人的讚賞;因為其經營建造者乃是上帝。的確,那些構成這個榮耀建築的人,乃是「蒙召作聖徒的」。(《評閱宣報》1884年5月6日)

引導罪人悔改，以推進上帝的國度

> 耶和華說：這一切都是我手所造的，所以就都有了。但我所看顧的，就是虛心痛悔、因我話而戰兢的人。
>
> 以賽亞書66：2

上帝在祂的聖言中向我們指明了成就這項工作的惟一方法。我們要做真誠忠實的工作，為救靈而效勞，好像那將要交帳的人一樣。「要悔改，要悔改」，乃是施洗約翰在曠野發出的信息。

基督對百姓所發的信息是——「你們若不悔改，都要如此滅亡！」（路加福音13：5），眾使徒受命要到處傳揚悔改的道理。主希望祂今日的僕人傳講古老的福音道理，為罪憂傷、悔改、認罪。我們需要原來方式的講道，原來方式的習慣，原來的具有基督溫柔的以色列父母。

要不懈、懇切、智慧地對罪人做工，直到他看出自己違犯了上帝的律法，向上帝悔改，信主耶穌基督。當罪人意識到自己的無助，感到需要一位救主時，他可以帶著信心和希望，來到「除去世人罪孽」的「上帝的羔羊」面前。凡存著真正悔改的心到基督面前來的人，祂都必接納。憂傷痛悔的心，祂必不輕看。

戰爭的呼聲正響徹整個戰線。但願每一個十字架的精兵，不是憑著自滿之心，而是存著柔和謙卑之心，向著前線邁進。你的工作，我的工作，都不會因今生的停止而結束。我們或許在墳墓中休息片時，但在聽到呼喚時，我們要在上帝的國裡再次開始從事我們的工作，增進基督的榮耀。這項聖工必須從地上開始。我們不要考慮自己的快樂和便利。我們的問題必須是：我怎樣行才能引導別人歸向基督？我怎樣才能讓別人知道上帝那過於人所能測度的慈愛？（《時兆月刊》1899年12月27日）

仰望耶穌，祂會賜給你勝利

> 主說：「誰是那忠心有見識的管家，主人派他管理家裡的人，按時分糧給他們呢？主人來到，看見僕人這樣行，那僕人就有福了。」
>
> 路加福音12：42—43

我希望沒有人存著這種想法，以為認罪就會賺得上帝的恩寵，或以為向人認罪就有什麼特別的德行。我們的經驗中必須有那種生發仁愛並潔淨心靈的信心，基督的愛會征服屬肉體的種種不良傾向。真理不僅自證它來自天上，也證明藉著上帝之靈的恩典，它在淨化人心上是有效力的。主願意我們每天帶著我們一切的煩惱和認罪到祂面前來，在我們負祂的軛、擔祂的擔子時，祂能賜給我們安息。祂的聖靈及其仁厚高尚的感化力，必充滿我們的心，使我們的每個思想都順服基督。

而今我擔心因你們一些人的錯誤，⋯⋯那已臨到你們的祝福會變成一個咒詛；你們得到某種錯誤觀念，以致你們在往後會處於比這次復興的工作之前更為惡劣的狀況中。你們若不保守自己的心，就會在不信的人面前顯得極其惡劣。上帝不會因為這種斷斷續續的服事得到榮耀。當心不要把事情帶到極端，使上帝寶貴的聖工長久受到責備。許多人的失敗乃是他們在蒙受上帝賜福之後，沒有本著基督的謙卑努力成為他人的祝福。既然永生之道已撒在你們心裡，我就懇勸你們要存謙卑的心與上帝同行，做基督的工作，並多結果子以便成義。我確實盼望並祈願你們行事像至高者的兒女，不變成極端分子，也不會做任何會使上帝的靈擔憂的事。

不要注意人也不要指望他們，覺得他們是沒有錯誤的，而要不斷注意耶穌。不要說任何會使我們的信仰受責備的話。要獨自在你的上帝面前承認你隱祕的罪。要向那位全然知道怎樣處理你案件的主承認你心思的迷惘。假若你得罪了你的鄰居，就當向他承認你的罪過，而且要予以補償，藉以顯示認罪的成果，然後要求所應許的福。當本著你現在的狀況到上帝面前來，讓祂醫治你一切的軟弱。當在施恩寶座前迫切呈報你的案件，務求工作徹底。在與上帝交往和對待自己心靈的事上都要真誠篤實。你若本著一顆真正悔罪的心來就祂，祂就必將勝利賜給你。（《教會證言》卷五，原文第648—649頁）

隨著大鬥爭的加劇，要高舉旗幟

> 我們凡事不能敵擋真理，只能扶助真理。即使我們軟弱，你們剛強，我們也歡喜；並且我們所求的，就是你們作完全人。
> 哥林多後書13：8—9

上帝已經設立了使徒、牧師、傳福音的和教師，為要成全聖徒，各盡其職，建立基督的身體，直等到我們眾人在真道上同歸於一。上帝向祂的子民宣布：「你們是上帝所耕種的田地，所建造的房屋。」（哥林多前書3：9）我們必須不斷地進步。跟從祂的人必須一步一步為自己的腳把道路修直了，使自己不致跛行走岔了路。

那些願意為上帝工作的人必須聰明地做工，好藉著行在那公義日頭的光中，來彌補自身的虧欠，並榮耀以色列的主上帝。這樣，他們就會使教會向前向上向天國，使它與世界的分別越來越明顯。

當人的品格與那神聖的楷模同化時，他們就不會維護個人的尊嚴了。他們必熱心、警覺、仁愛和專誠地維護教會的神聖利益，不受罪惡的威脅。罪惡必會籠罩並蒙蔽上帝定意要藉著教會照射出來的亮光。他們必不使撒但的詭計得逞，讓他藉著慫恿挑剔、閒言惡語，以及控告弟兄在教會裡出頭露面，因為這些事會削弱並顛覆教會。

在教會歷史的任何時候，上帝的工人都不可以袖手旁觀，悠然自得地說：「一切都平安穩妥。」因為毀滅必突然臨到。當一切都呈現著在繁榮中發展的跡象時，撒但是很警覺的，他與他的惡使者必採取另一種進攻的方式以取得成功。撒但的爭奪會越來越劇烈，因為他會推動下面的能力。

當上帝子民的工作在來自上帝寶座的能力推動下，以聖潔而不可抗拒的力量前進，在教會中樹起基督公義的旗幟時，大鬥爭就必愈演愈烈，並越來越具有決定性的意義。天上的思想觀念與地上的思想觀念，屬神的計畫與屬人的計畫，天上的原則與撒但的原則要針鋒相對。真理要與不斷變化、不斷增加的罪惡形式發生衝突。倘若可能，連選民都要被迷惑了。（《給傳道人的證言》原文第406—407頁）

《聖經》中的成聖關乎謙卑和不斷成長

> 我就是願意誇口也不算狂，因為我必說實話；只是我禁止不說，恐怕有人把我看高了，過於他在我身上所看見、所聽見的。
>
> 哥林多後書12：6

基督的門徒必須變成祂的樣式——靠著上帝的恩典造就一個符合祂聖潔律法之原則的品格。這就是《聖經》中所顯示的「成聖」。

這種工作惟有藉著信靠基督，並因上帝聖靈住在心中的能力才能完成。……每一個基督徒不免要感覺到罪惡的慫恿，但他總要對罪惡進行持久的戰爭。這就是我們需要基督幫助的地方。人類的軟弱既與上帝的力量聯合，就能憑著信心說：「感謝上帝，使我們藉著我們的主耶穌基督得勝。」（哥林多前書15：57）

《聖經》明明告訴我們，成聖的工作是一步一步的。當罪人悔改並藉著贖罪的寶血與上帝和好時，他不過是剛剛開始基督徒的生活。此後他必須「竭力進到完全的地步」，漸漸成長，「滿有基督長成的身量」。……彼得把達到《聖經》中的「成聖」所必經的步驟擺在我們面前：「你們要分外的殷勤；有了信心，又要加上德行；有了德行，又要加上知識；……你們若行這幾樣，就永不失腳。」（彼得後書1：5—10）

那些人，必能顯出一種謙卑的精神。他們像摩西一樣，已經看見上帝聖潔的威榮，並因自己在主純潔的對照之下而深覺不配。先知但以理是一個真正成聖的模範，他那漫長的一生充滿了他為主所做的崇高服務的偉大事蹟。他是蒙天上眷愛的人（見但以理書10：11），然而他並沒有自居純潔聖善，當他在上帝面前為他的同胞禱告時，這位尊貴的先知卻把自己與犯罪的以色列人視同一體。……後來當上帝的兒子向他顯現，賜給他教訓時，但以理說到他自己「面貌失色，毫無氣力」（同上，第8節）。

凡行在髑髏地十字架陰影之下的人，不能有自高的表現，或誇口說自己已經脫離了罪。他們覺悟到，那使上帝的兒子慘痛以致心碎的，乃是他們的罪。這種認識必使他深為謙遜。那些與耶穌生活最親近的人，最能看清楚血肉之體的脆弱和邪惡，而且他們唯一的希望乃是倚靠那釘死而復活之救主的功勞。（《善惡之爭》原文第469—471頁）

悔改要伴隨著品格的改變

> 所以主耶和華說：「以色列家啊，我必按你們各人所行的審判你們。你們當回頭離開所犯的一切罪過。這樣，罪孽必不使你們敗亡。」
>
> 以西結書18：30

飽學書卷的尼哥底母從前讀這些經文（即詩篇51：10—13；以西結書36：26—27）的時候，時常覺得雲裡霧裡，現在才開始領會其真正意義，明白即使像他這樣公正可敬的人也必須藉著耶穌基督經歷重生。這是他能得救並且進入上帝國度的惟一條件。耶穌明確地說，人若不重生，就不能看出基督來到世上要建立的國。嚴守律法不足以使人有進天國的資格。

人必須重生，藉著上帝之靈的運行而有一顆新心。聖靈的作用是淨化人的生活，使人品格高尚。與上帝的這種關係使人配進榮耀的天國。人的發明無法挽救有罪的靈魂，惟有藉著悔改和降卑，服從上帝的要求，恩典之工才能進行。罪惡在上帝看來是無法忍受的，罪人已悔辱和虧待了上帝那麼久，以致他與所犯罪惡相稱的悔改，往往產生一種難堪的精神痛苦。

惟有藉著實際接受和應用神聖的真理，才能向人展現上帝的國。惟有純潔謙卑的心、順從而仁愛，信心堅定地事奉至高者，才能進入天國。耶穌還宣布：「摩西在曠野怎樣舉蛇，人子也必照樣被舉起來，叫一切信祂的都得永生。」（約翰福音3：14—15）

那蛇在曠野中被掛在杆子上舉在人們面前，好使凡被火蛇咬傷要死的人，可以仰望這條象徵基督的銅蛇而立刻痊癒。但他們必須憑信心仰望，否則就無濟於事。人們也必須這樣仰望人子為他們的救主以便得到永生。人因罪而使自己與上帝隔絕，基督把祂的神性帶到地上，用人性遮掩了祂的神性，為要救人脫離淪喪的狀況。人性是惡劣的，人的品格必須改變才能與上帝不朽國度中的純淨聖潔和諧一致。這種改變就是重生。（《時兆月刊》1883年11月15日）

悔改和赦免都是基督的恩賜

上帝且用右手將祂高舉，叫祂作君王，作救主，將悔改的心和赦罪的恩賜給以色列人。

使徒行傳5：31

許多人對悔改的性質抱有錯誤的觀念。他們以為如果不先悔改，就不能來到基督面前，悔改以後才能得到上帝的赦免。悔改確實先於赦罪，因為只有破碎痛悔的心才能感受到需要一位救主。

但罪人難道必須等到悔改，才能來到耶穌面前嗎？悔改難道是罪人和救主之間的障礙嗎？耶穌說：「我若從地上被舉起來，就要吸引萬人來歸我。」（約翰福音12：32）基督不斷地吸引人歸向祂自己；撒但則孜孜不倦地千方百計把他們從救贖主身邊拉開。要說明基督是為世人的罪而死的救主。當他們仰望髑髏地十字架上的上帝羔羊時，救贖的奧祕就開始向人心開啟。上帝慈愛引人悔改。

雖然救恩的計畫需要哲學家進行最深入的研究，但也不會深奧到超出孩子所能理解的。基督為罪人而死，顯示了超乎世人理解的愛。我們的心因瞻仰這愛而感動，天良被喚醒，以致發出問題說：「罪是什麼，為何需要作出如此的犧牲來救贖犯罪的人？」……使徒保羅曾就救恩的計畫發出指示，他宣布說：「凡與你們有益的，我沒有一樣避諱不說的。或在眾人面前，或在各人家裡，我都教導你們；又對猶太人和希臘人證明當向上帝悔改，信靠我主耶穌基督。」（使徒行傳20：20）約翰論到救主說：「你們知道主曾顯現，是要除掉人的罪，在祂並沒有罪。」（約翰一書3：5）

罪人必須到基督面前來，因為他們以祂為他們的救主、唯一的幫助者，使他們能悔改。因為如果他們不來到基督面前也能悔改的話，他們就不需要救主了。來自基督的美德導致真誠的悔改。……悔改和赦罪都是基督的恩賜，在沒有做工的人心中是找不到基督的。我們沒有基督，就得不到赦罪，同樣，我們沒有基督的靈，也不會悔改。基督用祂在十字架上所彰顯的慈愛吸引罪人，軟化和感動人心，激起人內心的愧意和悔悟。（《評閱宣報》1890年4月1日）

上帝呼籲人悔改，過聖潔的生活

我眷顧他，為要叫他吩咐他的眾子和他的眷屬遵守我的道，秉公行義，使我所應許亞伯拉罕的話都成就了。

創世記18：19

上帝拯救我們的計畫在每一細節上都是完美的，我們如果願意忠心地履行分配給我們的任務，一切都會安然無恙。我們的背道造成了不和、苦難和毀滅。上帝絕不會使用自己的能力來壓迫祂親手所造的人，祂對他們的要求絕不會超過他們的能力。祂對祂違命兒女的懲罰也不會超過導致他們悔改、防止別人效法他們榜樣的需要。對上帝的背叛是不可原諒的。

緊接著犯罪後祂的懲罰、勸勉和責備，祂慈愛和憐憫的表現，祂能力的時常昭示——這些都是上帝計畫的一部分，為要保守祂的子民脫離罪惡，成為聖潔，讓祂來成為他們的力量和盾牌，作他們最大的報賞。但以色列人經常犯罪，離開上帝，忘記祂的慈憐，表明許多人故意選擇作罪的奴僕，而不願作至高上帝的兒女。

上帝創造了他們，基督救贖了他們。他們在奴役之所發出來的痛苦呼聲已傳到了上帝的寶座。祂伸出神聖的臂膀拯救他們，為了他們的緣故，降災給埃及全地。祂給了他們很高的榮譽，使他們成為祂特選子民，賜給他們無數的福氣。他們如果順服祂，祂就使他們成為大國，成為全地的讚美和光榮。上帝顯示義人與惡人、上帝的僕人與偶像崇拜之間的巨大區別，希望藉著祂的選民榮耀祂的聖名。

約書亞設法告訴他的百姓倒退之路的矛盾性。他希望他們體認到現在是該做出明確改變，除掉一切偶像崇拜的痕跡，全心全意歸向上帝的時候了。他竭力讓他們認識到，公開的背道不比偽善和無生氣的崇拜形式更得罪上帝。

既然蒙上帝悅納的價值無與倫比，就值得付出任何代價。約書亞就是這樣做出了決定……經過全面的權衡之後，他決心全心全意事奉祂。不僅如此，他還努力帶領全家走這條道路。（《時兆月刊》1881年5月19日）

上帝等著接納一切悔改的人

> 我要使他們有合一的心，也要將新靈放在他們裡面，又從他們肉體中除掉石心，賜給他們肉心，使他們順從我的律例，謹守遵行我的典章。他們要作我的子民，我要作他們的上帝。
>
> 以西結書11：19—21

在這裡主已清楚啟示了祂拯救罪人的旨意。許多人對於主願不願意救他們表示懷疑與不信，他們所採取的這種態度有損他人對上帝神性的看法。那些抱怨祂嚴屬的人實際上是在說：「主的道不公平！」但祂很顯然地駁回了罪人的詆毀：「『你們的道豈不是不公平嗎？』當你們不悔改，不離棄你們的罪時，我能赦免你們的過犯嗎？」

當罪人悔改並離棄自己的罪，好讓上帝能與他同工以尋求品格的完全時，主必接納他。……上帝在為世界的罪賜下祂的兒子時，其目的就要使人可以得救，不是在犯罪和不義中，而是在於使他離棄罪，洗滌自己品格的衣袍，並將之在羔羊的血裡洗白。祂打算從人心中除掉祂所憎惡的罪，但人必須在這項工作中與上帝合作，放棄並憎恨罪，因信接受基督的義。神與人要這樣合作才能成功。

我們應該當心，不要給懷疑和不信留地步，免得在我們絕望的心態中抱怨上帝，向世人誤表祂。這會使我們置身於撒但一邊。他說：「可憐的人哪，我憐憫你，在罪底下悲痛，但上帝沒有憐憫。你抱著一線希望，不斷期待著，但上帝丟下你，讓你滅亡，並在你的不幸中感到滿足。」

這是一個可怕的欺騙。不要聽從那試探者，而要說：「耶穌已經為我而死了，使我可以活著。祂愛我，不願我滅亡。我有一位滿有同情的天父，雖然我濫用了祂的愛，浪費了祂厚賜予我的福惠，但我要起來，到我天父那裡去，說：『我得罪了……從今以後，我不配稱為祢的兒子，把我當作一個雇工吧！』」（路加福音15：18—19）

這個比喻告訴你浪子會如何受到接納。「相離還遠，他父親看見，就動了慈心，跑去抱著他的頸項，連連與他親嘴。」（同上，第20節）《聖經》就這樣描繪了上帝樂意接受悔改、回轉的罪人。（《教會證言》卷五，原文第631—632頁）

耶穌的愛吸引罪人悔改

> 現在這世界受審判，這世界的王要被趕出去。我若從地上被舉起來，就要吸引萬人來歸我。
>
> 約翰福音12：31—32

基督來向世人彰顯上帝的愛，吸引萬人的心歸向祂。……得救的第一步就是回應基督愛的吸引。上帝對人發出一個又一個信息，懇勸他們悔改，好讓祂寬恕他們，在他們的名字下寫上「赦免」二字。難道就沒有人悔改嗎？祂的懇勸難道就沒有人聽見嗎？祂慈憐的提議難道就沒有人理睬嗎？祂的愛難道會被人完全拒絕嗎？

若是這樣，人類就是自絕於獲得永生的媒介。因為上帝只赦免悔罪的人，祂藉著慈愛的彰顯，聖靈的懇勸，吸引人悔改。悔改是上帝的恩賜，祂要赦免誰，就先使他悔罪。人如果真心向上帝悔改他違犯祂律法的罪，並相信基督是罪人的救贖主和辯護者，就會得到最甜蜜的快樂。

基督藉著彰顯祂的愛吸引人們，使他們可以明白赦罪的喜樂和上帝的平安。他們如果回應祂的吸引，虛心接受祂的恩典，祂就會一步一步地引導他們，直到完全認識祂，而這就是永生。

基督來向罪人顯明上帝的慈愛與公義，將悔改的心與赦罪的恩賜給以色列人。當罪人看見耶穌在十字架上被舉起來，為罪人的罪受苦，擔當罪的刑罰，從十字架恐怖的死亡上看見上帝對罪的憎惡，看見祂對墮落人類的慈愛時，他就被引領歸向上帝，悔改他違犯聖潔、公義、良善之律法的罪。他運用了對基督的信心，因為那神聖的救主已經成了他的替身、保障和辯護者，成為他生命的中心。上帝能對悔改的罪人顯示祂的恩慈和真理，給予他寬恕和仁愛。

基督受死受辱，已經向人類證明了祂無限的慈愛。凡靠祂進到上帝面前來的人，祂都願意、而且能夠拯救到底。（《時兆月刊》1911年9月12日）

善行伴隨著復興

> 我們若認自己的罪，上帝是信實的，是公義的，必要赦免我們的罪，洗淨我們一切的不義。
>
> 約翰一書1：9

因信基督而生活的人，所渴望的唯一或最大的善事，就是知道並遵行上帝的旨意。那使在基督裡的信心藉行為得以完全的，乃是上帝的旨意；祂把那些相信之人的得救和永生與這些行為聯合起來，並藉著他們提供真理的亮光給各國各民。這就是上帝之靈運行的成果。

真理已抓住了人心，並不是突發的一時衝動，而是內心真正轉變，歸向主，且使執拗的心意順服上帝的旨意。在十分之一和供物上搶奪上帝之物，乃是違背耶和華的明令，並對那些如此行的人造成最深的傷害，因為這使他們喪失了上帝的福惠，就是應許給那些誠實待祂之人的福惠。

撒但若是不能把人捆綁在冷漠的寒冰中，就會設法把他們推進狂熱的烈火中。當主的靈臨到祂子民中間時，仇敵也抓住機會做工，試圖藉著參與那工作之不同的人特殊、未成聖的特性影響上帝的工作，因而使人發出一種危險，要做出不智輕率的舉動。許多人便在這種情況之下，堅持開展他們自己所發明的工作，一種上帝並未發起、未促成的工作。

仇敵若能把一些個人推向極端，他就會很高興了。如果沒有宗教信仰的覺醒，他這樣做就不會造成更大的損害。我們知道從沒有一次宗教奮興，是撒但不盡其之力擠進來的，在這些末後的日子，他必空前地努力做這事。他看到自己的時候不多了，就必用一切不義的詭詐行事，把錯謬不正確的觀點混入上帝的工作，把人們推到虛偽的立場上。

在上帝之靈影響下的人心，必與祂的旨意有甜美的和諧。我蒙指示，當主藉祂的聖靈運行在那人身上時，不會使他在世人面前有降低主子民的事，而是會高舉他們。基督的信仰不會使那些信奉它的人粗魯無禮。得恩典的國民並非是不可受教的，而是總樂於學基督的樣式並彼此商議。（《時兆月刊》卷五，原文第644─647頁）

耶穌償付了悔改罪人的債務

> 還是你藐視祂豐富的恩慈、寬容、忍耐，不曉得祂的恩慈是領你悔改呢？
>
> 羅馬書2：4

在服事保羅的門徒中，有一個名叫阿尼西謀，是來自歌羅西的逃奴。他的主人腓利門，是歌羅西教會的一個基督徒。阿尼西謀盜竊了主人的東西逃到了羅馬。……保羅本著仁愛，先設法解救這個可憐逃亡者的貧窮和苦難，然後儘量將真理的光照耀他黑暗的內心。阿尼西謀認真聆聽了他曾一度藐視的生命之道，就悔改相信了基督。他承認自己得罪主人了，感激地接受了使徒的勸勉。

阿尼西謀的敬虔、溫柔和真誠，他對於保羅的親切照顧和他推進福音工作的熱情，使保羅非常愛他。保羅看出阿尼西謀所具有品格的特性，足以在佈道的工作上成為他有益的助手，很希望把他留在羅馬，但他必須先得到腓利門的同意。所以他決定讓阿尼西謀馬上回到主人那裡去。……這個奴僕既要這樣把自己交給他所虧負的主人，就面臨嚴重的考驗，但他已經真誠地悔改了，所以沒有轉離自己的本分。保羅讓阿尼西謀帶信給腓利門。在這一封信裡，保羅機智仁愛地為這個悔改的奴隸求情，並表示自己對他的希望。

他要求腓利門接受阿尼西謀為自己的孩子。保羅表示自己願意留下阿尼西謀，在他所受的捆鎖中伺候他，況且這是腓利門自己所願意做的。但除非腓利門自己同意釋放這個奴隸，他就不願得阿尼西謀的幫助。阿尼西謀曾以這麼不適當的方式暫時離開了主人，現在悔改回來了，可能會得到主人愛心的寬恕和接納，以便他希望能夠永遠與原來的主人同住，「不再是奴僕，乃是高過奴僕，是親愛的弟兄」（腓利門書1：16）。

這是多麼合適的例證，說明基督對於悔改之罪人的愛啊！那欺詐主人的奴隸本身沒有什麼可以償還。照樣，那奪取上帝多年服務的罪人，也沒有什麼可以償清自己的債務。耶穌置身於罪人與上帝的公義忿怒之間，說，我願意償付這筆債。讓罪人免去罪的刑罰吧！我願意替他受苦！（《保羅略傳》原文第284—287頁）

上帝的子民要反映祂的榮耀

> 主耶和華的靈在我身上；因為耶和華用膏膏我，叫我傳好信息給謙卑的人，（或作傳福音給貧窮的人）差遣我醫好傷心的人，報告被擄的得釋放，被囚的出監牢。
>
> **以賽亞書61：1**

上帝不喜歡祂的子民像一隊哭喪者。祂要他們懺悔自己的罪，是為了讓他們享受上帝兒子的自由。他們要滿心讚美上帝並造福他人。主耶穌要「賜華冠與錫安悲哀的人，代替灰塵；喜樂油代替悲哀；讚美衣代替憂傷之靈；使他們稱為『公義樹』，是耶和華所栽的，叫祂得榮耀。」**(以賽亞書61：3)**

　　但願這成為我們人生的目標。我們甚至要注意到我們的表情、言語調和。我們的一切交易都要以誠信為本，讓世人知道還有一班人是忠於天上上帝的。

　　上帝要求所有的人都與祂合而為一。如果他們放棄自己的惡行，祂就接納他們。藉著與基督的神性聯合，他們可以避開世界腐敗的影響。現在每一個人都要決定站在哪一邊。撒但的使者要迫害每一個願意與上帝同工的人，天上的使者也等著要將上帝榮耀的光傳給凡願意接受祂的人，這就是我們所需要的可愛寶貴的真理。真理會帶來自由和快樂。（《聖經注釋懷注》卷四，原文第1153—1154頁）

每一個人都要為淪喪的人工作

上帝愛我們的心，我們也知道也信。上帝就是愛；住在愛裡面的，就是住在上帝裡面，上帝也住在他裡面。

約翰一書4：16

「我們若彼此相愛，上帝就住在我們裡面，愛祂的心在我們裡面得以完全了。」（約翰一書4：12），這種愛是抑制不住的。……人只有與上帝的性情有分，才能遵守祂的律法。只有盡心、盡性、盡意、盡力愛上帝，並愛鄰舍如同自己的人，才會在至高之處榮耀歸於上帝，在地上平安歸於祂所喜悅的人。這是基督的工作，當跟隨祂的人理解並從事工作時，那偉大的結果就是「擺在祂面前的喜樂，祂為之捨生之人的得救。」

歷代以來，上帝不斷地工作，幫助人了解他們與祂的親密關係，從而建立一種秩序和神聖和諧，為每一個接受祂的人帶來永恆偉大的拯救。上帝呼籲所有自稱相信祂的人，與祂同工，運用祂所賜的能力、機會和特權，引導那些在他們影響力中的將亡之人，歸向耶穌基督。

這是人類品格改變的唯一希望，給相信的人帶來平安與喜樂，使他們能在上帝的國裡與天使結伴。每一個罪蒙赦免的人，需要付出堅持不懈的認真努力，設法幫助別人歸向耶穌基督，使他們的鄰舍與耶穌同作後嗣！

你的鄰舍不論是誰，都需要去尋找和服事別人。他們無知嗎？那就用你的教導和相伴使他們聰明起來。上帝囑咐我們幫助那些品格缺陷的流浪者和青年人。基督說：「我來本不是召義人悔改，乃是召罪人悔改。」（路加福音5：32）

凡謙卑樂意學習的人，天使要與這些上帝的同工者合作。我們需要飢渴慕義，讓基督在我們心中成為泉源，直湧到永生。（《關於評論宣報出版社和巴特爾克里克工作的特別指示》原文第4—6頁）

在贖罪日悔改十分重要

我聽見在天上有大聲音說：「我上帝的救恩、能力、國度，並祂基督的權柄，現在都來到了！因為那在我們上帝面前晝夜控告我們弟兄的，已經被摔下去了。」

啟示錄12：10

上帝正在引領祂的子民脫離這世界上種種可憎之事，使他們可以遵守祂的律法，因此那「控告我們弟兄」的撒但怒不可遏了！「魔鬼知道自己的時候不多，就氣忿忿地下到你們那裡去了。」（啟示錄12：10、12）

迦南所預表的應許之地正在我們面前，所以撒但決意要毀滅上帝的子民，使他們得不到他們的產業。「總要警醒禱告，免得入了迷惑。」（馬可福音14：38）這勸告是今日的信徒所最需要的。我們現今正處在贖罪的大日中。在古時的預表崇祀中，當大祭司為以色列民進行贖罪的工作時，全體會眾必須刻苦己心，認罪悔改，並在上帝面前謙卑，以免自己從民中被剪除。照樣，凡想要在生命冊上保留自己名字的人，也應當趁現今這最後短短的恩典時期，在上帝面前刻苦己心，痛悔己罪，真實悔改。我們必須深刻而誠實地檢查自己的心。現今許多自命為基督徒的人所表現輕佻虛浮的精神，必須立刻放棄。罪惡的癖性正在爭取上風，凡要勝過這些癖性的人必須經過一番苦鬥。

預備得救的工作乃是一種個人的工作；我們的得救，不是成群成批的。某一個人的純潔與熱忱，並不能抵消另一個人品格上在這方面的欠缺。天下萬國的人固然都要經過上帝審判，但祂還是要查察每一個人的案情，其嚴密精細的程度，猶如世上只有這一個人存在一樣。每一個人必須經過考驗，必須顯出自己毫無瑕疵。

那有關贖罪工作結束時的情景，實在是非常嚴肅的，其利害關係也是非常重大的。現今天上聖所正在進行審判的工作。……再過不久——究竟多久，無人知道——就要審問到現今還活著的人了。在查案審判結束之時，一切人或生或死的命運都要決定了。寬限時期將要在主駕雲降臨之前不久結束。在啟示錄中，基督展望到那個時辰說：「看哪，我必快來！賞罰在我，要照各人所行的報應他。」（啟示錄22：12）（《福音先鋒》1910年8號）

上帝的律法促成真悔改

> 或者他們肯聽從，各人回頭離開惡道，使我後悔不將我因他們所行的惡，想要施行的災禍降與他們。
>
> 耶利米書26：3

使徒保羅寫道：「非因律法，我就不知何為罪。非律法說『不可起貪心』，我就不知何為貪心。」（羅馬書7：7）……應許順命者生的律法，也宣布了違命者的死亡。他又說道：「這樣看來，律法是聖潔的，誡命也是聖潔、公義、良善的。」（同上，第12節）

保羅的話與現在許多人在講臺上所說的話真有天壤之別。他們教導人說，得救不需要遵守上帝的律法，只要相信耶穌，他們就安全了。沒有律法，人就不知何為罪，也感覺不到悔改的需要。他們看不到自己違犯上帝律法的淪喪狀態，沒有認識到基督贖罪的寶血是他們得救的唯一盼望。

上帝的律法是一切真悔改的媒介，不認識罪就不會有真悔改。《聖經》說：「違背律法就是罪。」「律法本是叫人知罪。」（約翰一書3：4；羅馬書3：20）

罪人若要知道自己的罪，就必須以上帝公義的原則來衡量自己的品格。他要看出自己的缺點，就必須對照上帝律法的這面鏡子。律法顯明人的罪，但沒有為人準備救治之藥方，惟有基督的福音能提供赦免之處方。為了得到寬恕，罪人當向上帝悔改自己違犯律法的罪，並信靠基督贖罪的犧牲。

沒有真正的悔改，就沒有真正的改變。許多人在這方面受騙，他們的全部經驗往往都是虛假的，所以許多沒有與基督聯合的人也加入了教會。

「原來體貼肉體的，就是與上帝為仇；因為不服上帝的律法，也是不能服。」（羅馬書8：7）人既重生，他的心因上帝的恩典而更新，他就得與上帝合而為一，並與祂的律法相符。當罪人心中起了這種變化時，他就已出死入生，出罪入聖，不再違背和叛逆上帝，而是順服效忠祂了。與上帝隔絕的舊生活終止了，和好、信心、愛心的新生活已經開始了，於是「律法的義」必要「成就在我們這不隨從肉體、只隨從聖靈的人身上」（羅馬書8：4）。（《預言之靈》卷四，原文第297—298頁）

基督的義袍賜給悔改的人

> 現在要改正你們的行動作為，聽從耶和華——你們上帝的話，祂就必後悔，不將所說的災禍降與你們。
>
> 耶利米書26：13

雖然我們作為罪人處在律法的定罪之下，但基督藉著順從律法，將祂義的功勞歸給悔改的人。罪人為要獲得基督的義，必須曉得什麼是悔改，為何它能給人的思想、精神和行動帶來根本的改變。變化的工作必始於內心，然後透過人的所有機能彰顯出它的力量；但是人憑著自己卻無法產生這種悔改，惟有藉著基督才能經歷這種悔改，祂升上高天，擄掠了仇敵，將各樣的恩賜賞給人。

誰渴望真誠的悔改呢？他必須做什麼呢？他必須按現狀毫不遲延地到耶穌面前來。他必須相信基督的話是真實的，並且相信這應許：祈求，就得著。當真誠的願望促使人禱告時，他們的禱告必不至於徒然。主會實現祂的應許，賜下聖靈引人悔改，相信我們的主耶穌基督。他們會祈禱警醒，除去自己的罪，積極努力地順從上帝的誡命，以此來顯示自己的真誠。他們會將禱告與信心結合，不僅相信而且順從律法的訓令。他會放棄一切吸引他的心離開上帝的習慣和交誼。

凡想成為上帝兒女的罪人，必須接受這個真理：惟有藉著基督的救贖工作，我們才能悔改並得蒙赦免。相信了這一點，罪人就必須努力配合為他所做的工作，以不息不倦的懇求向施恩的寶座求告，使上帝改變人心的能力進入他的心。

基督只赦免悔改的人，祂所赦免的人，祂先使他悔改。祂已經作了充分的準備，祂永遠的義要歸在每一個相信祂的人頭上。那在天國織成的、貴重而毫無玷污的義袍，已經為悔改而相信的罪人預備妥當，因此他可以說：「我因耶和華大大歡喜；我的心靠上帝快樂。因祂以拯救為衣給我穿上，以公義為袍給我披上。」（以賽亞書61：10）（《信息選粹》第一輯，原文第393—394頁）

所有悔改的人都會蒙寬恕和接納

你們一切乾渴的都當就近水來；沒有銀錢的也可以來。你們都來，買了吃；不用銀錢，不用價值，也來買酒和奶。

以賽亞書55：1

大衛雖然失足，耶和華卻將他提拔起來了。如今他比失足之前更完全地與上帝和好，更深切地同情自己的同胞。在他得解脫之後的喜樂中，他歌唱說：「我向祢陳明我的罪，不隱瞞我的惡。我說：我要向耶和華承認我的過犯，祢就赦免我的罪惡。……祢是我藏身之處；祢必保佑我脫離苦難，以得救的樂歌四面環繞我。」（詩篇32：5—7）

許多人認為大衛犯了那麼大的罪，還能得蒙赦免，而掃羅的罪看來似乎還沒有他嚴重，結果掃羅倒被上帝棄絕了，因此許多人就埋怨上帝待人不公。但他們沒有看明，大衛曾自卑地認罪，而掃羅卻藐視責備，硬心不肯悔改。

大衛生命史上的這一頁，對於悔改的罪人是充滿意義的。它生動地描述人類的掙扎和試探，以及罪人向上帝真誠悔改並篤信我們的主耶穌基督的經驗。在各世代，這是對一切墮入罪中並在罪下掙扎之人的勉勵。當上帝的許多兒女陷入罪中即將絕望時，他們便想起大衛的經驗；他雖然為自己的罪受苦，但他的真誠悔改與認罪蒙了上帝的悅納，於是他們也就得了勇氣來悔改，並努力再遵行上帝的誡命。

凡受上帝的責備而能像大衛一樣自卑認罪悔改的人，可以確知自己是有希望的。凡因信而接受上帝應許的人，必蒙赦免。上帝絕不丟棄一個真實悔改的人。祂已經發出應許說：「讓它持住我的能力，使它與我和好，願它與我和好。」（以賽27：5）「惡人當離棄自己的道路；不義的人當除掉自己的意念。歸向耶和華，耶和華就必憐恤他；當歸向我們的上帝，因為上帝必廣行赦免。」（以賽亞書55：7）（《先祖與先知》原文第726頁）

國家圖書館出版品預行編目資料

效法主耶穌／懷愛倫著；吳晨歡譯. -- 初版. -- 臺北市：
時兆, 2018.12
面； 公分. --（勵志叢書；42）
譯自：To be like Jesus
ISBN 978-986-6314-81-0（精裝）

1. 基督徒　2. 靈修

244.93　　　　　　　　　　　　　107012885

效法主耶穌 To be like JESUS

作　　者　懷愛倫（Ellen G. White）
譯　　者　吳晨歡

董 事 長　金時英
發 行 人　周英弼
出 版 者　時兆出版社
客服專線　0800-777-798
電　　話　886-2-27726420
傳　　真　886-2-27401448
地　　址　台灣台北市105松山區八德路2段410巷5弄1號2樓
網　　址　http://www.stpa.org
電　　郵　service@stpa.org

主　　編　周麗娟
文字校對　林思慧、由鈺涵、陳美如
封面設計　時兆設計中心 林俊良
美術編輯　時兆設計中心 馮聖學
法律顧問　元輔法律事務所　電話：886-2-27066566

商業書店　總經銷 聯合發行股份有限公司 TEL：886-2-29178022
基督教書房　0800-777-798
網路商店　PChome商店街、Pubu電子書城　效法主耶穌 🔍

I S B N　978-986-6314-81-0
定　　價　新台幣450元　美金17元　港幣120元
出版日期　2018年12月　初版1刷

PRINTED WITH SOY INK　本書使用環保大豆油墨印刷